München
Sonderausgabe 2009
ISBN 978-3-89883-262-5

Grafische Gestaltung Georg Feigl
Rezeptfotos Susie Eising
Foodstyling Monika Schuster
Aufmacher und Porträts Alexander Haselhoff (siehe auch Bildnachweis)
Illustrationen Johann Brandstetter
Rezeptbearbeitung Monika Reiter, Gerlinde Reiter, Patrick Raaß
Redaktion Gertrud Köhn, Edelgard Prinz-Korte, Alexandra Schlinz
Herstellung Karin Mayer, Peter Karg-Cordes
Lithografie Christine Rühmer

Besuchen Sie uns auch im Internet unter www.zsverlag.de

ALFONS
SCHUHBECK

MEINE BAYERISCHE KÜCHE

ZABERT
SANDMANN

Inhalt

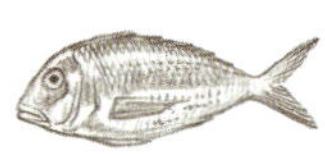

Inhalt

MEINE BAYERISCHE KÜCHE

Die bayerische Küche hat eine lange und große Tradition. Sie ist deftig und bäuerlich, ehrlich und unkompliziert, wobei sie auch fein und ausgesprochen raffiniert sein kann. Sie hat Einflüsse aus Österreich und Schwaben zugelassen, aber auch aus Südtirol, die mich persönlich am meisten inspiriert haben. Als ich jung war, wollte ich in die Welt. Also habe ich in Salzburg gekocht und in Genf, in Paris und in London. Nicht zu vergessen München. Dort hat mich Eckart Witzigmann in die hohe Schule des Kochens eingeführt. Während meiner Lehr- und Wanderjahre habe ich viel

gesehen und selbst ausprobiert. Ein guter Koch muss immer wieder experimentieren, entdecken. Mein Glück habe ich dann in meiner bayerischen Heimat in Waging gefunden. Dort habe ich mit unverfälschten Produkten aus der Region gekocht. Gesundes Fleisch kommt nun mal von gesunden Tieren und gutes Gemüse muss in einem guten Boden gewachsen sein. Das ist meine Auffassung und danach koche ich bis heute, natürlich auch am Platzl in München. Ich habe die bayerische Küche nicht neu erfunden, aber verändert, ein bisschen leichter habe ich sie gemacht und variantenreicher – und vielleicht auch ein bisschen sonniger. Gewürze haben in meiner Küche einen großen Einfluss bekommen und geben meinen Gerichten mehr Charakter und Bekömmlichkeit.
Mein erstes bayerisches Kochbuch ist 1989 in mittlerweile 18 Auflagen erschienen. In der Zwischenzeit haben sich die Bedürfnisse verändert, deshalb habe ich sehr lange an diesem neuen Buch, meinem gesammelten Küchenwissen, gearbeitet. Es ist meine ausführlichste und endgültige Antwort zum Thema: »Meine bayerische Küche«. Ich wünsche mir, dass dieses Buch einen festen Platz in Ihrer Küche haben wird und Ihre Art zu kochen neu inspiriert. Jetzt ran an die Löffel – auf geht's!

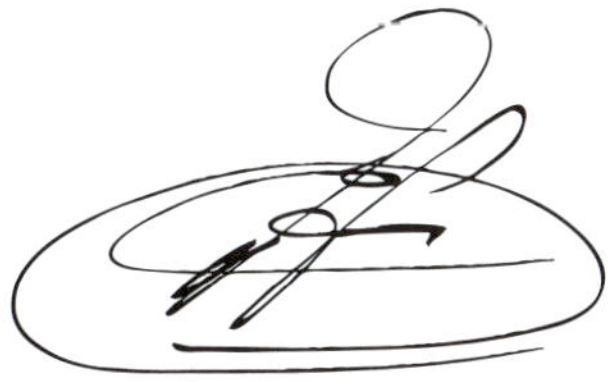

Ein Kind seiner Heimat. Alfons Schuhbeck schöpft nicht nur kulinarisch aus dem, was ihn von klein auf geprägt hat. Die Naturschönheiten der bayerischen Landschaft geben ihm Kraft und Inspiration für seine Kunst am Herd.

EIN KOCH MIT LEIDENSCHAFT

Ein guter Fang! Stolz präsentiert der Fischer, was ihm da ins Netz gegangen ist. Alfons Schuhbeck weiß: Frische bürgt für Qualität.

Hält ein Mensch an etwas Hergebrachtem fest, dann ist er konservativ. Wälzt er Bestehendes dagegen um oder versucht es zumindest, dann wird er als Revolutionär bezeichnet. Wer den Koch Alfons Schuhbeck in eine der beiden Schubladen stecken will, wird scheitern. Er wird sich damit zufriedengeben müssen, es mit einem konservativen Revolutionär zu tun zu haben. Der Mann ist anders als die meisten seiner Berufskollegen. Wobei es nicht um die Frage geht, ob dieser Sohn des Chiemgaus besser oder schlechter ist als andere Köche. Es geht allein um das Wie. Wie er ist. Und wie er kocht.

Zu Beginn seines Daseins als Küchenkünstler fanden Stammgäste des von ihm geleiteten »Kurhausstüberls« in Waging am Waginger See: »Er ist geradeheraus in seiner Art«. Bei dem, was der gebürtige Traunsteiner in der Küche leiste, gehe er ebenfalls einen geraden Weg, und den »äußerst selbst-

bewusst«. Das Gleiche gilt auch für den Umgang, den er mit seinen Gästen pflegt. »Der Alfons« ist eben ein Kind der Landschaft, aus der er stammt. Die bringt einen eigenwilligen Menschenschlag hervor, seit die Kelten – das bedeutet »die Tapferen« – sie vor 2500 Jahren besiedelten. Die werden damals schon, wie ihre Vorläufer und die Nachfolger, gewusst haben, weshalb sie sich in der heute malerischen Landschaft zwischen der Salzach – die jetzt Grenzfluss zwischen Deutschland und Österreich ist – und dem Chiemsee niedergelassen haben. Die wild- und fischreiche Region kennt noch im 21. Jahrhundert abseits weltbekannter Schauplätze wie Herrenchiemsee eine gelebte, durch bäuerliche Kultur geprägte Tradition. Kleine Kapellen, die sich allerorten am Wegrand finden, bezeugen »Respekt vor der Schöpfung«. Das ist die Art von Respekt, den Alfons Schuhbeck für alles einfordert, was in der Küche verarbeitet wird. Einerlei, ob das zu Hause geschieht oder »in einem Betrieb«.

Am liebsten kümmert sich Alfons Schuhbeck selbst um die Auswahl der Produkte. Riechen, schmecken, fühlen das ist für ihn Sinnenfreude.

Das gilt für ihn ebenfalls in der Großstadt München. Dorthin übersiedelte der »Magier der bayerischen Küche«, wie ihn ein Fan nennt, im Jahr 2003. Der Umzug sei Ergebnis seines »unstillbaren Verlangens, immer wieder etwas Neues in die Hand zu nehmen«. Er will's einfach wissen. Das sei bereits so gewesen, als er sich in jungen Jahren, »wie es sich für einen richtigen Koch gehört«, bei seiner Wanderschaft durch eine Reihe hoch gelobter Küchen schuftete. »Ich habe meine Augen und Ohren immer weit offen gehalten!« Seine Bereitschaft, Neues, Anderes, Besseres in sich aufzunehmen, trägt Früchte, seit er sich beruflich auf eigenen Füßen bewegt. So hatte er, nach seiner Rückkehr von der

Das Gute liegt so nah. Deshalb ist es für Alfons Schuhbeck eine Herzensangelegenheit, mit den regionalen Zutaten aus seiner bayerischen Heimat zu kochen.

Walz durch Österreich, die Schweiz, Frankreich, Großbritannien und Deutschland nach Waging, schnell begriffen, dass kaum ein kulinarisch verwöhnter Großstädter in ein Nest im Chiemgau fahren würde, um sich dort an Produkten der internationalen Küche zu ergötzen. Instinktiv erfasste er, dass vielen der Sinn nach heimischen Speisen aus regionalen Zutaten stand. Was ihm – selbst Liebhaber der bayerischen Küche – sehr entgegenkam. Etwas anderes war ihm jedoch gleichfalls klar: Die Gerichte mussten leichter und bekömmlicher werden. Also experimentierte er so lange, bis das, was auf die Teller kam, leichter, bekömmlicher und dabei noch schmackhafter geworden war. Im Laufe der Jahre wurden seine Rezepte in ganz Deutschland nachgekocht. Das war so und das ist so.

Inzwischen schätzen auch Norddeutsche Kartoffelkäs, Obatzdn, Brezenknödel-Wurst-Salat und Topfenpflanzerl mit Blattsalaten. Sie mögen wie die Bayern Sülze vom bayerischen Gockel, gebratenen Saibling, lauwarmen Kalbstafelspitz und gebackene Weißwurstradel auf Linsensalat. Haben ihr Vergnügen an einer Hendlsuppe, an einer klaren Kräutersuppe mit Saiblingsnockerl, an süßsauer marinierten Rostbratwürsteln und an Rahmschwammerln. Erbitten einen Nachschlag von den Krautfleckerln und den Ganserl-Ravioli mit Vanillebutter. Wollen Steckerlfisch mit Kartoffel-Gurken-Salat, gedämpften Waller aus dem Gemüsesud mit Wurzelgemüse, kross gebratenen Zander und gebratenes Renkenfilet auf Kürbispüree mit Gewürzbutter. Sagen »Ja« zu gegrilltem Spanferkelrollbraten, g'surter Schweinshaxe, zum Böfflamott, zur gefüllten Milchkalbsbrust, zur sauren Leber und zur rosa gebratenen Rinderlende mit Kardamom-

butter. Verzehren mit Behagen Zitronenbackhendl mit Kartoffelsalat, gefüllte Ganserlleberknödel auf Bayerisch Kraut mit Quitte und geräucherte Rehsuppe mit Brätnockerln und gerösteten Brotwürfeln. Dank Schuhbeck kennen viele Hobbyköche inzwischen auch die unterschiedlichsten Arten, Knödel zuzubereiten. Und Mehlspeisen. Besonders Strudel, Buchteln, allerlei Kücherl und Schmarren. Durch den Traunsteiner aus Waging ist der Speisezettel vieler Menschen abwechslungsreicher, vielgestaltiger – bayerischer – geworden. Davon zeugen die Beliebtheit seiner »Kochschule« am Platzl in München, »bei denen ich oft etwas von den Schülern lerne«, wie Schuhbeck anmerkt, sowie seine Auftritte im Radio und im Fernsehen.

Am wohlsten fühlt sich Alfons Schuhbeck in der Natur. Dort kann er – selten genug – einfach nur die Seele baumeln lassen.

Heute darf mit Fug und Recht gesagt werden: Der für sein handwerkliches Können hoch dekorierte Schuhbeck ist einer der bekanntesten Köche Deutschlands. Seine Art zu arbeiten, hat sich längst weit über Bayerns Grenzen hinaus durchgesetzt. Seine Aufrufe, nicht allein auf die Güte der eingesetzten Lebensmittel zu achten, sondern sie überdies mit größter Sorgfalt zu behandeln, werden mittlerweile nicht nur im Freistaat beachtet. Sein Hinweis »runter von der Hitze« hat sich sogar unter Profis herumgesprochen. Er hat seine Kolleginnen und Kollegen, viele Hausfrauen und kochende männliche Amateure gelehrt: Fleisch und Fisch brauchen Zeit – *ihre* Zeit – zum Garen. Fleisch entspannt sich zum Nutzen genussfroher Esserinnen und Esser, wenn es behutsam zu seinem Garpunkt kommt. Beide, Fisch und Fleisch, erhalten sich auf diese Weise die ihnen gemäße Konsistenz; bewahren sich so die »Saftigkeit«, die sie zu köstlichen Leckerbissen macht.

Dass frische Kräuter, die jede Mahlzeit verfeinern und erhöhen, erst unmittelbar vor dem Servieren bearbeitet und den Speisen hinzugefügt werden dürfen – weil sie sonst zu viel verlieren von dem, was sie ausmacht – verkündet er, seit er seine Kenntnisse und Erkenntnisse, seine Ein- und Ansichten übers Kochen unter die Leute bringt. Sein Wissen über das gesunde »Grünzeug« aus Garten und freier Natur und den Umgang damit hat der Meister inzwischen durch ein erstaunliches »Knowhow« in Sachen exotischer Gewürze erweitert. Schuhbeck weiß sie nicht nur derart einzusetzen, dass aus dem schlichtesten Gericht eine Feinschmeckerei wird. Wobei ihm wichtig ist, dass Gewürze nicht zu früh in Töpfe und Pfannen gegeben werden sollen, weil sie dann ihre Kraft, ihren Duft und ihre Aromen verlieren. Das erfordert das richtige Gespür für die Dosierung und den Zeitpunkt. Dass daraus die wahre Kunst eines guten Kochs besteht, davon ist Alfons Schuhbeck überzeugt.

Das Wichtigste für Alfons Schuhbeck ist der Respekt vor dem Produkt. Also verdient die Gans die gleiche Hingabe wie der Strudel.

Er kann zu Anis, Chili, Fenchel, Gewürznelken, Ingwer, Kardamom, Knoblauch, Koriander, Kreuzkümmel, Kurkuma (auch Gelbwurz), Lorbeer, Macis (oder Muskatblüte), Muskatnuss, zu verschiedenen Pfeffersorten, Piment, Safran, Senfkörnern, Vanilleschote, Wacholderbeeren und zum Zimt, der auch Kaneel genannt wird, Geschichten erzählen, dass man ins Staunen gerät. Dabei betont er, es gehe ihm nicht allein darum, den Geschmack einer Speise zu variieren. Es gehe ihm genauso darum, ein Essen mithilfe der Spezereien gleichzeitig gesünder zu machen. Obwohl er sich zum ausgewiesenen Kenner exotischer Gewürze entwickelt hat, wie sein Gewürzladen am Platzl beweist, hält Alfons Schuhbeck nichts von der »Cross-over-

Küche«. Er sagt: »Alles hat seine Zeit und seinen Platz. Deshalb sollten die Küchen unterschiedlicher Kulturen – jede hat ihre eigene Geschichte und ihren eigenen Hintergrund – nicht miteinander vermengt werden.«

Und für das, was die Deutschen auf den Tisch bringen, predigt er unermüdlich wie ein Missionar: »Zum Kochen braucht es Sauberkeit und allerbeste, frische Zutaten. Das bedeutet manchmal beim Einkauf: Weniger ist mehr.« Zum Fleisch erklärt er, es müsse gelegentlich bis zu vierzehn Tagen reifen und auf seine Zubereitung warten. Vor allem für diejenigen, die anderen oder sich mit gutem Essen eine Freude machen wollen, gelte es, vier Wörter zu kennen und sie zu beherzigen: »Hingabe und Geduld, Geduld und nochmals Geduld.« Typisch für einen konservativen Revolutionär.

Hanjo Seißler

Auf seine Mitarbeiter kann sich Alfons Schuhbeck immer verlassen. Küchenchef Patrick Raaß und die Leiterin der Kochschule Monika Reiter haben Spaß bei ihrer Arbeit, wie man sieht.

LEBENSMITTEL

Gemüse, Salate & Obst

Gemüse, Salate und Obst sind am besten während ihrer Hauptsaison. Dann sind sie sehr geschmacksintensiv, nährstoffreich und preiswert. Obwohl viele Sorten auch ganzjährig erhältlich sind, empfiehlt es sich daher, saisonorientiert und nur reife Ware für den täglichen Bedarf zu kaufen. Leuchtende Farben und festes, saftiges Fruchtfleisch sind Zeichen für Frische. Diese behalten Obst, Gemüse und Salate, wenn man sie im Gemüsefach des Kühlschranks lagert. Obst und Gemüse halten sich darin am besten ungeschält, das Gemüse sollten Sie zusätzlich mit einem feuchten Tuch bedecken.

Bei **Salaten** gilt: Je zarter, umso schneller welken die Blätter und desto weniger lagerfähig sind sie. Feldsalat etwa hält sich nur 2 Tage. Am besten kommt Salat gewaschen, trocken geschleudert und locker in ein feuchtes Tuch gewickelt oder in einem gut schließbaren Behälter in den Kühlschank. Achten Sie darauf, Gemüse und Salat nicht direkt neben Obst zu lagern, da es dadurch schnell an Frische verliert.

Früchte für den Rohverzehr, wie Mango, Papaya oder Avocado, nimmt man rechtzeitig aus dem Kühlschrank, damit sie ihr Aroma entfalten und, falls nötig, 1 bis 2 Tage nachreifen können. Bananen verfärben sich im Kühlschrank braun, deshalb sollten sie bei Zimmertemperatur aufbewahrt werden. Übrigens: Lagern Sie Zitrusfrüchte sowie Äpfel und Bananen nicht zusammen mit anderen Früchten. Sie sondern ein Gas ab, das den Reifeprozess beschleunigt.

Zur **Verarbeitung** von Salaten, Blattgemüse, Kohlsorten und Lauch werden äußere und welke Blätter, Strünke, Blattrippen und Stiele entfernt. Alle Salate und Gemüsesorten werden unter fließendem kaltem Wasser gewaschen, bei Bedarf geschält, zerkleinert und sofort weiterverarbeitet. So bleiben die Inhaltsstoffe bestmöglich erhalten. Manche Sorten, wie Schwarzwurzeln, verfärben sich im Rohzustand nach dem Schälen. Sie werden deshalb in Zitronen- oder Essigwasser gelegt oder mit Zitronensaft eingerieben. Bei Schwarzwurzeln empfiehlt sich wegen des färbenden Saftes zudem die Verwendung von Handschuhen.

Brot, Nudeln, Reis & Mehl

Brot darf zum Verarbeiten in der Küche ruhig altbacken sein. Semmelknödel geraten erst damit besonders locker, und trockene Brötchen lassen sich gut zu Bröseln reiben. Soll es einmal schnell gehen, kann auch Toastbrot in einem Blitzhacker in etwa 10 Sekunden zu Bröseln verarbeitet werden. Sind wie für Topfenknödel aus optischen Gründen weiße Brösel erforderlich, wird die Kruste der Semmeln abgerieben und nur das Innere zu Bröseln gerieben.

Bei **Nudeln** bevorzuge ich Hartweizennudeln ohne Ei, da sie sich gut bissfest kochen lassen. Eiernudeln hingegen werden beim Kochen schnell weich. Selbst gemachte Nudeln halten sich am besten tiefgefroren. Dazu werden sie auf mit Grieß bestreuten Tabletts als Nester eingefroren und dann in Tiefkühlbehälter gefüllt. Gefüllte Nudeln, wie Ravioli, friert man zunächst nebeneinander auf Tabletts ein. Bei Bedarf einfach gefroren ins kochende Wasser geben!

Bei **Reis** unterscheidet man Rund- und Langkornreis. Risottoreis wie Arborio, Milchreis und viele spanische Reissorten für Paella sind Rundkornsorten, die beim Garen die zweieinhalbfache Flüssigkeitsmenge aufnehmen und sämig werden. Basmati-, Duft- oder Patnareis zählt hingegen zum Langkornreis, der die zweifache Menge an Flüssigkeit aufnimmt und eher körnig bleibt. Reis schmeckt frisch gekocht am besten.

Für herzhafte Gerichte verwende ich doppelgriffiges **Mehl** der Type 405, je nach Region auch als Wiener Grießler oder Dunst angeboten. Da es etwas grießig ist, eignet es sich gut zum Panieren oder für Nudeln mit Biss. Fischhaut wird beim Braten kross, wenn sie zuvor in Mehl gewendet wird. Für Kuchen und Mehlspeisen verwende ich Weißmehl Type 405. Suppen oder Saucen binde ich nicht mit Mehl, da es einige Stunden dauert, bis der Mehlgeschmack ausgekocht ist. Mehl übertönt den Eigengeschmack der Speisen. Feiner werden sie mit einer Gemüse- oder Stärkebindung. Polentamehl oder -grieß besteht aus Mais und wird hauptsächlich für Polenta verwendet. Herkömmliches Polentamehl muss 30 bis 40 Minuten garen, Instant-Polenta hat eine Garzeit von nur 10 Minuten.

Milchprodukte & Eier

Sahne wird hauptsächlich zum Verfeinern von Saucen oder Suppen und für Süßspeisen verwendet. Süße Sahne flockt beim Kochen nicht aus. Saure Sahne oder Joghurt hingegen wird vor dem Unterrühren mit 1 TL Stärke vermischt. So können die Gerichte aufkochen, bleiben aber sämig und gerinnen nicht. Zum Aufschlagen immer möglichst kalte Sahne verwenden, damit sie cremig wird und nicht gerinnt. Für Mousses, Cremes und Parfaits sollten Sie die Sahne zwar fest, aber noch cremig schlagen. So enthält sie viel Luft, die für den schaumigen Charakter sorgt. Außerdem lässt sich die Sahne dann schneller und gleichmäßiger unter die Grundmasse ziehen.

Sauermilchprodukte wie **Crème fraîche, saure Sahne und Joghurt** eignen sich gut für kalte Dips und lassen sich in jedem Rezept gegeneinander austauschen. Topfen, ein relativ trockener **Quark**, lässt sich leicht herstellen, indem man Speisequark in ein feuchtes Tuch gibt und etwa die Hälfte des Gewichts an Flüssigkeit ausdrückt. **Schichtkäse** wird ähnlich wie Quark hergestellt und kann durch diesen ersetzt werden, beide gibt es mit 10, 20 oder 40 % Fett. Gerichte mit mehr Fett sind geschmacklich runder.

Eier sollten frisch mit sauberer, unversehrter Schale sein. Um das Eindringen von Fremdgerüchen durch die poröse Schale zu verhindern, die Eier am besten im Eierkarton und nicht in der Nähe von stark riechenden Lebensmitteln wie Käse lagern. Nicht verwendetes Eigelb gut abgedeckt im Kühlschrank aufbewahren und innerhalb eines Tages verbrauchen. Eiweiß hält sich zugedeckt mehrere Tage im Kühlschrank und kann auch eingefroren werden. Nach dem Auftauen lässt es sich genauso aufschlagen wie frisches Eiweiß. Wichtig für perfekten Eischnee ist, dass Eiweiß nicht mit Fett in Berührung kommt. Für die Stabilität sorgt eine Prise Salz beim Aufschlagen. Zucker lässt man beim Schlagen von Eiweiß in drei Portionen einrieseln: ein Drittel direkt am Anfang, ein Drittel zum etwas schaumigen Eiweiß und der Rest zum festeren Schaum. **Käse** sollte 1 Stunde vor dem Verzehr aus dem Kühlschrank genommen werden, damit sich das Aroma entfalten kann.

Fleisch & Fisch

Damit **Fleisch** beim Garen schön zart wird, lässt der Metzger die meisten Fleischsorten abhängen, unabhängig davon, ob es Stücke zum Kurzbraten oder Schmoren sind. Der beim Reifeprozess austretende Saft wird erst bei der Weiterverarbeitung mit Küchenpapier vom Fleisch abgetupft. Zum Anbraten von Fleisch immer so wenig Fett wie möglich verwenden, so erhält das Fleischstück einen besseren Bratengeschmack und am Pfannenboden bildet sich Bratensatz. Dieser kann mit einem Schuss Weißwein, Cognac oder mit etwas Geflügelbrühe abgelöscht, mit einem Stückchen kalter Butter verfeinert und als schnelle Sauce zum Fleisch serviert werden. Fleischstücke, die rosa gebraten werden, ziehen besonders gleichmäßig durch, wenn sie kurz angebraten und zum Garen auf ein Ofengitter in den auf 100 °C vorgeheizten Backofen gelegt werden. Gesalzen wird erst danach, so bleibt das Fleisch saftig. Durch das Wenden in Gewürzbutter erhält das Fleisch mehr Aroma und bekommt nochmals etwas Hitze. Steaks für eine größere Personenzahl können schon vorab in Pfannen angebraten und auf einem Tablett mit Folie abgedeckt beiseite gestellt werden. Das Fleisch muss dann vor dem Servieren nur rechtzeitig auf dem Ofengitter im Backofen rosa durchziehen.

Fisch sollte im Gegensatz zu Fleisch möglichst frisch, mindestens jedoch einen Tag alt sein, damit er sich gut verarbeiten lässt. Fangfrischen Fisch verwendet man nur für die Garmethode des Blaukochens. Frischen Fisch erkennt man am neutralen Geruch, an den klaren Augen und am festen Fleisch. Lagern Sie Fisch immer so kalt wie möglich, am besten zwischen 0 und 1 °C. Er sollte nicht zu lange Wärme ausgesetzt sein, weder während des Einkaufs noch bei der Vorbereitung. Frischer Fisch ist nicht immer leicht erhältlich. Doch es gibt mittlerweile auch sehr hochwertige Tiefkühlprodukte, auf die man zurückgreifen kann. Da die Hersteller den Fisch zum Tiefgefrieren mit Wasser besprühen, damit er nicht austrocknet, bildet sich beim langsamen Auftauen im Kühlschrank Wasser. Entfernen Sie dieses und tupfen Sie den Fisch trocken.

Lebensmittel

Kräuter

Kräuter wie **Petersilie, Schnittlauch, Kerbel, Basilikum, Dill, Bärlauch, Sauerampfer oder Brunnenkresse** halten sich am besten, wenn sie im Bund kurz unter kaltem Wasser abgebraust, ausgeschüttelt, in feuchtes Küchenpapier gewickelt und in einem gut schließenden Behälter oder in Folie gewickelt im Kühlschrank gelagert werden. Die Blätter erst bei Bedarf von den Stielen zupfen und nur klein schneiden, durch zu feines Hacken leidet das Aroma. Geschnittene Kräuter müssen schnell verwendet werden, damit sie ihr volles Aroma an das Gericht abgeben können. Denn schon nach 20 bis 30 Minuten riechen sie nach Heu und das Aroma hat sich verflüchtigt.

Wer stets einen Kräutervorrat parat haben möchte, kann die oben genannten Kräuter einfrieren. Sie werden geschnitten, auf einem mit Frischhaltefolie bespannten Teller ausgebreitet und mit Folie bedeckt. Sobald die Kräuter gefroren sind, kommen sie in einen Tiefkühlbehälter und können bei Bedarf entnommen werden. Manche Kräuter, wie **Majoran, Oregano oder Bohnenkraut**, entfalten ihr Aroma erst beim Trocknen. In einem gut schließenden Gefäß aufbewahrt, stehen sie so jederzeit zur Verfügung.

Frisch geschnittene Kräuter werden den Gerichten erst kurz vor dem Servieren zugegeben. Getrockneter Majoran, Bohnenkraut oder Oregano hingegen kommt schon 2 bis 3 Minuten vor Garzeitende dazu, damit sich das Aroma noch entfalten kann. **Thymian, Rosmarin**, Majoran, Bohnenkraut und Oregano mit ihrem starken Eigengeschmack verwende ich in erster Linie einzeln, selten in Kombination. Nur mildere Kräuter wie **Petersilie oder Kerbel** passen dazu. Von Thymian und Rosmarin können die Blättchen bzw. Nadeln gehackt in Gratiniermassen gegeben werden, meist legt man diese Kräuter aber am Ende der Garzeit für etwa 5 Minuten als Zweige in ein Gericht und nimmt sie dann wieder heraus. Auch Petersilie, **Dill, Estragon oder Basilikum** aromatisiert Speisen, wenn die Kräuter einige Minuten darin ziehen und dann wieder entfernt werden. Ich verwende Petersilienstiele außerdem zum Aromatisieren beim Erhitzen von Weißwürsten.

Gewürze

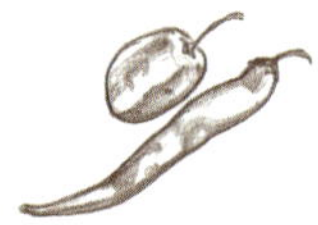

Getrocknete Gewürze halten sich trocken, lichtgeschützt und luftdicht verwahrt etwa 2 Jahre, unzerkleinert noch länger. Man kann sich aus mehreren Gewürzen wie **Pfeffer, Piment, Wacholder, Zimt, Chili, Koriander und Lorbeer** eine Gewürzmischung individuell herstellen, sie in eine Gewürzmühle füllen und bei Bedarf mahlen. Für Pfeffer aus der Mühle nehme ich schwarzen Pfeffer oder mische ihn mit anderen Sorten wie grünem Pfeffer. **Gemahlene Gewürze** kommen erst in den letzten Minuten an ein Gericht, sie entfalten ihr Aroma rasch. Bei Fleisch- oder Fischgerichten gebe ich die Gewürze nie direkt auf Fleisch oder Fisch, sondern rühre sie am Schluss in die Suppe oder Sauce. Oder ich vermische sie mit flüssiger Butter bzw. leicht erwärmtem Öl und träufle sie über gegarte Produkte. Viele ganze Gewürze, die wieder entfernt werden sollen, kommen am besten in ein Gewürzsäckchen, z. B. einen Einwegteebeutel, der mit einer Klammer gut verschlossen wird.

Frischer **Knoblauch und Ingwer** kommen ebenfalls erst zum Schluss an ein Gericht. Ich gebe Knoblauch gern halbiert oder in Scheiben dazu, so kann ich ihn nach einigen Minuten wieder entfernen und die Dosierung genauer bestimmen. Auch Ingwer verwende ich oft in Scheiben, er kann ungeschält sein. In Kombination schmecken Ingwer und Knoblauch feiner, und Ingwer verhindert den Knoblauchgeruch.

Zitrusschalenstreifen sorgen für eine frische Note der Speisen, der Saft ist wegen der Säure nur bedingt zum Würzen geeignet. Sind keine unbehandelten Früchte erhältlich, die Wachsschicht gut mit heißem Essigwasser oder hochprozentigem Alkohol abreiben. **Vanille** verfeinert sowohl süße als auch herzhafte Speisen. Sie passt gut zu Knoblauch, der dadurch milder und feiner schmeckt. Man schneidet die Schote längs auf, kratzt mit dem Messerrücken das Mark heraus und verwendet es z. B. für Bayerische Creme. Die ausgekratzten Schoten können Sie in eine Dose mit Zucker legen, so erhalten Sie Vanillezucker. Oder Sie lassen sie in Kirschkompott, Vanillesauce u. Ä. oder in herzhaften Gerichten für einige Minuten am Garende mitziehen.

Essig

Essig hat konservierende Eigenschaften und dient als **Würzmittel** für die unterschiedlichsten Gerichte. In einer gut verschlossenen Flasche ist er bei Zimmertemperatur nahezu unbegrenzt haltbar.
Ich verwende hauptsächlich neutrale, ungewürzte Essigsorten wie **Rotwein-, Weißwein-, Balsamico- und Apfelessig**. Gewürze und Kräuter gebe ich nicht zum Aromatisieren in den Essig, sondern füge sie dem jeweiligen Gericht separat und frisch hinzu.
Durch Essig verliert grünes Gemüse wie Bohnen, Zucchini, grüner Spargel oder Lauch nach einiger Zeit seine leuchtende Farbe. Essig sollte beim Kochen daher möglichst spät dazugegeben werden. Oder man ersetzt ihn durch Zitronensaft, der durch seinen Gehalt an Vitamin C die Farbe erhält. Essig verlängert außerdem die Garzeit von Gemüse. Ich gebe ihn daher an süßsaure Gerichte erst dann, wenn das Gemüse gar ist.
Zum Würzen von Sülzen oder süßsauren Gerichten ist eine Essigreduktion sehr fein. Dazu wird etwas Puderzucker in einer Pfanne hell karamellisiert, mit Essig abgelöscht und sirupartig eingekocht. Die Reduktion lässt sich auch gut auf Vorrat zubereiten.

Öle & Butter

Zum Anbraten von Fisch oder Fleisch eignen sich **raffinierte Pflanzenöle**, die hoch erhitzbar sind. Das Öl ist nach dem Anbraten verbraucht und wird entfernt, auf dem Bratgut verbliebenes Fett wird abgetupft. Kalt gepresste Öle, z. B. **Oliven-, Raps-, Sonnenblumen-, Argan- und Kürbiskernöl**, werden wegen ihrer hochwertigen Inhaltsstoffe am besten für kalte Gerichte verwendet, etwa Salate. Warme Speisen beträufelt man erst nach der Zubereitung damit.
Zum Aromatisieren von Ölen erwärmt man Gewürze mit eher mildem, kalt gepresstem Öl einige Minuten ganz leicht, sodass zwar die Aromastoffe der Gewürze schnell in das Öl übergehen, dessen Inhaltsstoffe jedoch erhalten bleiben. Als Gewürze eignen sich z. B. Rosmarin, Thymian, Chilischoten, Knoblauch, Ingwer, Zitronenschale, Kardamom und Vanille. Für **Zitrusöle** reiben Sie etwas Schale der jeweiligen Zitrusfrucht in kaltes Olivenöl, das Aroma entfaltet sich sofort.
Kräftiges Arganöl trage ich mit einem Pinsel erst beim Anrichten auf (z. B. auf ein Rinderfiletsteak). Kürbiskern- und Nussöl kombiniere ich mit milden Ölen, allein wären sie zu dominant. Das intensive Trüffelöl wird nur tropfenweise zum Parfümieren verwendet.
Kalt gepresste Öle halten sich bei Zimmertemperatur 8 bis 12 Monate, im Kühlschrank deutlich länger. Durch die Kälte flocken sie zwar aus, verflüssigen sich aber bei Zimmertemperatur wieder. Trüffelöl hält sich am besten tiefgefroren in einer Flasche. Bei Bedarf warmes Wasser darüberlaufen lassen, die gewünschte Menge entnehmen und den Rest wieder einfrieren.
Butter lässt sich nicht so hoch erhitzen wie Öl, eignet sich aber zum Anbraten von Mehlspeisen, z. B. Pfannkuchen, und auch zum sanften Andünsten von Gemüse. Ihr feiner Geschmack kommt jedoch am besten zur Geltung, wenn sie erst kurz vor dem Servieren in Suppen oder Saucen gemixt wird. Damit die Butter emulgiert und das Gericht leicht bindet, sollte sie kalt sein, auf keinen Fall jedoch flüssig.
Für **Gewürzbutter** zerlasse ich die Butter bei milder Hitze, gebe Gewürze wie Knoblauch, Vanilleschoten, Ingwer und Zitronenschalen hinein und würze mit Salz und Pfeffer. Darin wird dann z. B. kurz gebratenes Fleisch oder Geflügelbrust gewendet.
Butterschmalz entsteht, wenn Butter bei milder Hitze zerlassen, der sich bildende Schaum abgenommen und die Butter so lange gekocht wird, bis das Wasser ganz verdampft ist. Butterschmalz hält sich gut verschlossen mehrere Monate im Kühlschrank, ist deutlich höher erhitzbar als Butter und eignet sich zum Anbraten von panierten Gerichten, wie z. B. Wiener Schnitzel.
Braune Butter bezeichnet man wegen ihres nussigen Geschmacks auch als Nussbutter. Sie hält sich im Kühlschrank mindestens 8 Wochen. Gekühlt wird sie fest, bei Bedarf erwärmt und zum Abschmecken für Gemüse und Mehlspeisen verwendet. Sie kann über Spargel und Teigwaren geträufelt werden oder schmeckt mit Knoblauch und Vanilleschote aromatisiert zu gebratenem Fisch.

Garmethoden

Braten & Schmoren

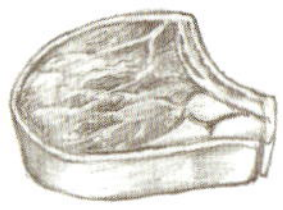

Zum **Anbraten** von Fleisch oder Fisch den Temperaturregler des Herds auf zwei Drittel bis maximal drei Viertel stellen und eine trockene Pfanne erhitzen. Je nach Pfannengröße 1 bis 2 TL Öl hineingeben und durch leichtes Drehen der Pfanne verteilen. Das Fleisch oder der Fisch wird eingelegt, auf der Unterseite bis zur gewünschten Bräune gegart und erst dann gewendet. Dünne Fleischstücke wie Naturschnitzel, Filet- oder Rückensteaks bis zu 1 1/2 cm Dicke und die meisten Fischfilets mit durchschnittlicher Dicke können direkt in der Pfanne fertig gebraten werden. Größere Stücke wie Kalbsfilet im Ganzen, Hochrippe, ganzer Fisch oder dicke Fischfilets wie Lachs werden in der Pfanne rundherum angebraten und dann im Backofen bei 100 °C fertig gegart. Die niedrige Temperatur sorgt für schonendes Garen und das Gargut muss zum Entspannen nicht mehr ruhen. Außerdem tritt beim Anschneiden kaum Fleischsaft aus. Rosa gebratenes Fleisch ist dann optimal, wenn es durch und durch rosa gebraten und heiß ist. Um dem Fleisch kurz vor dem Servieren noch etwas mehr Hitze und Aroma zu verleihen, wende ich es in einer Pfanne in Gewürzbutter und würze erst jetzt mit Salz und Pfeffer. Soll es noch warm gehalten werden, kann es bei 70 bis 80 °C noch 30 bis 60 Minuten im Ofen bleiben.

Geschmort wird hauptsächlich Fleisch, das stark mit groben Fasern durchzogen ist und viel Bindegewebe enthält; meist aus Schulter, Keule oder Brust. Zum Schmoren eignen sich aber auch Hähnchen- oder Kaninchenkeulen, Oktopus und hartes Gemüse wie Kartoffeln oder Fenchel. Zum Schmoren wird Fleisch, ob im Ganzen oder zerkleinert, rundherum in wenig Fett angebraten und herausgenommen. Dann wird die Sauce zubereitet, das Fleisch wieder eingelegt und 1 1/2 bis 3 1/2 oder 4 Stunden geschmort. Der Deckel wird dabei so aufgelegt, dass noch ein Spalt offen bleibt. Das Gericht sollte nicht kochen, sondern nur ganz leicht simmern. Es kann bei schwacher Hitze auf dem Herd oder bei 150 bis 160 °C Ober- und Unterhitze im Backofen weich garen. Die Garzeit hängt von der Fleischsorte ab und davon, ob das Fleisch abgehangen war.

Dünsten

Dünsten bedeutet Garen mit Deckel in wenig Flüssigkeit. Es ist eine Kombination aus Kochen und Dämpfen. Ein Teil des Produkts gart direkt in der Brühe, der Rest gart im Dampf. Achten Sie darauf, nicht zu viel Flüssigkeit zu verwenden. So entsteht zwar nur eine kleine Menge Dünstfond, der dafür aber sehr intensiv, arteigen und aromatisch schmeckt und am Ende der Garzeit mit einem kleinen Stückchen Butter, frischen Kräutern sowie Gewürzen verfeinert wird. Damit die Zutaten gleichmäßig garen, sollten sie nicht zu stark kochen, sondern knapp unter dem Siedepunkt ziehen. Zwischendurch wird ab und zu umgerührt. Dünsten ist ein sehr schonendes Garverfahren, bei dem im Gegensatz zum Blanchieren alle ausgeschwemmten Inhaltsstoffe im Gericht erhalten bleiben. Sobald der optimale Garpunkt erreicht ist, sollte das Gericht verfeinert und sofort serviert werden. Dünsten eignet sich nicht für Gerichte, die vorbereitet werden.

Blanchieren

Blanchieren heißt Kochen in Salzwasser bis zum gewünschten Garpunkt und Abschrecken in möglichst kaltem Wasser, gegebenenfalls auch Eiswasser. Diese Garmethode wird hauptsächlich für Gemüse angewendet, das vorbereitet oder eingefroren werden soll. Die Konsistenz des Garguts – ob knackig oder weich – liegt im Ermessen des Kochs. Beim Abschrecken wird der Garprozess unterbrochen, das Gemüse behält den optimalen Garpunkt und seine leuchtende Farbe. Jede Gemüsesorte hat eine andere Garzeit, außerdem spielt die Größe des Gemüses eine Rolle. Die verschiedenen Gemüsesorten können nacheinander in Salzwasser gegart werden. Intensiv schmeckende Sorten wie Bohnen oder Kohlgemüse garen Sie am besten separat. Zum Verzehr können Sie verschiedene Gemüsesorten mischen, in wenig Brühe erhitzen und mit Butter oder Olivenöl, Kräutern und Gewürzen abgerundet rasch fertig stellen.

Pochieren

Pochieren heißt Garziehenlassen unter dem Siedepunkt. Die Gartemperaturen liegen zwischen 65 und 98 °C. Pochiert werden grundsätzlich Lebensmittel von empfindlicher Beschaffenheit wie Eier, Fisch, Hähnchenbrust, Rehrücken, Brätnockerl, Fischpasteten oder Crème brûlée. Dabei gibt es verschiedene Varianten. Um Fisch, Eier oder Brätnockerl zu pochieren, wird Flüssigkeit aufgekocht und vom Herd genommen. Die Lebensmittel werden hineingegeben und ziehen unterhalb des Siedepunkts gar. Für besonders zarte Lebensmittel wie Fisch reicht eine Temperatur von 70 bis 80 °C, für Hähnchenbrust oder Rehrücken sollte sie zwischen 90 und 98 °C liegen.
Als Pochierflüssigkeit eignet sich gesalzenes, mit Kräutern und Gewürzen aromatisiertes Wasser oder Brühe. Für pochierte Eier kommt nur ein Schuss Essig in das Wasser. Eine moderne Art des Pochierens ist das Garziehenlassen von marinierten und vakuumierten Produkten, beispielsweise von Lachsfilet. Das Filet wird mit Salz und Pfeffer gewürzt, mit etwas Olivenöl, ganzen Dillzweigen, einigen Zitronen- und Orangenschalenstreifen in einem Vakuumbeutel verschlossen und zieht im 80 °C heißen Wasser gar. So wird der Fisch besonders aromatisch.

Würzen & Aromatisieren

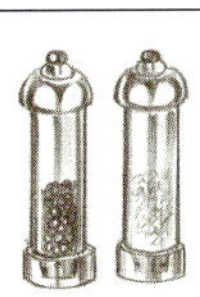

Mit wenigen Ausnahmen – etwa bei vakuumiertem Pochiergut – salze ich erst zum Schluss, so bleiben die Lebensmittel saftiger. Wird **Salz** bereits am Anfang dazugegeben, tritt während des Garprozesses unnötig Fleischsaft aus. Besonders gut kann man das bei geschnetzelten Gerichten oder Pilzen sehen, aber auch bei Kurzbratstücken. Gewürzt bzw. aromatisiert wird immer erst zum Schluss, dann schmeckt alles aromatischer. In Suppen oder Saucen werden die **Gewürze** direkt eingelegt und anschließend wieder entfernt. Für Fisch oder Fleisch zerlässt man Butter oder erwärmt Öl, lässt Gewürze nach Wahl einige Minuten darin ziehen, würzt mit Salz und Pfeffer und wendet die fertig gebratenen Produkte darin. Zum Würzen verwende ich außerdem gern Streifen oder Zesten von **Zitrusfruchtschalen**. Für Streifen die unbehandelten Früchte (z. B. Zitronen oder Orangen) am besten mit einem Sparschäler abschälen, für Zesten die Schalen auf einer feinen Zestenreibe abreiben. Streifen lassen sich leicht wieder aus dem Gericht entfernen. Für manche Gerichte wie Fleischpflanzerl sind Zesten besser geeignet als Streifen.

Backen & Garen im Ofen

Zum Backen und Garen im Ofen ist meiner Meinung nach **Ober- und Unterhitze** ideal. Dabei garen die Lebensmittel schonend. Umluft bzw. Heißluft ist bis zu 25 % heißer als Ober- und Unterhitze und trocknet sehr stark aus. Sie eignet sich jedoch gut zum Bräunen von Saucenknochen, zum Trocknen und Rösten von Krustentierkarkassen. Sollen Brathendl am Garzeitende noch etwas Farbe bekommen, erhöht man die Temperatur leicht und schaltet die Umluft zu. So bräunt das Hendl rundherum.
Für das Garen bei **Niedrigtemperatur**, etwa für Fisch oder rosa gebratenes Fleisch, schalte ich den Ofen auf 100 °C Ober- und Unterhitze. Das Fleisch wird direkt auf ein Ofengitter gelegt, so kann die Hitze es von allen Seiten gleichmäßig durchdringen. Damit Fleischsaft, der bei dieser Methode in sehr kleinen Mengen austritt, aufgefangen wird und der Backofen sauber bleibt, schiebt man unter das Gitter ein Backblech. Fisch mit seiner zarten Struktur wird nicht auf das Ofengitter, sondern direkt auf ein Backblech gelegt.
Blechkuchen, Pizza u. Ä. werden im Ofen auf der untersten **Schiene** gebacken, da der Teig von unten mehr Hitze braucht als der Belag von oben. Zum gleichmäßigen Überbacken unter dem Grill schiebt man das Gargut am besten ebenfalls auf die unterste, höchstens jedoch auf die mittlere Schiene. In seltenen Fällen benötigt man die oberste Schiene, z. B. zum Rösten und anschließendem Häuten von Paprika oder zum Karamellisieren von Crème brûlée.

KÜCHENGERÄTE

Töpfe

Ich verwende unbeschichtete Edelstahltöpfe, die pflegeleicht sind und eine lange Lebensdauer haben. Gutes Kochgeschirr gibt es natürlich auch aus verschiedenen anderen Materialien. Wichtig ist immer ein dicker Topfboden, da dieser die Hitze speichert und sie gleichmäßig an das Gargut abgibt. Wer einen Gasherd besitzt, sollte darauf achten, dass bei Töpfen und Pfannen die Griffe hoch erhitzbar und ohne Kunststoffanteil sind, damit hochzüngelnde Flammen keinen Schaden anrichten.

Pfannen

Zum Braten nehme ich ausschließlich beschichtete Pfannen mit dickem Boden. Der dicke Boden speichert die Hitze sehr gut und gibt sie gleichmäßig an das Bratgut ab. Die Regel lautet: Je dicker der Boden ist, desto besser wird die Hitze gespeichert und desto gleichmäßiger an das Bratgut abgegeben.
Sehr zarte und empfindliche Gerichte wie Fisch, Eier oder Mehlspeisen lassen sich in beschichteten Pfannen besonders gut braten oder backen, da darin nichts anhaftet. Die Speisen können so problemlos vom Pfannenboden mit einem Pfannenwender aus Kunststoff abgelöst werden, bleiben in Form und reißen nicht. Aber auch zum Anbraten von ganzen Fleischstücken wie Braten, Kurzbratstücken wie Schnitzel sowie Steaks und Gemüse sind beschichtete Pfannen ideal. Erhitzen Sie die Pfanne dafür bei einer Einstellung von drei Viertel des Temperaturreglers, geben Sie dann nach Bedarf das Öl hinein und legen Sie das Bratgut ein. Auf diese Weise wird das Öl nicht zu stark erhitzt und verbrennt nicht so schnell.
Die Pfannen können mit warmem Wasser, einem weichen Schwamm oder Tuch und Spülmittel gereinigt werden, häufig reicht auch nur das Auswischen mit Küchenpapier. Keinesfalls sollten Sie beschichteten Pfannen mit Scheuermitteln und kratzenden Topfreinigern zu Leibe rücken.

Messer & Schneidebretter

Ein **Küchen- bzw. Kochmesser** gehört zur Grundausstattung. Dabei handelt es sich um ein großes Messer, das zum Kleinschneiden von Gemüse in Scheiben, Streifen oder Würfel und zum Hacken von Kräutern verwendet wird. Die Klinge ist breiter als der Griff, deshalb ist eine Schneidetechnik möglich, bei der das Messer nicht hochgehoben werden muss, sondern ähnlich wie bei einem Wiegemesser immer auf dem Schneidebrett läuft und so eine fließende Schneidebewegung ermöglicht.
Ein **Schinken- oder Tranchiermesser** ist ein mittelgroßes Messer mit einer nicht flexiblen, schlanken Klinge. Es eignet sich besonders gut zum Schneiden von küchenfertigem Fleisch, zum Tranchieren von gegartem Fleisch oder Geflügel und zum Filetieren von Fischen.
Ein **Konditormesser**, das einen Sägeschliff hat, wird meist zum Schneiden von Kuchen und Brot verwendet, aber auch zum Zerteilen von großen Gemüsesorten wie etwa Sellerie.
Ein kleines **Gemüsemesser** sollte für das Putzen von Gemüse und Pilzen sowie zum Schälen von gekochten Kartoffeln in der Küche nicht fehlen.
Mit einem **Ausbeinmesser**, das eine spezielle, schmale Klinge hat, können Fleischteile besonders gut entbeint und von Haut sowie Sehnen befreit werden.
Als **Schneideunterlagen** sind Bretter aus Kunststoff oder Holz gut geeignet. Beide Materialien schonen die hochwertigen Messer, sodass sie lange scharf bleiben. Nicht geeignet sind Schneideunterlagen aus Glas, Stein oder Edelstahl, die die Messer schnell stumpf werden lassen. Wichtig ist es auch, ein Schneidebrett von ausreichender Größe zu verwenden, damit man mit großen Küchenmessern gut darauf schneiden kann und alle Zutaten beim Arbeiten auf dem Brett bleiben. Ich verwende hauptsächlich Schneidebretter mit einer Größe von etwa 30 x 50 cm. Um schnell und sicher arbeiten zu können, müssen sie beim Arbeiten fest auf der Arbeitsunterlage aufliegen, dafür eine rutschfeste Gummimatte oder ein nasses Tuch unterlegen. Die Bretter nach dem Reinigen zum Trocknen hochkant aufstellen, sodass sie von allen Seiten trocknen können.

Elektrische Geräte

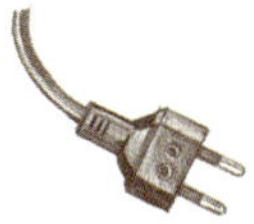

Zum Aufschäumen von Suppen oder Saucen verwende ich einen stufenverstellbaren **Stabmixer**. Mit ihm können Sie nahe an der Oberfläche mixen, sodass Luft in die Flüssigkeit eingearbeitet wird und ein schöner Schaum entsteht, ohne dass dabei die Flüssigkeit über den Topfrand spritzt.

Für Massen mit einer dickeren Konsistenz setze ich einen **Blitzhacker** ein, da er eine höhere Umdrehungszahl hat als ein Stabmixer. Dies ist besonders bei der Herstellung einer Farce wichtig, damit diese bei der Verarbeitung nicht warm wird und die Bindung erhalten bleibt. Auch für Pestos und andere pürierte Massen mit wenig Flüssigkeitsanteil und zum Reiben von Nüssen oder Toastbrot zu Weißbrotbröseln ist ein Blitzhacker optimal.

Ein **Handrührgerät** ersetzt die Muskelkraft und erleichtert das Rühren und Kneten von Teigen sowie das Aufschlagen von Eiweiß, Sahne und cremigen Massen.

Für das Schneiden von Braten, Sülzen oder Pasteten, die leicht nachgeben, bietet sich die Verwendung eines **elektrischen Messers** an.

Ein **Fleischwolf** wird in erster Linie für das Durchdrehen von Fleisch, Fisch und Gemüse zur Herstellung von Hackfleisch und Farcen benötigt. Meist ermöglichen jedoch verschiedene austauschbare Einsätze noch weitere Funktionen, etwa das Entsaften von Beeren oder das Formen von Spritzgebäck.

Eine **Küchenmaschine** ersetzt durch verschiedenes Zubehör meist mehrere Küchengeräte: Sie rührt, knetet, raspelt, reibt, hackt, mixt und zerkleinert.

Küchenhelfer

Mit einem **Haarpinsel** lässt sich Ravioli- oder Strudelteig gut bestreichen. Die hitzebeständigen Silikonpinsel hingegen sind zum Bestreichen von Blechen, Kuchenformen und besonders zum Einfetten von heißen Bratpfannen ideal, sie sind zudem spülmaschinenfest und verlieren keine Borsten.

Eine **Kartoffelpresse** ist unentbehrlich für die Zubereitung von Kartoffelteigen. Am besten lassen sich die gepellten, noch heißen Kartoffeln durch die Presse drücken. Nach der Verwendung möglichst gleich reinigen, da sich angetrocknete Kartoffelreste nur mühsam wieder aus der Presse entfernen lassen.

Pfannenwender ermöglichen durch ihr flaches, breit zulaufendes Blatt ein einfaches Wenden z. B. von Bratgut und Omeletts. Durch Schlitze oder Löcher tropft überschüssiges Fett direkt beim Herausheben des Bratguts ab. Pfannenwender gibt es aus Metall, Kunststoff oder Holz. In meiner Küche bevorzuge ich eine Winkelpalette aus Metall.

Bei einem **Schaumlöffel** handelt es sich um eine gelochte, meist leicht gewölbte Kelle. Zum Herausheben von blanchiertem Gemüse, Knödeln, Fleisch oder Fisch aus Flüssigkeiten und zum Abschöpfen von Schaum auf Brühen ist er unersetzlich.

Schneebesen dienen zum Rühren, Schlagen und Unterheben von Zutaten. Es gibt zahlreiche Ausführungen, die sich in Dicke und Anordnung der Edelstahlschlaufen sowie deren Abständen unterscheiden. Zum Aufschlagen von Sahne, Eiweiß und Sabayon eignen sich Schneebesen mit vielen flexiblen Schlaufen, dagegen verwendet man für schwere feste Massen wie Topfen oder Grieß eher stabile Exemplare.

Mit einem **Gemüsehobel** erhalten Sie je nach verwendetem Einsatz gleichmäßig dicke Gemüsescheiben, -stifte oder -raspel.

Für perfekte, gleichmäßig geformte Spätzle greife ich zu **Spätzlehobel oder -presse**. Der recht zähflüssige Spätzleteig lässt sich damit problemlos und rasch ins Wasser hobeln oder drücken. Wenn man das Gerät vor Gebrauch in Wasser taucht, klebt der Teig nicht daran. Man kann die Spätzle aber auch mit einer Palette vom nassen Brett ins Salzwasser schaben.

Teigschaber sind ein wichtiges Utensil zur Herstellung von Süßspeisen, besonders zum Unterheben von Sahne oder Eiweiß unter die jeweilige Grundmasse und zum Umfüllen von Massen. Teigschaber aus hitzebeständigem Silikon eignen sich sehr gut zum Arbeiten in heißen Pfannen oder Töpfen, beschichtete Pfannen werden so schonend behandelt, und die Zutaten lassen sich sauber vom Topfrand streifen.

Brotzeit & Salate

BROTZEIT IST DIE SCHÖNSTE ZEIT

So sehen es zumindest die Bayern. Denn es gibt für sie (fast) nichts Schöneres, als unter weiß-blauem Himmel aufzutischen. Ob im Biergarten oder auf der Alm: Radi, Käse, Obatzda oder Wurstsalat gehören immer dazu. Und nicht selten auch ein frisch gezapftes Bier. Das ist wahre bayerische Lebensart.

Strammer Max

2 Scheiben Bauernbrot
1–2 TL Butter
Salz · 2 Eier
2–4 schöne Salatblätter
1–2 EL Joghurt-Sahne-Dressing (siehe Seite 50)
4 Scheiben gekochter Hinterschinken
Pfeffer aus der Mühle
1/2 EL Schnittlauchröllchen (frisch geschnitten)

Für 2 Personen

1 Die Brotscheiben in einer unbeschichteten Pfanne ohne Fett auf beiden Seiten rösten und warm halten.

2 Für die Spiegeleier eine beschichtete Pfanne bei milder Temperatur erhitzen, die Butter darin zerlassen und leicht salzen. Die Eier aufschlagen und in die Pfanne gleiten lassen, dabei die Eigelbe nicht verletzen. Bei milder Hitze mehr ziehen als braten lassen.

3 Die Salatblätter waschen und gut trocken tupfen. Die Brotscheiben auf vorgewärmte Teller legen. Die Salatblätter mit dem Dressing marinieren und auf die Brotscheiben verteilen. Jedes Brot mit 2 Scheiben Schinken belegen und je 1 Spiegelei daraufsetzen. Den strammen Max mit Pfeffer würzen und mit den Schnittlauchröllchen bestreuen.

Für strammen Max mit pochiertem Ei 2 Eier in siedendem Essigwasser 7 bis 8 Minuten pochieren. Mit dem Schaumlöffel herausheben, abtropfen lassen und mit je 1 Scheibe gekochtem Schinken umwickeln. Die Eier jeweils in 1 hauchdünn geschnittene Scheibe Schwarzbrot einschlagen und bei sehr milder Hitze in 2 EL Öl auf beiden Seiten knusprig braten.

Alfons Schuhbeck

»Die Spiegeleier werden bei sehr milder Hitze in einer beschichteten Pfanne zubereitet. Damit sie gleichmäßig garen, kann zwischendurch für etwa 1 Minute ein Deckel aufgelegt werden.«

Bauernomelette mit Schinken

400 g festkochende Kartoffeln
Salz
1 Zwiebel
100 g gekochter Hinterschinken
80 g breite Bohnen
1 Karotte
150 g Brokkoli
100 g Cocktailtomaten
1 EL Öl
Pfeffer aus der Mühle
Cayennepfeffer
getrocknetes Bohnenkraut
1 EL Petersilienblätter (frisch geschnitten)
1/2 Knoblauchzehe (gehackt)
5 Eier
150 ml Milch
frisch geriebene Muskatnuss
80 g geriebener Käse (z. B. Bergkäse)

Für 4 Personen

1 Die Kartoffeln schälen, waschen und in 1/2 cm dicke Scheiben schneiden. In reichlich Salzwasser 15 bis 20 Minuten garen, in ein Sieb abgießen und ausdampfen lassen.

2 Die Zwiebel schälen und in kleine Würfel schneiden. Den Schinken in kleine Würfel schneiden. Die Bohnen putzen, waschen und schräg in etwa 1 1/2 cm breite Stücke schneiden. Die Karotte putzen, schälen und in Scheiben schneiden. Den Brokkoli putzen, waschen und in kleine Röschen teilen. Bohnen, Karotte und Brokkoli nacheinander in kochendem Salzwasser bissfest blanchieren. Jeweils mit dem Schaumlöffel herausheben, kalt abschrecken und abtropfen lassen. Die Cocktailtomaten waschen und halbieren.

3 Den Backofen auf 180 °C vorheizen. Das Öl in einer ofenfesten Pfanne erhitzen. Die Kartoffeln und die Zwiebel darin bei mittlerer Hitze goldbraun braten. Schinken, Bohnen, Karotte, Brokkoli und Cocktailtomaten hinzufügen. Mit etwas Salz, Pfeffer und je 1 Prise Cayennepfeffer und Bohnenkraut würzen. Die Petersilie und den Knoblauch hinzufügen.

4 Die Eier und die Milch in einem hohen Rührbecher mit dem Stabmixer verquirlen. Die Eiermilch mit etwas Muskatnuss, Salz, Pfeffer und Cayennepfeffer würzen und über dem Gemüse verteilen. Die Pfanne noch 30 Sekunden auf dem Herd lassen, dann im Ofen auf der mittleren Schiene etwa 20 Minuten garen.

5 Das Bauernomelett nach 15 Minuten Garzeit mit dem geriebenen Käse bestreuen. Das Omelett zum Servieren aus der Pfanne auf eine Platte stürzen und in Stücke schneiden.

Alfons Schuhbeck

»Damit sich das Omelett gut aus der Pfanne stürzen lässt, verwendet man am besten eine beschichtete Pfanne. Um den Pfannenstiel im heißen Ofen zu schützen, umwickeln Sie ihn mit Alufolie.«

GEFÜLLTES BAUERNBROT MIT MARINIERTEN KRÄUTERN UND ZWIEBELSENF

Für das Brot:

1 Stück dunkles Baguette (ca. 20 cm lang, ersatzweise helles Baguette) · 4 EL Öl

Für die Füllung:

80 g Toastbrot · 100 ml Milch
1 kleine Zwiebel · 1 EL Butter
2 Eier · 2 TL scharfer Senf
abgeriebene Schale von 1/2 unbehandelten Zitrone
frisch geriebene Muskatnuss
250 g Kalbshackfleisch
250 g Schweinehackfleisch
Salz · Pfeffer aus der Mühle
Cayennepfeffer
getrockneter Majoran
1 EL Petersilienblätter (frisch geschnitten)

Für den Zwiebelsenf:

1 Zwiebel
4 EL scharfer Senf
2 EL süßer Senf

Zum Anrichten:

1 TL Zitronensaft
1 Msp. abgeriebene unbehandelte Zitronenschale
1 EL Olivenöl
Salz · Pfeffer aus der Mühle
20 g Kräuterblätter (z. B. Petersilien- und Sellerieblätter)

Für 16 Stück

1 Für das Brot am Vortag das Baguette fest in Frischhaltefolie wickeln und über Nacht ruhen lassen.

2 Für die Füllung am nächsten Tag das Toastbrot entrinden, in Würfel schneiden und in eine Schüssel geben. Die Milch darübergießen und die Brotwürfel darin einweichen.

3 Die Zwiebel schälen und in kleine Würfel schneiden. Die Butter in einer Pfanne zerlassen und die Zwiebelwürfel darin bei milder Hitze glasig dünsten. Die Eier, den Senf, die Zitronenschale und etwas Muskatnuss mit dem Stabmixer verrühren. Das Hackfleisch, die Eiermasse und die Zwiebelwürfel zu dem eingeweichten Brot geben und alles gut mischen. Die Hackfleischmasse mit Salz, Pfeffer, je 1 Prise Cayennepfeffer und Majoran würzen, die Petersilie untermischen.

4 Das Baguette aus der Folie wickeln und längs in hauchdünne Scheiben schneiden. Die Scheiben jeweils zur Hälfte etwa 1 bis 1 1/2 cm dick mit der Füllung bestreichen und die zweite Hälfte darüberklappen. Das Öl in einer Pfanne erhitzen und die gefüllten Brotpäckchen darin bei sehr milder Hitze auf beiden Seiten goldbraun braten. Auf Küchenpapier abtropfen lassen.

5 Für den Zwiebelsenf die Zwiebel schälen und in kleine Würfel schneiden. Die Zwiebelwürfel in einer kleinen Schüssel mit dem scharfen und dem süßen Senf verrühren. Nach Belieben noch etwas Joghurt oder saure Sahne unterrühren.

6 Zum Anrichten den Zitronensaft und die -schale in einer kleinen Schüssel mit dem Olivenöl verrühren und mit Salz und Pfeffer würzen. Die Kräuterblätter darin marinieren. Nach Belieben angedünstete Zwiebelwürfel unterrühren. Das gefüllte Bauernbrot auf vorgewärmte Teller legen und die marinierten Kräuter darauf verteilen. Den Zwiebelsenf daneben anrichten.

Alfons Schuhbeck

»Aus dieser Hackfleischmischung werden auch Fleischpflanzerl (siehe Seite 202) zubereitet.«

Obatzda mit Birnen und Croûtons

Für die Croûtons:

2 Scheiben Toastbrot
3 EL Butter · 2 EL Öl

Für den Obatzdn:

1/2 reife feste Birne
5 Frühlingszwiebeln
250 g reifer Camembert (Zimmertemperatur)
250 g Frischkäse
3–4 EL Sahne
2 cl Williamsgeist
Salz · Cayennepfeffer
gemahlener Kümmel
braune Butter (siehe Seite 46)

Für 4 Personen

1 Für die Croûtons das Toastbrot entrinden und die Scheiben mit einem scharfen Messer noch einmal längs durchschneiden. Die Brotscheiben in 1/2 cm dünne Streifen und dann in möglichst kleine Würfel schneiden. Die Butter und das Öl in einer Pfanne erhitzen und die Brotwürfel darin bei mittlerer Hitze hell bräunen. Auf Küchenpapier abtropfen lassen.

2 Für den Obatzdn die Birne schälen, das Kerngehäuse entfernen und das Fruchtfleisch in sehr kleine Würfel schneiden. Die Frühlingszwiebeln putzen, waschen und in dünne Scheiben schneiden.

3 Den Camembert klein schneiden und in einer Schüssel mit dem Frischkäse, der Sahne und dem Williamsgeist cremig rühren. Die Birnenwürfel und die Frühlingszwiebeln unterheben. Den Obatzdn mit Salz, je 1 Prise Cayennepfeffer und Kümmel und etwas brauner Butter würzen.

4 Zum Anrichten den Obatzdn in eine Schüssel füllen und mit den Croûtons bestreuen. Nach Belieben mit Radieschen, Brot, Brezen oder Vollkornsemmeln servieren.

Alfons Schuhbeck

»Das Brot lässt sich leichter in kleine Würfel schneiden, wenn die Toastbrotscheiben etwas angefroren sind.«

Kartoffelkäs

400 g vorwiegend festkochende Kartoffeln · Salz
½ TL Kümmelsamen
1 Zwiebel · 2 EL Butter
je 1 EL Korianderkörner, Kümmelsamen und schwarze Pfefferkörner
200 g saure Sahne
4 EL braune Butter (siehe Seite 46)
Cayennepfeffer
getrockneter Majoran
frisch geriebene Muskatnuss
2 EL Schnittlauchröllchen (frisch geschnitten)

Für 4 Personen

1 Die Kartoffeln waschen und in einem Topf in Salzwasser mit dem Kümmel 15 bis 20 Minuten weich kochen. Abgießen, die Kartoffeln möglichst heiß pellen und durch die Kartoffelpresse in eine Schüssel drücken.

2 Die Zwiebel schälen und in kleine Würfel schneiden. Die Butter in einer Pfanne zerlassen und die Zwiebel darin bei milder Hitze gleichmäßig hell bräunen. Den Koriander, den Kümmel und den Pfeffer in eine Gewürzmühle füllen.

3 Die Zwiebel, die saure Sahne und die braune Butter zu den Kartoffeln in die Schüssel geben und alles gut verrühren. Den Kartoffelkäs mit Salz, je 1 Prise Cayennepfeffer und Majoran, Muskatnuss und der Mischung aus der Gewürzmühle würzen. Zum Schluss die Schnittlauchröllchen unter den Brotaufstrich rühren. Der Aufstrich schmeckt am besten auf dunklem Bauernbrot.

Ziegen-Aprikosen-Topfen

1 kleine rote Zwiebel
7 getrocknete, weiche Aprikosen
2 EL Sonnenblumenkerne
350 g Ziegentopfen (ersatzweise 250 g Sahnequark und 100 g Ziegenfrischkäse verrührt)
80–100 g Sahne
2 EL flüssige Butter
1 EL Akazienhonig
Salz · Cayennepfeffer
2 EL Schnittlauchröllchen (frisch geschnitten)

Für 4 Personen

1 Die Zwiebel schälen und in kleine Würfel schneiden. Die Aprikosen halbieren und ebenfalls in kleine Würfel schneiden. Die Sonnenblumenkerne in einer beschichteten Pfanne ohne Fett bei milder Hitze hell anrösten und abkühlen lassen.

2 Den Ziegentopfen mit der Sahne, der flüssigen Butter und dem Honig glatt rühren. Falls der Ziegentopfen sehr trocken ist, noch etwas Sahne dazugeben. Mit Salz und Cayennepfeffer würzen. Die Zwiebel- und Aprikosenwürfel mit dem Schnittlauch unter die Käsemasse heben und nochmals abschmecken. Den Topfen in eine Schüssel füllen und mit den Sonnenblumenkernen bestreuen.

3 Dieser Aufstrich passt gut zu kräftigem Bauern- oder Vollkornbrot.

Alfons Schuhbeck

»Statt Sonnenblumenkerne können Sie auch gehackte Walnüsse oder kleine, in Butter gebratene Croûtons über den Ziegen-Aprikosen-Topfen streuen.«

Topfenpflanzerl mit Blattsalaten

Für die Pflanzerl:

200 g Bergkäse
80 g Toastbrot
2 EL Milch
800 g Quark
1/2 Zwiebel · 5 EL Öl
je 1 TL Fenchel- und Kümmelsamen, Korianderkörner und schwarze Pfefferkörner
2 Eigelb
1 EL braune Butter (siehe Seite 46)
1/2 TL abgeriebene unbehandelte Zitronenschale
1 EL Petersilienblätter (frisch geschnitten)
Salz
je 1/2 TL gemahlene Kurkuma und Paprika (edelsüß)
frisch geriebene Muskatnuss
Cayennepfeffer
100 g Weißbrotbrösel

Für den Salat:

350 g gemischter Blattsalat
80 ml Gemüsebrühe
2 EL Johannisbeeressig
1 TL scharfer Senf
2 EL mildes Olivenöl
Salz · Zucker
Cayennepfeffer

Für 4 Personen

1 Für die Pflanzerl den Käse entrinden und in 3 bis 4 mm große Würfel schneiden oder auf der Reibe grob reiben. Das Toastbrot entrinden und in kleine Würfel schneiden. Die Brotwürfel in eine Schüssel geben und und mit der Milch beträufeln. Den Quark in ein feuchtes Küchentuch geben und die Flüssigkeit kräftig ausdrücken, sodass etwa 400 g trockener Quark (Topfen) übrig bleibt.

2 Die Zwiebel schälen und in kleine Würfel schneiden. In einer Pfanne 1 EL Öl erhitzen und die Zwiebel darin bei milder Hitze glasig dünsten. Fenchel, Kümmel, Koriander und Pfeffer in eine Gewürzmühle füllen.

3 Den Topfen zu dem Toastbrot in die Schüssel geben und beides mit dem Käse, den Eigelben, den Zwiebelwürfeln, der braunen Butter, der Zitronenschale und der Petersilie vermischen. Die Topfen-Käse-Masse mit Salz, Kurkuma, Paprika, Muskatnuss, 1 Prise Cayennepfeffer und der Mischung aus der Mühle würzen.

4 Die Weißbrotbrösel auf einen flachen Teller geben. Aus der Topfen-Käse-Masse mit angefeuchteten Händen kleine Pflanzerl formen und in den Weißbrotbröseln wenden.

5 Das restliche Öl in einer Pfanne erhitzen und die Topfenpflanzerl darin bei milder Hitze auf beiden Seiten langsam braten. Auf Küchenpapier abtropfen lassen. (Bräunen die Pflanzerl zu schnell, sollten sie noch einige Minuten im auf 175 °C vorgeheizten Backofen gegart werden, damit sie innen durch sind.)

6 Für den Salat die Blattsalate putzen, waschen, trocken schleudern, in mundgerechte Stücke zupfen und in eine große Schüssel geben. Für das Dressing die Brühe mit dem Essig und dem Senf verrühren. Das Olivenöl unterrühren und das Dressing mit Salz und je 1 Prise Zucker und Cayennepfeffer würzen.

7 Den Salat mit dem Dressing vermischen, auf flache Teller verteilen und die Pflanzerl daneben anrichten.

Alfons Schuhbeck

»Nach Belieben gebe ich noch gebratene Steinpilze, Estragon oder Bärlauch in die Pflanzerl.«

Gratinierter Käse

300 g festkochende Kartoffeln
Salz
1 1/2 EL Kümmelsamen
1/2 Bund Frühlingszwiebeln
1 EL Korianderkörner
je 1/2 EL schwarze Pfefferkörner und Fenchelsamen
1 EL Öl
300 g gemischte Käsesorten (z. B. Romadur, Limburger, Roquefort, Bergkäse und Taleggio)
80 g geriebener Pizzakäse
1 EL Schnittlauchröllchen

Für 4 Personen

1 Die Kartoffeln waschen und in Salzwasser mit 1/2 EL Kümmel weich kochen. Abgießen, noch heiß pellen, abkühlen lassen und in Scheiben schneiden. Die Frühlingszwiebeln putzen, waschen und schräg in dünne Ringe schneiden. Die restlichen Kümmelsamen mit Koriander, Pfeffer und Fenchelsamen in eine Gewürzmühle füllen.

2 Den Backofengrill einschalten. Das Öl in einer Pfanne erhitzen und die Kartoffelscheiben darin anbraten. Die Frühlingszwiebeln hinzufügen und mit Salz und der Mischung aus der Mühle kräftig würzen.

3 Die Kartoffelscheiben auf ofenfeste Teller verteilen. Den Käse entrinden, in Stücke schneiden und über die Kartoffelscheiben geben. Mit Pizzakäse bestreuen und unter dem Grill auf der mittleren Schiene etwa 4 Minuten gratinieren. Mit Schnittlauchröllchen bestreuen, nochmals mit der Mischung aus der Mühle würzen und sofort servieren.

Mariniertes Wurzelgemüse

2 Karotten
2 gelbe Karotten (ersatzweise Karotten)
2 Petersilienwurzeln
200 g Knollensellerie · Salz
300 g Schalotten
750 ml Gemüsebrühe
3–4 EL Weinessig
1 TL scharfer Senf
4 EL mildes Olivenöl
Pfeffer aus der Mühle
Zucker

Für 4 Personen

1 Karotten, gelbe Karotten, Petersilienwurzeln und Knollensellerie putzen und schälen. Gelbe Karotten, Karotten und Petersilienwurzeln längs halbieren und schräg in 2 cm große Stücke schneiden, den Knollensellerie in 1/2 bis 1 cm breite und 2 cm lange Stücke schneiden. Alle Gemüsesorten in der Brühe knapp unter dem Siedepunkt etwa 20 Minuten garen.

2 Die Schalotten schälen und in kleine Würfel schneiden. In Salzwasser 3 Minuten blanchieren. In ein Sieb abgießen und abtropfen lassen.

3 Das Gemüse in ein Sieb gießen, den Sud in einer Schüssel auffangen und das Gemüse beiseite legen. Den Essig, den Senf und das Öl zum Gemüsesud geben und alles mit dem Schneebesen verrühren. Mit Salz, Pfeffer und 1 Prise Zucker abschmecken. Das noch warme Gemüse in den Sud geben, mischen und mehrere Stunden darin marinieren.

Alfons Schuhbeck

»Das Gemüse schmeckt lauwarm am besten. Gelbe Karotten sind eine besondere Züchtung, die aber nur sehr selten erhältlich ist. Sie sind kanariengelb, glattschalig und sehr süß. Ebenso können Sie auch Karotten, Kohlrabi, Fenchel oder Staudensellerie nehmen.«

Wurstsalat

Für die Marinade:

3 Schalotten
1 Kohlrabi · 2 kleine Karotten
6 Stangen grüner Spargel
80 g grüne Bohnen · Salz
2 TL Puderzucker
300 ml Gemüsebrühe
1 TL scharfer Senf
1–2 EL Rotweinessig
2 EL mildes Olivenöl
1 TL Walnussöl
je 1 Scheibe Knoblauch und Ingwer
Pfeffer aus der Mühle
Cayennepfeffer · Zucker
1 EL Petersilienblätter (frisch geschnitten)

Außerdem:

800 g Regensburger Würste
1 EL Petersilienblätter (frisch geschnitten)

Für 4 Personen

1 Für die Gemüsemarinade die Schalotten schälen und in feine Ringe schneiden. Den Kohlrabi und die Karotten putzen und schälen. Den Kohlrabi achteln und quer in 3 mm dicke Scheiben schneiden. Die Karotten schräg in 3 mm dicke Scheiben schneiden. Den Spargel waschen, nur im unteren Drittel schälen und die holzigen Enden entfernen. Die Spargelstangen schräg in 3 bis 5 cm lange Stücke schneiden. Die Bohnen putzen, waschen, in etwa 2 cm lange Stücke schneiden und in Salzwasser 5 bis 6 Minuten blanchieren. Die Bohnen in ein Sieb abgießen, kalt abschrecken und abtropfen lassen.

2 Den Puderzucker in einem Topf bei milder Hitze hell karamellisieren lassen. Schalotten, Kohlrabi, Karotten und Spargel darin bei milder Hitze andünsten. Die Brühe angießen und das Gemüse darin etwa 10 Minuten bissfest garen. In ein Sieb abgießen, dabei die Brühe auffangen. Das Gemüse kurz abkühlen lassen. In einer Schüssel mit den Bohnen mischen.

3 Die Hälfte der Brühe abmessen und mit dem Senf, dem Essig und beiden Ölsorten verrühren. Knoblauch und Ingwer einige Minuten in der Marinade ziehen lassen und wieder entfernen. Die Marinade mit Salz, Pfeffer und je 1 Prise Cayennepfeffer und Zucker würzig abschmecken, die Petersilie unterrühren.

4 Zum Anrichten die Regensburger Würste enthäuten und in 3 bis 5 mm dicke Scheiben schneiden. Die Wurstscheiben mit der Petersilie unter das Gemüse mischen, die Marinade darübergießen und alles gut mischen. Den Wurstsalat nach Belieben nachwürzen und in der Schüssel oder auf einer tiefen Platte servieren.

Alfons Schuhbeck

»Anstatt Regensburger Würste können Sie andere Wurstsorten wie Wiener Würstchen oder Lyoner verwenden. Und Schalotten lassen sich durch rote Zwiebeln ersetzen.«

EINGELEGTER MIESBACHER MIT KANDIERTEN COCKTAILTOMATEN

Für die Tomaten:

150 g Cocktailtomaten
Salz · 2 TL Puderzucker
1 Knoblauchzehe
1 TL Rosmarinnadeln
4 EL mildes Olivenöl

Für den Miesbacher:

4 Miesbacher Käse (à ca. 80 g, ersatzweise Romadur, Limburger)

Für die Marinade:

2 Schalotten
400 ml Gemüsebrühe
2–3 EL Aceto balsamico
80 ml Olivenöl
2 Rosmarinzweige
2 mittelscharfe kleine Chilischoten
2 Streifen unbehandelte Zitronenschale
8 Basilikumblätter
Pfeffer aus der Mühle

Für 4 Personen

1 Für die Tomaten den Backofen auf 100 °C vorheizen. Die Cocktailtomaten waschen und halbieren. Mit der Schnittfläche nach oben auf ein Backblech legen und mit Salz und Puderzucker bestreuen. Den Knoblauch schälen, in Scheiben schneiden und zwischen den Tomaten verteilen. Die Rosmarinnadeln hacken und mit dem Olivenöl verrühren. Die Tomaten mit dem Kräuteröl beträufeln und im Ofen auf der mittleren Schiene 1 1/2 bis 2 Stunden kandieren lassen.

2 Für den Miesbacher die Käse in je 3 Scheiben schneiden und in eine entsprechend große flache Form legen oder in ein Glas füllen.

3 Für die Marinade die Schalotten schälen und in dünne Ringe schneiden. Die Brühe mit dem Essig und dem Olivenöl verrühren und auf die Käsestücke gießen. Kandierte Tomaten, Rosmarinzweige, Chilischoten, Zitronenschale, Basilikumblätter und Schalottenringe rund um den Käse verteilen und das Ganze mindestens 30 Minuten marinieren lassen. Den eingelegten Miesbacher kurz vor dem Servieren aus der Marinade nehmen und reichlich Pfeffer grob darübermahlen.

Alfons Schuhbeck

»Die kandierten Cocktailtomaten schmecken am besten, wenn Sie sie halbiert im Backofen kandieren. Besonders hübsch sieht es aus, wenn Sie einige Exemplare ganz lassen, kandieren und als Dekoration verwenden.«

Radi mit Petersilien-Pesto

Für das Pesto:

200 g Blattspinat
2 Bund Petersilie · Salz
1 EL Mandelblättchen
1 EL frisch geriebener Parmesan
60 ml Olivenöl
60 g braune Butter
(siehe Seite 46)
Pfeffer aus der Mühle
einige Spritzer Zitronensaft

Für den Radi:

500 g weißer Rettich
Salz

Zum Anrichten:

1–2 EL Mandelblättchen

Für 4 Personen

1 Für das Pesto die Spinatblätter verlesen und waschen, grobe Stiele entfernen. Die Petersilie waschen und die Blätter von den Stielen zupfen. Erst den Spinat, dann die Petersilienblätter in Salzwasser je 4 bis 5 Minuten blanchieren. Mit dem Schaumlöffel herausheben, kalt abschrecken und abtropfen lassen. Aus den Blättern das restliche Wasser gut mit den Händen ausdrücken und beides grob zerkleinern.

2 Die Mandeln in einer beschichteten Pfanne ohne Fett unter Rühren goldbraun rösten. Spinat und Petersilie im Küchenmixer mit dem Parmesan, den Mandeln, dem Olivenöl und der braunen Butter zu einer glatten Paste pürieren. Das Pesto mit Salz, Pfeffer und Zitronensaft würzen.

3 Für den Radi den Rettich putzen, schälen, längs vierteln und in 2 mm dicke Scheiben schneiden oder hobeln. Die Rettichscheiben in Salzwasser etwa 1 Minute bissfest blanchieren. In ein Sieb abgießen, kalt abschrecken und abtropfen lassen.

4 Die Mandelblättchen in einer beschichteten Pfanne ohne Fett unter Rühren goldbraun rösten. Die Rettichscheiben mit etwas Pesto vermischen und falls nötig nachwürzen. Den Radi auf einer Platte anrichten und mit den gerösteten Mandelblättchen bestreuen.

Roh marinierter Fenchelsalat

2 Fenchelknollen (ca. 600 g)
Saft von 1/2 Zitrone
2 EL mildes Olivenöl
Salz · Pfeffer aus der Mühle
Zucker

Für 4 Personen

1 Die Fenchelknollen putzen, waschen und auf der Gemüsereibe längs in sehr dünne Scheiben hobeln. Fenchelscheiben in eine Schüssel legen.

2 Den Zitronensaft mit dem Olivenöl verrühren und mit Salz, Pfeffer und 1 Prise Zucker würzen. Die Zitronenmarinade über die Fenchelscheiben verteilen und vorsichtig mit dem Fenchel vermischen. Den Fenchelsalat 5 bis 10 Minuten ziehen lassen und servieren.

Alfons Schuhbeck

»Wenn Sie Fenchelknollen mit Grün bekommen, das Fenchelgrün abzupfen, fein schneiden und über den marinierten Fenchelsalat streuen.«

Rote-Bete-Salat

Für die Roten Beten:

Salz · 1/2 TL Kümmelsamen
750 g Rote Beten

Für die Marinade:

500 ml Gemüsebrühe
3–4 EL Rotweinessig
2 EL Aceto balsamico
1–2 TL scharfer Senf
70 ml Olivenöl
Salz · Pfeffer aus der Mühle
Zucker · gemahlener Kümmel
Cayennepfeffer
1 Zwiebel

Für 4 Personen

1 Für die Roten Beten in einem Topf reichlich Salzwasser erhitzen und die Kümmelsamen hinzufügen. Die Roten Beten darin 1 1/4 bis 1 1/2 Stunden weich kochen. Abgießen, kalt abschrecken, putzen, schälen und in etwa 2 mm dicke Scheiben, in Spalten oder in Stifte schneiden.

2 Für die Marinade die Brühe erwärmen und mit beiden Essigsorten, dem Senf und dem Olivenöl mit dem Schneebesen verrühren. Mit Salz, Pfeffer, je 1 Prise Zucker, Kümmel und Cayennepfeffer kräftig würzen.

3 Die Zwiebel schälen, in dicke Spalten schneiden und in einer Schüssel mit den Roten Beten mischen. Die Marinade über das Gemüse gießen, alles mischen und zugedeckt bei Zimmertemperatur 30 Minuten ziehen lassen. Vor dem Servieren nochmals mit den Gewürzen abschmecken.

Gebratener Gemüsesalat

2 Karotten
200 g weißer Spargel
200 g grüner Spargel (gewaschen)
2 Stangen Staudensellerie
1 kleiner Zucchino
1–2 TL Puderzucker
125 ml Gemüsebrühe
2 EL Zitronensaft
2 EL mildes Olivenöl
Salz · Pfeffer aus der Mühle
1 EL Petersilienblätter
(frisch geschnitten)

Für 4 Personen

1 Die Karotten putzen, schälen und schräg in 3 bis 5 cm dicke Scheiben schneiden. Den weißen Spargel ganz, den grünen Spargel nur im unteren Drittel schälen, dabei die holzigen Enden entfernen. Die Spargelstangen schräg in 3 bis 5 cm dicke Scheiben schneiden. Den Staudensellerie putzen, waschen und schräg in 3 bis 5 cm dicke Scheiben schneiden. Den Zucchino putzen, waschen, längs halbieren und schräg in 3 bis 5 cm dicke Scheiben schneiden.

2 Den Puderzucker in einem breiten Topf hell karamellisieren lassen. Die Karotten-, Spargel- und Selleriescheiben 2 Minuten darin andünsten. Die Brühe hinzufügen und das Gemüse knapp unter dem Siedepunkt etwa 8 Minuten garen. Die Zucchinischeiben dazugeben und weitere 2 Minuten garen.

3 Das Gemüse in eine Schüssel füllen und den Zitronensaft sowie das Olivenöl untermischen. Mit Salz und Pfeffer würzen und die Petersilienblätter unterrühren.

Blaukrautsalat

Für das Kraut:

600 g Blaukraut
2 EL Saft von eingemachten Preiselbeeren
100 ml Orangensaft (frisch gepresst)

Für das Dressing:

5 EL Rotweinessig
Salz · Pfeffer aus der Mühle
1 TL Zucker
4 EL Öl

Für 4 Personen

1 Für das Kraut das Blaukraut putzen, die äußeren Blätter entfernen und den Strunk herausschneiden. Das Kraut in feine Streifen schneiden oder hobeln, in eine Schüssel geben und mit dem Preiselbeersaft und dem Orangensaft vermischen.

2 Für das Dressing den Essig mit etwas Salz, Pfeffer, Zucker und dem Öl verrühren. Das Dressing gut mit dem Blaukraut vermischen. Den Blaukrautsalat mindestens 10 Minuten ziehen lassen und nochmals mit Salz und Pfeffer abschmecken.

Gebrühter Krautsalat

500 g junges Weißkraut
Salz
1 EL Puderzucker
5 EL Rotweinessig
125 ml Gemüsebrühe
3 EL Öl
Pfeffer aus der Mühle
gemahlener Kümmel
Cayennepfeffer · Zucker
50 g durchwachsener Speck

Für 4 Personen

1 Das Weißkraut putzen, die äußeren Blätter entfernen und den Strunk herausschneiden. Das Kraut in feine Streifen hobeln, in eine Metallschüssel geben und leicht mit Salz würzen.

2 Den Puderzucker in einer Pfanne bei mittlerer Hitze hell karamellisieren lassen. Mit dem Essig ablöschen und auf gut die Hälfte einköcheln lassen. Die Brühe angießen, einmal aufkochen lassen und den heißen Sud über das Kraut gießen und damit vermischen. 2 EL Öl unterrühren und mit Salz, Pfeffer, je 1 Prise Kümmel und Cayennepfeffer und etwas Zucker abschmecken. Den Krautsalat 10 Minuten ziehen lassen.

3 Den Speck in kleine Würfel schneiden. Das restliche Öl in einer Pfanne erhitzen und die Speckwürfel darin bei milder Hitze kross braten. Speckwürfel aus der Pfanne nehmen und auf Küchenpapier abtropfen lassen. Den Krautsalat mit den Speckwürfeln bestreuen und servieren.

Brezenknödel-Wurst-Salat

Für das Dressing:

150 ml Brühe
1–2 TL scharfer Senf
2–3 EL Rotweinessig
Salz · Zucker
3 EL mildes Olivenöl
Pfeffer aus der Mühle

Für den Salat:

1 Bund Frühlingszwiebeln
100 g kleine Essiggurken
1 Bund Radieschen
100 g breite grüne Bohnen
100 g Cocktailtomaten

Außerdem:

Brezenknödel (siehe Seite 316)
2 EL Öl
500 g Regensburger Würste
etwas Feldsalat

Für 4 Personen

1 Für das Dressing die Brühe mit dem Senf, dem Essig, Salz und 1 Prise Zucker gut verrühren. Das Olivenöl unterrühren und das Dressing mit Pfeffer würzen. Falls nötig, nochmals mit etwas Salz abschmecken.

2 Für den Salat die Frühlingszwiebeln putzen, waschen und schräg in 3 bis 5 mm dicke Ringe schneiden. Die Essiggurken abtropfen lassen und ebenfalls schräg in 3 bis 5 cm dicke Scheiben schneiden. Die Radieschen putzen, waschen und in dünne Scheiben schneiden.

3 Die Bohnen putzen, waschen und in Rauten schneiden. In Salzwasser 5 Minuten bissfest garen. In ein Sieb abgießen, kalt abschrecken und abtropfen lassen. Die Cocktailtomaten waschen und halbieren.

4 Den Brezenknödel aus der Folie wickeln und in 1/2 cm dicke Scheiben schneiden. Das Öl in einer Pfanne erhitzen und die Knödelscheiben darin bei mittlerer Hitze auf beiden Seiten goldbraun braten.

5 Die Würste enthäuten, längs halbieren und in 3 bis 5 mm dicke Scheiben schneiden. Alle Zutaten in einer großen Schüssel mit dem Dressing mischen und zugedeckt 10 Minuten ziehen lassen.

6 Den Salat nochmals gut mischen, abschmecken und auf Teller verteilen. Den Feldsalat verlesen, waschen und trocken schleudern und auf dem Brezenknödelsalat anrichten.

Alfons Schuhbeck

»In der Pilzsaison gebe ich gerne gebratene Steinpilze an diesen Salat (siehe Seite 300).«

SCHWARZBROTSALAT MIT KARPFENSTÜCKERLN

Für den Salat:

100 g Schwarzbrot (in sehr dünne Scheiben geschnitten)
300 g gemischte Blattsalate
1/2 Salatgurke
1 Stange Staudensellerie
100 g Cocktailtomaten

Für das Dressing:

2 EL Sherryessig
50 ml Gemüsebrühe
1 TL scharfer Senf
3 EL mildes Olivenöl
Salz · Cayennepfeffer
Zucker

Für die Karpfenstückerl:

500 g Karpfenfilet (ohne Haut)
2 Eier · 1 EL halb steif geschlagene Sahne · Salz
frisch geriebene Muskatnuss
1/2 TL abgeriebene unbehandelte Zitronenschale
80 g doppelgriffiges Mehl (Wiener Grießler)
100 g Weißbrotbrösel
Pfeffer aus der Mühle
120 ml Öl

Für 4 Personen

1 Für den Salat die Schwarzbrotscheiben unter dem Backofengrill oder im Toaster knusprig braun rösten. Die gerösteten Scheiben in etwa 3 cm große Stücke schneiden oder brechen.

2 Die Blattsalate putzen, waschen und trocken schleudern. Die Blätter je nach Größe in mundgerechte Stücke zupfen oder ganz lassen. Die Gurke schälen, längs halbieren und die Kerne mit einem Löffel entfernen. Die Gurkenhälften quer in 1/2 cm dicke halbmondförmige Scheiben schneiden. Den Staudensellerie putzen, waschen und schräg in sehr dünne Scheiben schneiden. Die Cocktailtomaten waschen und halbieren.

3 Für das Dressing den Essig mit der Brühe und dem Senf verrühren. Das Olivenöl unterrühren und das Dressing mit Salz und je 1 Prise Cayennepfeffer und Zucker abschmecken.

4 Für die Karpfenstückerln das Karpfenfilet waschen und trocken tupfen. In etwa 3 cm große Stücke schneiden, Gräten dabei entfernen. Die Eier in einem tiefen Teller verquirlen, die Sahne unterheben und mit Salz, Muskatnuss und Zitronenschale würzen. Mehl und Semmelbrösel jeweils in einen tiefen Teller geben.

5 Die Karpfenstücke mit Salz und Pfeffer würzen und zuerst im Mehl wenden, dann durch die Eiermischung ziehen und zuletzt mit den Weißbrotbröseln panieren. Das Öl in einer großen Pfanne erhitzen und die panierten Karpfenstücke darin bei milder Hitze rundherum goldbraun braten. Herausheben und auf Küchenpapier abtropfen lassen.

6 Blattsalate, Gurke, Sellerie und Cocktailtomaten mit dem Dressing vermischen und auf Tellern anrichten. Die Brotstücke hineinstecken und die Karpfenstücke darauflegen.

Alfons Schuhbeck

»Karpfen hat viele Gräten, die sich nur schwer herausziehen lassen. Ich entferne sie bereits beim Zerkleinern der Fischfilets, indem ich entlang der Gräten schneide.«

NUDELSALAT MIT GEMÜSE UND PILZEN

Für die Nudeln:

300 g Farfalle · Salz
1–2 EL Öl

Für das Gemüse:

1/2 Bund grüner Spargel
150 g kleine Karotten
1/3 Salatgurke
1 kleiner Zucchino
150 g Egerlinge
350 ml Gemüsebrühe
1 EL Öl
Salz · Pfeffer aus der Mühle

Für die Marinade:

2 TL Puderzucker
5 EL Rotweinessig
3 EL weißer Portwein
1 TL scharfer Senf
2–3 EL mildes Olivenöl
Salz · Pfeffer aus der Mühle
Cayennepfeffer

Außerdem:

1 EL Dillspitzen
(frisch geschnitten)

Für 4 Personen

1 Für die Nudeln die Farfalle nach Packungsanweisung in reichlich Salzwasser bissfest kochen. In ein Sieb abgießen und abtropfen lassen. Die Nudeln auf einem Blech ausbreiten und kurz ausdampfen lassen. Das Öl darüberträufeln und untermischen.

2 Für das Gemüse den Spargel waschen und im unteren Drittel schälen, die holzigen Enden entfernen. Die Spargelstangen längs halbieren und schräg in 1 bis 2 cm lange Stücke schneiden. Die Karotten putzen, schälen, längs vierteln und in 1 bis 2 cm lange Stifte schneiden. Die Gurke schälen, längs halbieren, mit einem Löffel die Kerne entfernen und das Fruchtfleisch quer in 1/2 cm breite Stücke schneiden. Den Zucchino putzen, waschen, längs halbieren und in etwa 4 mm dicke Scheiben schneiden. Die Egerlinge putzen, trocken abreiben und vierteln.

3 Die Brühe in einem Topf erhitzen. Spargel, Karotten und Gurke darin knapp unter dem Siedepunkt bissfest garen. In ein Sieb abgießen, dabei die Brühe auffangen und für die Marinade beiseite stellen.

4 Das Öl in einer Pfanne erhitzen und die Pilze sowie den Zucchino darin bei mittlerer Hitze 2 bis 3 Minuten anbraten. Mit Salz und Pfeffer würzen und mit Spargel-, Gurken- und Karottenstücken mischen.

5 Für die Marinade den Puderzucker in einer Pfanne bei mittlerer Hitze hell karamellisieren lassen. Mit Essig und Portwein ablöschen und etwas einköcheln lassen. 125 ml von der aufgefangenen Brühe abmessen, in die Pfanne gießen und vom Herd nehmen. Den Senf und das Olivenöl unterrühren und die Marinade mit Salz, Pfeffer, 1 Prise Cayennepfeffer und nach Belieben mit etwas Essig abschmecken.

6 Die Nudeln und das Gemüse mit der Marinade mischen, den Dill unterrühren und den Salat durchziehen lassen.

Alfons Schubbeck

»Der Nudelsalat sollte etwa 30 Minuten durchziehen. Dafür lässt man ihn abgedeckt bei Zimmertemperatur stehen, da er temperiert sehr viel mehr Aroma entfaltet als gekühlt.«

Bratkartoffelsalat mit Bratwürstel

Für das Dressing:

125 ml Gemüsebrühe
5 EL Rotweinessig
1 EL scharfer Senf
2 Scheiben Knoblauch
Salz · Zucker · Cayennepfeffer
8 EL mildes Olivenöl

Für den Salat:

800 g kleine festkochende Kartoffeln
Salz · 1 TL Kümmelsamen
1 Bund Rucola
2 Bund Frühlingszwiebeln
200 g breite Bohnen
700 g Nürnberger Rostbratwürste
3 EL Öl · Pfeffer aus der Mühle
Majoran · gemahlener Kümmel

Für 4 Personen

1 Für das Dressing die Brühe mit Essig, Senf und Knoblauch in einen hohen Rührbecher geben und mit dem Stabmixer verrühren. Mit Salz, Zucker und Cayennepfeffer würzen und das Olivenöl untermixen.

2 Für den Salat die Kartoffeln waschen. In reichlich Salzwasser mit dem Kümmel etwa 15 Minuten weich kochen. Abgießen, noch heiß pellen und abkühlen lassen. Die Kartoffeln in Scheiben schneiden.

3 Den Rucola verlesen, waschen und trocken schleudern. Die Frühlingszwiebeln putzen, waschen und schräg in 3 bis 5 cm dicke Ringe schneiden. Die Bohnen putzen, waschen und schräg halbieren. In Salzwasser 5 Minuten blanchieren. In ein Sieb abgießen, kalt abschrecken und abtropfen lassen. Die Bratwürste schräg dritteln.

4 In einer Pfanne 1 bis 2 EL Öl erhitzen und die Kartoffeln darin bei mittlerer Hitze anbraten. Die Frühlingszwiebeln hinzufügen und einige Minuten mitbraten. Die Bohnen dazugeben. Mit Salz, Pfeffer und je 1 Prise Majoran und Kümmel würzen und in eine Schüssel füllen.

5 Das restliche Öl in einer Pfanne erhitzen und die Würste darin bei mittlerer Hitze braten. Auf Küchenpapier abtropfen und etwas abkühlen lassen. Die Würste zu der Kartoffel-Gemüse-Mischung geben und den Rucola und das Dressing dazugeben und alles vorsichtig mischen.

Gebratene Weisswurst mit Kartoffelpüree

Für das Püree:

1 TL gelbe Senfkörner · Salz
100 g Frühstücksspeck
1 TL Öl
2 Endivienblätter
800 g mehlig kochende Kartoffeln
Kümmelsamen
200 ml Milch
20 g kalte Butter
Pfeffer aus der Mühle
frisch geriebene Muskatnuss

Außerdem:

4 Weißwürste · 1 EL Öl

Für 4 Personen

1 Für das Püree die Senfkörner in einem kleinen Topf in Salzwasser etwa 20 Minuten weich kochen. In ein Sieb abgießen und kalt abschrecken. Den Speck in kleine Würfel schneiden, in einer Pfanne im Öl bei mittlerer Hitze knusprig braten und auf Küchenpapier abtropfen lassen. Die Endivienblätter waschen, trocken tupfen und in feine Streifen schneiden.

2 Die Kartoffeln waschen und in Salzwasser mit 1 Prise Kümmel weich kochen. Möglichst heiß pellen und durch die Kartoffelpresse in eine Schüssel drücken. Die Milch aufkochen und unter die Kartoffelmasse rühren. Butter, Senfkörner, Endivienstreifen und Speckwürfel unterrühren und das Kartoffelpüree mit Salz, Pfeffer und Muskatnuss abschmecken.

3 Die Weißwürste auf beiden Seiten mehrmals einritzen und in einer Pfanne im Öl bei milder Hitze auf beiden Seiten etwa 8 Minuten goldbraun braten. Auf Küchenpapier abtropfen lassen und mit dem Kartoffelpüree anrichten.

KARTOFFELSALAT MIT RADIESERLN

Für den Salat:

1 kg vorwiegend festkochende Kartoffeln · Salz
1/2 EL Kümmelsamen
1 kleine Zwiebel · 1 EL Öl
1/2 Bund Radieschen
1/2 Salatgurke
2 EL braune Butter (siehe unten)
1 EL Petersilienblätter (frisch geschnitten)

Für das Dressing:

400 ml Geflügelbrühe
3 EL Rotweinessig
1 EL scharfer Senf
Salz · Cayennepfeffer · Zucker

Für 4 Personen

1 Die Kartoffeln waschen und in reichlich Salzwasser mit dem Kümmel weich kochen. Abgießen, möglichst heiß pellen und in 4 bis 5 mm dicke Scheiben schneiden. Die Kartoffelscheiben in eine Schüssel geben.

2 Für das Dressing die Brühe erhitzen, mit Essig und Senf verrühren und mit Salz sowie je 1 Prise Cayennepfeffer und Zucker würzen. Eine Hand voll Kartoffelscheiben hinzufügen und mit dem Stabmixer pürieren. Das Dressing nach und nach unter die Kartoffelscheiben mischen, bis die Flüssigkeit vollständig gebunden ist.

3 Die Zwiebel schälen und in kleine Würfel schneiden. In einer Pfanne das Öl erhitzen und die Zwiebelwürfel darin bei milder Hitze glasig dünsten. Die Radieschen putzen, waschen und in Scheiben schneiden. Die Gurke schälen und in Scheiben schneiden.

4 Die braune Butter, die Zwiebel, die Petersilie und die Radieschensowie die Gurkenscheiben unter den Kartoffelsalat heben. Nach Belieben Pfeffer grob darübermahlen. Der Kartoffelsalat schmeckt auch pur, ohne Gurken und Radieserl, oder nur mit einem von beiden oder mit Schnittlauch anstelle von Petersilie.

Alfons Schuhbeck

»Je nach Jahreszeit variiere ich den Kartoffelsalat mit gebratenen Pfifferlingen, Steinpilzen, Bärlauch oder anderen Kräutern, aber auch mit Pesto, eingelegtem Kürbis oder Endivienstreifen.«

BRAUNE BUTTER

250 g Butter

Für 250 g

1 Die Butter in einem kleinen Topf bei mittlerer Hitze zerlassen und langsam erhitzen, bis sie goldbraun ist und ein nussiges Aroma hat.

2 Den Topf vom Herd nehmen und die Butter durch ein mit Küchenpapier ausgelegtes Sieb gießen. In ein gut verschließbares Glas füllen und bis zur Verwendung im Kühlschrank aufbewahren.

Kräuter-Vinaigrette

1 Schalotte
125 ml Gemüsebrühe
2 EL Rotweinessig
½ TL scharfer Senf
3 EL mildes Olivenöl
je 3 Petersilien- und Kerbelstiele
3 Basilikumstiele
Salz · Pfeffer aus der Mühle
Zucker

Für ca. 200 ml

1 Die Schalotte schälen und in sehr kleine Würfel schneiden. Die Brühe mit dem Essig und dem Senf verrühren. Das Öl erst tropfenweise, dann zügiger unter kräftigem Rühren mit einem Schneebesen hinzufügen. Die Schalottenwürfel unterrühren.

2 Die Petersilie, den Kerbel und das Basilkum waschen und trockenschütteln. Die Blätter von den Stielen zupfen, klein schneiden und unter die Vinaigrette rühren. Die Kräuter-Vinaigrette mit Salz, Pfeffer und 1 Prise Zucker würzen. Sie passt gut zu allen Blattsalaten.

Balsamico-Orangen-Vinaigrette

2 TL Puderzucker
5 EL Aceto balsamico
100 ml Gemüsebrühe
4 EL mildes Olivenöl
Salz · Pfeffer aus der Mühle
1 Streifen unbehandelte Orangenschale
1 Thymianzweig
2 Scheiben Knoblauch
1 Scheibe Ingwer

Für ca. 200 ml

1 Den Puderzucker in einer Pfanne bei mittlerer Hitze hell karamellisieren lassen und vom Herd nehmen. Mit dem Essig ablöschen und 30 Sekunden einköcheln lassen.

2 Den Balsamico-Sud mit der Brühe und dem Olivenöl verrühren und mit Salz und Pfeffer würzen. Orangenschale, Thymian, Knoblauch und Ingwer einige Minuten darin ziehen lassen und wieder entfernen.

Alfons Schuhbeck

»Die Balsamico-Vinaigrette passt zu knackigen Blattsalaten, gemischten Salaten und Tomatensalat.«

ZITRONEN-DRESSING

100 ml lauwarme Gemüsebrühe
2 EL Zitronensaft
1/2 TL scharfer Senf
4 EL mildes Olivenöl
Salz · Pfeffer aus der Mühle
Zucker

Für ca. 150 ml

1 Die Brühe mit dem Zitronensaft und dem Senf verrühren. Das Olivenöl erst tropfenweise, dann zügiger unter kräftigem Rühren hinzufügen. Das Dressing mit Salz, Pfeffer und 1 Prise Zucker würzen.

2 Nach Belieben können klein geschnittene Kräuter wie Dill, rotes Basilikum oder Kerbel unter das Zitronen-Dressing gerührt werden.

Alfons Schuhbeck

»Das Zitronen-Dressing passt gut zu Blattsalaten und Gemüse.«

PORTWEIN-VINAIGRETTE

2 TL Puderzucker
125 ml Portwein
125 ml Gemüsebrühe
2 EL Rotweinessig
3 EL Aceto balsamico
4 EL Olivenöl
Salz · Pfeffer aus der Mühle
1/2 Knoblauchzehe (geschält)
1 Scheibe Ingwer
1 kleiner Rosmarinzweig

Für ca. 300 ml

1 In einem kleinen Topf den Puderzucker hell karamellisieren lassen. Mit dem Portwein ablöschen und auf ein Drittel einköcheln lassen. Die Brühe angießen.

2 Den Topf vom Herd nehmen, beide Essigsorten und das Olivenöl unterrühren und die Vinaigrette mit Salz und Pfeffer würzen. Knoblauch, Ingwer und Rosmarin hinzufügen, einige Minuten in der Vinaigrette ziehen lassen und wieder entfernen.

Alfons Schuhbeck

»Die Portwein-Vinaigrette passt gut zu Feldsalat mit rosa gebratenem Reh, Ente oder Rind, ebenso zu gebratener Geflügelleber.«

Sauerrahm-Dressing

75 ml Gemüsebrühe
2–3 EL Rotweinessig
1 EL Aceto balsamico
1 TL Senf
2–3 Scheiben Knoblauch
100 g Naturjoghurt
100 g saure Sahne
1 EL Zucker
1 TL Salz · Cayennepfeffer
80 ml mildes Olivenöl
100 ml Öl
1 EL Walnussöl

Für ca. 500 ml

1 Die Brühe mit den beiden Essigsorten, dem Senf, den Knoblauchscheiben, dem Joghurt und der sauren Sahne in einen hohen Rührbecher geben. Zucker, Salz und 1 Prise Cayennepfeffer hinzufügen.

2 Die Zutaten mit dem Stabmixer glatt verrühren. Nach und nach das Olivenöl unterschlagen und das Dressing nochmals abschmecken. Das Sauerrahm-Dressing passt zu allen knackig frischen Blattsalaten.

Joghurt-Sahne-Dressing

60 ml Gemüsebrühe
2 EL weißer Portwein
1 TL Salz
1 TL Zucker
1 Knoblauchzehe (geschält und halbiert)
1 Scheibe Ingwer
1 Msp. Cayennepfeffer
50 g Naturjoghurt
50 g saure Sahne
1 TL scharfer Senf
1–2 EL Rotweinessig
1 TL weißer Aceto balsamico
1 TL Sherry (medium)
50 ml Öl
50 ml mildes Olivenöl
1 TL Walnussöl

Für ca. 300 ml

1 Die Brühe mit dem Portwein, dem Salz und dem Zucker in einem kleinen Topf aufkochen lassen. Knoblauch und Ingwer hinzufügen und mit Cayennepfeffer würzen. Vom Herd nehmen, abkühlen lassen und durch ein Sieb in einen hohen Rührbecher gießen.

2 Den Joghurt, die saure Sahne, den Senf, beide Essigsorten und den Sherry zu dem Portweinsud geben und mit dem Stabmixer glatt verrühren. Dabei nach und nach das Öl, das Olivenöl und das Walnussöl unterschlagen. Das Dressing passt zu knackigen Blattsalaten und allen Gemüsesalaten.

KARTOFFEL-JOGHURT-DRESSING

1 mittelscharfe rote Chilischote
½ Kartoffel (ca. 60 g)
400 ml Gemüsebrühe
½ kleines Lorbeerblatt
½ kleine Knoblauchzehe (geschält)
1 EL Zitronensaft
3 EL Olivenöl
50 g Naturjoghurt · Salz
frisch geriebene Muskatnuss
gemahlener Kümmel

Für ca. 500 ml

1 Die Chilischote längs halbieren, entkernen und waschen. Die Kartoffel schälen, waschen und in 0,5 cm große Würfel schneiden. Die Brühe in einem Topf aufkochen und das Lorbeerblatt hinzufügen. Chilischote und Kartoffel in der Brühe knapp unter dem Siedepunkt 10 bis 15 Minuten weich ziehen lassen. Das Lorbeerblatt entfernen.

2 Die Kartoffel mitsamt der Brühe und der Chilischote in einen hohen Rührbecher füllen. Knoblauch, Zitronensaft, Olivenöl und Joghurt dazugeben und alles mit dem Stabmixer fein pürieren. Mit Salz, etwas Muskatnuss und 1 kleinen Prise Kümmel abschmecken. Das Dressing passt zu knackigen Blattsalaten, besonders zu Feldsalat.

FRENCH DRESSING

1 sehr frisches Eigelb
½–1 TL scharfer Senf
1 EL Weißweinessig
1 Msp. Knoblauch (gehackt)
Salz · Zucker · Cayennepfeffer
75 ml Öl · 50 ml Gemüsebrühe
50 g Sahne

Für ca. 150 ml

1 Eigelb, Senf, Essig und Knoblauch mit je 1 Prise Salz, Zucker und Cayennepfeffer in den Küchenmixer geben. Alles auf niedriger Stufe verrühren und das Öl nach und nach in einem feinen Strahl dazugießen, sodass eine glatte gebundene Sauce entsteht.

2 Die Brühe und die Sahne untermixen und das Dressing mit Salz und Cayennepfeffer abschmecken. Es passt zu Eissalat und Tomaten.

SENF-DRESSING

100 ml Gemüsebrühe
1 TL süßer Senf
1 TL scharfer Senf
1 TL saure Sahne
1 EL Aceto balsamico
1 EL Rotweinessig
5 EL mildes Olivenöl
Salz · Pfeffer aus der Mühle
1 Msp. Cayennepfeffer

Für ca. 200 ml

Für das Dressing die Brühe mit dem süßen und dem scharfen Senf, der sauren Sahne und beiden Essigsorten in einer kleinen Schüssel mit einem Schneebesen verrühren. Nach und nach das Olivenöl unterrühren und das Dressing mit Salz, Pfeffer und Cayennepfeffer würzen. Es passt zu knackigen Blattsalaten und bunten Gemüsesalaten.

Kalte & warme Vorspeisen

SCHMANKERL FÜR DIE SINNE

Kleine feine Leckerbissen zeigen, ob mit Hingabe gekocht wird. Und sie sind ein Zeichen für die Fantasie des Kochs. »Vor-Speisen« schärfen die Sinne für alle kommenden Genüsse. Liebevoll zubereitet und dekorativ angerichtet erfreuen Schmankerl Gaumen und Augen gleichermaßen.

Matjesfilets mit Radieserl-Bohnen-Salat

Für den Salat:

2 kleine Karotten
1 Stange Staudensellerie
Salz · 1 rote Zwiebel
1 Bund Radieschen
150 g feine grüne Bohnen (Keniabohnen)
2 kleine Kartoffeln · 2–3 EL Öl
getrocknetes Bohnenkraut
Pfeffer aus der Mühle
1–2 EL Rotweinessig
100 ml Gemüsebrühe
1/2 TL scharfer Senf
2–3 EL Olivenöl · Zucker

Für den Zitronenrahm:

150 g saure Sahne
100 g Crème fraîche
1 TL scharfer Senf
3–5 EL Sahne
1 EL Zitronensaft
abgeriebene Schale von 1 unbehandelten Zitrone
Salz · Cayennepfeffer · Zucker
1 TL Estragonblätter (frisch geschnitten)

Außerdem:

4 doppelte Matjesfilets (ca. 600 g; küchenfertig)

Für 4 Personen

1 Für den Salat die Karotten putzen und schälen. Den Staudensellerie putzen und waschen. Beides schräg in dünne Scheiben schneiden und in Salzwasser 4 Minuten bissfest blanchieren. In ein Sieb abgießen, kalt abschrecken und abtropfen lassen.

2 Die Zwiebel schälen, halbieren und in feine Streifen schneiden. Die Radieschen putzen, waschen und in dünne Scheiben schneiden. Die Bohnen putzen, waschen und halbieren. In Salzwasser 5 Minuten bissfest blanchieren. In ein Sieb abgießen, kalt abschrecken und abtropfen lassen.

3 Die Kartoffeln schälen, waschen und in 1 cm große Würfel schneiden. In Salzwasser 20 Minuten weich kochen. Die Kartoffeln abgießen und abkühlen lassen. Das Öl in einer Pfanne erhitzen und die Kartoffelwürfel darin bei mittlerer Hitze goldbraun braten. Mit 1 Prise Bohnenkraut, Salz und Pfeffer würzen und auf Küchenpapier abtropfen lassen.

4 Den Essig in einer Schüssel mit der Brühe, dem Senf und dem Olivenöl verrühren. Die Vinaigrette mit Salz, Pfeffer und 1 Prise Zucker würzen. Karotten, Sellerie, Zwiebel, Radieschen und Bohnen mit der Vinaigrette vermischen. Den Radieserl-Bohnen-Salat mit Salz und Pfeffer abschmecken und kurz marinieren lassen.

5 Für den Zitronenrahm die saure Sahne in einer kleinen Schüssel mit der Crème fraîche und dem Senf verrühren, je nach gewünschter Konsistenz die entsprechende Menge Sahne dazugeben. Mit Zitronensaft und -schale, Salz und je 1 Prise Cayennepfeffer und Zucker abschmecken. Zum Schluss den Estragon unterrühren.

6 Zum Anrichten die Matjesfilets trennen, waschen und trocken tupfen. Die Filets nebeneinander auf eine Platte oder auf einzelne Teller legen. Den Salat auf den Matjesfilets verteilen. Die Kartoffelwürfel darüberstreuen und den Zitronenrahm separat dazu servieren.

Alfons Schuhbeck

»Zu den Matjesfilets passen Reiberdatschi, Rösti oder gekochte Kartoffeln. Matjes schmeckt durch seinen hohen Salzgehalt am besten in kalten Zubereitungen. Für Matjestatar wird der Matjes in kleine Würfel geschnitten und mit 2 bis 3 EL Zitronenrahm (siehe Rezept oben) verrührt.«

LACHSBÄLLCHEN IN SENFSAUCE

Für die Sauce:

100 g Crème fraîche
2 EL Milch
1 EL mildes Olivenöl
1 TL scharfer Senf
1 TL süßer Senf
Salz · Cayennepfeffer

Für die Lachsbällchen:

1 Cornichon (oder 1 EL klein gewürfelte Essiggurke)
20 dünne Scheiben geräucherter Lachs
1/2 TL abgeriebene unbehandelte Limettenschale
1/2 EL Dillspitzen (frisch geschnitten)
Salz · Pfeffer aus der Mühle

Für 20 Stück

1 Für die Sauce die Crème fraîche in einer kleinen Schüssel mit der Milch, dem Olivenöl, dem scharfen und dem süßen Senf verrühren. Die Sauce mit Salz und 1 Prise Cayennepfeffer würzen.

2 Für die Lachsbällchen die Cornichon in sehr kleine Würfel schneiden. Aus den Lachsscheiben mit einer runden Ausstechform oder einem Glas Kreise von 5 bis 6 cm Durchmesser ausstechen oder -schneiden und beiseite legen. Den restlichen Lachs in kleine Würfel schneiden und mit den Gurkenwürfeln, der Limettenschale und dem Dill in einer kleinen Schüssel verrühren. Die Lachs-Gurken-Mischung mit Salz und Pfeffer würzen.

3 Je 1 Lachskreis auf ein kleines Stück Frischhaltefolie legen. Jeweils etwas Lachs-Gurken-Mischung in die Mitte der Lachskreise setzen. Die Ränder der Lachsscheiben nach oben legen und zusammendrücken, sodass eine Kugel entsteht. Die Frischhaltefolie nach oben schlagen und über der Lachskugel mehrmals kräftig eindrehen, sodass ein kleines Bällchen entsteht.

4 Die Lachsbällchen aus der Folie wickeln und mit der Nahtseite nach unten auf eine Platte setzen. Die Senfsauce darüberträufeln und nach Belieben mit Dillspitzen garnieren.

Alfons Schuhbeck

»Lachsbällchen sind die perfekten Begleiter zum Aperitif: Für 4 Personen auf 20 Esslöffel je etwas Senfsauce geben, 1 Lachsbällchen daraufsetzen und mit Dill garnieren. Sie können auch alle Lachsscheiben in Würfel schneiden und wie oben beschrieben mit Gurke und Gewürzen mischen. Dieses Lachstatar dann einfach über marinierte Blattsalate streuen und die Senfsauce um den Salat herumziehen. Wenn Sie unter das Lachstatar noch etwas Senfsauce mischen, passt es sehr gut als Belag auf getoastete Weißbrotscheiben.«

GEBEIZTE FORELLE

1 EL Wacholderbeeren
je 1 TL Fenchelsamen und Senfkörner
4 Forellenfilets (à 80 g; küchenfertig, mit Haut)
50 g Salz · 3 EL Zucker
1 EL Dillspitzen (frisch geschnitten)
je 1 EL abgeriebene unbehandelte Zitronen- und Orangenschale

Für 4 Personen

1 Am Vortag für die gebeizte Forelle die Wacholderbeeren und die Fenchelsamen und Senfkörner in einer beschichteten Pfanne ohne Fett anrösten. Die Gewürzmischung im Blitzhacker oder im Mörser fein mahlen.

2 Die Forellenfilets waschen und trocken tupfen. Das Salz, den Zucker, die Gewürzmischung, den Dill und Zitronen- und Orangenschale in einer kleinen Schüssel vermischen. Die Forellenfilets auf allen Seiten damit bestreichen und in Frischhaltefolie gewickelt zugedeckt über Nacht im Kühlschrank ziehen lassen.

3 Am nächsten Tag die Marinade mit dem Messerrücken von den Fischfilets abstreifen, dabei die Haut mit entfernen. Die Fischfilets schräg in möglichst dünne Scheiben schneiden und nach Belieben mit der Honig-Senf-Dill-Sauce (siehe Seite 75) servieren.

GEBACKENES GEMÜSE MIT FORELLENSAUCE

Für die Sauce:

150 g geräucherte Forellenfilets (mit Haut)
4 eingelegte Sardellenfilets
60 ml Gemüsebrühe
1 EL Zitronensaft
60 g Sahne · 1 EL Kapern
2–3 EL Olivenöl
Salz · Pfeffer aus der Mühle

Für das Gemüse:

2 Karotten
2 Stangen Staudensellerie
150 g grüner Spargel
100 g kleine Champignons · Salz
125 g Mehl · 65 ml Weißwein
1 EL Öl · Cayennepfeffer
Öl zum Frittieren

Für 4 Personen

1 Für die Sauce die Forellenfilets enthäuten, falls nötig Gräten entfernen und die Filets klein schneiden. Forellenfilets, Sardellen, Brühe, Zitronensaft, Sahne und Kapern im Küchenmixer zu einer glatten Creme pürieren, dabei nach und nach das Olivenöl hinzufügen, salzen und pfeffern.

2 Für das Gemüse die Karotten putzen und schälen. Den Staudensellerie putzen und waschen. Den Spargel waschen, im unteren Drittel schälen und die holzigen Enden abschneiden. Die Champignons putzen und mit Küchenpapier trocken abreiben. Karotten, Sellerie und Spargel in 2 bis 3 cm große Stücke schneiden. In Salzwasser 7 Minuten blanchieren. In ein Sieb abgießen, kalt abschrecken und abtropfen lassen.

3 Für den Ausbackteig das Mehl mit dem Weißwein, 175 ml eiskaltem Wasser und dem Öl in einer Schüssel glatt rühren und mit Salz und Cayennepfeffer würzen. Das Öl in einem Topf auf 170 °C erhitzen. Die Gemüsestücke und die Champignons mit einer Gabel in den Backteig tauchen, etwas abtropfen lassen und portionsweise im heißen Fett ausbacken. Mit dem Schaumlöffel herausheben, auf Küchenpapier abtropfen lassen und sofort mit der Forellensauce servieren.

SÜLZE VOM BAYERISCHEN GOCKEL MIT BRATKARTOFFELN

Zum Pökeln:
je 100 g Salz und Pökelsalz
2 Lorbeerblätter
10 Wacholderbeeren
4 Gewürznelken · 2 TL Senfkörner
1 Thymianzweig
6–7 Hähnchenkeulen (à 250 g; küchenfertig, mit Haut)

Für die Sülze:
2 Zwiebeln
120 g Knollensellerie
2 Karotten · 2 gelbe Karotten (ersatzweise Karotten)
2 Stangen Staudensellerie
1 Lorbeerblatt
3 Wacholderbeeren
1 TL schwarze Pfefferkörner
3 Scheiben Ingwer
10 Blatt weiße Gelatine
1 Knoblauchzehe (geschält und halbiert)
1 Streifen unbehandelte Zitronenschale
1 Thymianzweig
1 kleine getrocknete Chilischote
5 EL Champagneressig (ersatzweise weißer Aceto balsamico)
Salz · Zucker
Öl für die Form

Für die Kartoffeln:
500 g kleine festkochende Kartoffeln (z. B. Sieglinde; vorgegart, gepellt und in Scheiben geschnitten) · 1–2 EL Öl
Salz · Pfeffer aus der Mühle
getrockneter Majoran
1 TL Kümmelsamen

Für 4 Personen

1 Zum Pökeln der Hähnchenkeulen 6 Tage vor der Zubereitung der Sülze in einem Topf 2 l Wasser mit beiden Salzsorten aufkochen. Den Topf vom Herd nehmen, die Gewürze in den heißen Pökelsud geben und abkühlen lassen. Die Hähnchenkeulen waschen, in den Pökelsud geben und zugedeckt 5 Tage im Kühlschrank darin ziehen lassen.

2 Am Vortag für die Sülze die Keulen herausnehmen, abtropfen lassen und die Pökellake entfernen. Die Zwiebeln schälen und vierteln. Den Knollensellerie und die Karotten putzen und schälen. Den Knollensellerie in 1 cm dicke Stifte schneiden, die Karotten längs halbieren. Den Staudensellerie putzen, waschen und quer halbieren.

3 In einem großen Topf etwa 3 l Wasser aufkochen lassen. Die gepökelten Hähnchenkeulen mit den Zwiebelvierteln hineingeben und erneut aufkochen lassen, dabei den aufsteigenden Schaum abschöpfen. Das Hähnchenfleisch darin knapp unter dem Siedepunkt etwa 1 Stunde weich ziehen lassen. Nach 30 Minuten die Gewürze hinzufügen. Das restliche Gemüse dazugeben und in dem Sud weich garen.

4 Die Hähnchenkeulen aus dem Sud nehmen und enthäuten. Das Fleisch von den Knochen lösen und in einzelne Muskelpartien teilen. Den Sud durch ein Sieb gießen, Knollensellerie, Karotten und Staudensellerie beiseite legen, die Zwiebel entfernen. Die Geflügelbrühe entfetten.

5 Die Gelatine in kaltem Wasser einweichen. Von der Geflügelbrühe 600 ml abmessen und in einem Topf erhitzen. Knoblauch, Zitronenschale, Thymian und Chilischote dazugeben, 5 Minuten in der Brühe ziehen lassen und wieder entfernen. Den Topf vom Herd nehmen. Die Gelatine gut ausdrücken und unter Rühren in der heißen Brühe auflösen. Den Sud mit Essig, Salz und Zucker kräftig abschmecken.

6 Eine Terrinen- oder Kastenkuchenform (von etwa 1,5 l Inhalt) mit Öl einpinseln und mit Frischhaltefolie auslegen. Das gepökelte Hähnchenfleisch mit dem Gemüse abwechselnd darin einschichten. So viel lauwarmen Gelatinesud angießen, dass die Schichten gerade bedeckt sind. Den restlichen Gelatinesud aufbewahren. Sülze im Kühlschrank zugedeckt mindestens 4 Stunden (am besten über Nacht) fest werden lassen.

7 Am nächsten Tag die Sülze mithilfe der Folie aus der Form stürzen und die Folie entfernen. Die Sülze mit einem elektrischen Messer in Scheiben schneiden und auf einen Teller legen. Den restlichen Gelatinesud bei milder Hitze erwärmen und die Sülzescheiben mit etwas davon bepinseln.

8 Die Kartoffeln in einer Pfanne im Öl goldbraun braten. Mit Salz, Pfeffer, 1 Prise Majoran und Kümmel würzen. Die Bratkartoffeln mit der Sülze auf den Tellern anrichten, nach Belieben mit Salat servieren.

Gebratene Hendlbrust mit mariniertem Radi und Pfifferlingen

Für die Hähnchenbrüste:

4 Hähnchenbrüste (à 150 g; küchenfertig, mit Haut)
1 Handvoll Kräuterblätter (Petersilie, Basilikum, Salbei, Kerbel, Estragon) · 1 EL Öl
Vanillesalz (siehe unten)
Pfeffer aus der Mühle

Für die Marinade:

80 ml Gemüsebrühe
1 TL scharfer Senf
2 EL Weißweinessig · 2 EL Öl
Salz · Pfeffer aus der Mühle
Cayennepfeffer · Zucker
gemahlener Kümmel

Außerdem:

1/2 Bund große Radieschen
200 g weißer Rettich · Salz
250 g kleine Pfifferlinge · 1 TL Öl
1 Bund Frühlingszwiebeln
Pfeffer aus der Mühle
gemahlener Kümmel
1 Msp. abgeriebene unbehandelte Zitronenschale
1 EL Butter
1 EL Petersilienblätter (frisch geschnitten)
je 1 Handvoll Frisée- und Feldsalat, (geputzt und gewaschen)

Für 4 Personen

1 Für die Hähnchenbrüste den Backofen auf 100 °C vorheizen. Auf die mittlere Schiene ein Ofengitter und darunter ein Abtropfblech schieben. Die Hähnchenbrüste waschen und trockentupfen. Die Hähnchenhaut jeweils leicht anheben und zwischen Hähnchenhaut und dem Brustfleisch einige Kräuterblätter legen.

2 Das Öl in einer Pfanne erhitzen und die Hähnchenbrüste mit der Hautseite nach unten darin bei mittlerer Hitze etwa 3 Minuten braun braten und kurz wenden, sodass sich die Poren auf der Fleischseite schließen. Im Ofen auf dem Ofengitter 40 Minuten garen. Herausnehmen und mit Vanillesalz und Pfeffer bestreuen würzen.

3 Für die Marinade die Brühe mit dem Senf, dem Essig und dem Öl in einen hohen Rührbecher geben und mit dem Stabmixer aufmixen. Mit Salz, Pfeffer und je 1 Prise Cayennepfeffer, Zucker und Kümmel würzen.

4 Die Radieschen putzen, waschen und vierteln. Den Rettich putzen, schälen und in mundgerechte Stücke schneiden. Die Rettichstücke in Salzwasser 3 bis 4 Miuten bissfest kochen. In ein Sieb abgießen, kalt abschrecken und abtropfen lassen.

5 Die Pfifferlinge putzen und trocken abreiben, falls nötig kurz waschen und sofort auf Küchenpapier abtropfen lassen. Das Öl in einer Pfanne erhitzen und die Pilze darin bei mittlerer Hitze kurz anbraten. Die Frühlingszwiebeln putzen, waschen und schräg in 1/2 bis 1 cm schneiden. In die Pfanne geben, kurz darin erhitzen und mit Salz, Pfeffer, 1 Prise Kümmel und Zitronenschale würzen. Die Pfanne vom Herd nehmen, die Butter hinzufügen und zerlassen.

6 Die Radieschenviertel und die Rettichstücke mit der Marinade beträufeln, die Petersilie dazugeben und auf Tellern verteilen. Die Pfifferlinge daraufgeben, die Hähnchenbrüste längs in Scheiben schneiden und darauf anrichten. Frisée- und Feldsalat mit dem restlichen Dressing marinieren und die gebratene Hendlbrust damit garnieren.

Alfons Schuhbeck

»Vanillesalz können Sie gut selbst herstellen: 1/2 ausgekratzte Vanilleschote trocknen lassen. Die Schote fein hacken oder im Mörser zerstoßen und mit 1 EL Salz mischen.«

RINDERTATAR MIT KARTOFFELRÖSTI UND BLUMENKOHL-REMOULADE

Für das Tatar:

500 g Rinderfilet oder Rinderfiletspitzen · 1 kleine Essiggurke
1–2 TL Kapern
3 eingelegte Sardellenfilets
½ Zwiebel · 1 EL Öl
2 EL mildes Olivenöl
1 EL Tomatenketchup
1 EL süßsaure Chilisauce
2 EL Schnittlauchröllchen
1 Spritzer Zitronensaft
1 Msp. Paprikapulver (edelsüß)
Salz · Pfeffer aus der Mühle
Zucker

Für die Remoulade:

150 g Blumenkohlröschen
200 g Crème fraîche · 2 EL Milch
½ TL scharfer Senf
2 eingelegte Sardellenfilets
1 TL Kapern
je 1 Msp. abgeriebene unbehandelte Zitronen- oder Limettenschale
1–2 EL Schnittlauchröllchen
1 EL Rotweinessig
einige Tropfen Worcestershiresauce
Salz · Pfeffer aus der Mühle
Cayennepfeffer

Für die Rösti:

2 festkochende Kartoffeln (ca. 250 g)
Salz · Pfeffer aus der Mühle
frisch geriebene Muskatnuss
3 EL Öl

Für 4 Personen

1 Für das Tatar das Rindfleisch von Fett und Sehnen befreien und durch den Fleischwolf drehen. Die Essiggurke, die Kapern und die Sardellenfilets fein hacken. Die Zwiebel schälen und in kleine Würfel schneiden. Das Öl in einer Pfanne erhitzen, die Zwiebelwürfel darin bei milder Hitze glasig dünsten und abkühlen lassen.

2 Das Rinderhackfleisch mit Zwiebelwürfeln, Essiggurke, Kapern, Sardellen, Olivenöl, Ketchup, Chilisauce und Schnittlauch in einer Schüssel mischen. Das Rindertatar mit dem Zitronensaft, dem Paprikapulver, Salz, Pfeffer und 1 Prise Zucker herzhaft abschmecken.

3 Für die Remoulade die Blumenkohlröschen waschen, in sehr kleine Röschen teilen und in Salzwasser 6 bis 7 Minuten fast weich kochen. In ein Sieb abgießen, kalt abschrecken und abtropfen lassen.

4 Die Crème fraîche mit der Milch und dem Senf in einer kleinen Schüssel glatt rühren. Die Sardellen und die Kapern fein hacken und beides mit der Zitronenschale und dem Schnittlauch zu der Senfcreme geben und verrühren. Die abgetropften Blumenkohlröschen untermischen und die Remoulade mit Essig, Worcestershiresauce, Salz, Pfeffer und 1 Prise Cayennepfeffer abschmecken.

5 Für die Rösti die Kartoffeln waschen, schälen und auf der Gemüsereibe in feine Streifen raspeln. Mit Salz, Pfeffer und Muskatnuss würzen. Die Kartoffeln 1 bis 2 Minuten ziehen lassen und mit den Händen den Saft ausdrücken.

6 Das Öl in einer großen beschichteten Pfanne erhitzen, die Kartoffelstreifen in vier Portionen teilen und als flache Fladen in die Pfanne setzen. Die Rösti im heißen Öl portionsweise bei milder Hitze goldbraun braten. Wenden und die zweite Seite ebenfalls langsam bräunen. Aus der Pfanne nehmen und auf Küchenpapier abtropfen lassen.

7 Aus dem Rindertatar vier Hacksteaks formen und mit den Kartoffelrösti und der Blumenkohl-Remoulade auf Tellern anrichten.

Spargel mit gebeiztem Saibling und Eiermarinade

Für den Saibling:

2 TL Korianderkörner
1 TL schwarze Pfefferkörner
1 EL Wacholderbeeren
je 1 TL Fenchelsamen und Senfkörner
4 Saiblingsfilets (à 80 g; küchenfertig, mit Haut)
50 g Salz · 3 EL Zucker
je 1 EL Petersilienblätter und Dillspitzen (frisch geschnitten)
je 1 EL abgeriebene unbehandelte Zitronen- und Orangenschale

Für den Spargel:

8 Stangen weißer Spargel
1–2 EL Salz · 1 EL Zucker

Für die Marinade:

2 Eier (hart gekocht)
80 ml Gemüsebrühe
1/2 TL scharfer Senf
1–2 EL Rotweinessig
3–4 EL mildes Olivenöl
Salz · Pfeffer aus der Mühle
Zucker

Außerdem:

1 EL Schnittlauchröllchen

Für 4 Personen

1 Am Vortag für den gebeizten Saibling die Koriander- und die Pfefferkörner, die Wacholderbeeren, die Fenchelsamen und die Senfkörner in einer beschichteten Pfanne ohne Fett anrösten. Die Gewürzmischung im Blitzhacker oder im Mörser fein mahlen.

2 Die Saiblingfilets waschen und trocken tupfen. Das Salz, den Zucker, die Gewürzmischung, die Petersilie, den Dill und die Zitronen- und Orangenschale in einer kleinen Schüssel vermischen. Die Saiblingsfilets auf beiden Seiten damit bestreichen und in Frischhaltefolie gewickelt zugedeckt über Nacht im Kühlschrank ziehen lassen.

3 Am nächsten Tag für den Spargel die Spargelstangen schälen und die holzigen Enden abschneiden. In einem großen breiten Topf 2 l Wasser zum Kochen bringen und das Salz und den Zucker hinzufügen. Die Spargelstangen darin je nach Dicke 8 bis 10 Minuten kochen.

4 Den Spargel herausnehmen, kalt abschrecken und abtropfen lassen. Das Gemüse bis zur Verwendung zugedeckt bei Zimmertemperatur beiseite stellen.

5 Für die Marinade die Eier pellen und halbieren. Die Eiweiße und die Eigelbe trennen und separat klein hacken.

6 Die Brühe in einer kleinen Schüssel mit dem Senf, dem Essig und dem Olivenöl mit dem Schneebesen verrühren. Die Marinade mit Salz, Pfeffer und 1 Prise Zucker herzhaft abschmecken und zum Schluss die gehackten Eier unterrühren.

7 Zum Servieren je 2 Spargelstangen auf einen großen Teller legen, mit der Eiermarinade beträufeln und mit den Schnittlauchröllchen bestreuen. Den gebeizten Saibling herausnehmen, die Marinade mit dem Messerrücken von den Fischfilets abstreifen, dabei die Haut mit entfernen. Den Saibling in Scheiben schneiden, zu dem Spargel anrichten und nach Belieben mit kleinen marinierten Salatblättchen und Blüten garnieren.

Alfons Schuhbeck

»Statt des Saiblings können Sie auch gebeizte Forellenfilets (siehe Seite 57), gebeizte Lachsscheiben oder rohe Thunfischscheiben verwenden. Letztere noch mit ein paar Tropfen Zitronensaft, etwas Olivenöl, Salz und Pfeffer aus der Mühle marinieren. Die Hälfte des Spargels können Sie durch grünen Spargel ersetzen.«

GEBACKENES POCHIERTES EI AUF GRÜNEM SALAT

Für die Eier:

ca. 8 EL Essig
5 sehr frische Eier
Salz · Pfeffer aus der Mühle
50 g Mehl
50 g Weißbrotbrösel
Öl zum Ausbacken

Für den Salat:

300 g grüner Salat
80 ml Gemüsebrühe
2 EL Rotweinessig
1 TL scharfer Senf
Salz · Pfeffer aus der Mühle
Zucker
4 EL mildes Olivenöl
ca. 120 g Schnittlauchsauce
(siehe Seite 236)

Für 4 Personen

1 Für die Eier in einem breiten Topf Wasser aufkochen und 1 Schuss Essig hineingeben.

2 In vier kleine Schälchen je 1 EL Essig geben. 4 rohe Eier vorsichtig aufschlagen und je 1 rohes Ei in die Schälchen gleiten lassen, den Dotter dabei nicht verletzen.

3 Den Topf vom Herd nehmen und das siedende Wasser mit einem Kochlöffel kreisförmig in eine Richtung rühren, bis es sich dreht. Die Eier nacheinander aus den Schälchen vorsichtig in das sich drehende Wasser gleiten lassen – das Eiweiß wickelt sich dabei um das Eigelb. Die Eier je nach Wassertemperatur 8 bis 10 Minuten pochieren. Mit dem Schaumlöffel aus dem Wasser heben und kurz abtropfen lassen.

4 Das restliche Ei in einem tiefen Teller verquirlen und mit Salz und Pfeffer kräftig würzen. Das Mehl und die Weißbrotbrösel ebenfalls jeweils auf einem tiefen Teller verteilen. Die pochierten Eier zuerst im Mehl wenden, dann vorsichtig durch das verquirlte Ei ziehen und zuletzt mit den Weißbrotbröseln panieren.

5 In eine Pfanne ca. 1 cm hoch Öl gießen und erhitzen. Die Eier darin bei milder Hitze auf beiden Seiten goldbraun backen. Mit dem Schaumlöffel herausheben und auf Küchenpapier abtropfen lassen.

6 Für den Salat den grünen Salat putzen, waschen und trocken schleudern, die Blätter in mundgerechte Stücke zupfen. Für die Marinade die Brühe mit dem Essig und dem Senf in einen hohen Rührbecher geben und mit dem Stabmixer verrühren. Mit Salz, Pfeffer und 1 Prise Zucker würzen und nach und nach das Olivenöl untermixen.

7 Den grünen Salat gut mit der Marinade mischen und auf Teller verteilen. Je 1 gebackenes pochiertes Ei daraufsetzen und mit der Schnittlauchsauce umkränzen.

Alfons Schuhbeck

»Wer mag, gibt das pochierte Ei gleich nach dem Garen, also ohne es zu panieren, auf den Salat. Zu dieser Variante passt dann ein Senf-Dip (siehe Seite 75). Für eine vegetarische Variante die pochierten Eier jeweils in 1 hauchdünn geschnittene Scheibe Schwarzbrot einwickeln und bei sehr milder Hitze in 2 EL Öl auf beiden Seiten knusprig braten.«

Lauwarmer Lachs auf Gurkennudeln

Für die Gurkennudeln:

2 Salatgurken
Salz

Für die Marinade:

150 g saure Sahne
1 Spritzer Zitronensaft
Salz · Cayennepfeffer · Zucker

Für den Lachs:

Butter für das Blech
4 Lachsfilets (à 120 g; küchenfertig, ohne Haut und Gräten)
Salz · Pfeffer aus der Mühle

Für 4 Personen

1 Für die Gurkennudeln die Gurken schälen und längs dritteln. Das Fruchtfleisch längs in dünnen Scheiben von der Schalenseite her mit dem Sparschäler rundherum abziehen, sodass die Kerne übrig bleiben. Die Gurkenscheiben der Länge nach in dünne Streifen schneiden und die Gurkennudeln in Salzwasser 1 bis 2 Minuten blanchieren. In ein Sieb abgießen, kalt abschrecken und abtropfen lassen.

2 Für die Marinade die saure Sahne mit dem Zitronensaft verrühren und mit Salz, 1 Prise Cayennepfeffer und falls nötig 1 kleine Prise Zucker herzhaft abschmecken. Die Gurkennudeln in einer Schüssel mit der Marinade mischen und marinieren.

3 Für den Lachs den Backofen auf 100 °C vorheizen. Ein Backblech mit Butter einfetten. Die Lachsfilets waschen und trocken tupfen. Auf das Blech legen, mit Frischhaltefolie bedecken und im Ofen auf der mittleren Schiene etwa 20 Minuten saftig durchziehen lassen.

4 Die Lachsfilets herausnehmen und die Folie entfernen. Den Fisch mit Salz und Pfeffer würzen und nach Belieben mit etwas mildem Olivenöl beträufeln. Die marinierten Gurkennudeln auf Teller verteilen und den lauwarmen Lachs darauf anrichten.

Alfons Schuhbeck

»Den lauwarmen Lachs richte ich auch gerne auf Riesling-Risotto oder Champagner-Risotto an. Dafür einen Risotto (siehe Seite 338) zubereiten und mit Riesling oder Champagner ablöschen. Auch in Blumenkohl- oder Kohlrabisuppe schmeckt lauwarmer Lachs sehr fein.«

Gebratener Saibling süss-sauer mariniert

Für den Sud:

2 Zwiebeln
je 1 TL Senfkörner, Wacholderbeeren, Korianderkörner und schwarze Pfefferkörner
1 EL Öl · 1 EL Zucker
150 ml Weinessig
500 ml Gemüsebrühe
1 Knoblauchzehe
1 Lorbeerblatt
2 kleine getrocknete Chilischoten
je 1 EL Dillspitzen und Petersilienblätter (frisch geschnitten)
2 Scheiben Ingwer

Für den Fisch:

4 Saiblingsfilets (80 g; küchenfertig, mit Haut)
4 EL doppelgriffiges Mehl (Wiener Grießler)
1–2 EL Öl

Für 4 Personen

1 Für den Sud die Zwiebeln schälen, halbieren und in feine Streifen schneiden. Die Senfkörner, die Wacholderbeeren und die Koriander- und Pfefferkörner in einem Topf ohne Fett bei milder Hitze etwa 1 Minute rösten, bis sie leicht zu duften beginnen.

2 Das Öl zu den Gewürzen in den Topf geben und erhitzen. Die Zwiebelstreifen darin bei milder Hitze glasig dünsten. Den Zucker unterrühren, mit Essig ablöschen und die Brühe angießen. Den Knoblauch schälen und halbieren. Mit dem Lorbeerblatt, den Chilischoten, dem Dill, der Petersilie und dem Ingwer hinzufügen. Den Sud einmal aufkochen lassen, vom Herd nehmen und in eine flache ofenfeste Form füllen.

3 Für den Fisch die Saiblingsfilets waschen, trocken tupfen und quer halbieren. Das Mehl auf einen Teller geben. Die Fischfilets auf der Hautseite kurz in das Mehl drücken. Das restliche Öl in einer Pfanne erhitzen und die Filets auf der Hautseite darin bei mittlerer Hitze etwa 2 Minuten kross anbraten.

4 Die Filets aus der Pfanne nehmen, mit der Hautseite nach oben in den heißen Zwiebelsud legen und abkühlen lasen. Die Saiblingsfilets zugedeckt im Kühlschrank mehrere Stunden ziehen lassen.

Alfons Schuhbeck

»Der gebratene Saibling lässt sich sehr gut vorbereiten und ist ideal für Büfetts. Statt Saibling können Sie auch Renke oder Forelle verwenden.«

ZANDER AUF TOMATEN MIT BUTTERMILCHSCHAUM

Für die Tomaten:

8 Tomaten · 2 EL mildes Olivenöl
1 Knoblauchzehe
(geschält und halbiert)
1 Rosmarinzweig
Salz · Pfeffer aus der Mühle

Für den Buttermilchschaum:

150 g Buttermilch
80 g saure Sahne
70 g Crème fraîche
6 EL mildes Olivenöl
Salz · Cayennepfeffer · Zucker
einige Spritzer Zitronensaft

Für den Fisch:

4 Zanderfilets (à 100 g; küchenfertig, mit Haut, ohne Gräten)
1 EL Öl
Salz · Pfeffer aus der Mühle

Außerdem:

Salz · Pfeffer aus der Mühle
4 schöne Basilikumblätter

Für 4 Personen

1 Die Tomaten kreuzweise einritzen, überbrühen, kalt abschrecken, häuten, vierteln und entkernen, dabei die Stielansätze entfernen.

2 Das Olivenöl in einer Pfanne erhitzen und die Tomatenviertel darin bei milder Hitze mit dem Knoblauch und dem Rosmarin 1 bis 2 Minuten andünsten. Mit Salz und Pfeffer würzen.

3 Für den Buttermilchschaum die Buttermilch mit der sauren Sahne und der Crème fraîche in einen hohen Rührbecher geben und mit dem Stabmixer verrühren. Nach und nach das Olivenöl dazugeben und untermixen. Den Buttermilchschaum mit Salz, je 1 Prise Cayennepfeffer und Zucker und Zitronensaft abschmecken.

4 Für den Fisch die Zanderfilets waschen und trocken tupfen. Das Öl in einer Pfanne erhitzen und die Filets darin auf der Hautseite bei mittlerer Hitze etwa 4 Minuten kross anbraten. Die Pfanne vom Herd nehmen, die Fischfilets wenden und in der Resthitze 2 Minuten glasig durchziehen lassen. Den Fisch mit Salz und Pfeffer würzen.

5 Die Tomatenfilets auf vorgewärmten Tellern verteilen, die Zanderfilets daraufsetzen. Den Buttermilchschaum mit dem Stabmixer nochmals aufschäumen und die Filets damit umkränzen und mit den Basilikumblättern garniert servieren.

Alfons Schuhbeck

»Beim Anrichten können Sie über den Zander noch geröstete Kartoffelwürfel streuen. Dafür 1 große festkochende Kartoffel schälen, in gut 1/2 cm große Würfel schneiden und in Salzwasser 10 Minuten kochen. In ein Sieb abgießen, abtropfen lassen und trocken tupfen. Die Kartoffelwürfel in wenig Öl goldbraun braten, auf Küchenpapier abtropfen lassen und mit Salz würzen.«

Eingelegtes Gemüse mit Garnelen

Für das Gemüse:

2 kleine Karotten · Salz
1 kleine Fenchelknolle
½–1 kleiner Zucchino
je 1 rote und gelbe Paprikaschote
1 weiße Zwiebel
5–6 EL Olivenöl
1 Knoblauchzehe
2 kleine Thymianzweige
1 EL Apfelessig
Pfeffer aus der Mühle
Cayennepfeffer · Zucker

Für die Garnelen:

400 g Riesengarnelen
1 EL Olivenöl
1 EL Butter
1 Knoblauchzehe
2 Scheiben Ingwer
½ ausgekratzte Vanilleschote
1 Splitter Zimtrinde
Salz · Pfeffer aus der Mühle

Für 4 Personen

1 Für das Gemüse die Karotten putzen, schälen und in dünne Scheiben schneiden. Die Karottenscheiben in Salzwasser 4 Minuten bissfest blanchieren. In ein Sieb abgießen, kalt abschrecken und abtropfen lassen.

2 Den Fenchel putzen, waschen und in 3 mm dicke Scheiben schneiden, sodass der Strunk die Blätter zusammenhält, und die Scheiben nochmals längs halbieren. Den Zucchino putzen, waschen und in 3 mm dicke Scheiben schneiden. Die Paprikaschoten längs vierteln, entkernen, waschen und in etwa 2 cm große Stücke schneiden. Die Zwiebel schälen und in 2 bis 3 cm große Blätter schneiden.

3 Die Fenchel- und Zucchinischeiben nacheinander in 2 EL Olivenöl bei milder Hitze auf beiden Seiten anbraten und auf Küchenpapier abtropfen lassen. In einer weiteren Pfanne die Paprikastücke mit den Zwiebelblättern in 1 EL Olivenöl 2 Minuten anbraten. Den Knoblauch schälen und in Scheiben schneiden. Mit dem Thymian und den Karottenscheiben in die Pfanne geben. Die Gemüse-Gewürz-Mischung mit dem Fenchel und dem Zucchino in eine Form füllen. Den Essig und das restliche Olivenöl darüberträufeln und alles gut vermischen. Das Gemüse mit Salz, Pfeffer und je 1 Prise Cayennepfeffer und Zucker würzen.

4 Für die Garnelen die Riesengarnelen schälen, am Rücken einschneiden und den Darm entfernen. Die Garnelen längs halbieren. Das Olivenöl in einer Pfanne erhitzen und die Garnelen darin bei milder Hitze auf der Hautseite etwa 1 Minute anbraten und wenden. Die Pfanne vom Herd nehmen und die Garnelen in der Resthitze noch etwa 1 Minute ziehen lassen. Die Garnelen auf einem vorgewärmten Teller beiseite stellen.

5 Das Fett mit Küchenpapier aus der Pfanne tupfen und die Butter darin bei milder Hitze zerlassen. Den Knoblauch schälen und in Scheiben schneiden. Mit dem Ingwer, der Vanilleschote und dem Zimt dazugeben.

6 Die Garnelen nochmals in der Gewürzbutter erwärmen und mit Salz und Pfeffer würzen. Das eingelegte Gemüse auf Teller oder auf einer Servierplatte verteilen und die Garnelen daraufsetzen.

Alfons Schuhbeck

»Wenn Sie Schärfe im Essen mögen, geben Sie einfach noch 3 kleine rote Chilischoten in die Gewürzbutter.«

Brezen-Weisswurst-Knödel mit Gemüse und Senfschaum

Für die Knödel:

100 g Laugenstangen oder Brezen · 100 ml Milch
200 g Weißwurstbrät (vom Metzger, ersatzweise Kalbsbrät)
4 EL kalte Sahne · Salz
gemahlene Macisblüte (ersatzweise frisch geriebene Muskatnuss)
Cayennepfeffer
¼ TL abgeriebene unbehandelte Zitronenschale
1 EL Petersilienblätter (frisch geschnitten)
2 Eier

Für das Gemüse:

150 g Karotten
150 g gelbe Karotten (ersatzweise Karotten) · Salz
1 Bund Frühlingszwiebeln
1–2 EL Butter
¼ ausgekratzte Vanilleschote
1 Scheibe Ingwer
100 ml Geflügelbrühe
Salz · Pfeffer aus der Mühle

Für den Senfschaum:

125 ml Gemüsebrühe
125 g Sahne
je 1 EL scharfer und süßer Senf
10 g kalte Butter · Salz

Für 4 Personen

1 Für die Knödel von den Laugenstangen das Salz entfernen. Die Stangen in ½ cm große Würfel schneiden und in eine große Schüssel geben. Die Milch erhitzen, über die Brezenwürfel gießen und abkühlen lassen.

2 Das Weißwurstbrät mit der Sahne in einer Schüssel glatt rühren. Mit etwas Salz, je 1 Prise Macis und Cayennepfeffer, der Zitronenschale und der Petersilie verrühren. Das Weißwurstbrät mit den Eiern zu den eingeweichten Brezenwürfeln geben und alles gut mischen.

3 Zwei Bogen Alufolie ausbreiten und mit je 1 Blatt Frischhaltefolie (à etwa 25 x 30 cm) belegen. Die Knödelmasse halbieren und je eine Hälfte längs auf den Folien verteilen. Die Masse zuerst in Frischhaltefolie wickeln, dann in Alufolie wie eine Wurst (à etwa 5 cm Durchmesser) zusammenrollen und die Enden fest zusammendrehen. In einem großen Topf Wasser zum Sieden bringen und die Knödelrollen 20 bis 30 Minuten darin ziehen lassen.

4 Für das Gemüse die Karotten putzen, schälen und in 4 bis 5 cm lange und ½ cm breite Stifte schneiden. Die Karottenstifte in Salzwasser 3 bis 4 Minuten bissfest blanchieren. In ein Sieb abgießen, kalt abschrecken und abtropfen lassen.

5 Die Frühlingszwiebeln putzen, waschen, das dunkle Grün entfernen und die Frühlingszwiebeln dritteln. In einem kleinen Topf 1 bis 2 TL Butter zerlassen und die Frühlingszwiebeln darin bei milder Hitze 2 Minuten andünsten. Die Karottenstifte mit der Vanilleschote und dem Ingwer dazugeben und die Brühe angießen. 2 bis 3 Minuten erhitzen, mit Salz und Pfeffer würzen und zum Schluss die restliche Butter unterrühren.

6 Für den Senfschaum die Brühe und die Sahne in einem kleinen Topf erhitzen. Den scharfen und den süßen Senf mit der Butter mit dem Stabmixer unterrühren und mit Salz würzen.

7 Die Knödel herausheben, aus der Folie wickeln und in Scheiben schneiden. Die Knödelscheiben mit dem Gemüse auf vorgewärmten Tellern anrichten. Die Senfsauce nochmals aufschäumen und die Knödelscheiben damit umkränzen.

Alfons Schuhbeck

»Die Laugenstangen oder Brezen wickele ich am Vortag in Alufolie – so werden sie bis zum nächsten Tag schön weich und lassen sich gut in Würfel schneiden.«

Gebackene Weisswurstradeln auf Linsensalat

Für den Salat:

200 g Berglinsen (kleine grüne Linsen)
1 Zwiebel
50 g durchwachsener Speck
1 EL Öl · 1 TL Tomatenmark
1 Lorbeerblatt
400 ml Geflügelbrühe
je 50 g Karotten, Knollensellerie und Lauch
getrockneter Majoran
4 EL Aceto balsamico
1 EL Öl oder sehr mildes Olivenöl
2 EL braune Butter *(siehe Seite 46)*
Salz · Pfeffer aus der Mühle
Zucker · Cayennepfeffer
1 Scheibe Ingwer
1 Scheibe Knoblauch
1 Streifen unbehandelte Orangenschale

Für die Weißwurstradeln:

6 Weißwürste · 2 Eier
Salz · Pfeffer aus der Mühle
1 Spritzer Zitronensaft
100 g doppelgriffiges Mehl (Wiener Grießler)
100 g Weißbrotbrösel
Öl zum Braten

Für 4 Personen

1 Für den Salat die Linsen zwei Stunden in kaltem Wasser einweichen. Die Zwiebel schälen und in kleine Würfel schneiden. Den Speck ebenfalls in kleine Würfel schneiden. Das Öl in einem Topf erhitzen und die Zwiebel- und Speckwürfel darin andünsten. Die Linsen abgießen und in den Topf geben. Das Tomatenmark unterrühren und etwas mitdünsten. Das Lorbeerblatt dazugeben und die Brühe angießen. Die Linsen 20 Minuten köcheln lassen.

2 Das Gemüse putzen, schälen bzw. waschen und in sehr kleine Würfel schneiden. Karotten- und Selleriewürfel nach 10 Minuten Garzeit unter die Linsen rühren, mit 1 Prise Majoran würzen. Die Lauchwürfel einige Minuten vor Ende der Garzeit hinzufügen. Den Topf vom Herd nehmen und die Linsen etwas abkühlen lassen.

3 Den Linsensalat mit Essig, Öl, brauner Butter, Salz, Pfeffer und je 1 Prise Zucker und Cayennepfeffer abschmecken. Ingwer, Knoblauch und Orangenschale und nach Belieben noch 1 kleinen Splitter Zimtrinde hinzufügen. Die ganzen Gewürze 5 bis 10 Minuten in dem Salat ziehen lassen und danach wieder entfernen.

4 Für die Weißwurstradeln von den Weißwürsten die Haut abziehen und die Würste schräg in 1 1/2 bis 2 cm dicke Scheiben schneiden. Die Eier in einem tiefen Teller verquirlen und mit Salz, Pfeffer und Zitronensaft würzen. Das Mehl und die Weißbrotbrösel ebenfalls auf je 1 tiefen Teller verteilen. Die Weißwurstscheiben nacheinander zuerst im Mehl wenden, dann vorsichtig durch die verquirlten Eier ziehen und zuletzt mit den Weißbrotbröseln panieren.

5 In eine Pfanne fingerhoch Öl gießen und erhitzen. Die Weißwurstscheiben darin bei mittlerer Hitze auf beiden Seiten goldbraun braten. Mit dem Schaumlöffel herausheben und auf Küchenpapier abtropfen lassen.

6 Den lauwarmen Linsensalat auf vorgewärmte Teller verteilen, die gebackenen Weißwurstradeln darauf anrichten und sofort servieren.

Alfons Schuhbeck

»Die Weißwurstradeln dürfen keinesfalls zu dünn geschnitten werden, sonst werden sie beim Ausbacken trocken.«

LAUWARMER KALBSTAFELSPITZ AUF DILLBOHNENSALAT

Für den Salat:

je 100 g breite Bohnen, feine grüne Bohnen und Wachsbohnen
Salz · 400 g frische Saubohnen
100 g weiße Bohnen (gegart)
100 g rote Bohnen (gegart)
400 g gekochter Kalbstafelspitz in der Brühe (ca. 500 ml; siehe Seite 207)

Für die Marinade:

1/2 TL Puderzucker
4 EL Weißweinessig
150 ml Tafelspitzbrühe (ersatzweise Gemüsebrühe)
4–5 EL Öl
Salz · Pfeffer aus der Mühle
1 EL Dillspitzen (frisch geschnitten)

Außerdem:

250 ml Tafelspitzbrühe (ersatzweise Gemüsebrühe)
einige schöne Salatblätter
2 EL Meerrettichspäne (frisch gehobelt)

Für 4 Personen

1 Für den Salat die breiten Bohnen putzen, waschen und schräg in 1 bis 1 1/2 cm breite Stücke schneiden. Die grünen Bohnen und die Wachsbohnen putzen und schräg in 2 bis 3 cm lange Stücke schneiden. Breite Bohnen, grüne und gelbe Bohnen nacheinander in Salzwasser fast weich kochen. Mit dem Schaumlöffel herausheben, kalt abschrecken und abtropfen lassen.

2 Die Saubohnen aus den Schoten lösen und die Kerne in Salzwasser 4 bis 5 Minuten bissfest blanchieren. In ein Sieb abgießen, kalt abschrecken und schälen. Die weißen und die roten Bohnen in einem Sieb abbrausen und abtropfen lassen.

3 Den gekochten Tafelspitz aus der Brühe nehmen und in 1/2 cm dicke Scheiben schneiden.

4 Für die Marinade den Puderzucker in einem kleinen Topf karamellisieren lassen. Mit dem Essig und der Brühe ablöschen und etwas abkühlen lassen. Die Brühe mit dem Öl in einen hohen Rührbecher geben und mit dem Stabmixer aufmixen. Mit Salz und Pfeffer würzen und die Dillspitzen unterrühren. Alle Bohnen mit der Marinade mischen.

5 Die Tafelspitzscheiben in eine Pfanne geben, so viel Brühe angießen, dass das Fleisch bedeckt ist, und bei milder Hitze lauwarm erwärmen. Herausnehmen und etwas abtropfen lassen.

6 Die Bohnen mit den Fleischscheiben und den Salatblättern auf Tellern anrichten und mit reichlich Marinade beträufeln. Mit Meerrettichspänen garnieren und sofort servieren.

Alfons Schuhbeck

»Sie können statt des Dillbohnensalats auch 300 g breite Bohnen schräg in 3 cm große Stücke schneiden und in Salzwasser 5 Minuten nicht zu bissfest garen. 4 Pellkartoffeln schälen, in Scheiben schneiden und in 2 EL Öl kross braten. 1 in Streifen geschnittene Zwiebel kurz mitbraten und die Bohnen unterrühren, salzen und pfeffern. Die Marinade (siehe oben) mit 1 TL Sahnemeerrettich verfeinern und den Dill durch 2 EL Schnittlauchröllchen ersetzen. Bohnen und Kartoffeln mit der Marinade mischen.«

GEBACKENE RINDERBACKERL

1 Zwiebel · 1 Lorbeerblatt
2 Gewürznelken · 1 EL Öl
4 große Rinderbackerl (à 250 g; küchenfertig)
1,6 l Geflügelbrühe
1 Knoblauchzehe (geschält und halbiert)
1 Scheibe Ingwer
1 getrocknete Chilischote
2 Eier · 1 TL scharfer Senf
1 TL abgeriebene unbehandelte Zitronenschale
Salz · Pfeffer aus der Mühle
100 g doppelgriffiges Mehl (Wiener Grießler)
100 g Weißbrotbrösel
100 ml Öl zum Ausbacken
1 EL Butter

Für 4 Personen

1 Die Zwiebel schälen und das Lorbeerblatt mit den Gewürznelken darauf feststecken. Das Öl in einem Topf erhitzen und die Rinderbackerl darin bei mittlerer Hitze rundherum anbraten. Die Brühe angießen, die gespickte Zwiebel hinzufügen und die Backerl knapp unter dem Siedepunkt etwa 3 1/2 Stunden gar ziehen lassen. Den Schaum abschöpfen. 15 Minuten vor Ende der Garzeit Knoblauch, Ingwer und Chilischote hinzufügen und zum Schluss wieder entfernen. Den Topf vom Herd nehmen, die Backerl in der Brühe auskühlen lassen, herausnehmen und in 1 cm dicke Scheiben schneiden. Die Brühe anderweitig verwenden.

2 Die Eier mit dem Senf und der Zitronenschale in einem tiefen Teller verquirlen, mit Salz und Pfeffer würzen. Mehl und Weißbrotbrösel ebenfalls in tiefe Teller geben. Die Fleischscheiben zuerst im Mehl, dann in den verquirlten Eiern und zuletzt in den Bröseln wenden.

3 Das Öl in einer Pfanne erhitzen und die Rinderbackerlscheiben darin auf beiden Seiten bei milder Hitze goldbraun backen. Zum Schluss die Butter in der Pfanne zerlassen. Dazu passt Kartoffelsalat (siehe Seite 46), Krautsalat (siehe Seite 40), süßsaures Kartoffel-Lauch-Gemüse (siehe Seite 170) oder auch das Meerrettich-Kräuter-Pesto (siehe unten).

MEERRETTICH-KRÄUTER-PESTO

30 g Mandelblättchen
1 Bund Basilikum
50 g Blattspinat (blanchiert und ausgedrückt)
1 EL geriebener Parmesan
1–2 EL Sahnemeerrettich (aus dem Glas)
1/2 TL Zitronensaft
150 ml Olivenöl
Salz · Pfeffer aus der Mühle
1/2 Knoblauchzehe (gehackt)

Für 4 Personen

1 Für das Pesto die Mandeln in einer beschichteten Pfanne ohne Fett hell rösten und abkühlen lassen. Das Basilikum waschen, trocken schütteln und die Blätter von den Stielen zupfen.

2 Die gerösteten Mandeln, die Basilikumblätter und die restlichen Zutaten mit dem Knoblauch im Küchenmixer zu einer Paste zerkleinern. Das Pesto mit Salz und Pfeffer würzen. Passt gut zu gekochtem Rindfleisch, Fisch und Schweinefilet.

LIMETTENRAHM

200 g Crème fraîche · 4 EL Milch
2 TL Limettensaft
4 EL mildes Olivenöl
1 TL abgeriebene unbehandelte Limettenschale
Salz · Cayennepfeffer

Für ca. 250 g

Für den Limettenrahm die Crème fraîche in einer kleinen Schüssel mit der Milch, dem Limettensaft und dem Olivenöl glatt rühren. Die Limettenschale unterrühren und die Creme mit Salz und Cayennepfeffer abschmecken. Passt gut zu Fisch- oder Fleischcarpaccio oder -tatar und zu gebratenem Fisch.

HONIG-SENF-DILL-SAUCE

200 g Crème fraîche
4 EL Milch · 1 TL Honig
1 TL scharfer Senf
1 EL Dillspitzen (frisch geschnitten)
Salz · Cayennepfeffer

Für ca. 250 g

Für die Honig-Senf-Dill-Sauce die Crème fraîche mit der Milch, dem Honig und dem Senf in eine kleine Schüssel geben. Den Dill hinzufügen und alles gut verrühren. Die Sauce mit Salz und 1 Prise Cayennepfeffer würzen. Passt gut zu gebeiztem Fisch, aber auch zu rosa gebratenem Rindfeisch, zu Barbarie-Entenbrust (siehe Seite 258), lauwarmem Lachs oder gekochtem Rindfleisch.

SENF-DIP

200 g Crème fraîche · 4 EL Milch
2 TL scharfer Senf
2 TL süßer Senf
einige Spritzer Zitronensaft
Salz · Cayennepfeffer

Für ca. 250 g

Für den Senf-Dip die Crème fraîche in einer kleinen Schüssel mit der Milch und beiden Senfsorten glatt rühren. Den Dip mit Zitronensaft, Salz und 1 Prise Cayennepfeffer würzen. Passt gut zu Fisch oder gekochtem Rindfleisch.

Suppen & Eintöpfe

Löffelweise Hochgenuss

Völlig zu Unrecht führen Suppen und Eintöpfe ein Schattendasein auf vielen Speisekarten. Denn eine gute Suppe ist mehr als nur ein Magenwärmer. Sie ist Auftakt und »Salz« eines gelungenen Menüs, ob fein mit Einlage, cremig oder deftig. Jetzt heißt es: Aus dem Vollen schöpfen!

KRAFTBRÜHE

1/2 Zwiebel
50 g Knollensellerie
1/2 kleine Karotte
500 g Rindfleisch (aus der Wade)
2 Eiweiß
2,5 l kalte Rinderbrühe
1/2 Knoblauchzehe
1 Scheibe Ingwer
1/2 ausgekratzte Vanilleschote
1 Splitter Zimtrinde
1 TL schwarze Pfefferkörner
2–3 Petersilienstiele
2 EL Sherry (medium)

Für 4 Personen

1 Zwiebel, Knollensellerie sowie Karotte schälen und in etwa 1/2 große Würfel schneiden. Das Rindfleisch von Fett und Sehnen befreien, grob zerkleinern und durch die größte Scheibe des Fleischwolfs drehen. Die Eiweiße mit 250 g Eiswürfeln (ersatzweise kaltes Wasser) vermischen und mit dem Fleisch und dem Gemüse verrühren.

2 Die kalte Brühe in einen großen Topf geben, die Fleisch-Gemüse-Mischung unterrühren und bei milder Hitze unter häufigem Rühren mit einem Pfannenwender oder einem flachen Holzlöffel langsam erhitzen, damit am Topfboden nichts ansetzt. Wenn sich die Fleischmischung an der Oberfläche abgesetzt hat, nicht mehr rühren und 2 Stunden knapp unter dem Siedepunkt ziehen, nicht kochen lassen. Dabei bricht die Fleischdecke an der Oberfläche an mehreren Stellen leicht auf. Das austretende Fett zwischendurch mit einem Löffel oder einer kleinen Schöpfkelle abnehmen.

3 Die Suppe vom Herd nehmen und 10 Minuten abkühlen lassen, dann die Fleischdecke vorsichtig mit einem Schaumlöffel von der Suppe entfernen. Ein Sieb mit einem Passier- oder Küchentuch auslegen. Die Suppe vorsichtig durch das Sieb in einen Topf gießen. Fettaugen, die sich jetzt noch an der Oberfläche bilden, mit Küchenpapier abtupfen.

4 Kurz vor Weiterverwendung der Brühe Knoblauch, Ingwer, Vanilleschote, Zimtrinde, Pfefferkörner und Petersilienstiele in die Suppe geben. Einige Minuten darin ziehen lassen und wieder entfernen. Die Kraftbrühe mit dem Sherry verfeinern.

Alfons Schuhbeck

»Auf die gleiche Weise kann man auch eine Wild-Consommé aus 500 g Hirschfleisch oder halb Rind-, halb Hirschfleisch zubereiten. Für eine doppelte Kraftbrühe benötigen Sie doppelt so viel Fleisch (1 kg) und doppelt so viel Eiswürfel (500 g), jedoch nur 1 Eiweiß, da mehr Fleischeiweiß vorhanden ist. Ansonsten bleibt die Zubereitung gleich.«

KLARE RINDERSUPPE

1,2 kg Rinderbrust (küchenfertig)
1–2 EL Öl
2 Zwiebeln
1 Karotte
150 g Knollensellerie
100 g Lauchstange
1 Lorbeerblatt
3 Wacholderbeeren
1/2 TL schwarze Pfefferkörner
1 Streifen unbehandelte Zitronenschale
5 Petersilienstiele
1 kleines Liebstöckelblatt
2 Scheiben Knoblauch
1 Scheibe Ingwer
Salz
frisch geriebene Muskatnuss

Für 4 Personen

1 Die Rinderbrust bei mittlerer Hitze in einer Pfanne im Öl rundherum anbraten. In einen großen Topf geben und mit etwa 3 l Wasser auffüllen, sodass das Fleisch gut bedeckt ist. Das Fleisch bei milder Hitze knapp unter dem Siedepunkt etwa 3 Stunden gar ziehen lassen, bis es weich ist. Den dabei aufsteigenden Schaum abschöpfen.

2 Inzwischen die Zwiebeln schälen und die Schalen in den Topf zum Fleisch geben.

3 Die Karotte und den Knollensellerie schälen und mit den Zwiebeln in etwa 1 1/2 cm große Stücke schneiden. Den Lauch putzen, längs halbieren, waschen und in 1 1/2 cm lange Stücke schneiden. Zwiebel-, Karotten- und Knollenselleriestücke sowie Lorbeerblatt, Wacholderbeeren und Pfefferkörner nach 2 1/4 bis 2 1/2 Stunden Garzeit zum Fleisch geben. Den Lauch 15 Minuten vor Ende der Garzeit hinzufügen.

4 Das Fleisch herausnehmen, die Brühe vorsichtig durch ein feines Sieb in einen Topf gießen. Zitronenschale, Petersilienstiele, Liebstöckel, Knoblauch und Ingwer einige Minuten in der Brühe ziehen lassen, dann wieder entfernen und die Suppe salzen. Zum Servieren etwas Muskatnuss in vorgewärmte Suppenteller geben und die Suppe daraufgießen. Die Karotten- und Selleriestücke nach Belieben als Suppeneinlage verwenden.

Alfons Schuhbeck

»Das gekochte Rindfleisch können Sie dünn aufgeschnitten als Rindfleischsalat marinieren. Ebenfalls sehr fein schmeckt die Rinderbrust, wenn Sie das gegarte Fleisch in 1/2 cm dicke Scheiben schneiden, mit scharfem Senf dünn bestreichen und in doppelgriffigem Mehl wenden. Dann in etwas Öl bei milder Hitze auf beiden Seiten goldbraun braten. Diese Rinderbrust in der Senfkruste passt sehr gut auf Blattsalate.«

KLARE OCHSENSCHWANZSUPPE

1 kg Ochsenschwanz (küchenfertig)
2 EL Öl
5 EL Madeira (Dessertwein)
350 ml Weißwein
2 l Gemüse- oder Geflügelbrühe
2 Zwiebeln
1 Karotte
1 Stange Staudensellerie
150 g Lauchstange
1 Lorbeerblatt
5 Wacholderbeeren
1/2 TL gelbe Senfkörner
1/4–1/2 TL Korianderkörner
5 Pimentkörner
1 TL schwarze Pfefferkörner
1 Thymianzweig
1 Streifen unbehandelte Zitronenschale
3 Scheiben Knoblauch
Salz
1 Spritzer Sherry (medium)

Für 4 Personen

1 Den Ochsenschwanz in den Gelenken durchschneiden. Das Öl in einem großen Schmortopf erhitzen, den Ochsenschwanz darin bei mittlerer Hitze rundherum anbraten und wieder herausnehmen. Den Bratensatz mit Madeira und Weißwein ablöschen und auf ein Drittel einköcheln lassen. Die Ochsenschwanzstücke wieder hinzufügen, mit der Brühe auffüllen und knapp unter dem Siedepunkt etwa 3 1/2 Stunden weich ziehen lassen. Den aufsteigenden Schaum und das Fett zwischendurch abschöpfen. Inzwischen die Zwiebeln schälen und sobald der Schaum entfernt ist, die Zwiebelschalen in die Brühe geben.

2 Die Karotte schälen, den Staudensellerie und den Lauch putzen und waschen. Alle Gemüsesorten grob zerkleinern. Mit Lorbeerblatt, Wacholderbeeren, Senf, Koriander, Piment und Pfeffer nach 3 Stunden in die Suppe geben und bis zum Ende der Garzeit mitziehen lassen.

3 Die Ochsenschwanzstücke herausnehmen, etwas abkühlen lassen und das Fleisch von den Knochen lösen. Ein Sieb mit einem Passier- oder Küchentuch auslegen. Die Suppe durch das Sieb in einen Topf abgießen.

4 Den Thymianzweig, die Zitronenschale und den Knoblauch in die Suppe geben, einige Minuten darin ziehen lassen und wieder entfernen. Mit Salz und Sherry abschmecken. Das Ochsenschwanzfleisch dazugeben und erhitzen. Die Suppe in vorgewärmte Suppenteller verteilen.

Alfons Schuhbeck

»Wenn Sie das Gemüse in der Suppe servieren möchten, geben Sie die Gewürze am besten in einem Säckchen dazu – so können Sie sie später wieder leicht entfernen. Ich gebe gerne noch Grüne Krapferl (siehe Seite 92) in die Ochsenschwanzsuppe.«

Klare Fischsuppe mit Saiblingsnockerl

Für die Suppe:

300 g Saiblingskarkassen
250 g Zwiebeln
70 g Karotte
150 g Fenchelknolle
150 g Staudensellerie
1–2 EL Olivenöl
1/2–1 TL Puderzucker
150 ml Weißwein
6 cl Noilly Prat (franz. Wermut)
1,5 l Gemüsebrühe
1 Lorbeerblatt
1/2 TL Pimentkörner
1 TL schwarze Pfefferkörner
1 EL getrocknete Champignons
1 Estragonzweig
2 Petersilienstiele
1 Streifen unbehandelte Zitronenschale
je 1 Scheibe Knoblauch und Ingwer
Cayennepfeffer · Salz

Für die Saiblingsnockerl:

150 g kaltes Saiblingsfilet (ohne Haut und Gräten)
Salz · 1/2 TL scharfer Senf
Cayennepfeffer
frisch geriebene Muskatnuss
150 g Sahne (eiskalt, aber flüssig)

Außerdem:

1–2 EL Kräuter (frisch geschnitten)
frisch geriebene Muskatnuss

Für 4 Personen

1 Für die Suppe die Saiblingskarkassen grob zerkleinern und in kaltem Wasser mindestens 2 Stunden wässern, dabei das Wasser zwischendurch mehrmals auswechseln, bis es klar bleibt. Die Karkassen in ein Sieb abgießen und abtropfen lassen. Die Zwiebeln und die Karotte schälen und in kleine Würfel schneiden. Die Fenchelknolle und den Staudensellerie putzen und waschen. Fenchel in kleine Würfel, Sellerie in dünne Scheiben schneiden.

2 Das Öl in einem breiten Topf erhitzen und die Karkassen darin bei mittlerer Hitze 1 bis 2 Minuten andünsten, ohne sie Farbe annehmen zu lassen. Das vorbereitete Gemüse hinzufügen, kurz mitdünsten, mit etwas Puderzucker bestäuben und mit Weißwein und Noilly Prat ablöschen. Die Flüssigkeit sirupartig einköcheln lassen und mit der Brühe auffüllen, sodass die Fischkarkassen und das Gemüse gut bedeckt sind.

3 Lorbeerblatt, Piment, Pfeffer und Champignons dazugeben und bei milder Hitze knapp unter dem Siedepunkt 20 Minuten ziehen lassen. Die Suppe anschließend vorsichtig durch ein feines Sieb in einen Topf gießen.

4 Den Estragonzweig und die Petersilienstiele waschen und mit der Zitronenschale, dem Knoblauch und Ingwer in die Suppe geben. Mit 1 Prise Cayennepfeffer würzen und einige Minuten ziehen lassen. Alle ganzen Gewürze wieder entfernen und die Suppe, falls nötig, noch etwas salzen.

5 Für die Saiblingsnockerl das Fischfilet waschen, trocken tupfen, in Würfel schneiden, salzen und 5 Minuten ins Tiefkühlfach stellen. Die Fischstücke mit Senf, 1 Prise Cayennepfeffer und etwas Muskatnuss in einen Blitzhacker geben und kurz mixen, bis eine Bindung entsteht. Nach und nach die Sahne in kleinen Portionen hinzufügen, dabei darauf achten, dass die Sahne immer erst vollständig mit dem Fischfleisch vermischt ist, bevor erneut Sahne hinzugefügt wird. Die Fischfarce ist fertig, sobald sie glatt und glänzend ist.

6 In einem Topf Salzwasser erhitzen. Mit zwei nassen Teelöffeln aus der Fischfarce kleine Nockerl formen und im Salzwasser knapp unter dem Siedepunkt 8 Minuten gar ziehen lassen.

7 Zum Anrichten die Kräuter auf Suppenteller verteilen und 1 Prise Muskatnuss dazugeben. Die Suppe auf die Teller verteilen und die Saiblingsnockerl hineinlegen.

GRIESSNOCKERL

50 g weiche Butter
1 Ei (Zimmertemperatur)
80 g Weichweizengrieß
Salz
frisch geriebene Muskatnuss

Für 4 Personen

1 Die Butter hellschaumig schlagen, das Ei hinzufügen und so lange rühren, bis die Masse bindet. Den Grieß unterrühren und die Masse mit Salz und Muskatnuss würzen. Die Grießmasse mindestens 1 Stunde bei Zimmertemperatur quellen lassen.

2 In einem Topf Salzwasser zum Sieden bringen. Aus der Grießmasse mit zwei nassen Teelöffeln gleichmäßige Nockerl abstechen, die Löffel dabei zwischendurch in heißes Wasser tauchen. Die Grießnockerl im Salzwasser knapp unter dem Siedepunkt etwa 15 Minuten gar ziehen lassen. Mit einem Schaumlöffel herausheben. Die Grießnockerl wie die Safran-Grießnockerl (siehe Rezept unten) servieren.

Alfons Schubbeck

»Damit sich Butter und Ei gut verbinden, kann man das Ei trennen und zuerst das Eigelb und dann das Eiweiß unterrühren. Wichtig ist in jedem Fall, dass das Ei nicht zu kalt ist, damit die Butter geschmeidig bleibt.«

SAFRAN-GRIESSNOCKERL

175 ml Gemüsebrühe
1 Döschen Safranfäden (0,1 g; fein zerrieben)
175 ml Milch
120 g Hartweizengrieß
Salz · Pfeffer aus der Mühle
etwas frisch geriebene Muskatnuss
1/2 TL abgeriebene unbehandelte Orangenschale
1 Eigelb
1 Ei
1 Lorbeerblatt

Für ca. 16 Stück

1 Für die Grießnockerl die Brühe in einem Topf erhitzen, vom Herd nehmen, den Safran einstreuen und 10 Minuten ziehen lassen. Milch hinzufügen und aufkochen lassen. Grieß unter Rühren hineinrieseln lassen und einige Minuten bei milder Hitze unter weiterem Rühren dicklich einköcheln lassen.

2 Mit Salz, Pfeffer, Muskatnuss und Orangenschale würzen, vom Herd nehmen und etwas abkühlen lassen. Eigelb mit Ei verquirlen und in die Grießmasse rühren. Reichlich Salzwasser mit dem Lorbeerblatt in einem Topf zum Sieden bringen. Mit zwei nassen Esslöffeln Grießnockerl abstechen und im Wasser knapp unter dem Siedepunkt etwa 10 Minuten gar ziehen lassen.

3 Für eine Suppe Muskatnuss in heiße Teller reiben, nach Belieben zerkleinertes Suppengemüse, Geflügelfleischstücke, Brätstrudelscheiben und die Grießnockerl darin verteilen. Mit der heißen Brühe auffüllen, mit Sherry verfeinern und mit Schnittlauchröllchen bestreuen.

HENDLSUPPE

1 Zwiebel
1,5 kg Geflügelkeulen
2 Stangen Staudensellerie
1 Karotte
1 Petersilienwurzel
1 dünne Stange Lauch
1–2 EL getrocknete Champignons (ersatzweise 50 g frische Champignons)
1 Lorbeerblatt
1 TL schwarze Pfefferkörner
4 Pimentkörner
1 Scheibe Ingwer
Salz
frisch geriebene Muskatnuss
1 EL Sherry (medium)

Für 4 Personen

1 Für die Suppe die Zwiebel schälen und die Zwiebel und die Schalen beiseite legen. Die Geflügelkeulen waschen und trocken tupfen.

2 In einem großen Topf 2,5 l Wasser zum Kochen bringen, die Geflügelkeulen mit den Zwiebelschalen hineinlegen und knapp unter dem Siedepunkt gut 1 Stunde gar ziehen lassen. Den aufsteigenden Schaum dabei zwischendurch mit einem Schaumlöffel abnehmen.

3 Inzwischen den Staudensellerie putzen, waschen und vierteln. Die Karotte und die Petersilienwurzel schälen und längs halbieren. Die beiseite gelegte Zwiebel vierteln. Den Lauch putzen, längs halbieren und waschen. Das vorbereitete Gemüse, die Champignons, das Lorbeerblatt sowie Pfeffer, Piment und Ingwer nach etwa 30 Minuten Garzeit in die Brühe zum Geflügel geben.

4 Die Geflügelkeulen aus dem Topf nehmen und enthäuten. Das Fleisch von den Knochen lösen und in kleinere Stücke zerteilen. Die Suppe durch ein feines Sieb, das mit einem Passier- oder Küchentuch ausgelegt ist, gießen. Die Suppe salzen. Karotte, Petersilienwurzel und Staudensellerie aus dem Sieb nehmen und klein schneiden. Champignons, Zwiebel, Lauch und Gewürze entfernen.

5 Zum Servieren etwas Muskatnuss in vorgewärmte Suppenteller reiben und das zerkleinerte Suppengemüse, das Geflügelfleisch, Brätstrudelscheiben (siehe Seite 87) und Safran-Grießnockerl (siehe Seite 83) dazugeben. Die heiße Suppe auf die Teller verteilen, mit Sherry verfeinern und nach Belieben mit frischen Schnittlauchröllchen bestreuen.

Alfons Schuhbeck

»Wenn ich den Lauch als Suppeneinlage verwende, gebe ich ihn erst 10 Minuten vor Ende der Garzeit dazu.«

Butternockerl

90 g Toastbrot (ohne Rinde)
60 g weiche Butter
1 Eigelb
1 Ei
2 TL Hartweizengrieß
1 TL doppelgriffiges Mehl (Wiener Grießler)
Salz · Cayennepfeffer
frisch geriebene Muskatnuss
1 Lorbeerblatt
2 Scheiben Knoblauch
3 Petersilienstiele

Für 4 Personen

1 Das Toastbrot im Küchenmixer zerkleinern, auf einen flachen Teller geben und über Nacht offen stehen lassen, damit es trocknet.

2 Die Butter schaumig rühren. Nach und nach Eigelb und Ei unterrühren. Den Grieß mit dem Mehl und den Toastbrotbröseln mischen und unter die Buttermasse rühren. Mit Salz, 1 Prise Cayennepfeffer und etwas Muskatnuss würzen. Die Nockerlmasse 10 Minuten ruhen lassen.

3 In einem Topf Salzwasser mit dem Lorbeerblatt aufkochen, die Knoblauchscheiben und die Petersilienstiele hinzufügen. Mit zwei nassen Teelöffeln aus der Masse kleine Nockerl formen und in das Wasser geben. Die Nockerl knapp unter dem Siedepunkt etwa 15 Minuten garen lassen, bis sie an die Oberfläche steigen. Die Nockerl in klarer Brühe servieren.

Alfons Schuhbeck

»Die Nockerl können bis zur Weiterverwendung im Kochsud warm gehalten werden. Damit sie ihre helle Farbe behalten, einfach ein Stück Küchenpapier direkt auf die Nockerl legen. Es saugt sich mit Flüssigkeit voll und hält so die Nockerl feucht. Diese Methode eignet sich auch für alle anderen Nockerl sowie für Knödel.«

Brätnockerl

150 g Kalbsbrät (vom Metzger)
3 EL Sahne
1 Msp. abgeriebene unbehandelte Zitronenschale
frisch geriebene Muskatnuss
1/2–1 EL Petersilienblätter (frisch geschnitten)
Salz

Für 4 Personen

1 Das Kalbsbrät mit der Sahne in eine Schüssel geben und glatt rühren. Mit Zitronenschale, Muskatnuss und Petersilie würzen.

2 In einem Topf Salzwasser zum Kochen bringen und vom Herd nehmen. Mit zwei nassen Teelöffeln kleine Nockerl aus dem Brät formen und in das 90 °C heiße Salzwasser geben. Die Nockerl auf dem Herd bei milder Hitze etwa 10 Minuten gar ziehen lassen.

3 Die Nockerl bis zum Servieren im Salzwasser warm halten (siehe oben), bei Bedarf herausnehmen und in die Brühe geben.

BRÄTSTRUDEL

Für den Teig:

35 g Mehl
Salz
frisch geriebene Muskatnuss
100 ml Milch
1 Ei
1–2 EL flüssige Butter (lauwarm)

Für die Füllung:

140 g Kalbsbrät
3 EL Sahne
1 TL Dijon-Senf
Salz · Pfeffer aus der Mühle
frisch geriebene Muskatnuss
1 Msp. abgeriebene unbehandelte Zitronenschale
1 EL Petersilienblätter (frisch geschnitten)

Außerdem:

Butter zum Ausbacken

Für 4 Personen

1 Das Mehl mit 1 Prise Salz und Muskatnuss in eine Schüssel geben. Mit gut der Hälfte der Milch glatt rühren, die restliche Milch und das Ei unterrühren. Zuletzt die flüssige Butter hinzufügen. Den Teig mindestens 20 Minuten ruhen lassen.

2 In einer kleinen Pfanne etwas Butter zerlassen. Den Teig darin portionsweise bei milder Hitze zu hellbraunen, dünnen Pfannkuchen ausbacken, herausnehmen und abkühlen lassen.

3 Das Kalbsbrät mit der Sahne und dem Senf glatt rühren, mit Salz, Pfeffer, Muskatnuss und Zitronenschale würzen, die Petersilie unterrühren. Pfannkuchen dünn mit der Brätmischung bestreichen und einrollen. Jede Pfannkuchenrolle zuerst in ein Stück Frischhaltefolie, dann in ein Stück Alufolie wickeln und die Enden wie bei einem Bonbon zusammendrehen. In einem Topf Wasser auf 90 °C erhitzen und die Strudel darin 10 bis 15 Minuten ziehen lassen.

4 Den Brätstrudel aus der Folie wickeln und in Scheiben schneiden. Die Strudelscheiben in klarer Brühe servieren.

Alfons Schuhbeck

»Übrige Brätstrudel halten sich im Kühlschrank 1 bis 2 Tage, können aber auch eingefroren werden. Die Füllung variiere ich nach Belieben mit 1 EL eingeweichten und klein gehackten Trockenpilzen. Oder ich schmecke das Brät mit 1/2 bis 1 TL klein gehackten Kapern und verschiedenen Kräutern ab. Sehr hübsch sieht die Füllung aus, wenn Sie in das Brät 2 EL sehr klein geschnittene blanchierte Gemüsewürfel rühren. Für klare Fischsuppe, z. B. klare Kräutersuppe mit Saibling können Sie die Pfannkuchen anstatt mit Kalbsbrät mit 170 g Fischfarce bestreichen.«

PFANNKUCHENSTREIFEN

2 Eier
70 g Mehl
170 ml Milch
3–4 EL flüssige Butter (lauwarm)
1 EL Petersilienblätter (frisch geschnitten)
Salz · Pfeffer aus der Mühle
frisch geriebene Muskatnuss
Butter zum Ausbacken

Für 4 Personen

1 Die Eier in einer Schüssel verquirlen, das Mehl dazugeben und gut verrühren. Die Milch nach und nach unter Rühren dazugeben und alles zu einem glatten Teig verarbeiten. Die flüssige Butter und die Petersilie unterrühren und den Pfannkuchenteig mit Salz, Pfeffer und 1 Prise Muskatnuss würzen. Den Teig abgedeckt 30 Minuten ruhen lassen.

2 In einer Pfanne etwas Butter bei milder Hitze zerlassen. Mit einer kleinen Schöpfkelle etwas Teig hineingeben und durch Neigen der Pfanne dünn verteilen. Den Pfannkuchen wenden, sobald die Unterseite goldbraun ist. Die zweite Seite ebenfalls bräunen und den Pfannkuchen aus der Pfanne nehmen. Den restlichen Teig auf die gleiche Weise verarbeiten und die fertigen Pfannkuchen übereinanderlegen, damit sie nicht austrocknen. Zum Servieren in maximal 1/2 cm breite Streifen schneiden und in die heiße Brühe geben.

SCHINKENSCHÖBERL

50 g Mehl
1 Msp. Backpulver
100 g gekochter Hinterschinken
50 g weiche Butter
4 Eigelb (Zimmertemperatur)
Pfeffer aus der Mühle
frisch geriebene Muskatnuss
50 g Sahne
4 Eiweiß · Salz

Für 4 Personen

1 Den Backofen auf 180 °C vorheizen, eine Auflaufform (etwa 20 x 30 cm) mit Backpapier auslegen. Das Mehl mit dem Backpulver vermischen und sieben. Den Schinken in kleine Würfel schneiden. Die Butter schaumig rühren, die Eigelbe nacheinander unterrühren, die Masse mit Pfeffer und 1 Prise Muskatnuss würzen und hellschaumig aufschlagen. Die Sahne nach und nach unterrühren. Die Eiweiße mit 1 Prise Salz cremig fest schlagen. Eischnee und Mehl unter die Buttermasse heben.

2 Den Schöberlteig 1/2 bis 1 cm dick in der Form verstreichen und gleichmäßig mit den Schinkenwürfeln bestreuen. Im Ofen auf der mittleren Schiene etwa 15 Minuten goldbraun backen. Etwas abkühlen lassen und in 1 1/2 bis 2 cm große Rauten schneiden.

Alfons Schuhbeck

»Die Schinkenschöberl eignen sich sehr gut zum Einfrieren. Dafür die Rauten in eine Gefrierdose oder einen Gefrierbeutel geben und möglichst luftdicht verschließen. Sie können die Schinkenschöberl unaufgetaut direkt in die heiße Brühe geben.«

Leberknödel

1/2 Zwiebel · 1 EL Öl
250 g Toastbrot (entrindet)
1 Ei · 1 Eigelb
1 TL scharfer Senf
300 g Kalbsleber (geputzt und durch den Fleischwolf gedreht oder im Küchenmixer fein zerkleinert)
getrockneter Majoran
Salz · Pfeffer aus der Mühle
frisch geriebene Muskatnuss
1 Msp. abgeriebene unbehandelte Zitronenschale
1 EL Petersilienblätter (frisch geschnitten)
1 Lorbeerblatt
1 Streifen unbehandelte Zitronenschale

Für 4 Personen

1 Die Zwiebel schälen und in feine Würfel schneiden. Das Öl in einer Pfanne erhitzen und die Zwiebel darin bei milder Hitze glasig andünsten. Das Toastbrot in 1/2 bis 1 cm große Würfel schneiden.

2 Das Ei mit dem Eigelb, dem Senf und der Leber verrühren. Toastbrotwürfel, Zwiebelwürfel, 1 Prise Majoran, Salz, Pfeffer, Muskatnuss, Zitronenschale und Petersilie dazugeben und untermengen. Mit nassen Händen 8 Knödel aus der Masse formen.

3 In einem Topf Salzwasser zum Sieden bringen, Lorbeerblatt und Zitronenschale dazugeben. Die Knödel im Salzwasser knapp unter dem Siedepunkt 8 Minuten gar ziehen lassen. Mit einem Schaumlöffel herausheben und auf Küchenpapier abtropfen lassen. Die Leberknödel in klarer Brühe servieren.

Alfons Schuhbeck

»Wenn Sie etwas feinere Leberknödel möchten, können Sie die Hälfte der Leber durch 125 ml warme Milch ersetzen. Anstelle von Kalbsleber eignet sich auch jede andere Leber wie Geflügelleber, Putenleber oder Rinderleber. Für gebackene Leberknödel die geformten Leberknödel in 160 °C heißem Frittierfett bräunen. Anschließend noch 5 Minuten in der heißen Suppe ziehen lassen. Nach Belieben können Sie die Knödel auch kleiner formen und vor dem Ausbacken in Weißbrotbröseln wenden.«

LEBERSPÄTZLE

1/4 Zwiebel · 1 TL Öl
40 g weiche Butter
1 Eigelb · 1 Eiweiß
30 g Weißbrotbrösel
50 g doppelgriffiges Mehl (Wiener Grießler)
100 g Kalbsleber (geputzt und durch den Fleischwolf gedreht oder im Küchenmixer zerkleinert, ersatzweise andere Leber)
1 EL Petersilienblätter (frisch geschnitten)
Salz · Pfeffer aus der Mühle
1/2 TL abgeriebene unbehandelte Zitronenschale
getrockneter Majoran

Für 4 Personen

1 Die Zwiebel schälen und in kleine Würfel schneiden. Das Öl in einer Pfanne erhitzen und die Zwiebel darin bei milder Hitze glasig dünsten.

2 Die Butter schaumig schlagen und das Eigelb unterrühren. Das Eiweiß, die Weißbrotbrösel und das Mehl unterrühren. Die Zwiebel, die Leber und die Petersilie dazugeben und ebenfalls unterrühren. Die Spätzlemasse mit Salz, Pfeffer, Zitronenschale und 1 Prise Majoran würzen.

3 In einem Topf Salzwasser zum Sieden bringen. Einen Spätzlehobel kurz in das Salzwasser tauchen, den Spätzleteig einfüllen und in das Wasser hobeln. Wenn die Spätzle nach oben steigen, einmal kurz aufkochen lassen, dann mit einem Schaumlöffel herausnehmen und in der heißen Brühe anrichten.

KASPRESSKNÖDEL

1/2 Zwiebel
2 EL Öl
90 g Bergkäse
1/4 Apfel
125 g Toastbrot
70 ml Milch
1 Ei
Salz · Pfeffer aus der Mühle
frisch geriebene Muskatnuss
1 EL Petersilienblätter (frisch geschnitten)

Für 4 Personen

1 Die Zwiebel schälen, halbieren und in kleine Würfel schneiden. 1 TL Öl in einer Pfanne erhitzen und die Zwiebel darin bei milder Hitze glasig andünsten. Den Bergkäse in sehr kleine Würfel schneiden oder grob reiben. Den Apfel schälen, entkernen und in sehr kleine Würfel schneiden. Das Toastbrot in etwa 1/2 cm große Würfel schneiden.

2 Die Milch einmal aufkochen lassen und vom Herd nehmen. Das Ei verquirlen und mit der Milch verrühren. Die Eiermilch mit Salz, Pfeffer und 1 Prise Muskatnuss würzen, über die Brotwürfel gießen. Zwiebel, Apfel, Käse und Petersilie dazugeben und zugedeckt 10 Minuten ziehen lassen.

3 Mit nassen Händen kleine Knödel aus der Masse formen und etwas flachdrücken, sodass 1 cm dicke Taler entstehen. Das restliche Öl in einer Pfanne erhitzen und die Taler darin bei milder Hitze auf beiden Seiten hellbraun braten. Aus der Pfanne nehmen und auf Küchenpapier abtropfen lassen. Die Kaspressknödel in klarer Brühe servieren.

Alfons Schuhbeck

»Die Kaspressknödel schmecken auch wunderbar mit mariniertem Blattsalat, Gurkensalat oder Sauerkraut.«

BACKERBSEN

125 ml Milch
25 g Butter
Salz
75 g Mehl
2 Eier
Fett zum Frittieren

Für 4 Personen

1 Für den Teig die Milch mit der Butter und 1 Prise Salz in einen Topf geben und bei mittlerer Hitze aufkochen lassen. Das Mehl dazugeben und so lange mit einem Kochlöffel rühren, bis die Masse zu einem Kloß geformt ist und sich am Topfboden ein weißer Belag bildet.

2 Vom Herd nehmen und in eine Schüssel umfüllen. Zunächst ein Ei gründlich unterrühren, bis ein glatter Teig entstanden ist. Dann erst das zweite Ei hinzufügen und alles zu einem glatten Teig verrühren.

3 Reichlich Fett in einem Topf auf 170 °C erhitzen. Den Teig mit einem Spätzlehobel vorsichtig in das heiße Fett tropfen lassen und die Backerbsen in etwa 3 Minuten goldbraun ausbacken. Mit einem Schaumlöffel herausheben und auf Küchenpapier abtropfen lassen.

CROÛTONS

2 Scheiben Toastbrot
3 EL Butter

Für 4 Personen

Das Toastbrot entrinden und in 1/2 bis 1 cm große Würfel schneiden. Die Butter in einer Pfanne erhitzen und die Brotwürfel darin bei milder Hitze goldbraun rösten. Die Croûtons auf Küchenpapier abtropfen lassen.

Alfons Schuhbeck

»Croûtons sollten möglichst am Tag der Zubereitung verwendet werden. Wer die Croûtons dennoch 1 bis 2 Tage im Voraus zubereiten möchte, lagert sie am besten in einem luftdicht verschlossenen Behälter. Croûtons können auf alle Rahmsuppen sowie auf Salate gestreut werden.«

GRÜNE KRAPFERL

Für den Teig:

150 g doppelgriffiges Mehl (Wiener Grießler)
1 Ei · 1 Eigelb
2 EL mildes Olivenöl
Salz

Für die Füllung:

1/4 Zwiebel
1 TL Öl
300 g Blattspinat · Salz
50 g Kräuterblätter (z. B. Petersilie, Bärlauch, Brunnenkresse, Dill, Estragon, Kerbel)
120 g Frischkäse (Doppelrahmstufe)
1 Eigelb
1 Msp. abgeriebene unbehandelte Zitronenschale
Pfeffer aus der Mühle
frisch geriebene Muskatnuss

Außerdem:

Mehl zum Ausrollen
1 Eiweiß
Grieß für das Tablett
Salz

Für ca. 20 Stück

1 Für den Nudelteig das Mehl mit dem Ei, dem Eigelb, dem Olivenöl und 1 Prise Salz von Hand oder in der Küchenmaschine zu einem glatten, elastischen Teig verkneten. In Frischhaltefolie wickeln und im Kühlschrank mindestens 30 Minuten ruhen lassen.

2 Für die Füllung die Zwiebel schälen und in kleine Würfel schneiden. Das Öl in einer Pfanne erhitzen, die Zwiebel darin bei milder Hitze glasig andünsten. Den Spinat verlesen, waschen, abtropfen lassen und grobe Stiele entfernen. Die Spinatblätter in kochendem Salzwasser etwa 3 Minuten blanchieren. In ein Sieb abgießen, kalt abschrecken und abtropfen lassen. Das Wasser mit den Händen gut ausdrücken und den Spinat klein hacken. Die Kräuter waschen, trocken schütteln und klein schneiden. Die Zwiebel, den Spinat, die Kräuter, den Frischkäse, das Eigelb und die Zitronenschale vermischen, mit Salz, Pfeffer und Muskatnuss würzen. Die Kräutermasse in einen Spritzbeutel mit einer Lochtülle von 8 bis 10 mm Durchmesser füllen.

3 Zum Fertigstellen den Nudelteig vierteln und mit einer Nudelmaschine oder einem Nudelholz zu 4 langen, dünnen Teigbahnen ausrollen, dabei mit etwas Mehl bestäuben. Das Eiweiß verquirlen und 2 Teigbahnen dünn damit bestreichen. Die Füllung mit einem Teelöffel im Abstand von 2 bis 3 cm daraufsetzen und die restlichen beiden Teigbahnen locker und so glatt wie möglich darüberlegen. Die oberen Teigplatten mit den Fingern um die Füllung herum andrücken. Mit einem runden Ausstecher (etwa 4 cm Durchmesser) Ravioli ausstechen und die Ränder gut verschließen. Die Ravioli bis zur Weiterverarbeitung auf einem mit Grieß bestreuten Backblech auslegen.

4 Die Ravioli in Salzwasser knapp unter dem Siedepunkt 3 bis 4 Minuten bissfest gar ziehen lassen. Mit einem Schaumlöffel herausheben, abtropfen lassen und in klarer Brühe servieren.

Alfons Schuhbeck

»Die grünen Krapferl passen in klare Fleisch-, Gemüse- oder Fischsuppen, aber auch in Rahmsuppen. Wer möchte, kann sie jedoch genauso gut in brauner Butter (siehe Seite 46) und gebräunten Zwiebeln wenden und mit Blattsalat als eigenständiges Gericht servieren.«

KARTOFFEL-GRAMMEL-MAULTASCHERL

Für den Teig:

150 g doppelgriffiges Mehl (Wiener Grießler)
1 Ei · 1 Eigelb
2 EL mildes Olivenöl
Salz

Für die Füllung:

300 g mehlig kochende Kartoffeln
Salz
Kümmelsamen
100 g durchwachsener Speck
1/2 Zwiebel
1 1/2 EL Öl
60 ml heiße Milch
1 EL saure Sahne
2 EL braune Butter (siehe Seite 46)
Pfeffer aus der Mühle
gemahlener Kümmel
getrockneter Majoran
frisch geriebene Muskatnuss

Außerdem:

Mehl zum Ausrollen
1 Eiweiß
Grieß für das Backblech
Salz

Für 4 Personen

1 Für den Nudelteig Mehl, Ei, Eigelb, Olivenöl und 1 Prise Salz von Hand oder in der Küchenmaschine zu einem glatten, elastischen Teig verkneten. Den Teig in Frischhaltefolie wickeln und mindestens 30 Minuten im Kühlschrank ruhen lassen.

2 Für die Füllung die Kartoffeln waschen, in Salzwasser mit 1 Prise Kümmelsamen weich kochen, möglichst heiß schälen und durch eine Kartoffelpresse drücken. Den Speck in kleine Würfel schneiden, die Zwiebel schälen und in kleine Würfel schneiden. 1 EL Öl in einer Pfanne erhitzen, den Speck darin bei mittlerer Hitze kross anbraten und auf Küchenpapier abtropfen lassen. Die Zwiebel im restlichen Öl bei milder Hitze in der Pfanne glasig dünsten. Die Kartoffeln mit der heißen Milch verrühren, Speck, Zwiebel, saure Sahne und braune Butter unterrühren. Mit Salz, Pfeffer, 1 Prise Kümmel, 1 Prise Majoran und etwas Muskatnuss würzen. Die Masse in einen Spritzbeutel mit einer Lochtülle von 8 bis 10 mm Durchmesser füllen.

3 Zum Fertigstellen den Teig halbieren und mit der Nudelmaschine oder dem Nudelholz zu 2 dünnen, etwa 12 cm breiten Bahnen ausrollen, dabei mit etwas Mehl bestäuben. Das Eiweiß verquirlen. Jede Teigbahn längs halbieren und mit verquirltem Eiweiß bepinseln. Entlang der Mitte jeder Bahn die Füllung aufspritzen. Die Teigbahnen längs einrollen, sodass 4 lange, dünne Rollen entstehen und die Teignaht jeweils unten liegt. Mithilfe eines Kochlöffelstiels im Abstand von 2 1/2 bis 3 cm die Rollen so abdrücken, dass knapp 1 cm frei liegender Teig entsteht. Diesen Teig in der Mitte durchschneiden und die Teigenden der so entstandenen Maultaschen mit den Fingern etwas andrücken. Bis zur Weiterverarbeitung auf einem mit Grieß bestreuten Backblech auslegen.

4 Die Maultaschen in Salzwasser knapp unter dem Siedepunkt 3 bis 4 Minuten ziehen lassen. Mit einem Schaumlöffel herausheben und in klarer Brühe servieren.

Alfons Schuhbeck

»Eine würzige Note bringen gebräunte Zwiebelwürfel in die Maultaschen. Dafür 1 Zwiebel in kleine Würfel schneiden, mit 1 Prise Zucker in 1 EL Butter hell anbraten und mit dem Speck unter die Füllung mischen. Wenn ich Maultaschen als eigenständiges Gericht serviere, gebe ich beim Anrichten zusätzlich gebräunte Zwiebelwürfel oder -ringe darüber.«

Kräutersuppe

100 g junger Blattspinat · Salz
100 g Kräuterblätter (z. B. Basilikum, Kerbel, Petersilie, Dill, Brennnessel, Bärlauch und Sauerampfer)
1 Zwiebel · 1 Kartoffel (ca. 70 g)
30 g kalte Butter
1 l Geflügelbrühe
200 g Sahne
1 Streifen unbehandelte Zitronenschale
1 Knoblauchzehe (geschält und in Scheiben geschnitten)
Cayennepfeffer
frisch geriebene Muskatnuss

Für 4 Personen

1 Die Spinatblätter verlesen, waschen und abtropfen lassen, grobe Stiele entfernen. In kochendem Salzwasser 3 Minuten blanchieren. In ein Sieb abgießen, kalt abschrecken und abtropfen lassen. Den Spinat mit den Händen gut ausdrücken und klein hacken. Die Kräuterblätter waschen, trocken schütteln und klein schneiden. Die Zwiebel und die Kartoffel schälen und in kleine Würfel schneiden.

2 In einem Topf 1 EL Butter zerlassen, die Zwiebel- und Kartoffelwürfel darin bei milder Hitze glasig dünsten. Mit Brühe auffüllen und knapp unter dem Siedepunkt 25 Minuten ziehen lassen. Sahne hinzufügen und die Suppe mit dem Stabmixer oder im Küchenmixer pürieren. Zitronenschale dazugeben, einige Minuten ziehen lassen und wieder entfernen.

3 Kurz vor dem Servieren Spinat, Kräuter, Knoblauch und die restliche Butter in die Suppe geben und mit dem Stabmixer unterrühren. Mit Salz, 1 Prise Cayennepfeffer und etwas Muskatnuss abschmecken. Die Suppe in vorgewärmten Suppentellern sofort anrichten.

Getrüffelte Maronensuppe

500 g Esskastanien (Maronen)
1 TL Puderzucker
800 ml Geflügelbrühe
200 g Sahne
3 EL Butter
10 g frischer Trüffel oder einige Spritzer weißes Trüffelöl
Salz · Cayennepfeffer

Für 4 Personen

1 Den Backofen auf 200 °C vorheizen. Die Schale der Kastanien an der gewölbten Seite mit einem scharfen Messer kreuzweise einschneiden. Die Kastanien auf ein Backblech geben und im Ofen auf der mittleren Schiene 10 bis 15 Minuten backen, bis sich die Schalen öffnen. Die noch warmen Kastanien schälen, dabei das innere Häutchen ebenfalls entfernen.

2 Den Puderzucker in einen Topf sieben und bei mittlerer Hitze hellbraun karamellisieren lassen. Die Geflügelbrühe dazugießen und die Kastanien dazugeben. Die Suppe knapp unter dem Siedepunkt 20 Minuten ziehen lassen, bis die Kastanien weich sind.

3 Die Suppe mit dem Stabmixer fein pürieren, die Sahne hinzufügen und erwärmen. Die Butter und den Trüffel oder das Trüffelöl mit dem Stabmixer unterrühren und die Suppe mit Salz und Cayennepfeffer abschmecken. Vor dem Anrichten nochmals mit dem Stabmixer aufschlagen und in vorgewärmte Suppenteller verteilen.

KÜRBISSUPPE MIT CURRY

600 g Muskatkürbis
750 ml Geflügelbrühe
150 g Sahne
1 EL mildes Currypulver
1 Knoblauchzehe (halbiert)
1 Scheibe Ingwer
1 Splitter Zimtrinde
1/2 ausgekratzte Vanilleschote
40 g kalte Butter
Salz

Für 4 Personen

1 Den Kürbis schälen, die Kerne mit einem Löffel entfernen und das Fruchtfleisch in 1 cm große Würfel schneiden.

2 Die Kürbiswürfel mit der Brühe in einen Topf geben und etwa 20 Minuten knapp unter dem Siedepunkt weich garen. Die Sahne und das Currypulver hinzufügen und mit dem Stabmixer fein pürieren.

3 Knoblauch, Ingwer, Zimtrinde und Vanilleschote in die Suppe geben, einige Minuten darin ziehen lassen und wieder entfernen. Die Butter unterrühren und die Suppe mit Salz und Currypulver abschmecken.

Alfons Schuhbeck

»Sie können zusätzlich rote Bohnen oder pochierte Fischwürfel in die Kürbissuppe geben.«

KARTOFFELSUPPE

1 Zwiebel · 80 g Knollensellerie
1 Karotte · 600 g Kartoffeln
800 ml Gemüsebrühe
1 Lorbeerblatt
1 kleine getrocknete Chilischote
200 g Sahne
2 Scheiben Knoblauch
Salz
getrockneter Majoran
gemahlener Kümmel
1 Streifen unbehandelte Zitronenschale
Pfeffer aus der Mühle
frisch geriebene Muskatnuss
1 EL Petersilienblätter (frisch geschnitten)

Für 4 Personen

1 Die Zwiebel, den Knollensellerie und die Karotte schälen und in 1/2 bis 1 cm große Würfel schneiden. Die Kartoffeln schälen, waschen und längs vierteln. Die Kartoffeln in der Gemüsebrühe etwa 40 Minuten zugedeckt weich garen. Nach 20 Minuten die Gemüsewürfel sowie Lorbeerblatt und Chilischote dazugeben. Die Kartoffeln mit dem Schaumlöffel aus der Brühe nehmen, Lorbeerblatt und Chilischote dabei entfernen. Die Kartoffeln durch die Kartoffelpresse in die Suppe drücken.

2 Die Sahne in die Suppe gießen. Den Knoblauch mit etwas Salz zerreiben und mit Majoran, Kümmel und Zitronenschale in die Suppe geben. 5 Minuten bei milder Hitze ziehen lassen, dann die Zitronenschale wieder entfernen und die Suppe mit Salz, Pfeffer und Muskatnuss würzen.

3 Die Suppe in vorgewärmte Suppenteller verteilen und mit der Petersilie bestreut servieren. Noch herzhafter wird die Kartoffelsuppe, wenn zum Schluss mit den Gewürzen Frühlingszwiebelringe dazugegeben werden. Als zusätzliche Suppeneinlage eignet sich gekochter Schinken (in Würfel geschnitten) oder fein geschnittene Champignons.

KAROTTEN-INGWER-SUPPE

250 g Karotten
1 große Zwiebel
1 Tomate
2 TL Puderzucker
800 ml Gemüsebrühe
1 roter Apfel
1 TL Ingwer (fein gehackt)
2 Scheiben Knoblauch
1/2–1 TL mildes Currypulver
200 g Sahne
4 EL kalte Butter

Für die Gewürzmühle:

je 1 TL Korianderkörner, Pimentkörner, schwarze Pfefferkörner
1/2 TL Zimtsplitter (zerstoßen)

Für 4 Personen

1 Die Karotten und die Zwiebel schälen und klein schneiden. Die Tomate waschen und klein schneiden, dabei den Stielansatz entfernen.

2 In einem Topf 1 TL Puderzucker bei milder Hitze hell karamellisieren, das Gemüse hinzufügen und kurz darin andünsten. Die Brühe angießen und das Gemüse knapp unter dem Siedepunkt etwa 20 Minuten garen.

3 Den Apfel waschen und vierteln, dabei das Kerngehäuse entfernen. Das Fruchtfleisch in dünne Spalten schneiden. 2 Apfelspalten schälen, klein schneiden und mit dem Ingwer, dem Knoblauch und dem Currypulver in die Suppe geben. Koriander, Piment, Pfefferkörner und Zimt in die Gewürzmühle füllen und die Suppe damit würzen. Die Sahne und 3 EL Butter dazugeben und die Suppe mit dem Stabmixer fein pürieren.

4 Den restlichen Puderzucker in einer Pfanne bei mittlerer Hitze hell karamellisieren lassen. Die ungeschälten Apfelspalten und die restliche Butter hinzufügen und die Spalten darin von beiden Seiten hell anbraten.

5 Die Suppe mit einem Stabmixer nochmals aufschäumen, in vorgewärmte Suppenteller verteilen und mit den Apfelspalten garnieren.

Alfons Schuhbeck

»Anstelle der Zwiebel können Sie auch 1/2 dünne Lauchstange verwenden. Die Suppe ansonsten wie oben beschrieben zubereiten.«

liter
1
0,9
0,8
0,7
0,6
0,5
0,4
0,3
0,2

SPARGELSUPPE

200 g weißer Spargel
200 g grüner Spargel
800 ml Gemüsebrühe
200 g Sahne
1 Streifen unbehandelte Zitronenschale
20 g kalte Butter
Salz · Cayennepfeffer
frisch geriebene Muskatnuss
einige Spritzer Zitronensaft

Für 4 Personen

1 Den Spargel waschen. Den weißen Spargel ganz, den grünen nur im unteren Drittel schälen und die holzigen Enden jeweils abschneiden.

2 Die Brühe in einem Topf aufkochen lassen und die Spargelschalen darin knapp unter dem Siedepunkt 20 Minuten ziehen lassen. Den Sud durch ein Sieb in einen Topf gießen, die Spargelschalen dabei mit einer Schöpfkelle gut ausdrücken und entfernen.

3 Die Spargelstangen schräg in etwa 1/2 cm dicke Scheiben schneiden, in den Spargelsud geben und knapp unter dem Siedepunkt 5 bis 10 Minuten bissfest gar ziehen lassen. Den Sud erneut durch ein Sieb in einen Topf gießen und die Spargelscheiben warm stellen.

4 Die Sahne in den Topf zum Spargelsud geben und bis knapp unter den Siedepunkt erhitzen. Die Suppe vom Herd nehmen, die Zitronenschale hinzufügen, einige Minuten darin ziehen lassen und wieder entfernen. Die Butter dazugeben und mit dem Stabmixer unterrühren. Die Spargelsuppe mit Salz, 1 Prise Cayennepfeffer, etwas Muskatnuss und Zitronensaft abschmecken.

5 Die Spargelscheiben in vorgewärmte Suppenteller verteilen, die Suppe nochmals mit dem Stabmixer aufschäumen und darübergeben.

Alfons Schuhbeck

»Die Suppe wird etwas sämiger, wenn Sie 50 g gekochte Kartoffelwürfel dazugeben und diese mit dem Stabmixer pürieren. Ich gebe zum Verfeinern zum Schluss gerne noch eine kleine Prise Currypulver hinein.«

SCHWARZWURZELSUPPE

700 g Schwarzwurzeln
800 ml Gemüsebrühe
200 g Sahne
3 EL kalte Butter
Salz · Cayennepfeffer
frisch geriebene Muskatnuss
frische Kräuterblätter zum Garnieren (z. B. Petersilie, Schnittlauch)

Für 4 Personen

1 Die Schwarzwurzeln unter fließendem Wasser gründlich abbürsten, schälen und schräg in 1/2 cm dicke Scheiben schneiden.

2 Die Schwarzwurzeln mit der Brühe in einen Topf geben und knapp unter dem Siedepunkt etwa 20 Minuten weich garen. Ein Viertel der Schwarzwurzelscheiben mit einem Schaumlöffel herausnehmen und als Suppeneinlage beiseite stellen.

3 Die Sahne in die Brühe geben und erhitzen. Die Butter dazugeben und die Suppe mit dem Stabmixer oder in einem Küchenmixer fein pürieren. Mit Salz, 1 Prise Cayennepfeffer und etwas Muskatnuss abschmecken.

4 Die beiseite gestellten Schwarzwurzelscheiben in die Suppe geben. Die Schwarzwurzelsuppe in vorgewärmte Suppenteller verteilen und mit Kräuterblättern garnieren. Zum Schluss die Croûtons (siehe Seite 91) auf die Suppe streuen.

TOMATENSUPPE

1 kleine Zwiebel
80 ml mildes Olivenöl
500 ml Gemüsebrühe
1 Knoblauchzehe
650 g stückige Tomaten (aus der Dose)
1 Splitter Zimtrinde
einige Basilikumstiele
Salz · Pfeffer aus der Mühle
Zucker
Cayennepfeffer
1 EL Basilikumblätter (frisch geschnitten)

Für 4 Personen

1 Die Zwiebel schälen und in kleine Würfel schneiden. In einem Topf 1 EL Olivenöl erhitzen und die Zwiebelwürfel darin bei milder Hitze glasig andünsten. Die Brühe hinzufügen und die Zwiebel knapp unter dem Siedepunkt 5 Minuten darin garen.

2 Den Knoblauch schälen und in Scheiben schneiden. Die Tomaten zur Brühe geben und erhitzen. Die Knoblauchscheiben hinzufügen und die Suppe mit dem Stabmixer pürieren, dabei nach und nach das restliche Olivenöl dazugießen.

3 Die Zimtrinde und die Basilikumstiele in die Suppe geben, einige Minuten darin ziehen lassen und wieder entfernen. Mit Salz, Pfeffer, Zucker und 1 Prise Cayennepfeffer abschmecken. Die Tomatensuppe in vorgewärmte Suppenteller verteilen und mit Basilikum bestreut servieren.

Alfons Schubbeck

»Die Tomatensuppe lässt sich gut mit gebratenen Garnelen oder Fischfilets, wie z. B. Seeteufel, Goldbarsch, Zander oder Dorade, ergänzen. Diese beim Anrichten in die Teller verteilen und die Suppe daraufgeben.«

KOHLRABISUPPE

600 g Kohlrabi
800 ml Gemüsebrühe
200 g Sahne
20 g kalte Butter
Salz
Cayennepfeffer
frisch geriebene Muskatnuss
1 EL Petersilienblätter (frisch geschnitten)

Für 4 Personen

1 Den Kohlrabi putzen und schälen, die holzigen Teile dabei entfernen. Den Kohlrabi in 1/2 bis 1 cm große Würfel schneiden. Den Kohlrabi in der Brühe knapp unter dem Siedepunkt etwa 20 Minuten weich garen. Ein Viertel der Kohlrabiwürfel mit einem Schaumlöffel aus der Brühe nehmen und als Suppeneinlage beiseite stellen.

2 Die Sahne in die Suppe rühren, die Butter hinzufügen und alles mit dem Stabmixer pürieren. Mit Salz, 1 Prise Cayennepfeffer und etwas Muskatnuss abschmecken.

3 Zum Servieren die beiseite gestellten Kohlrabiwürfel in die Suppe geben und kurz erwärmen. Die Kohlrabisuppe auf vorgewärmte Suppenteller verteilen und mit der Petersilie bestreuen.

Alfons Schuhbeck

»Für eine Blumenkohlsuppe 800 g Blumenkohl in Röschen teilen und mit 800 ml Gemüsebrühe wie oben beschrieben zu einer Suppe kochen.«

ERBSENSUPPE

1 Zwiebel
1 EL Öl
50 ml Weißwein
800 ml Gemüsebrühe
300 g Tiefkühlerbsen (aufgetaut)
200 g Sahne
Salz
Cayennepfeffer · Zucker
frisch geriebene Muskatnuss

Für 4 Personen

1 Die Zwiebel schälen und in kleine Würfel schneiden. Das Öl in einem Topf erhitzen, die Zwiebel darin bei mittlerer Hitze glasig andünsten. Mit Weißwein ablöschen, fast vollständig einkochen lassen, mit der Brühe aufgießen und knapp unter dem Siedepunkt 15 Minuten ziehen lassen.

2 Die Erbsen in die Brühe geben und 3 bis 5 Minuten darin erhitzen. Die Sahne dazugeben und alles im Küchenmixer oder mit dem Stabmixer fein pürieren. Die Suppe nochmals kurz erhitzen und mit Salz, je 1 Prise Cayennepfeffer und Zucker und etwas Muskatnuss abschmecken.

Alfons Schuhbeck

»Je nach Geschmack können Sie beim Anrichten ein kleines Stück gebratenes Fischfilet oder gekochten Hinterschinken (in Würfel geschnitten) als Einlage in die Suppe geben. Besonders fein schmecken in Streifen geschnittener Kopfsalat und fein geschnittene Minze darin.«

KALTE RADIESERLSUPPE

1 Bund Radieschen
500 ml Buttermilch
Salz · Pfeffer aus der Mühle
Cayennepfeffer · Zucker
1 TL weißer Aceto balsamico

Für 4 Personen

1 Von den Radieschen das Grün und die Wurzeln entfernen, die Radieschen gründlich waschen und vierteln. Mit 200 ml kaltem Wasser in den Küchenmixer geben und pürieren.

2 Die Buttermilch zum Radieschenpüree geben und untermixen. Mit Salz, Pfeffer, je 1 Prise Cayennepfeffer und Zucker und Essig abschmecken. Die Radieserlsuppe zugedeckt 1 bis 2 Stunden kühl stellen, nochmals abschmecken und in vorgekühlte Suppentassen verteilen.

Alfons Schuhbeck

»Die Suppe schmeckt am besten gekühlt. Möchten Sie sie sofort nach der Zubereitung servieren, sollten Radieschen und Buttermilch aus dem Kühlschrank kommen.«

GEEISTE GURKENSUPPE

2 große Salatgurken (900 g – 1 kg)
1 EL milder Weinessig
1/2 Knoblauchzehe (gehackt)
Salz · Cayennepfeffer
Zucker
1–2 TL Dillspitzen (frisch geschnitten)
50 g Sahne oder Naturjoghurt

Für 4 Personen

1 Die Salatgurken schälen und längs halbieren. Die Kerne mit einem Löffel entfernen und das Fruchtfleisch in grobe Stücke schneiden.

2 Die Gurken mit 150 ml kaltem Wasser, dem Essig und dem Knoblauch im Küchenmixer oder mit dem Stabmixer fein pürieren. Mit Salz und je 1 Prise Cayennepfeffer und Zucker würzen. Den Dill hinzufügen.

3 Das Gurkenpüree in eine Schüssel füllen und die Sahne unterrühren. Falls nötig, nochmals mit Essig und Gewürzen abschmecken. Die Suppe abgedeckt im Kühlschrank 1 bis 2 Stunden kühl stellen. Zum Servieren in vorgekühlte Suppenschalen füllen und nach Belieben mit Gurkenwürfeln, gerösteten Croûtons (siehe Seite 91) und Dillspitzen garnieren.

Alfons Schuhbeck

»Probieren Sie auch mal einen Fenchel-Apfel-Drink: 2 große Fenchelknollen putzen, waschen und in Spalten schneiden. 5 Äpfel waschen, vierteln, entkernen und entsaften. Diesen Saft mit dem Saft von 2 Orangen mischen und etwas Olivenöl unterrühren. Den Drink mit Cayennepfeffer würzen und in Gläser füllen.«

Geeiste Gemüsesuppe

1 kleine Salatgurke
2 rote Paprikaschoten
3–4 Tomaten
100 ml Gemüsebrühe
1 Knoblauchzehe
1 Scheibe Ingwer
1 EL Rotweinessig
4 EL mildes Olivenöl
Salz · Cayennepfeffer
Vanillezucker

Für 4 Personen

1 Die Salatgurke schälen und längs halbieren. Die Kerne mit einem Löffel entfernen. Die Paprikaschoten längs halbieren, entkernen und waschen. Die Tomaten waschen, vierteln, dabei die Stielansätze entfernen und die Tomaten entkernen.

2 Die Tomatenkerne mit der Brühe in einen kleinen Topf geben, leicht erwärmen. Den Topf vom Herd nehmen. Die Knoblauchzehe schälen, halbieren und mit dem Ingwer 5 Minuten in der Brühe ziehen lassen. Die Brühe durch ein Sieb in eine Schüssel streichen.

3 Von allen Gemüsesorten so viel in kleine Würfel schneiden, dass sich jeweils 1 bis 2 EL davon ergeben. Die Gemüsewürfel kalt stellen. Das restliche Gemüse grob zerkleinern, mit 200 ml kaltem Wasser, dem Tomatenfond und dem Essig im Küchenmixer fein pürieren. Unter weiterem Mixen das Olivenöl hinzufügen und je nach Konsistenz noch etwas Wasser untermixen. Mit Salz, 1 Prise Cayennepfeffer und 1 Prise Vanillezucker würzen. Nach Belieben noch ein wenig gehackten Knoblauch dazugeben.

4 Die Suppe zugedeckt 1 bis 2 Stunden in den Kühlschrank stellen, anschließend nochmals abschmecken und mit den Gemüsewürfeln in vorgekühlten Tassen oder Suppenschälchen anrichten und nach Belieben mit Croûtons (siehe Seite 91) bestreuen.

Für eine geeiste Gemüsesuppe mit Fenchel die Suppe wie oben beschrieben zubereiten. 1/2 Fenchelknolle putzen, waschen, in kleine Stücke schneiden und unter die Suppe rühren.

Alfons Schuhbeck

»Die geeiste Gemüsesuppe schmeckt besonders an heißen Sommertagen sehr erfrischend. Wer sie gerne zu einem Picknick oder für einen kleinen Imbiss zwischendurch mitnehmen möchte, füllt sie einfach in eine Thermoskanne.«

GEMÜSEEINTOPF

1 große Kartoffel
1 Karotte
1 Zwiebel
100 g junger Weißkohl
1/2 kleine Fenchelknolle
1 Stange Staudensellerie
80 g kleine weiße Champignons
1/2 Bund Frühlingszwiebeln
80 g breite Bohnen
Salz
1 EL Öl
800 ml Gemüsebrühe
1 kleines Lorbeerblatt
1 Knoblauchzehe
1 Thymianzweig
1 Scheibe Ingwer
1 Streifen unbehandelte Zitronenschale
Cayennepfeffer
Petersilie (frisch geschnitten)

Für 4 Personen

1 Die Kartoffel schälen und in 1 cm große Würfel schneiden, die Karotte schälen und schräg in Scheiben schneiden, die Zwiebel schälen und in 1 1/2 cm breite Scheiben schneiden. Den Weißkohl putzen, waschen und und die Blätter in 1 1/2 cm große Stücke schneiden. Den Fenchel waschen, putzen, längs vierteln und quer in 1 1/2 cm breite Stücke schneiden. Den Sellerie putzen, waschen und schräg in 1/2 cm breite Scheiben schneiden. Die Champignons putzen, trocken abreiben und vierteln. Die Frühlingszwiebeln putzen, waschen und schräg in 1/2 cm breite Stücke schneiden.

2 Die Bohnen waschen, putzen und schräg in 1 1/2 cm breite Stücke schneiden. In kochendem Salzwasser 4 bis 5 Minuten weich garen. In ein Sieb abgießen, kalt abschrecken und abtropfen lassen.

3 In einem großen Topf das Öl erhitzen. Kartoffel, Karotte, Zwiebel, Weißkohl, Fenchel und Staudensellerie darin bei milder Hitze andünsten. Mit der Brühe aufgießen, das Lorbeerblatt einlegen und das Gemüse 10 bis 15 Minuten knapp unter dem Siedepunkt weich garen. Den Knoblauch schälen und halbieren.

4 Kurz vor Ende der Garzeit Frühlingszwiebeln, Champignons, Bohnen, Thymianzweig, Knoblauch, Ingwer und Zitronenschale hinzufügen. Die Gewürze einige Minuten ziehen lassen und wieder entfernen. Den Eintopf mit Salz und 1 Prise Cayennepfeffer abschmecken.

5 Zum Anrichten den Eintopf in vorgewärmte Suppenteller schöpfen und nach Belieben mit Petersilie bestreuen.

Alfons Schubbeck

»Das Gemüse sollte nicht kochen, sondern nur ziehen, damit es seine Farbe behält.
Nach Belieben können Sie etwas Pesto in das fertige Gericht rühren. Herzhafter wird der Eintopf, wenn Schinkenwürfel, Debrecinerscheiben oder andere kräftige Wurststücke am Ende kurz mit erhitzt werden.
Zum Verfeinern die Suppe durch ein Sieb gießen, 4 EL kalte Butter unter die aufgefangene Brühe mixen und wieder zum Gemüse geben.«

GRAUPENSUPPE

100 g Perlgraupen
1,3 l Geflügelbrühe · 1 Zwiebel
1 Lorbeerblatt · 1 Gewürznelke
100 g durchwachsener Speck
1 EL Öl
1 Knoblauchzehe
2 Streifen unbehandelte Zitronenschale
2–3 Petersilienstiele
1 Scheibe Ingwer
Salz · Pfeffer aus der Mühle
Cayennepfeffer
frisch geriebene Muskatnuss
1 EL Petersilienblätter (frisch geschnitten)

Für 4 Personen

1 Die Graupen in ein Sieb geben, mit kaltem Wasser waschen und abtropfen lassen. Die Brühe in einem Topf aufkochen. Die Zwiebel schälen und das Lorbeerblatt mit der Gewürznelke darauf feststecken. Die gespickte Zwiebel mit den Graupen in die Brühe geben und bei milder Hitze etwa 45 Minuten köcheln lassen.

2 Den Speck in kleine Würfel schneiden. Das Öl in einer Pfanne erhitzen und den Speck darin bei mittlerer Hitze kross anbraten. Auf Küchenpapier abtropfen lassen. Den Knoblauch schälen und halbieren.

3 Die Zitronenschale, die Petersilienstiele, den Knoblauch und den Ingwer in die Brühe geben, einige Minuten darin ziehen lassen und danach wieder entfernen. Die Suppe mit Salz, Pfeffer, 1 Prise Cayennepfeffer und Muskatnuss würzen.

4 Den Speck dazugeben, die Suppe in vorgewärmte Suppenteller verteilen und mit der Petersilie bestreut servieren.

LINSENEINTOPF

1 Zwiebel · 2 EL Öl
300 g Berglinsen (kleine grüne Linsen)
1 EL Tomatenmark
1 l Geflügelbrühe
je 60 g Karotte, Knollensellerie und Lauchstange
getrockneter Majoran
1 TL Puderzucker
3 EL Aceto balsamico
50 g durchwachsener Speck (ohne Schwarte)
je 2 Scheiben Knoblauch und Ingwer
1 kleiner Splitter Zimtrinde
1 kleiner Streifen unbehandelte Orangenschale
Salz · Cayennepfeffer

Für 4 Personen

1 Die Zwiebel schälen und in kleine Würfel schneiden. 1 EL Öl in einem Topf erhitzen und die Zwiebel darin bei milder Hitze anbraten. Die Linsen dazugeben, das Tomatenmark unterrühren und die Brühe angießen. Die Linsen knapp unter dem Siedepunkt 35 bis 40 Minuten garen.

2 Karotte und Knollensellerie schälen, Lauch putzen und waschen. Das Gemüse in kleine Würfel schneiden und mit 1 Prise Majoran zu den Linsen geben. Den Eintopf weitere 5 Minuten fertig garen.

3 Den Puderzucker in einer Pfanne bei milder Hitze hell karamellisieren lassen, mit dem Essig ablöschen und sirupartig einköcheln lassen. Den Speck in kleine Würfel schneiden. Das restliche Öl in einer Pfanne erhitzen und den Speck darin bei mittlerer Hitze kross braten. Herausnehmen und auf Küchenpapier abtropfen lassen.

4 Knoblauch, Ingwer, Zimt und Orangenschale in ein Gewürzsäckchen füllen und mit dem Speck in den Eintopf geben. Mit dem eingeköchelten Essig, Salz und 1 Prise Cayennepfeffer abschmecken. Das Gewürzsäckchen nach einigen Minuten wieder entfernen. Den Eintopf eventuell noch mit etwas brauner Butter (siehe Seite 46) verfeinern. Den Linseneintopf in vorgewärmte Suppenteller verteilen.

Zwiebelsuppe mit Brezenscheiben

500 g Zwiebeln
60 g Butter · 1 EL Öl
50 ml weißer Portwein
100 ml Weißwein
1 l klare Rindersuppe (siehe Seite 80; ersatzweise Geflügelbrühe)
2 Lorbeerblätter
1 Streifen unbehandelte Zitronenschale
1 Scheibe Knoblauch
getrockneter Majoran
Salz · Cayennepfeffer
150 g Laugenstangen (vom Vortag; ohne Salz)
Salz
2 EL Petersilienblätter (frisch geschnitten)

Für 4 Personen

1 Die Zwiebeln schälen, halbieren und in möglichst dünne Scheiben schneiden. 20 g Butter und das Öl in einem breiten, hohen Topf erhitzen und die Zwiebelscheiben darin bei mittlerer Hitze langsam bräunen.

2 Mit Portwein und Weißwein ablöschen, einkochen lassen und mit der Rindersuppe aufgießen. Lorbeerblätter, Zitronenschale und Knoblauch einlegen und die Suppe bei milder Hitze 6 bis 8 Minuten knapp unter dem Siedepunkt ziehen lassen. Mit Majoran, Salz und Cayennepfeffer herzhaft abschmecken. Lorbeerblätter, Zitronenschale und Knoblauch wieder entfernen.

3 In der Zwischenzeit die Laugenstangen in dünne Scheiben schneiden und in einer Pfanne bei milder Hitze in der restlichen Butter von beiden Seiten kross braten. Auf Küchenpapier abtropfen lassen und leicht salzen.

4 Die Suppe mit der Petersilie bestreuen und mit den Brezenscheiben servieren. Je nach Geschmack kann man die Brezenscheiben zuerst in den Suppenteller legen und dann mit der heißen Suppe begießen oder sie erst ganz zum Schluss auf die Suppe legen, damit sie schön kross bleiben.

Alfons Schuhbeck

»Die Suppe kann auch als überbackene Zwiebelsuppe serviert werden – dann lasse ich die Brezenscheiben aber weg. Dafür steche ich aus 4 Scheiben Toastbrot Kreise von Tassengröße aus, fülle die Suppe in Suppentassen und belege sie mit den Toastbrotkreisen. Je 1 EL geriebenen Bergkäse daraufstreuen und die Suppe unter dem heißen Backofengrill auf der untersten Schiene etwa 5 Minuten goldbraun überbacken.«

RAHMSCHWAMMERL

1 kleine Zwiebel
2 EL Öl
600 ml Gemüsebrühe
1 kleines Lorbeerblatt
3 EL getrocknete Egerlinge
150 g Sahne
1–2 TL Speisestärke
20 g kalte Butter
1 Knoblauchzehe
1 Streifen unbehandelte Zitronenschale
Salz · Pfeffer aus der Mühle
gemahlener Kümmel
Cayennepfeffer
600 g Pilze (z. B. Steinpilze, Pfifferlinge oder Champignons)
1 EL Petersilienblätter (frisch geschnitten)

Für 4 Personen

1 Die Zwiebel schälen und in kleine Würfel schneiden. 1 EL Öl in einem Topf erhitzen und die Zwiebelwürfel darin glasig andünsten. Die Brühe dazugießen, das Lorbeerblatt hinzufügen und die Zwiebel etwa 10 Minuten weich garen. Die Egerlinge dazugeben, den Topf vom Herd nehmen und die Sauce 20 Minuten ziehen lassen.

2 Das Lorbeerblatt entfernen. Die Sahne dazugeben, die Sauce mit dem Stabmixer aufschäumen und durch ein Sieb in einen Topf streichen.

3 Die Sauce erneut zum Köcheln bringen. Die Speisestärke mit wenig kaltem Wasser glatt rühren, in die Sauce geben und weitere 2 Minuten sanft köcheln lassen. Die Butter untermixen. Den Knoblauch schälen, halbieren und mit der Zitronenschale in die Sauce geben. Knapp unter dem Siedepunkt einige Minuten ziehen lassen, beides wieder entfernen. Die Sauce mit Salz, Pfeffer, je 1 Prise Kümmel und Cayennepfeffer würzen.

4 Inzwischen die Pilze putzen, trocken abreiben und klein schneiden. Das restliche Öl in einer Pfanne bei mittlerer Hitze heiß werden lassen und die Pilze portionsweise darin 1 bis 2 Minuten braten. Wenden, mit Salz und Pfeffer würzen und die Petersilie hinzufügen. Die gebratenen Pilze in die Sauce geben.

Alfons Schubbeck

»Die Pilze brät man am besten portionsweise, damit sie nebeneinander in der Pfanne liegen können und auf diese Weise gleichmäßig garen. Zu den Rahmschwammerln passen hervorragend Semmelknödel (siehe Seite 316).«

FISCHEINTOPF MIT CURRY

2 kleine Karotten
1 kleiner Zucchino
1 Stange Staudensellerie
Salz
500 g gemischte Fischfilets (z. B. Lachs, Kabeljau; ohne Haut)
700 ml Gemüsebrühe
150 g Sahne
2 Scheiben Knoblauch
1 Scheibe Ingwer
2 TL mildes Currypulver
2 EL kalte Butter

Für 4 Personen

1 Die Karotten schälen, den Zucchino und den Staudensellerie putzen und waschen. Das Gemüse in dünne Scheiben schneiden und in kochendem Salzwasser nacheinander bissfest blanchieren. In ein Sieb abgießen, kalt abschrecken und abtropfen lassen. Die Fischfilets waschen, trocken tupfen und in mundgerechte Stücke schneiden.

2 Die Brühe mit Sahne, Knoblauch, Ingwer und Currypulver in einen Topf geben und erhitzen. Die Butter hinzufügen, alles mit dem Stabmixer schaumig aufschlagen und salzen.

3 In einem weiteren Topf Salzwasser aufkochen lassen. Das blanchierte Gemüse in einer Pfanne bei schwacher Hitze ohne weitere Zugabe erwärmen. Den Topf mit dem Salzwasser vom Herd nehmen, die Fischstücke hineingeben und etwa 3 Minuten glasig durchziehen lassen.

4 Den Fisch mit einem Schaumlöffel aus dem Wasser nehmen und mit dem Gemüse in vorgewärmten Suppentellern anrichten. Die Suppe nochmals mit dem Stabmixer aufschäumen und in die Teller verteilen.

Alfons Schuhbeck

»Dieser Eintopf kann sehr gut vorbereitet werden: Das Gemüse blanchieren, den Fisch in Stücke schneiden, die Suppe kochen und abkühlen lassen. Alles bis zur Verwendung in den Kühlschrank stellen. Den Eintopf kurz vor dem Servieren wie oben beschrieben fertig stellen. Eine exotische Note bekommt die Suppe, wenn Sie statt Sahne Kokosmilch sowie etwas Zitronengras verwenden. Für Vegetarier wird die Suppe nur mit Gemüseeinlage und ohne Fisch zubereitet. Geflügelliebhaber ersetzen den Fisch durch Geflügelbruststücke.«

GULASCHSUPPE

Für die Suppe:

700 g Rindfleisch (aus der Wade oder Schulter)
400 g Zwiebeln · 1–2 EL Öl
1 EL Tomatenmark
750 ml Geflügelbrühe
je 1/2 gelbe und rote Paprikaschote
1/2 Zucchino
400 g Kartoffeln
Salz · Cayennepfeffer
1 Lorbeerblatt

Für das Gulaschgewürz:

2 Knoblauchzehen
2 Streifen unbehandelte Zitronenschale
1/2 TL Kümmelsamen
1/2 TL getrockneter Majoran
1/2–1 EL Paprikapulver (edelsüß)
1–2 EL Geflügelbrühe oder Wasser

Außerdem:

2 EL Petersilienblätter (frisch geschnitten)

Für 4 Personen

1 Für die Suppe das Rindfleisch von Fett und groben Sehnen befreien und in 1 cm große Würfel schneiden. Die Zwiebeln schälen, halbieren und in kleine Würfel schneiden. In einem großen, flachen Topf das Öl erhitzen, die Fleischstücke darin bei mittlerer Hitze rundherum gut anbraten und aus dem Topf nehmen. Die Zwiebelwürfel in den Topf geben und darin glasig dünsten, das Tomatenmark unterrühren und einige Minuten mitdünsten. Das Fleisch wieder hinzufügen und die Brühe dazugießen. Bei milder Hitze zugedeckt etwa 2 1/2 Stunden knapp unter dem Siedepunkt ziehen lassen.

2 In der Zwischenzeit die roten und gelben Paprikaschoten entkernen, waschen und in 1/2 bis 1 cm große Würfel schneiden. Den Zucchino waschen und wie die Paprika in Würfel schneiden. Die Kartoffeln waschen, schälen und in 1 cm große Würfel schneiden.

3 Nach 2 Stunden Garzeit die Paprika-, Zucchino- und Kartoffelwürfel in die Suppe geben. Mit Salz und 1 Prise Cayennepfeffer würzen und das Lorbeerblatt dazugeben und weitere 30 Minuten garen.

4 Für das Gulaschgewürz den Knoblauch schälen, in Scheiben schneiden und mit Zitronenschale, Kümmel und Majoran fein hacken. Das Paprikapulver mit etwas kalter Brühe oder kaltem Wasser glatt rühren. Die Gulaschsuppe mit etwas Gewürzmischung und dem angerührten Paprikapulver würzen und weitere 5 Minuten ziehen lassen.

5 Das Lorbeerblatt aus der Gulaschsuppe entfernen. Die Suppe mit Salz und Pfeffer abschmecken, in vorgewärmte Suppentassen füllen und mit der Petersilie bestreuen.

Alfons Schuhbeck

»Geben Sie nicht gleich die ganze Menge Gulaschgewürz in die Suppe, sondern würzen Sie lieber noch etwas nach. Übrig gebliebene Gewürzmischung kann mit ein wenig Butter vermischt und in Frischhaltefolie gewickelt im Kühlschrank mehrere Tage oder im Tiefkühlfach einige Wochen aufbewahrt werden.«

Süss-sauer marinierte Rostbratwürstel

1 große Zwiebel
500 g Nürnberger Rostbratwürste
3 Wacholderbeeren
5 Pimentkörner
1 TL schwarze Pfefferkörner
1 EL Puderzucker
1 l Geflügelbrühe
1 kleines Lorbeerblatt
4 EL Rotweinessig
Salz · Cayennepfeffer
1 EL Zucker
1 Knoblauchzehe
1 Streifen unbehandelte Zitronenschale
1 Scheibe Ingwer
40 g kalte Butter
2 EL Schnittlauchröllchen (frisch geschnitten)

Für 4 Personen

1 Die Zwiebel schälen und in 1/2 cm große Würfel schneiden. Die Rostbratwürste in 1/2 bis 1 cm dicke Scheiben schneiden. Wacholderbeeren, Piment und Pfeffer in ein Gewürzsäckchen füllen.

2 Den Puderzucker in einen Topf geben und bei mittlerer Hitze hell karamellisieren lassen, die Zwiebel hinzufügen und glasig andünsten. Die Brühe mit dem Lorbeerblatt und dem Gewürzsäckchen dazugeben und die Zwiebel knapp unter dem Siedepunkt gut 10 Minuten ziehen lassen.

3 Die Suppe mit dem Essig, etwas Salz, 1 Prise Cayennepfeffer und dem Zucker abschmecken. Den Knoblauch schälen, halbieren und mit den Bratwurstscheiben, der Zitronenschale und dem Ingwer dazugeben und etwa 3 Minuten ziehen lassen. Das Gewürzsäckchen und die ganzen Gewürze wieder entfernen.

4 Die Brühe durch ein Sieb in einen Topf gießen und die Butter mit dem Stabmixer unterschlagen. Mit Zucker, Salz und Essig abschmecken. Die Rostbratwürste und das Gemüse auf vorgewärmte Suppenteller verteilen, die Suppe daraufgeben und mit Schnittlauchröllchen bestreut servieren.

Alfons Schuhbeck

»Etwas bunter wird der Eintopf, wenn mit der Zwiebel 1 Karotte, 100 g Knollensellerie und 1 bis 2 Kartoffeln in Würfel geschnitten und mitgegart werden. Die Garzeit verlängert sich dabei um etwa 5 Minuten. Gewürzsäckchen verwendet man, wenn viele ganze Gewürze nach dem Garen wieder aus dem Gericht entfernt werden sollen. Als Gewürzsäckchen eignet sich am besten ein Tee-Ei oder ein Einwegteebeutel, der mit einer Klammer verschlossen wird.«

LAMMEINTOPF MIT BOHNEN

400 g Lammfleisch (aus der Schulter; küchenfertig)
1 EL Öl
125 ml Weißwein
1,2 l Geflügelbrühe
3 Zwiebeln
1 Lorbeerblatt · 3 Gewürznelken
100 g Knollensellerie
1–2 Karotten
350 g kleine festkochende Kartoffeln
300 g breite grüne Bohnen
Salz
2 Tomaten
1 Knoblauchzehe
1 Streifen unbehandelte Zitronenschale
1 Scheibe Ingwer
1/2–1 TL Currypulver
Cayennepfeffer
1–2 EL Petersilienblätter (frisch geschnitten)

Für 4 Personen

1 Das Lammfleisch in etwa 2 cm große Würfel schneiden. Das Öl in einem Topf erhitzen und die Fleischwürfel darin bei mittlerer Hitze rundherum anbraten. Mit dem Weißwein ablöschen und 3 bis 5 Minuten einköcheln lassen. Mit der Brühe aufgießen und das Fleisch zugedeckt knapp unter dem Siedepunkt in etwa 1 1/2 Stunden weich garen. Währenddessen 1 Zwiebel schälen und das Lorbeerblatt mit 3 Gewürznelken darauf feststecken und nach 30 Minuten Garzeit dazugeben.

2 Inzwischen die restlichen Zwiebeln, den Sellerie, die Karotten und die Kartoffeln schälen und in 1 1/2 cm große Würfel schneiden. Die Bohnen putzen, waschen und schräg in 1 bis 1 1/2 cm breite Stücke schneiden. Die Bohnen in kochendem Salzwasser fast gar kochen, in ein Sieb abgießen, kalt abschrecken und abtropfen lassen. Die Tomaten kreuzweise einritzen, überbrühen, kalt abschrecken, häuten und entkernen. Das Fruchtfleisch in kleine Würfel schneiden, den Stielansatz dabei entfernen.

3 Zwiebel-, Sellerie-, Karotten- und Kartoffelwürfel nach etwa 1 Stunde zum Eintopf geben. Am Ende der Garzeit die Bohnen und die Tomatenwürfel hinzufügen.

4 Den Knoblauch schälen, halbieren und mit Zitronenschale und Ingwer in den Eintopf geben, 5 Minuten darin ziehen lassen und wieder entfernen. Den Eintopf mit Salz, Currypulver und 1 Prise Cayennepfeffer abschmecken, auf vorgewärmte Suppenteller verteilen und mit Petersilie bestreut servieren.

Alfons Schuhbeck

»Sehr lecker schmeckt der Eintopf auch mit anderen Gemüsesorten, wie z. B. Pastinaken, Petersilienwurzeln, Fenchel oder roten Paprikaschoten. Nach Belieben können Sie auch noch 1 EL Pesto daraufgeben.«

Nudeln

Hauptsache mit Biss

Kaum ein Land auf der Welt, das sie nicht auf den Teller bringt. Wahrscheinlich liegt es daran, dass Nudeln tatsächlich glücklich machen. Und kaum eine Speise ist so vielseitig in ihrer Form: lange, kurze, breite, gewellte, gefüllte oder bunte Nudeln werden in jeder Sauce zur wahren Köstlichkeit.

Hausgemachte Nudeln

400 g Mehl
200 g Hartweizengrieß
6 Eier
5–6 EL Olivenöl
Salz
Mehl zum Ausrollen

Für 4 Personen

1 Für den Nudelteig das Mehl, den Grieß, die Eier, das Olivenöl und 1 Prise Salz zu einem glatten, elastischen Teig verkneten. Teig in Frischhaltefolie wickeln und im Kühlschrank etwa 30 Minuten ruhen lassen.

2 Den Teig mit dem Nudelholz oder der Nudelmaschine zu dünnen Teigplatten ausrollen, dabei mit Mehl bestäuben. Die Teigplatten einrollen und mit einem Messer in beliebig breite oder schmale Streifen schneiden. Man kann die Teigplatten auch mithilfe des Nudelschneideaufsatzes der Nudelmaschine oder der Küchenmaschine schneiden.

3 Die Nudeln in reichlich Salzwasser etwa 3 Minuten (frische Nudeln haben eine kürzere Garzeit als getrocknete Ware) sehr bissfest kochen und sofort weiterverwenden oder wie unten beschrieben mit Olivenöl mischen, abkühlen lassen und zu einem späteren Zeitpunkt verarbeiten.

Nudeln vorkochen

400–500 g Nudeln (getrocknete Nudeln, Fertigprodukt)
Salz
3 EL Olivenöl

Für 4 Personen

1 Die Nudeln in reichlich Salzwasser etwa 4 Minuten unter der nach Packungsanweisung vorgesehenen Zeit sehr bissfest kochen. In ein Sieb abgießen und kurz abtropfen lassen. Auf einem Backblech verteilen und mit dem Olivenöl mischen. Die vorgekochten Nudeln vollständig abkühlen lassen. In einen gut verschließbaren Behälter geben und im Kühlschrank aufbewahren. Die Nudeln sind so mindestens einige Stunden und höchstens 2 bis 3 Tagen haltbar.

2 Kurz vor der Verwendung die Nudeln portionsweise aus dem Behälter nehmen und einige Minuten in der jeweiligen Sauce oder nach Belieben in 300 ml Brühe erhitzen. Das Vorkochen von Nudeln eignet sich für alle weiteren Rezepte.

Alfons Schuhbeck

»Durch das Ausbreiten der Nudeln auf dem Blech kann der Wasserdampf rasch entweichen und sie bleiben besonders bissfest.
Beim Erhitzen in der Sauce nehmen die Nudeln die Sauce auf und erhalten dadurch zusätzlich Geschmack.
Da die Sauce beim Erhitzen etwas eindickt, sollte sie vorher relativ dünnflüssig sein.«

PENNE MIT TOMATENSAUCE

Für die Sauce:

350 g geschälte Tomaten (aus der Dose)
80 ml Gemüsebrühe
50 g mildes Olivenöl
1 kleines Stück Zimtrinde
1 Knoblauchzehe (geschält und halbiert)
Salz · Cayennepfeffer
Vanillezucker

Für die Nudeln:

400 g Penne · Salz

Außerdem:

1–2 EL Basilikumblätter (frisch geschnitten)
2 EL geriebener Parmesan (ersatzweise Pecorino oder Bergkäse)
Pfeffer aus der Mühle

Für 4 Personen

1 Für die Sauce die Dosentomaten samt Saft mit der Brühe in einem Topf erhitzen. Das Olivenöl mit dem Stabmixer unterrühren. Den Zimt und den Knoblauch hinzufügen, einige Minuten darin ziehen lassen und wieder entfernen. Die Tomatensauce mit Salz und je 1 Prise Cayennepfeffer und Vanillezucker abschmecken.

2 Für die Nudeln die Penne nach Packungsanweisung in reichlich Salzwasser sehr bissfest kochen, dabei gelegentlich umrühren. In ein Sieb abgießen, kurz abtropfen lassen und wieder in den Topf geben.

3 Die Tomatensauce zu den Nudeln in den Topf geben und alles erhitzen. Auf vorgewärmten Pastatellern anrichten, mit Basilikum und Parmesan bestreuen und etwas Pfeffer darübermahlen.

Für Penne mit getrockneten Tomaten 150 g in Öl eingelegte getrocknete Tomaten abtropfen lassen und in 1 cm breite Streifen schneiden. 300 ml Gemüsebrühe mit 1 halbierten Knoblauchzehe, 1 kleinen roten Chilischote, 1 Thymianzweig und 1 Streifen unbehandelter Zitronenschale aufkochen. 400 g vorgekochte Penne darin erhitzen, die Tomaten und das Olivenöl hinzufügen, leicht salzen und pfeffern, die ganzen Gewürze danach entfernen. Auf Tellern anrichten und mit Parmesan bestreuen.

Für Penne mit frischen Tomaten 8 Tomaten kreuzweise einritzen, überbrühen, kalt abschrecken, enthäuten, vierteln, entkernen und das Fruchtfleisch in Würfel schneiden, dabei die Stielansätze entfernen. 400 g vorgekochte Penne in 300 ml Gemüsebrühe erhitzen, die Tomatenwürfel hinzufügen und 1 Minute darin erhitzen. 4 EL mildes Olivenöl und 1 EL frisch geschnittene Basilikumblätter dazugeben. Zum Anrichten mit geriebenem Pecorino, Parmesan oder Bergkäse bestreuen.

Alfons Schuhbeck

»Wer die Nudeln gerne scharf isst, fügt etwas mehr Cayennepfeffer hinzu. Wenn Sie statt der frisch gekochten Nudeln vorgekochte verwenden, achten Sie darauf, die Tomatensauce etwas flüssiger zuzubereiten, da die Nudeln beim Erhitzen noch nachgaren und Flüssigkeit aufnehmen.«

SPAGHETTI MIT SAUCE BOLOGNESE

Für die Sauce:

1 Zwiebel · 1 Karotte
1 Stange Staudensellerie
1–2 EL Olivenöl
500 g Rinderhackfleisch (ersatzweise Lamm oder Geflügel)
2 EL Tomatenmark
50 ml trockener Weißwein
750 g stückige Tomaten (aus der Dose)
250 ml Geflügelbrühe
1 Lorbeerblatt · 2 Knoblauchzehen
1/2 TL getrockneter Oregano
1/2 TL abgeriebene unbehandelte Zitronenschale
Salz · Pfeffer aus der Mühle
Zucker · Cayennepfeffer

Für die Nudeln:

400 g Spaghetti · Salz

Außerdem:

100 ml Geflügelbrühe
1–2 EL mildes Olivenöl
frisch geriebene Muskatnuss
Pfeffer aus der Mühle

Für 4 Personen

1 Für die Sauce die Zwiebel schälen. Die Karotte putzen und schälen, den Staudensellerie putzen und waschen. Zwiebel, Karotte und Sellerie in sehr kleine Würfel schneiden.

2 Das Olivenöl in einem Topf erhitzen und die Gemüsewürfel darin bei milder Hitze wenige Minuten glasig andünsten. Das Hackfleisch dazugeben und unter Rühren so lange braten, bis es zerkrümelt und seine rosa Farbe verloren hat. Das Tomatenmark unterrühren und kurz andünsten. Mit dem Weißwein ablöschen und die Sauce weitere 5 bis 10 Minuten einköcheln lassen.

3 Dann die Dosentomaten samt Saft und die Brühe dazugeben und die Sauce etwa 2 Stunden unter häufigem Rühren mehr ziehen als köcheln lassen. 15 Minuten vor Ende der Garzeit das Lorbeerblatt hinzufügen.

4 Am Ende der Garzeit den Knoblauch schälen, halbieren und mit Oregano und Zitronenschale in die Sauce geben. 5 Minuten darin ziehen lassen und den Knoblauch und das Lorbeerblatt wieder entfernen. Die Sauce mit Salz, Pfeffer und je 1 Prise Zucker und Cayennepfeffer würzen.

5 Für die Nudeln die Spaghetti nach Packungsanweisung in reichlich Salzwasser sehr bissfest kochen, dabei gelegentlich umrühren. In ein Sieb abgießen, kurz abtropfen lassen und wieder in den Topf geben.

6 Die Brühe und das Olivenöl zu den Nudeln in den Topf geben, alles gut mischen und erhitzen. Etwas Muskatnuss darüberreiben und mit Pfeffer würzen. Auf vorgewärmten Pastatellern anrichten und die Sauce bolognese darauf verteilen.

Alfons Schubbeck

»Falls Sie für dieses Rezept vorgekochte Nudeln verwenden, erhitzen Sie sie in 300 ml Brühe und würzen sie mit Muskatnuss und Pfeffer. Die Sauce bolognese können Sie durch jedes andere Fleischragout ersetzen, z. B. Hasenragout (siehe Seite 278, Tipp), Kaninchenragout (siehe Seite 120), Rindergulasch (siehe Seite 222) oder Ganserlragout (siehe Seite 260, Variante). Anstelle von Spaghetti passen zu stückigen Saucen sehr gut Bandnudeln.«

FARFALLE MIT LAUCHSAUCE UND KRABBEN

Für die Sauce:

1 große Zwiebel
1 EL Öl
70 ml trockener Weißwein
300 ml Gemüsebrühe
100 g Sahne
30 g kalte Butter
Salz · Cayennepfeffer
1 EL Korianderkörner für die Gewürzmühle
frisch geriebene Muskatnuss
einige Spritzer Zitronensaft
1 kleine Stange Lauch
Pfeffer aus der Mühle
200 g tiefgekühlte Krabben (aufgetaut) oder Krabben aus der Lake

Für die Nudeln:

400 g Farfalle
Salz

Für 4 Personen

1 Für die Sauce die Zwiebel schälen und in kleine Würfel schneiden. Das Öl in einem Topf erhitzen und die Zwiebelwürfel darin bei milder Hitze glasig andünsten. Mit dem Weißwein ablöschen und weitgehend einköcheln lassen.

2 Die Brühe angießen und die Sauce knapp unter dem Siedepunkt 10 Minuten ziehen lassen. Die Sahne hinzufügen und alles mit dem Stabmixer aufmixen. 2 EL Butter untermixen und mit Salz, 1 Prise Cayennepfeffer, Koriander aus der Gewürzmühle, etwas Muskatnuss und dem Zitronensaft würzen.

3 Vom Lauch die dunkelgrünen Außenblätter entfernen. Die Stange putzen, längs halbieren, waschen und quer in 1/2 cm breite Streifen schneiden. Die restliche Butter in einer Pfanne zerlassen und die Lauchstreifen darin bei milder Hitze glasig andünsten, mit Salz und Pfeffer würzen. In die Sauce geben und alles gut mischen. Die Krabben auf einem Sieb kalt abbrausen und abtropfen lassen.

4 Für die Nudeln die Farfalle nach Packungsanweisung in reichlich Salzwasser sehr bissfest kochen, dabei gelegentlich umrühren. In ein Sieb abgießen und abtropfen lassen. Die Nudeln wieder in den Topf geben.

5 Die Sauce zu den Farfalle in den Topf geben und alles erhitzen. Die Krabben unterrühren und nur kurz darin erwärmen. Die Nudeln mit der Sauce auf vorgewärmten Pastatellern anrichten und Koriander aus der Gewürzmühle darübermahlen.

Alfons Schuhbeck

»Statt Krabben gebe ich auch gerne in Würfel geschnittenen gekochten Hinterschinken an das Gericht.«

GRÜNE BANDNUDELN MIT LEBER-BIRNEN-RAGOUT

Für die Sauce:

1 große Zwiebel · 1 EL Öl
70 ml trockener Weißwein
200 ml Geflügelbrühe
1 Lorbeerblatt
150 g Sahne
20 g Butter
Salz · Pfeffer aus der Mühle
frisch geriebene Muskatnuss

Für das Ragout:

300 g Kalbsleber
1 kleine reife, feste Birne
1–2 TL Puderzucker
1–2 EL Butter
Salz · Pfeffer aus der Mühle
getrockneter Majoran
1 EL Petersilienblätter (frisch geschnitten)

Für die Nudeln:

400 g grüne Bandnudeln · Salz

Für 4 Personen

1 Für die Sauce die Zwiebel schälen und in kleine Würfel schneiden. Das Öl in einem kleinen Topf erhitzen und die Zwiebelwürfel darin glasig andünsten. Mit dem Weißwein ablöschen und weitgehend einkochen lassen. Die Brühe angießen. Das Lorbeerblatt hinzufügen und die Sauce knapp unter dem Siedepunkt 10 Minuten ziehen lassen. Das Lorbeerblatt wieder entfernen. Die Sahne hinzufügen, alles nochmals kurz erhitzen. Die Sauce mit dem Stabmixer pürieren, die Butter untermixen und mit Salz, Pfeffer und Muskatnuss würzen.

2 Für das Ragout die Kalbsleber putzen und in etwa 1 cm breite Streifen schneiden. Die Birne waschen, vierteln, entkernen und in schmale Spalten schneiden.

3 Den Puderzucker in einer großen Pfanne bei milder Hitze hell karamellisieren lassen und die Birnenspalten darin auf beiden Seiten leicht anbraten. Die Butter unterrühren. Die Leberstreifen hinzufügen und in der Butter 2 bis 3 Minuten braten. Das Ragout mit Salz, Pfeffer und 1 Prise Majoran würzen und die Petersilie unterrühren.

4 Für die Nudeln die Bandnudeln nach Packungsanweisung in reichlich Salzwasser sehr bissfest kochen, dabei gelegentlich umrühren. In ein Sieb abgießen, abtropfen lassen und wieder in den Topf geben.

5 Die Sahnesauce zu den Bandnudeln in den Topf geben und beides erhitzen. Die Nudeln mit der Sauce auf vorgewärmten Pastatellern anrichten und das Leber-Birnen-Ragout darauf verteilen.

Alfons Schuhbeck

»Damit die Leber zart bleibt, sollte sie immer bei milder Hitze und nicht zu lange gegart werden. Statt Birne passt auch Apfel oder Quitte. Die Quitte jedoch höchstens in 1/2 cm breite Scheiben schneiden, da ihr Fruchtfleisch ziemlich fest ist.«

Pappardelle mit Kaninchenragout in Aprikosensauce

Für das Ragout:

4 Kaninchenkeulen
(à ca. 250 g; küchenfertig)
1 kleine Zwiebel
1/2 Karotte
100 g Knollensellerie
1–2 TL Pimentkörner
1 TL Zimtrindensplitter
1 EL schwarze Pfefferkörner
1–2 TL Wacholderbeeren
50 g getrocknete Aprikosen
150 ml trockener Weißwein
1 EL Öl
2 cl Weinbrand
1 EL Noilly Prat (franz. Wermut)
500 ml Geflügelbrühe
1 kleines Lorbeerblatt
80 g Sahne
1 TL Speisestärke
20 g kalte Butter
1 Scheibe Knoblauch
1 Streifen unbehandelte Zitronenschale
Salz · Cayennepfeffer
einige Spritzer Zitronensaft

Für die Nudeln:

350 g Pappardelle · Salz

Außerdem:

1 EL Petersilienblätter (frisch geschnitten)

Für 4 Personen

1 Für das Ragout das Kaninchenfleisch von den Knochen lösen und das Fleisch in die einzelnen Muskelpartien teilen. Die Fleischstücke je nach Größe ein- bis zweimal quer durchschneiden. Die Zwiebel, die Karotte und den Knollensellerie schälen und in sehr kleine Würfel schneiden.

2 Piment, Zimt, Pfeffer und Wacholderbeeren in eine Gewürzmühle füllen. Die Aprikosen je nach Größe halbieren oder vierteln. In einem Topf in 5 EL Weißwein 2 Minuten köcheln lassen.

3 Das Öl in einem Topf erhitzen und die Kaninchenstücke darin bei mittlerer Hitze rundherum hell anbraten. Die Gemüsewürfel hinzufügen und mit andünsten. Den Weinbrand, den restlichen Weißwein und den Wermut dazugießen und fast vollständig einköcheln lassen. Mit der Brühe auffüllen und zugedeckt knapp unter dem Siedepunkt 1 Stunde ziehen lassen. Nach 30 Minuten Garzeit das Lorbeerblatt dazugeben.

4 Den Garsud durch ein Sieb in einen Topf gießen, dabei das Lorbeerblatt entfernen. Gemüse und Fleisch beiseite stellen. Den Sud um ein Drittel einköcheln lassen und die Sahne unterrühren. Die Speisestärke mit wenig kaltem Wasser glatt rühren, unter die Sauce mischen und bei milder Hitze 2 Minuten köcheln lassen.

5 Die Butter mit dem Stabmixer unter die Sauce rühren. Aprikosen, Knoblauch und Zitronenschale hineingeben und die Sauce mit Salz, 1 Prise Cayennepfeffer, der Mischung aus der Gewürzmühle und dem Zitronensaft würzen.

6 Die Sauce knapp unter dem Siedepunkt 5 Minuten ziehen lassen, ganze Gewürze wieder entfernen. Fleisch und Gemüse wieder in die Sauce geben und warm halten.

7 Für die Nudeln die Pappardelle nach Packungsanweisung in reichlich Salzwasser sehr bissfest kochen, dabei gelegentlich umrühren. In ein Sieb abgießen und abtropfen lassen. Die Nudeln wieder in den Topf geben.

8 Das Kaninchenfleisch, das Gemüse und die Aprikosensauce zu den Pappardelle in den Topf geben und alles erhitzen. Die Pappardelle mit dem Kaninchenragout und der Sauce auf vorgewärmte Pastateller verteilen und mit der Petersilie bestreuen.

Alfons Schuhbeck

»Dieses Ragout bereite ich auch gerne mit Hähnchenkeulen zu. Die Garzeit verringert sich dann auf etwa 45 Minuten.«

FUSILLI MIT CURRYSAUCE UND HENDLBRUST

Für die Sauce:

400 ml Gemüsebrühe
1 EL mildes Currypulver
120 g Sahne · 20 g kalte Butter
Salz · 1 Knoblauchzehe (geschält und halbiert)
2 Scheiben Ingwer
1 Apfelscheibe (ca. $^{1}/_{2}$ cm dick)
1 Bund Frühlingszwiebeln
4 Hähnchenbrüste (à 120 g; küchenfertig) · 1 EL Öl
Pfeffer aus der Mühle

Für die Nudeln:

400 g Fusilli · Salz

Für 4 Personen

1 Für die Sauce die Brühe mit dem Currypulver und der Sahne in einem Topf erhitzen. Die Butter unterrühren und die Sauce mit Salz würzen. Knoblauch, Ingwer und Apfelscheibe hinzufügen, 5 Minuten darin ziehen lassen und wieder entfernen.

2 Die Frühlingszwiebeln putzen, waschen, den dunklen Teil entfernen und den weißen Teil schräg in 1 cm dicke Scheiben schneiden. Die Hähnchenbrüste waschen, trocken tupfen und in 1 $^{1}/_{2}$ cm große Würfel schneiden. Das Öl in einer Pfanne erhitzen und das Hähnchenfleisch darin bei milder Hitze 2 Minuten rundherum anbraten. Die Frühlingszwiebeln dazugeben und mit Salz und Pfeffer würzen.

3 Für die Nudeln die Fusilli nach Packungsanweisung in reichlich Salzwasser sehr bissfest kochen, dabei gelegentlich umrühren. In ein Sieb abgießen und gut abtropfen lassen. Die Nudeln wieder in den Topf geben und mit der Currysauce erhitzen. Zum Schluss das Hähnchenfleisch und die Frühlingszwiebeln unterrühren. Die Nudeln mit der Sauce auf vorgewärmten Pastatellern anrichten. Nach Belieben mit Petersilie bestreuen.

FUSILLI MIT KÄSESAUCE

Für die Sauce:

150 g Gorgonzola (oder Romadur, Bergkäse)
250 ml Gemüsebrühe · 70 g Sahne
1 EL Butter · Cayennepfeffer
1 Knoblauchzehe (geschält und halbiert) · 2 Salbeiblätter
1 Birnenscheibe (ca. $^{1}/_{2}$ cm dick)
$^{1}/_{4}$ ausgekratzte Vanilleschote

Für die Nudeln:

400 g Fusilli · Salz

Außerdem:

Pfeffer aus der Mühle
frisch geriebene Muskatnuss
1 EL Petersilienblätter (frisch geschnitten)

Für 4 Personen

1 Für die Sauce den Blauschimmelkäse entrinden und in Würfel schneiden. Die Brühe in einem Topf erwärmen. Den Käse und die Sahne hinzufügen und alles vorsichtig bis knapp unter den Siedepunkt erhitzen, aber nicht kochen lassen.

2 Die Butter und 1 Prise Cayennepfeffer hinzufügen und die Sauce mit dem Stabmixer pürieren. Den Knoblauch, den Salbei, die Birnenscheibe und die Vanilleschote dazugeben, einige Minuten in der Käsesauce ziehen lassen und wieder entfernen.

3 Für die Nudeln die Fusilli nach Packungsanweisung in reichlich Salzwasser sehr bissfest kochen, dabei gelegentlich umrühren. In ein Sieb abgießen, kurz abtropfen lassen und wieder in den Topf geben.

4 Die Gorgonzolasauce zu den Fusilli geben und alles erhitzen. Auf vorgewärmte Pastateller verteilen, mit Pfeffer und Muskatnuss würzen und mit der Petersilie bestreuen. Nach Belieben mit grob gehackten Walnusskernen bestreuen.

MAKKARONI MIT PILZSAUCE

Für die Sauce:

1 kleine Zwiebel · 2 EL Öl
350 ml Gemüsebrühe
1 kleines Lorbeerblatt
3 EL getrocknete Egerlinge
120 g Sahne · 20 g kalte Butter (in Würfel geschnitten)
1 Streifen unbehandelte Zitronenschale
Salz · Pfeffer aus der Mühle
gemahlener Kümmel
Cayennepfeffer
400 g frische Pilze (z. B. Steinpilze, Pfifferlinge oder Champignons)

Für die Nudeln:

350 g Makkaroni · Salz

Außerdem:

Pfeffer aus der Mühle
1 EL Petersilienblätter (frisch geschnitten)

Für 4 Personen

1 Für die Sauce die Zwiebel schälen und in kleine Würfel schneiden. In einem Topf 1 EL Öl erhitzen und die Zwiebelwürfel darin glasig dünsten. Brühe angießen. Das Lorbeerblatt und die getrockneten Pilze dazugeben. Die Pilzsauce knapp unter dem Siedepunkt 20 Minuten ziehen lassen.

2 Das Lorbeerblatt entfernen, die Sahne angießen und die Sauce mit dem Stabmixer pürieren. Durch ein Sieb in einen Topf streichen und nach und nach die Butter untermixen. Die Zitronenschale hinzufügen, einige Minuten in der Sauce ziehen lassen und wieder entfernen. Mit Salz, Pfeffer und je 1 Prise Kümmel und Cayennepfeffer abschmecken.

3 Die frischen Pilze putzen, trocken abreiben und klein schneiden. Das restliche Öl in einer großen Pfanne erhitzen und die Pilze darin portionsweise bei mittlerer Hitze 1 bis 2 Minuten braten. Wenden und mit Salz und Pfeffer würzen.

4 Für die Nudeln die Makkaroni nach Packungsanweisung in reichlich Salzwasser sehr bissfest kochen, dabei gelegentlich umrühren. In ein Sieb abgießen, abtropfen lassen und wieder in den Topf geben.

5 Die Pilzsauce zu den Makkaroni geben und beides erhitzen. Zum Schluss die gebratenen Pilze unterrühren. Die Makkaroni und die Pilzsauce mit Salz und Pfeffer abschmecken, auf vorgewärmten Pastatellern anrichten und mit Petersilie bestreuen.

Alfons Schuhbeck

»Am besten eignen sich getrocknete Champignons, Egerlinge oder Totentrompeten für die Sauce. Getrocknete Pilze entwickeln einen sehr kräftigen, aber feinen Pilzgeschmack. Die frischen Pilze gebe ich erst ganz zum Schluss in die Sauce, so bleiben sie bissfest. Nach Belieben können Sie noch 1 bis 2 EL der gemixten Pilzmasse, die im Sieb zurückgeblieben ist, mit in die Sauce geben.«

Spaghettini mit Chili

Für die Nudeln:

400 g Spaghettini · Salz

Für die Sauce:

1 Knoblauchzehe
200 ml Gemüsebrühe
1 getrocknete Chilischote
2 Salbeiblätter
5 EL mildes Olivenöl

Außerdem:

2 EL geriebener Parmesan (ersatzweise Pecorino oder Bergkäse)

Für 4 Personen

1 Für die Nudeln die Spaghettini nach Packungsanweisung in reichlich Salzwasser sehr bissfest kochen, dabei gelegentlich umrühren. In ein Sieb abgießen und abtropfen lassen.

2 Für die Sauce die Knoblauchzehe schälen und in Scheiben schneiden. Die Brühe in einen Topf geben und mit dem Knoblauch, der Chilischote und dem Salbei erhitzen.

3 Die Nudeln hinzufügen und ebenfalls darin erhitzen, bis die Brühe vollständig von den Nudeln aufgenommen ist. Zum Schluss das Olivenöl unterrühren, die Chilischote und die Salbeiblätter wieder entfernen.

4 Die Spaghettini mit der Sauce auf vorgewärmten Pastatellern anrichten und mit dem Parmesan bestreuen.

Spaghetti mit Kopfsalat-Pesto

Für das Pesto:

80 g Kopfsalatblätter
1 EL Mandelblättchen
1 Bund glatte Petersilie oder
80 g Spinatblätter · Salz
1/2 Knoblauchzehe (geschält)
1 EL geriebener Parmesan
einige Spritzer Zitronensaft
60 ml mildes Olivenöl
60 g braune Butter (siehe Seite 46)

Für die Nudeln:

400 g Spaghetti · Salz
150 g Cocktailtomaten
1 EL mildes Olivenöl
Pfeffer aus der Mühle
100 ml Gemüsebrühe
geriebener Parmesan

Für 4 Personen

1 Für das Pesto die Salatblätter putzen, waschen und trocken schleudern. Die Mandeln in einer Pfanne ohne Fett bei milder Hitze hell bräunen und abkühlen lassen. Die Petersilie waschen, trocken schütteln und die Blätter von den Stielen zupfen. Die Petersilienblätter in kochendem Salzwasser 1 bis 2 Minuten blanchieren. In ein Sieb abgießen, kalt abschrecken und mit den Händen das Wasser ausdrücken.

2 Die Salatblätter mit den Mandeln, der Petersilie, dem Knoblauch, dem Parmesan, dem Zitronensaft, dem Olivenöl und der braunen Butter im Küchenmixer pürieren. Das Kopfsalat-Pesto mit Salz abschmecken.

3 Für die Nudeln die Spaghetti nach Packungsanweisung in reichlich Salzwasser sehr bissfest kochen, dabei gelegentlich umrühren. In ein Sieb abgießen, kurz abtropfen lassen und wieder in den Topf geben.

4 Die Cocktailtomaten waschen und halbieren. Das Olivenöl in einer Pfanne erhitzen und die Tomatenhälften darin bei milder Hitze erwärmen, mit Salz und Pfeffer würzen. Die Brühe zu den Spaghetti in den Topf geben und alles erhitzen. Das Kopfsalat-Pesto untermischen und mit Pfeffer würzen. Die Nudeln auf vorgewärmten Pastatellern anrichten, die Tomaten darauf verteilen und mit Käse bestreuen.

SCHINKENNUDELN MIT SPINAT UND PILZEN

Für die Sauce:

1 Zwiebel · 1–2 EL Öl
250 ml Geflügelbrühe
1 kleines Lorbeerblatt
100 g Sahne · 1 EL Butter
1 EL braune Butter (siehe Seite 46)
100 g gekochter Hinterschinken (in Scheiben)
100 g Blattspinat · Salz
100 g kleine Champignons

Für die Nudeln:

400 g Makkaroni (ersatzweise Penne, Fusilli oder Casareccia)

Außerdem:

1–2 TL schwarze Pfefferkörner (grob geschrotet)
Salz · frisch geriebene Muskatnuss
1 EL Schnittlauchröllchen

Für 4 Personen

1 Für die Sauce die Zwiebel schälen und in kleine Würfel schneiden. In einem Topf 1 EL Öl erhitzen und die Zwiebelwürfel darin bei milder Hitze glasig andünsten. Die Brühe angießen, das Lorbeerblatt hinzufügen und die Brühe knapp unter dem Siedepunkt etwa 10 Minuten ziehen lassen. Das Lorbeerblatt wieder entfernen und die Sahne unterrühren. Die Butter und die braune Butter dazugeben und untermischen.

2 Den Schinken in 1/2 bis 1 cm breite Streifen schneiden. Die Spinatblätter verlesen, waschen und abtropfen lassen, grobe Stiele entfernen. In kochendem Salzwasser 2 Minuten blanchieren. In ein Sieb abgießen, kalt abschrecken und abtropfen lassen. Die Blätter mit den Händen gut ausdrücken und die Blätter auseinanderzupfen.

3 Die Champignons putzen, trocken abreiben und vierteln. Das restliche Öl in einer Pfanne erhitzen, die Pilze darin etwa 2 Minuten anbraten und mit Salz würzen.

4 Für die Nudeln die Makkaroni nach Packungsanweisung in reichlich Salzwasser bissfest kochen, dabei gelegentlich umrühren. In ein Sieb abgießen und abtropfen lassen. Die Nudeln wieder in den Topf geben.

5 Die Sahnesauce zu den Makkaroni geben und alles erhitzen. Den Schinken, den Spinat, die Pilze und den geschroteten Pfeffer unterrühren und mit Salz und Muskatnuss abschmecken. Die Schinkennudeln mit Spinat und Pilzen auf vorgewärmten Pastatellern anrichten und mit den Schnittlauchröllchen bestreuen.

Alfons Schuhbeck

»Ich verfeinere die Sahnesauce gerne noch mit 1 TL mildem Currypulver. Statt der Champignons können Sie auch andere Pilzsorten wie Steinpilze, Pfifferlinge oder Austernpilze verwenden.«

Geröstete Nudeln mit Erbsen und Kabanossi

Für die Nudeln:

350 g kurze bunte Nudeln (z. B. Penne, Fusilli usw.)
Salz · 1–2 EL Olivenöl

Für die gerösteten Nudeln:

200 g tiefgekühlte Erbsen
250 g kalter Braten
2 Kabanossi · 4 EL Butter
1–2 EL gemischte Kräuter (z. B. Petersilie, Basilikum, Schnittlauch, Dill, Majoran; frisch geschnitten)
Salz · Pfeffer aus der Mühle
frisch geriebene Muskatnuss

Für 4 Personen

1 Die kurzen Nudeln nach Packungsanweisung in reichlich Salzwasser bissfest kochen, dabei gelegentlich umrühren. In ein Sieb abgießen und abtropfen lassen. Die Nudeln etwas abkühlen lassen und mit dem Olivenöl mischen.

2 Für die gerösteten Nudeln die Erbsen auftauen lassen. Den kalten Braten erst in Scheiben und dann in etwa 1 cm breite Streifen schneiden. Die Kabanossi in 1/2 cm dicke Scheiben schneiden. Die Butter in einer großen Pfanne zerlassen und die Nudeln darin bei mittlerer Hitze anrösten.

3 Die Bratenstreifen und die Wurstscheiben hinzufügen und etwas mitrösten. Die Erbsen und die Kräuter dazugeben und mit Salz, Pfeffer und etwas Muskatnuss würzen. Die gerösteten Nudeln mit Erbsen und Kabanossi auf vorgewärmten Pastatellern anrichten.

Für geröstete Nudeln mit Ei die Nudeln wie oben beschrieben zubereiten. 2 Eier mit 4 EL Sahne verquirlen und mit Salz, Pfeffer aus der Mühle und frisch geriebener Muskatnuss würzen. Nach Belieben etwas fein geriebenen Bergkäse unterrühren. Die Eiersahne zuletzt unter das fertige Nudelgericht ziehen.

Alfons Schuhbeck

»Für dieses Gericht können Sie sehr gut Gemüse- und Fleischreste vom Vortag verwenden, z. B. Hähnchenfleisch, verschiedene kalte Bratenstücke oder auch Wurst.«

SCHLUTZKRAPFEN MIT SPINAT-QUARK-FÜLLUNG

Für den Teig:

100 g Roggenmehl
100 g Weizenmehl
2 große Eier
1 EL Olivenöl · Salz

Für die Füllung:

350 g Wurzelspinat · Salz
1/2 Zwiebel · 1 EL Butter
1 Msp. Knoblauch (gehackt)
150 g Speisequark
40 g geriebener Bergkäse
1 EL braune Butter (siehe Seite 46)
Pfeffer aus der Mühle
frisch geriebene Muskatnuss

Außerdem:

Mehl zum Bestäuben
1 verquirltes Eiweiß
100 g braune Butter (siehe Seite 46)
2 Scheiben Knoblauch
Salz · Pfeffer aus der Mühle
1 EL Schnittlauchröllchen
1 EL geriebener Parmesan (ersatzweise Pecorino oder Bergkäse)

Für 4 Personen

1 Für den Teig beide Mehlsorten, die Eier, das Olivenöl und 1 Prise Salz zu einem glatten, elastischen Nudelteig verkneten. Den Teig in Frischhaltefolie wickeln und im Kühlschrank etwa 30 Minuten ruhen lassen.

2 Für die Füllung die Spinatblätter verlesen, waschen und abtropfen lassen, grobe Stiele entfernen. In kochendem Salzwasser 1 Minute blanchieren. In ein Sieb abgießen, kalt abschrecken und abtropfen lassen. Die Blätter mit den Händen gut ausdrücken und den Spinat klein hacken.

3 Die Zwiebel schälen und in kleine Würfel schneiden. Die Butter in einer Pfanne zerlassen und die Zwiebelwürfel darin bei milder Hitze glasig andünsten. Den Knoblauch unterrühren.

4 Den Quark in einer Schüssel mit der Zwiebel-Knoblauch-Mischung, dem Spinat, dem Bergkäse und der braunen Butter verrühren. Die Quarkmasse mit Salz, Pfeffer und Muskatnuss abschmecken.

5 Für die Schlutzkrapfen den Nudelteig mit der Nudelmaschine oder dem Nudelholz zu möglichst dünnen (1 bis 2 mm dick), etwa 6 cm breiten Teigbahnen ausrollen, dabei mit etwas Mehl bestäuben. Jede Teigbahn nach dem Ausrollen mit Frischhaltefolie bedecken. Die Teigbahnen mit verquirltem Eiweiß bestreichen. Mit einem Teelöffel im Abstand von 3 bis 4 cm etwas Füllung in die Mitte setzen. Die Teigbahnen längs über die Füllung legen und mit den Fingern um die Füllung herum andrücken. Mit einem runden Ausstecher (5 cm Durchmesser) halbmondförmige Taschen ausstechen und die Ränder ohne Luftblasen verschließen.

6 Die braune Butter in einer Pfanne mit dem Knoblauch erhitzen. Die Schlutzkrapfen in kochendem Salzwasser 2 Minuten bissfest garen. Mit dem Schaumlöffel herausheben und in der Knoblauchbutter schwenken. Mit Salz und Pfeffer würzen. Auf vorgewärmten Tellern anrichten und mit Schnittlauchröllchen und Käse bestreut servieren.

Alfons Schuhbeck

»Schlutzkrapfen lassen sich wie alle anderen gefüllten Nudeln sehr gut einfrieren. Dazu die rohen Teigwaren auf ein mit Grieß bestreutes Backblech legen, einfrieren und, sobald sie gefroren sind, in einen gut verschließbaren Tiefkühlbehälter geben. Die tiefgekühlten Schlutzkrapfen portionsweise entnehmen und unaufgetaut in das kochende Salzwasser geben. Sie brauchen etwa 3 Minuten.«

Nudelfleckerl mit Spitzkohl

Für die Nudelfleckerl:
250 g Mehl
100 g Hartweizengrieß
3 Eier · 1 Eigelb
2–3 EL Olivenöl · Salz
Mehl zum Ausrollen

Für den Spitzkohl:
1/4 Spitzkohl (oder junger Weißkohl) · 2 EL Öl
100 ml Gemüsebrühe
1 Streifen unbehandelte Zitronenschale
Salz · Pfeffer aus der Mühle
gemahlener Kümmel
getrockneter Majoran
1/2 TL Paprikapulver (edelsüß)
20 g kalte Butter

Für 4 Personen

1 Für die Nudelfleckerl das Mehl, den Grieß, die Eier, das Eigelb, das Olivenöl und 1 Prise Salz zu einem glatten, elastischen Teig kneten. Den Teig in Frischhaltefolie wickeln und im Kühlschrank etwa 30 Minuten ruhen lassen.

2 Den Teig mit der Nudelmaschine oder dem bemehlten Nudelholz dünn ausrollen. Aus der Teigplatte mit dem gezackten Teigrad Dreiecke von 3 bis 4 cm Seitenlänge schneiden. Die Nudelfleckerl in reichlich Salzwasser 3 Minuten sehr bissfest kochen. In ein Sieb abgießen und abtropfen lassen.

3 Für den Spitzkohl vom Kohl die äußeren Blätter und den Strunk entfernen und die Blätter in 2 bis 3 cm große Rauten schneiden. Das Öl in einer großen Pfanne erhitzen und den Spitzkohl darin bei mittlerer Hitze anbraten. Die Brühe angießen und die Zitronenschale hinzufügen. Den Spitzkohl mit Salz und Pfeffer würzen.

4 Die Nudelfleckerl dazugeben und etwa 2 Minuten darin erhitzen. Mit Salz, Pfeffer, je 1 Prise Kümmel und Majoran und dem Paprikapulver abschmecken, die Zitronenschale entfernen und die Butter unterrühren. Die Nudelfleckerl mit Spitzkohl nach Belieben mit frisch geschnittener Petersilie bestreuen.

Für Nudelfleckerl mit Radi und schwarzem Trüffel die Nudelfleckerl wie in Schritt 1 und 2 beschrieben vorbereiten. 400 g weißen Rettich putzen, schälen, längs vierteln und in 3 mm dicke Scheiben schneiden. Den Rettich in kochendem Salzwasser 4 Minuten bissfest blanchieren. In ein Sieb abgießen, kalt abschrecken und abtropfen lassen. 125 ml Brühe und 125 g Sahne in einem Topf erhitzen und um ein Drittel einköcheln lassen. 1 EL Butter hinzufügen und darin schmelzen lassen. 10 g schwarzen Trüffel putzen. Den Rettich und die vorgekochten Nudelfleckerl zu der Sahnesauce geben und den Trüffel darüberhobeln. Mit Salz, frisch geriebener Muskatnuss und 1 Prise Cayennepfeffer abschmecken.

MAULTASCHEN

Für den Teig:

200 g Mehl
100 g Hartweizengrieß
3 Eier
2–3 EL Olivenöl · Salz

Für die Füllung:

50 g Toastbrot
50 ml Milch
1 kleine Zwiebel
80 g durchwachsener Speck
1 EL Öl
250 g Blattspinat · Salz
200 g Kalbshackfleisch
150 g Bratwurstbrät
1 großes Ei · 1 EL scharfer Senf
Pfeffer aus der Mühle
1 Msp. abgeriebene unbehandelte Zitronenschale
1 EL Petersilienblätter (frisch geschnitten)

Außerdem:

Mehl zum Bestäuben
1 verquirltes Ei
Salz

Für 4 Personen

1 Für den Teig das Mehl, den Grieß, die Eier, das Olivenöl und 1 Prise Salz zu einem glatten, festen Nudelteig verkneten. In Frischhaltefolie wickeln und im Kühlschrank etwa 30 Minuten ruhen lassen.

2 Für die Füllung das Toastbrot in kleine Würfel schneiden. Die Brotwürfel in einer Schüssel in der Milch einweichen. Die Zwiebel schälen und in kleine Würfel schneiden. Den Speck ebenfalls in kleine Würfel schneiden. Das Öl in einer Pfanne erhitzen und die Speckwürfel darin bei milder Hitze anbraten. Die Zwiebelwürfel hinzufügen und glasig andünsten.

3 Die Spinatblätter verlesen, waschen und abtropfen lassen, grobe Stiele entfernen. In kochendem Salzwasser 2 Minuten blanchieren. In ein Sieb abgießen, kalt abschrecken und abtropfen lassen. Die Blätter mit den Händen gut ausdrücken und den Spinat klein hacken.

4 Das Hackfleisch mit dem Wurstbrät zu dem eingeweichten Brot in die Schüssel geben. Das Ei verquirlen und hinzufügen. Den Senf, die Speck-Zwiebel-Mischung und den Spinat ebenfalls dazugeben und alles gut mischen. Die Hackfleischmasse mit Salz, Pfeffer, der Zitronenschale und der Petersilie würzen.

5 Den Nudelteig mit dem Nudelholz in nicht zu dünne, 10 bis 12 cm breite Bahnen ausrollen, dabei mit etwas Mehl bestäuben. Jede Teigbahn nach dem Ausrollen mit Frischhaltefolie bedecken. Die Hackfleischmasse in einen Spritzbeutel mit glatter Lochtülle (etwa 2 1/2 cm Durchmesser) füllen.

6 Jede Teigbahn mit verquirltem Ei bestreichen. Die Füllung mit dem Spritzbeutel längs auf das untere Drittel jeder Teigbahn in einem langen Strang aufspritzen. Die gefüllte Nudelbahn der Länge nach aufrollen. Mit einem Kochlöffelstiel im Abstand von etwa 3 cm Maultaschen aus der Nudelrolle abdrücken. An dem flachgedrückten Stück Teig die Maultaschen durchschneiden und die Teigenden von jeder Maultasche nochmals etwas andrücken. Die Maultaschen in leicht siedendem Salzwasser oder Gemüsebrühe 5 bis 8 Minuten ziehen lassen. Mit dem Schaumlöffel herausnehmen und servieren (siehe Tipp).

Alfons Schuhbeck

»Die Maultaschen können Sie als Vorspeise in Fleischsuppe mit Schnittlauchröllchen bestreut servieren. Oder Sie geben in Butter angebratene Zwiebelringe auf die Maultaschen und servieren sie als Hauptgang mit Salat.«

Peperoni-Speck-Maultaschen

Für den Teig:

200 g Mehl
100 g Hartweizengrieß
3 Eier
2–3 EL Olivenöl · Salz

Für die Füllung:

120 g gegarte Kartoffeln
300 g rote türkische Peperoni (ersatzweise Spitzpaprika)
1 Zwiebel · 2 EL Öl
Salz · Pfeffer aus der Mühle
100 g Frühstücksspeck
100 g Frischkäse
2 EL braune Butter (siehe Seite 46)
1/2 Knoblauchzehe (gehackt)
1/2 TL Thymianblätter (frisch geschnitten)
1 EL Petersilienblätter (frisch geschnitten)

Außerdem:

Mehl zum Bestäuben
1 verquirltes Ei · Salz
50 g Butter
1 Knoblauchzehe (geschält und halbiert)
2 EL gemischte Kräuter (z. B. Basilikum, Kerbel, Petersilie; frisch geschnitten)
Pfeffer aus der Mühle

Für 4 Personen

1 Für den Teig das Mehl, den Grieß, die Eier, das Olivenöl und 1 Prise Salz zu einem festen, glatten Nudelteig verkneten. In Frischhaltefolie wickeln und im Kühlschrank etwa 30 Minuten ruhen lassen.

2 Für die Füllung die Kartoffeln pellen, durch die Kartoffelpresse in eine Schüssel drücken und abkühlen lassen. Die Peperoni längs halbieren, entkernen und waschen. Die Peperonihälften in kleine Würfel schneiden. Die Zwiebel schälen und in kleine Würfel schneiden. In einer Pfanne 1 EL Öl erhitzen und die Peperoni- und Zwiebelwürfel darin glasig andünsten. Mit Salz und Pfeffer würzen. Den Speck in kleine Würfel schneiden. Das restliche Öl in einer Pfanne erhitzen und die Speckwürfel darin kross braten. Auf Küchenpapier abtropfen lassen.

3 Den Frischkäse, die Peperoni-Zwiebel-Mischung, den Speck und die braune Butter zu den Kartoffeln in die Schüssel geben und alles gut mischen. Die Kartoffelmasse mit Salz, Pfeffer und Knoblauch würzen und den Thymian und die Petersilie unterrühren.

4 Den Nudelteig mit der Nudelmaschine oder dem Nudelholz in nicht zu dünne, 10 bis 12 cm breite Bahnen ausrollen, dabei mit etwas Mehl bestäuben. Jede Teigbahn nach dem Ausrollen mit Frischhaltefolie bedecken. Die Peperoni-Speck-Füllung in einen Spritzbeutel mit glatter Lochtülle (1 1/2 cm Durchmesser) füllen.

5 Die Teigbahnen mit verquirltem Ei bestreichen. Jeweils etwas Füllung mit 5 cm Abstand in die Mitte der Teigbahnen spritzen. Den Teig über der Füllung längs zusammenfalten und mit einem runden, gezackten Ausstecher (7 cm Durchmesser) etwa 40 halbmondförmige Maultaschen ausstechen. Die Ränder ohne Luftblasen verschließen. Die Peperoni-Speck-Maultaschen in einem Topf in leicht siedendem Salzwasser etwa 5 Minuten ziehen lassen.

6 Die Butter in einer Pfanne zerlassen, den Knoblauch und die Kräuter hinzufügen und die Butter mit Salz und Pfeffer würzen. Die Maultaschen mit dem Schaumlöffel herausheben, abtropfen lassen und in der Kräuterbutter wenden. Auf vorgewärmte Teller verteilen und sofort servieren. Zu den Maultaschen passen marinierte Blattsalate.

Alfons Schuhbeck

»Die Maultaschen vor dem Servieren nach Belieben mit Pesto beträufeln.«

KARTOFFEL-FRISCHKÄSE-MAULTASCHEN MIT RAHMSCHWAMMERL

Für den Teig:

140 g Mehl · 60 g Hartweizengrieß
2 kleine Eier · 1–2 EL Olivenöl
Salz

Für die Füllung:

120 g Frühstücksspeck · 3 EL Öl
1 kleine Zwiebel
160 g vorgegarte Kartoffeln
120 g Frischkäse · 2–3 EL braune Butter (siehe Seite 46)
Salz · Pfeffer aus der Mühle
1 Msp. abgeriebene unbehandelte Orangenschale
frisch geriebene Muskatnuss
1 TL Thymianblätter und je 1 EL Basilikum- und Petersilienblätter (frisch geschnitten)

Für die Schwammerl:

1 Zwiebel · 2–3 EL Öl
400 g Steinpilze
150 ml Gemüsebrühe · 50 g Sahne
1 EL Petersilienblätter (frisch geschnitten)
Salz · Pfeffer aus der Mühle
1 Msp. abgeriebene unbehandelte Zitronenschale
1 Msp. gemahlener Kümmel

Außerdem:

Mehl zum Bestäuben
1 verquirltes Ei · Salz
50 g Butter · 1 Knoblauchzehe
2 EL gemischte Kräuterblätter (Petersilie, Basilikum, Kerbel; frisch geschnitten)
Pfeffer aus der Mühle

Für 4 Personen

1 Für den Teig das Mehl, den Grieß, die Eier, das Olivenöl und 1 Prise Salz zu einem festen, glatten Nudelteig verkneten. In Frischhaltefolie wickeln und im Kühlschrank etwa 30 Minuten ruhen lassen.

2 Für die Füllung den Speck in kleine Würfel schneiden. In einer Pfanne 1 EL Öl erhitzen und die Speckwürfel darin kross braten. Auf Küchenpapier abtropfen lassen. Das Fett mit Küchenpapier aus der Pfanne tupfen. Die Zwiebel schälen und in kleine Würfel schneiden. In einer Pfanne 1 EL Öl erhitzen und die Zwiebelwürfel darin anbraten.

3 Die abgekühlten Kartoffeln pellen und durch die Kartoffelpresse in eine Schüssel drücken. Den Frischkäse, die Speck- und die Zwiebelwürfel und die braune Butter hinzufügen und alles gut mischen. Mit Salz, Pfeffer, Orangenschale und Muskatnuss würzen und den Thymian, das Basilikum und die Petersilie unterrühren.

4 Für die Schwammerl die Zwiebel schälen und in kleine Würfel schneiden. In einer Pfanne 1 EL Öl erhitzen und die Zwiebelwürfel darin glasig andünsten. Die Pilze putzen, trocken abreiben und in höchstens $^{1}/_{2}$ cm dicke Scheiben schneiden. Das restliche Öl in einer großen Pfanne erhitzen und die Pilzscheiben darin einige Minuten anbraten. Die Zwiebelwürfel hinzufügen. Die Brühe mit Sahne und Petersilie unterrühren und die Pilze mit Salz, Pfeffer, Zitronenschale und Kümmel würzen.

5 Den Nudelteig mit der Nudelmaschine oder dem Nudelholz in etwa 2 mm dicke und etwa 10 cm breite Bahnen ausrollen, dabei mit etwas Mehl bestäuben. Jede Teigbahn nach dem Ausrollen mit Frischhaltefolie bedecken. Die Kartoffelmasse in einen Spritzbeutel mit glatter Lochtülle (1 bis 1 $^{1}/_{2}$ cm Durchmesser) füllen. Das Ei verquirlen.

6 Die Teigbahnen mit verquirltem Ei bestreichen. Jeweils etwa 1 TL Füllung mit etwas Abstand in die Mitte der Bahnen spritzen. Den Teig längs zusammenfalten und um die Füllung herum mit den Fingern leicht andrücken. Mit einem runden, gezackten Ausstecher (7 cm Durchmesser) halbmondförmige Maultaschen ausstechen. Maultaschen in leicht siedendem Salzwasser etwa 5 Minuten ziehen lassen.

7 Die Butter in einer Pfanne schmelzen lassen. Den Knoblauch schälen, halbieren und mit den Kräutern hinzufügen. Mit Salz und Pfeffer würzen. Die Maultaschen mit dem Schaumlöffel herausheben und in der Kräuterbutter wenden. Die Kartoffel-Speck-Maultaschen auf den Rahmschwammerln anrichten.

ROTE-BETE-MAULTASCHEN MIT MOHNBUTTER

Für den Teig:

140 g Mehl
60 g Hartweizengrieß
2 kleine Eier
1–2 EL Olivenöl · Salz

Für die Füllung:

2 Rote Beten (ca. 350 g)
Salz · 1/2 TL Kümmelsamen
1/2 Zwiebel · 1/2–1 EL Öl
Cayennepfeffer

Für die Mohnbutter:

2 EL Mohnsamen
4 EL Butter
4 EL Gemüsebrühe
Salz · Cayennepfeffer

Außerdem:

Mehl zum Bestäuben
1 verquirltes Ei · Salz

Für 4 Personen

1 Für den Teig das Mehl, den Grieß, die Eier, das Olivenöl und 1 Prise Salz zu einem festen, glatten Nudelteig verkneten. In Frischhaltefolie wickeln und im Kühlschrank etwa 30 Minuten ruhen lassen.

2 Für die Füllung die Roten Beten waschen und in einem Topf in Salzwasser mit dem Kümmel weich kochen. Herausnehmen, etwas abkühlen lassen, schälen und in 3 bis 4 mm große Würfel schneiden. Die Zwiebel schälen und in kleine Würfel schneiden. Das Öl in einer Pfanne erhitzen und die Zwiebelwürfel darin glasig andünsten. Die Rote-Bete-Würfel hinzufügen und mit Salz und 1 Prise Cayennepfeffer würzen.

3 Für die Mohnbutter den Mohn in einem Topf in 250 ml Wasser etwa 10 Minuten kochen. In ein Sieb abgießen und abtropfen lassen. Die Butter und die Brühe in einer tiefen Pfanne erhitzen, den Mohn hinzufügen und die Mohnbutter mit Salz und Cayennepfeffer würzen.

4 Den Teig mit der Nudelmaschine oder dem Nudelhoz in nicht zu dünne, etwa 10 cm breite Bahnen ausrollen, dabei mit etwas Mehl bestäuben. Jede Teigbahn nach dem Ausrollen mit Frischhaltefolie bedecken.

5 Die Teigbahnen mit verquirltem Ei bestreichen. Mit etwas Abstand jeweils etwa 1 TL Füllung in die Mitte der Teigbahnen setzen, den Teig längs über der Füllung zusammenfalten und mit den Fingern um die Füllung herum leicht andrücken. Mit einem runden gezackten Ausstecher (7 cm Durchmesser) halbmondförmige Maultaschen ausstechen.

6 Die Maultaschen in leicht siedendem Salzwasser etwa 5 Minuten ziehen lassen, anschließend mit dem Schaumlöffel herausheben, in der Mohnbutter wenden und auf vorgewärmten Tellern anrichten.

Alfons Schuhbeck

»Gemahlener Mohn wird sehr schnell ranzig. Er bleibt länger frisch, wenn Sie ihn gut verpackt im Tiefkühlfach aufbewahren.«

BERGBAUERN-RAVIOLI MIT SALBEIBUTTER

Für den Teig:

140 g Mehl
60 g Hartweizengrieß
2 kleine Eier
1–2 EL Olivenöl · Salz

Für die Füllung:

500 g Blattspinat · Salz
1 kleine Zwiebel
1 EL Butter
150 g Sahnequark
50 g geriebener würziger Bergkäse
Pfeffer aus der Mühle
frisch geriebene Muskatnuss
1 EL braune Butter (siehe Seite 46)
1 TL Thymianblätter (frisch geschnitten)
12 Wachteleier (aus dem Feinkostladen)

Außerdem:

Mehl zum Bestäuben
Salz · 50 g Butter
5 schöne Salbeiblätter
1 EL braune Butter (siehe Seite 46)
geriebener Parmesan zum Bestreuen (ersatzweise Pecorino oder Bergkäse)

Für 4 Personen

1 Für den Teig das Mehl, den Grieß, die Eier, das Olivenöl und 1 Prise Salz zu einem glatten, elastischen Nudelteig verkneten. Den Teig in Frischhaltefolie wickeln, im Kühlschrank mindestens 30 Minuten ruhen lassen.

2 Für die Füllung die Spinatblätter verlesen, waschen und abtropfen lassen. In kochendem Salzwasser 2 Minuten blanchieren. In ein Sieb abgießen, kalt abschrecken und abtropfen lassen. Spinat mit den Händen gut ausdrücken und fein hacken.

3 Die Zwiebel schälen und in sehr kleine Würfel schneiden. Die Butter in einer Pfanne zerlassen und die Zwiebel darin bei milder Hitze glasig andünsten. Den Spinat in einer Schüssel mit den Zwiebelwürfeln, dem Quark und dem Bergkäse gut mischen und mit Salz, Pfeffer, Muskatnuss und brauner Butter würzig abschmecken. Den Thymian unter die Spinat-Quark-Füllung heben.

4 Die Wachteleier vorsichtig trennen. Die Eiweiße verquirlen. Die Eigelbe vorsichtig beiseite stellen, die Dotter dabei nicht verletzen.

5 Für die Ravioli den Teig vierteln und mithilfe der Nudelmaschine oder dem Nudelholz in 4 lange, dünne Teigbahnen ausrollen, dabei mit etwas Mehl bestäuben. Jede Teigbahn nach dem Ausrollen mit Frischhaltefolie bedecken. Die Spinat-Quark-Füllung in einen Spritzbeutel mit großer Lochtülle füllen.

6 Die Hälfte der Teigbahnen dünn mit dem verquirlten Eiweiß bestreichen. Mit 3 bis 4 cm Abstand jeweils etwas Füllung als 12 kleine Kränze daraufspritzen. In die Mitte der Kränze je 1 Wachteleigelb gleiten lassen und die restlichen Teigbahnen locker und so glatt wie möglich darüber legen. Die obere Teigplatte mit den Fingern um die Füllung herum andrücken und dabei die Ränder ohne Luftblasen verschließen. Mit einem runden Ausstecher (etwa 8 cm Durchmesser) 12 Ravioli ausstechen und in reichlich siedendem Salzwasser 2 bis 3 Minuten ziehen lassen.

7 Zum Anrichten die Butter in einer Pfanne bei milder Hitze zerlassen und die Salbeiblätter hinzufügen. Die braune Butter dazugeben und leicht mit Salz würzen. Die Ravioli mit dem Schaumlöffel herausheben und in der Salbeibutter schwenken. Die Ravioli auf vorgewärmten Tellern anrichten, mit etwas Salbeibutter beträufeln und mit Bergkäse und den Salbeiblättern bestreuen.

BOHNEN-RAVIOLI MIT SPECK

Für den Teig:

140 g Mehl · 60 g Hartweizengrieß
1/2–1 TL getrocknetes Bohnenkraut
2 kleine Eier
1–2 EL Olivenöl · Salz

Für die Füllung:

300 g große weiße Bohnen (aus der Dose)
50 ml Gemüsebrühe · 1/2 Zwiebel
40 g durchwachsener Bauchspeck
1 EL Öl
1 EL braune Butter (siehe Seite 46)
1 EL Petersilienblätter (frisch geschnitten)
getrocknetes Bohnenkraut · Salz
frisch geriebene Muskatnuss
Cayennepfeffer

Außerdem:

Mehl zum Bestäuben
1–2 verquirlte Eiweiß · Salz
100 ml Gemüsebrühe · 1 EL Butter
1–2 EL braune Butter (siehe Seite 46)
1 Knoblauchzehe (geschält und halbiert)
1–2 frische Bohnenkrautzweige
3–4 EL geriebener Parmesan (ersatzweise Pecorino oder Bergkäse)

Für 4 Personen

1 Für den Teig das Mehl, den Grieß, das Bohnenkraut, die Eier, das Olivenöl und 1 Prise Salz zu einem glatten, elastischen Nudelteig verkneten. In Frischhaltefolie wickeln und im Kühlschrank mindestens 30 Minuten ruhen lassen.

2 Für die Füllung die Bohnen in ein Sieb abgießen, kalt abbrausen und abtropfen lassen, dann die Haut abziehen (ergibt etwa 170 g Bohnen). Mit der Brühe im Blitzhacker pürieren. Die Zwiebel schälen und in Würfel schneiden. Den Speck ebenfalls in Würfel schneiden.

3 Das Öl in einer Pfanne erhitzen und die Speckwürfel darin bei mittlerer Hitze kurz anbraten. Die Zwiebelwürfel dazugeben und glasig dünsten. Beides auf Küchenpapier abtropfen lassen. Die Speck-Zwiebel-Mischung unter das Bohnenpüree rühren. Die braune Butter, die Petersilie und 1 Prise Bohnenkraut ebenfalls unterrühren und das Püree mit Salz, Muskatnuss und 1 Prise Cayennepfeffer würzen. Die Füllung in einen Spritzbeutel mit großer Lochtülle füllen.

4 Für die Ravioli den Teig vierteln und mit der Nudelmaschine oder dem Nudelholz zu 4 dünnen, langen Teigplatten ausrollen, dabei mit etwas Mehl bestäuben. Die Teigbahnen nach dem Ausrollen mit Frischhaltefolie bedecken.

5 Die Hälfte der Teigbahnen mit Eiweiß bestreichen. Jeweils etwas Füllung im Abstand von etwa 3 cm daraufspritzen und die restlichen Teigbahnen locker und so glatt wie möglich darüberlegen. Die obere Teigplatte mit den Fingern um die Füllung herum andrücken. Mit einem runden Ausstecher (5 cm Durchmesser) Ravioli ausstechen, die Ränder ohne Luftblasen verschließen und mit einer Gabel nochmals etwas andrücken.

6 Die Ravioli in Salzwasser 3 bis 4 Minuten kochen, mit dem Schaumlöffel herausheben. Die Brühe mit der Butter in einer Pfanne erhitzen, die braune Butter, den Knoblauch und das Bohnenkraut hinzufügen und die Ravioli in der Kräuterbutter schwenken. Knoblauch und Bohnenkraut wieder entfernen. Die Ravioli mit der Kräuterbutter auf vorgewärmten Tellern anrichten und mit dem Käse bestreuen.

GANSERL-RAVIOLI MIT ROSENKOHL IN VANILLEBUTTER

Für den Teig:

200 g Mehl
100 g Hartweizengrieß
3 kleine Eier
2–3 EL Olivenöl · Salz

Für die Füllung:

1/2 Zwiebel
1/2 kleiner Apfel
1–2 TL Öl
250 g gegartes Gänsefleisch
50 g Toastbrot
40 ml Milch · 1 Ei
1 EL Petersilienblätter (frisch geschnitten)
Salz · Pfeffer aus der Mühle
Cayennepfeffer
1 Msp. abgeriebene unbehandelte Orangenschale
getrockneter Majoran
frisch geriebene Muskatnuss

Außerdem:

Mehl zum Bestäuben
1 verquirltes Ei
Grieß für das Backblech

Für den Rosenkohl:

150 g Rosenkohl · Salz
20 g kalte Butter
1/2 ausgekratzte Vanilleschote
1 Knoblauchzehe (in Scheiben)
Pfeffer aus der Mühle

Für 4 Personen

1 Für den Teig das Mehl, den Grieß, die Eier, das Olivenöl und 1 Prise Salz zu einem glatten, festen Nudelteig verkneten. In Frischhaltefolie wickeln und im Kühlschrank etwa 30 Minuten ruhen lassen.

2 Für die Füllung die Zwiebel schälen und in sehr kleine Würfel schneiden. Den Apfel schälen, halbieren, entkernen und in kleine Würfel schneiden. Das Öl in einer Pfanne erhitzen und die Zwiebelwürfel darin glasig andünsten.

3 Das Gänsefleisch sehr klein schneiden. Das Toastbrot in kleine Würfel schneiden. Die Brotwürfel in einer Schüssel in der Milch einweichen.

4 Das Gänsefleisch zu dem eingeweichten Brot geben, die Zwiebel- und Apfelwürfel, das Ei und die Petersilie untermischen und die Gänsefleischfüllung mit Salz, Pfeffer, Cayennepfeffer, Orangenschale und je 1 Prise Majoran und Muskatnuss würzen.

5 Für die Ravioli den Teig vierteln und mit der Nudelmaschine oder dem Nudelholz zu 4 dünnen, langen Teigplatten ausrollen, dabei mit etwas Mehl bestäuben. Die Teigbahnen nach dem Ausrollen mit Frischhaltefolie bedecken.

6 Die Hälfte der Teigbahnen mit verquirltem Ei bestreichen. Mit einem Teelöffel jeweils etwas Füllung im Abstand von 2 bis 3 cm daraufsetzen. Die restlichen Teigbahnen locker und so glatt wie möglich darüberlegen. Die obere Teigplatte mit den Fingern um die Füllung herum andrücken. Mit einem Teigrad Quadrate ausschneiden. Die Ränder ohne Luftblasen verschließen. Ganserl-Ravioli auf ein mit Grieß bestreutes Backblech legen.

7 Vom Rosenkohl die äußeren Blätter entfernen, die Röschen in einzelne Blätter teilen und den Strunk dabei entfernen. Die Rosenkohlblätter in kochendem Salzwasser 3 bis 4 Minuten bissfest blanchieren. In ein Sieb abgießen, kalt abschrecken und abtropfen lassen.

8 Die Ravioli in siedendem Salzwasser etwa 3 Minuten garen. Inzwischen die Butter in einer tiefen Pfanne mit der Vanilleschote und dem Knoblauch erhitzen. Die Ravioli mit dem Schaumlöffel herausheben und in der Vanillebutter erhitzen. Die Rosenkohlblätter dazugeben und mit Salz und Pfeffer würzen. Die Ganserl-Ravioli mit der Vanillebutter und den Rosenkohlblättern auf vorgewärmte Teller verteilen, Vanille und Knoblauch vor dem Servieren entfernen.

KÜRBIS-TORTELLI

Für den Teig:

140 g Mehl
60 g Hartweizengrieß
2 kleine Eier
1–2 EL Olivenöl · Salz

Für die Füllung:

600 g Muskatkürbis
1 Knoblauchzehe (geschält und halbiert)
je 1 Streifen Zitronen- und Orangenschale
Meersalz
2 Thymianzweige
50 g Speisequark
1–2 EL Weißbrotbrösel
3 EL braune Butter (siehe Seite 46)
1 EL geriebener Parmesan · Salz
frisch geriebene Muskatnuss
Cayennepfeffer

Außerdem:

Mehl zum Bestäuben
1–2 verquirlte Eiweiß · Salz
80 ml Gemüsebrühe
2 EL Butter
2 EL braune Butter (siehe Seite 46)
1 Knoblauchzehe (halbiert)
1–2 Thymianzweige
2–3 EL geriebener Parmesan (ersatzweise Pecorino oder Bergkäse)

Für 4 Personen

1 Für den Teig das Mehl, Grieß, Eier, Olivenöl und 1 Prise Salz zu einem glatten, elastischen Nudelteig verkneten. Den Teig in Frischhaltefolie wickeln und im Kühlschrank mindestens 30 Minuten ruhen lassen.

2 Für die Füllung den Kürbis schälen, entkernen und das Fruchtfleisch in 2 cm große Würfel schneiden. Den Backofen auf 200 °C vorheizen. Die Kürbiswürfel mit dem Knoblauch, der Zitronen- und Orangenschale, etwas Meersalz und dem Thymian auf ein großes Stück Alufolie geben. Die Folie zu einem Päckchen verschließen und den Kürbis im Ofen auf der mittleren Schiene etwa 1 Stunde weich garen.

3 Herausnehmen, die Folie vorsichtig öffnen und die Gewürze entfernen. Das Kürbisfleisch in ein mit einem Küchentuch ausgelegtes feines Sieb geben und kräftig ausdrücken, sodass der Großteil der Flüssigkeit entfernt wird (ergibt etwa 200 g Kürbisfleisch).

4 Das Kürbisfleisch im Blitzhacker pürieren. Das Kürbispüree in einer Schüssel mit dem Quark, den Weißbrotbröseln, der braunen Butter und dem Parmesan mischen. Die Kürbis-Quark-Mischung mit Salz, Muskatnuss und 1 Prise Cayennepfeffer abschmecken und in einen Spritzbeutel mit großer Lochtülle füllen.

5 Den Nudelteig vierteln und mit der Nudelmaschine oder dem Nudelholz zu 4 dünnen, langen Teigplatten ausrollen, dabei mit etwas Mehl bestäuben. Die Teigbahnen mit Frischhaltefolie bedecken.

6 Die Hälfte der Teigbahnen dünn mit Eiweiß bestreichen. Jeweils etwas Kürbisfüllung im Abstand von etwa 3 cm daraufspritzen und die restlichen Teigbahnen locker und so glatt wie möglich darüberlegen. Die obere Teigplatte mit den Fingern um die Füllung herum andrücken. Mit einem runden Ausstecher (7 cm Durchmesser) Tortelli ausstechen, die Ränder ohne Luftblasen verschließen und mit einer Gabel etwas andrücken.

7 Die Tortelli in Salzwasser 3 bis 4 Minuten kochen. Die Brühe in einer Pfanne mit der Butter, der braunen Butter, dem Knoblauch und dem Thymian erhitzen. Die Kürbistortelli mit dem Schaumlöffel herausheben, in der Knoblauchbutter schwenken und mit der Butter auf vorgewärmten Tellern anrichten. Mit dem Käse bestreuen.

LAMM-CANNELLONI MIT TOMATENRAGOUT

Für das Ragout:

3 reife Tomaten · 1/2 Zucchino
1/2 Zwiebel · 1 EL Olivenöl
1 Knoblauchzehe (ungeschält)
2 EL Tomatenmark
400 g passierte Tomaten (aus der Dose)
200 ml Geflügelbrühe
getrockneter Oregano
Salz · Cayennepfeffer

Für die Cannelloni:

70 g Toastbrot · 70 ml Milch
1 kleine Zwiebel · 1 EL Butter
450 g Lammhackfleisch (aus der Schulter)
2 Eier
2 TL scharfer Senf
je 1/2–1 TL abgeriebene unbehandelte Zitronen- und Orangenschale
Salz · Pfeffer aus der Mühle
getrockneter Oregano
Cayennepfeffer
1/2 Knoblauchzehe (gehackt)
16 Cannelloni · Öl für die Form

Außerdem:

100 g gut schmelzender Käse (z. B. Taleggio)
3 EL geriebener Parmesan (ersatzweise Pecorino oder Bergkäse)
5 EL Sahne

Für 4 Personen

1 Für das Ragout den Stielansatz der Tomaten entfernen, die Tomaten kreuzweise einritzen und 15 bis 20 Sekunden in kochendes Wasser tauchen. Kalt abschrecken, häuten, vierteln, entkernen und in kleine Würfel schneiden. Den Zucchino putzen und waschen. Die Zwiebel schälen und beides in 1/2 cm große Würfel schneiden.

2 Das Olivenöl in einem Topf erhitzen, die Zwiebelwürfel und den ungeschälten Knoblauch darin bei milder Hitze glasig andünsten. Die Zucchiniwürfel hinzufügen und etwas mitdünsten. Das Tomatenmark unterrühren, die Dosentomaten samt Saft und die Brühe dazugeben und das Tomatenragout knapp unter dem Siedepunkt 5 Minuten ziehen lassen.

3 Die Tomatenwürfel und den Oregano hinzufügen und die Knoblauchzehe entfernen. Das Ragout mit Salz und 1 Prise Cayennepfeffer würzen und nach Belieben mit etwas mildem Olivenöl abschmecken.

4 Für die Cannelloni den Backofen auf 200 °C vorheizen. Das Toastbrot entrinden und in Würfel schneiden. Die Brotwürfel in einer Schüssel in der Milch einweichen. Die Zwiebel schälen und in kleine Würfel schneiden. Die Butter in einer Pfanne zerlassen und die Zwiebelwürfel darin bei milder Hitze glasig andünsten. Die Zwiebel zu dem eingeweichten Brot geben und mit dem Lammhackfleisch, den Eiern, dem Senf, der Zitronen- und Orangenschale, Salz, Pfeffer, etwas Oregano, 1 Prise Cayennepfeffer und dem Knoblauch mischen.

5 Die Füllmasse in einen Spritzbeutel ohne Tülle geben und die Cannelloni damit füllen. Eine ofenfeste Form mit Öl einfetten, die gefüllten Cannelloni hineinsetzen und das Tomatenragout darüber verteilen. Die Form mit Alufolie verschließen und die Lammcannelloni im Ofen auf der mittleren Schiene zugedeckt etwa 45 Minuten garen.

6 Inzwischen den Käse reiben und mit dem Parmesan und der Sahne mischen. Nach dem Ende der Garzeit der Cannelloni die Alufolie entfernen und die Käse-Sahne-Mischung darüberträufeln. Den Backofengrill einschalten und die Cannelloni 3 bis 4 Minuten goldbraun überbacken.

Alfons Schuhbeck

»Das Lammhackfleisch kann durch jede andere Hackfleischsorte ersetzt werden. Probieren Sie die Cannelloni auch mal mit Kalbs- oder Geflügelhackfleisch.«

LASAGNE MIT GEFLÜGEL-BOLOGNESE

Für die Béchamelsauce:

60 g Butter
60 g Mehl
400 ml kalte Gemüsebrühe
400 ml kalte Milch
1/2 kleine Zwiebel
1 Lorbeerblatt · 2 Gewürznelken
1 Thymianzweig
1 Knoblauchzehe (ungeschält)
Salz · Cayennepfeffer
frisch geriebene Muskatnuss

Für die Bolognese:

1 Zwiebel · 1 Karotte
1 Stange Staudensellerie
3 EL Olivenöl
350 g Geflügelhackfleisch (Putenkeule oder Hähnchenkeule)
50 ml trockener Weißwein
3 EL Tomatenmark
500 g stückige Tomaten (aus der Dose)
200 ml Geflügelbrühe
1/2 TL getrockneter Oregano
2 Knoblauchzehen (geschält und halbiert)
1 Streifen unbehandelte Zitronenschale
Salz · Pfeffer aus der Mühle
Zucker · Cayennepfeffer

Außerdem:

200 g Blattspinat · Salz
Butter für die Form
9 Lasagneblätter
100 g Sahne
120 g geriebener Emmentaler

Für 4 Personen

1 Für die Béchamelsauce die Butter in einem großen Topf zerlassen und das Mehl darin einige Minuten unter Rühren anschwitzen. Die Brühe und die Milch unter Rühren hinzufügen.

2 Die Zwiebel schälen, die Schnittseite mit dem Lorbeerblatt belegen und dieses mit den Nelken feststecken. Die gespickte Zwiebel mit dem Thymian und dem ungeschälten Knoblauch in die Sauce in den Topf geben. Alles unter Rühren langsam zum Kochen bringen und die Béchamelsauce 10 bis 15 Minuten bei sehr milder Hitze köcheln lassen. Zwiebel, Thymian und Knoblauch wieder entfernen und die Sauce mit Salz, 1 Prise Cayennepfeffer und Muskatnuss würzen.

3 Für die Bolognese die Zwiebel und die Karotte schälen, den Staudensellerie putzen, waschen. Alles in sehr kleine Würfel schneiden. Das Olivenöl in einem Topf erhitzen und die Gemüsewürfel darin bei milder Hitze wenige Minuten glasig andünsten. Das Hackfleisch hinzufügen und so lange braten, bis das Fleisch zerkrümelt und seine rosa Farbe verloren hat. Mit dem Weißwein ablöschen, das Tomatenmark unterrühren und die Sauce weitere 10 Minuten einköcheln lassen.

4 Die Dosentomaten samt Saft und die Brühe dazugeben und die Sauce etwa 1 Stunde unter häufigem Rühren mehr ziehen als köcheln lassen. Am Ende der Garzeit den Oregano hinzufügen, den Knoblauch und die Zitronenschale dazugeben, 5 Minuten in der Sauce ziehen lassen und wieder entfernen. Die Sauce bolognese mit Salz, Pfeffer und je 1 Prise Zucker und Cayennepfeffer würzen.

5 Den Backofen auf 175 °C vorheizen. Die Spinatblätter verlesen, waschen und abtropfen lassen. In kochendem Salzwasser 1 Minuten blanchieren. In ein Sieb abgießen, kalt abschrecken und abtropfen lassen. Den Spinat mit den Händen gut ausdrücken und die Blätter etwas auflockern.

6 Eine tiefe rechteckige ofenfeste Form mit Butter einfetten. Ein Viertel der Béchamelsauce darin gleichmäßig verteilen, mit 3 Lasagneblättern bedecken und mit einem weiteren Viertel der Béchamelsauce bestreichen. Zuerst die Hälfte der Spinatblätter und dann die Hälfte des Geflügelragouts darauf verteilen. Mit 3 Lasagneblättern belegen, ein Viertel der Béchamelsauce, den restlichen Spinat und das restliche Geflügelragout darauf verteilen und mit Lasagneplatten abschließen.

7 Die restliche Béchamelsauce mit der Sahne und dem Emmentaler verrühren und die oberen Lasagneblätter damit bestreichen. Die Lasagne im Ofen auf der mittleren Schiene etwa 50 Minuten goldbraun backen.

NUDELAUFLAUF

Für die Béchamelsauce:

1 kleine Zwiebel
1 Lorbeerblatt
2 Gewürznelken
3 EL Butter
30 g Mehl
500 ml Milch
2 EL mildes Currypulver
Salz · Pfeffer aus der Mühle
Cayennepfeffer

Für den Auflauf:

180 g Pennette · Salz
1 EL Olivenöl
2 festkochende Kartoffeln
150 g kalter gegarter Kalbstafelspitz
1 Debreziner
1 Wiener Würstchen
100 g gekochter Hinterschinken (in Scheiben)
200 g Brokkoli
1 Knoblauchzehe
1 Zwiebel · 1 EL Öl
1 TL Salbeiblätter (in feine Streifen geschnitten)
Pfeffer aus der Mühle
Cayennepfeffer
Butter für die Form
150 g geriebener Bergkäse (gut schmelzend)

Für 4 Personen

1 Für die Béchamelsauce die Zwiebel schälen, mit dem Lorbeerblatt belegen und dieses mit den Nelken feststecken. Die Butter in einem großen Topf zerlassen und das Mehl darin einige Minuten unter Rühren anschwitzen. Die Milch unter Rühren hinzufügen. Die gespickte Zwiebel dazugeben und die Sauce bei milder Hitze 10 Minuten köcheln lassen, dabei gelegentlich umrühren. Das Currypulver hinzufügen und die Béchamelsauce mit Salz, Pfeffer und 1 Prise Cayennepfeffer kräftig würzen.

2 Für den Auflauf die Pennette nach Packungsanweisung in reichlich Salzwasser bissfest kochen, dabei gelegentlich umrühren. In ein Sieb abgießen, auf einem Backblech verteilen und mit dem Olivenöl mischen.

3 Die Kartoffeln waschen, schälen und in 1 cm große Würfel schneiden. Die Kartoffelwürfel in Salzwasser etwa 20 Minuten weich kochen. In ein Sieb abgießen und abtropfen lassen.

4 Den Tafelspitz in 1 bis 1 1/2 cm große Stücke schneiden. Die Debreziner und die Wiener Würstchen in 1/2 cm dicke Scheiben schneiden, den Schinken in 1/2 cm breite Streifen schneiden. Den Brokkoli putzen, waschen und in kleine Röschen teilen. In kochendem Salzwasser 3 Minuten blanchieren. In ein Sieb abgießen, kalt abschrecken und abtropfen lassen. Den Knoblauch schälen und klein schneiden. Die Zwiebel schälen und in kleine Würfel schneiden.

5 Das Öl in einer Pfanne erhitzen, die Zwiebelwürfel darin bei milder Hitze glasig andünsten. Die Wurstscheiben, den Knoblauch und den Salbei hinzufügen und mit Salz, Pfeffer und 1 Prise Cayennepfeffer würzen. Nudeln, Kartoffeln, Tafelspitz und Brokkoli untermischen.

6 Den Backofen auf 180 °C vorheizen. Eine tiefe ofenfeste Form mit Butter einfetten. Ein Drittel der Béchamelsauce darin gleichmäßig verteilen, die Hälfte der Nudelmischung daraufgeben und die Hälfte des Käses darüberstreuen. Ein weiteres Drittel Sauce daraufgeben, die restliche Nudelmischung darauf verteilen, mit der übrigen Sauce bestreichen und mit dem Rest des Käses bestreuen. Den Nudelauflauf im Ofen auf der mittleren Schiene etwa 30 Minuten überbacken.

Alfons Schuhbeck

»Der Auflauf bekommt eine gleichmäßigere Kruste, wenn Sie den Käse vorher mit 4 EL Sahne verrühren.«

Fisch & Meeresfrüchte

Ins Netz gegangen

Keine Angst vor großen und schon gar nicht vor kleinen Fischen. Etwa der Renke oder dem Saibling aus den heimischen bayerischen Gewässern, die neben Salzwasserfischen wie Seeteufel und Seezunge durchaus als Delikatesse bestehen können. Das Wichtigste ist: Frisch müssen sie sein.

Forellenfilets aus dem Ofen

Für die Forellenfilets:

1 TL Butter für die Form oder das Blech
4 Forellenfilets (à ca. 80 g; mit Haut, ohne Gräten)

Für das Kräuteröl:

4 EL Gemüsebrühe
1 TL Limettensaft
1–2 TL Basilikumblätter (frisch geschnitten)
1 Msp. abgeriebene unbehandelte Limettenschale
2 EL mildes Olivenöl
Salz · Pfeffer aus der Mühle

Für 4 Personen

1 Für die Forellenfilets den Backofen auf 100 °C vorheizen. Eine ofenfeste Form oder ein Backblech mit Butter einfetten. Die Forellenfilets waschen und trocken tupfen.

2 Die Forellenfilets mit der Hautseite nach oben in die Auflaufform oder auf das Backblech legen. Frischhaltefolie straff darüberspannen und die Filets im Ofen auf der mittleren Schiene 12 bis 15 Minuten glasig durchziehen lassen.

3 Für das Kräuteröl inzwischen die Brühe in einem kleinen Topf erhitzen und vom Herd nehmen. Den Limettensaft, die Basilikumblätter und die Limettenschale dazugeben. Das Olivenöl unterrühren und mit Salz und Pfeffer würzen.

4 Die Forellenfilets aus dem Ofen nehmen und die Haut abziehen. Die Filets auf vorgewärmten Tellern anrichten und vor dem Servieren mit dem Kräuteröl beträufeln.

Forelle blau

4 Bach- oder Seeforellen (à ca. 300 g; küchenfertig)
1 kleine Karotte
1/2 Petersilienwurzel
120 g Knollensellerie
1 kleine Zwiebel
250 ml Weißweinessig
500 ml trockener Weißwein
Salz · Cayennepfeffer
1 EL Zucker
1 Knoblauchzehe (geschält und halbiert)
1 Scheibe Ingwer
1 Streifen unbehandelte Zitronenschale

Für 4 Personen

1 Die Forellen innen waschen und trocken tupfen. Die äußere Schleimschicht nicht abwaschen, sie gibt dem Fisch beim Garen den blauen Schimmer. Die Karotte, die Petersilienwurzel, den Knollensellerie und die Zwiebel schälen und in feine Streifen schneiden.

2 In einen großen Topf 1,5 l Wasser, Essig und Weißwein geben. Die Gemüsestreifen, 1 EL Salz, 1 Prise Cayennepfeffer und den Zucker dazugeben. Die Flüssigkeit bis knapp unter den Siedepunkt erhitzen. Den Knoblauch, den Ingwer und die Zitronenschale hinzufügen. Die Forellen in den Topf geben und bei milder Hitze knapp unter dem Siedepunkt etwa 10 Minuten offen ziehen lassen.

3 Die Forellen vorsichtig aus dem Garsud heben und auf vorgewärmten Tellern anrichten. Dazu passen Petersilienkartoffeln und braune Butter.

POCHIERTE LACHSFORELLENSTÜCKERL AUF ENDIVIEN-KOHLRABI-GEMÜSE

Für das Endivien-Kohlrabi-Gemüse:

4 kleine Kohlrabi (ca. 500 g)
400 ml Gemüsebrühe
1–2 TL gemahlene Mandeln
80 g Sahne · 20 g kalte Butter
1 EL braune Butter (siehe Seite 46)
3 Scheiben Knoblauch
Salz · Cayennepfeffer
frisch geriebene Muskatnuss
40 g Endiviensalatblätter

Für die Lachsforelle:

50 g braune Butter (siehe Seite 46)
1 Scheibe Knoblauch
1 Scheibe Ingwer
1 Streifen unbehandelte Zitronenschale
Salz · Pfeffer aus der Mühle
einige Spritzer Zitronensaft
1–2 EL Kräuterblätter (z. B. Petersilie, Basilikum, Kerbel, Dill; frisch geschnitten)
600 g Lachsforellenfilet (ohne Haut und Gräten)

Außerdem:

Kräuterblätter zum Garnieren

Für 4 Personen

1 Für das Endivien-Kohlrabi-Gemüse die Kohlrabi schälen, dabei die holzigen Enden entfernen. Die Knollen vierteln und in 3 bis 4 mm dicke Scheiben schneiden. Die Brühe in einem großen, flachen Topf erhitzen und die Kohlrabischeiben darin knapp unter dem Siedepunkt etwa 12 Minuten weich garen. Die Hälfte der Kohlrabischeiben herausnehmen und beiseite stellen.

2 Die Mandeln in einer Pfanne ohne Fett hell rösten. Die Sahne, kalte Butter, braune Butter und Knoblauch in die Brühe zu den Kohlrabischeiben geben und mit dem Stabmixer glatt pürieren. Die Mandeln hinzufügen, mit Salz, 1 Prise Cayennepfeffer und Muskatnuss würzen und nochmals kurz pürieren.

3 Die Endiviensalatblätter waschen, trocken schleudern und in knapp 1/2 cm breite Streifen schneiden. Mit den beiseite gestellten Kohlrabischeiben unter die Kohlrabisauce mischen.

4 Für die Lachsforelle die braune Butter leicht erwärmen, Knoblauch, Ingwer und Zitronenschale hinzufügen, einige Minuten darin ziehen lassen und wieder entfernen. Die Butter mit Salz, Pfeffer und Zitronensaft würzen und die Kräuter unterrühren.

5 Das Lachsforellenfilet waschen, trocken tupfen und in 3 bis 4 cm große Stücke schneiden. In einem großen, flachen Topf reichlich Salzwasser zum Kochen bringen und vom Herd nehmen. Die Lachsforellenstücke in das Wasser geben und 1 bis 1 1/2 Minuten glasig durchziehen lassen. Die Fischstücke vorsichtig mit dem Schaumlöffel herausheben und abtropfen lassen.

6 Das Endivien-Kohlrabi-Gemüse auf vorgewärmte Teller verteilen, die Lachsforellenstücke dazulegen, mit der Kräuterbutter beträufeln und mit Kräuterblättern garnieren.

Alfons Schuhbeck

»Pochieren ist eine sehr schonende Garmethode und besonders geeignet für sensibles Gargut wie Fisch, Bries, Austern, Eier, aber auch für Geflügel, Kalbs- oder Rinderfilet. Die Gartemperatur liegt beim Pochieren immer unter dem Siedepunkt, meist bei etwa 80 °C.«

SÜSS-SAUER MARINIERTE LACHSFORELLE

Für die Marinade:

2 Zwiebeln
1 Karotte
150 g Knollensellerie
5 Wacholderbeeren
5 Pimentkörner
1 TL schwarze Pfefferkörner
1 EL Puderzucker
750 ml Gemüsebrühe
1 Lorbeerblatt
½–1 TL Senfkörner
1 Streifen unbehandelte Zitronenschale
1 Scheibe Ingwer
2 Scheiben Knoblauch
150 ml Rotweinessig
Salz
ca. 2 TL Zucker

Außerdem:

500 g Lachsforellenfilets (ohne Haut und Gräten)
2 EL kalte Butter
Cayennepfeffer
1 EL Schnittlauch (frisch geschnitten)

Für 4 Personen

1 Für die Marinade die Zwiebeln schälen und in sehr dünne Ringe schneiden. Die Karotte und den Knollensellerie schälen und in sehr feine Streifen schneiden. Die Wacholderbeeren mit den Piment- und Pfefferkörnern in ein Gewürzsäckchen füllen.

2 Den Puderzucker in einem Topf bei milder Hitze hell karamellisieren lassen, Zwiebeln, Karotten- und Selleriestreifen darin glasig andünsten. Die Brühe dazugießen und das Lorbeerblatt, die Senfkörner und das Gewürzsäckchen hinzufügen. Die Marinade zum Kochen bringen und knapp unter dem Siedepunkt 10 Minuten ziehen lassen. Zitronenschale, Ingwer, Knoblauch und Essig hinzufügen und die Marinade mit Salz und Zucker abschmecken. Vom Herd nehmen und abkühlen lassen. Alle ganzen Gewürze und das Gewürzsäckchen wieder entfernen.

3 Zum Fertigstellen die Lachsforellenfilets waschen, trocken tupfen und in eine Auflaufform legen. Die kalte Marinade darauf verteilen und die Form mit Frischhaltefolie verschließen. Den Fisch zugedeckt über Nacht im Kühlschrank durchziehen lassen.

4 Die Fischfilets aus der Marinade nehmen. Die Marinade durch ein Sieb in einen großen, flachen Topf abgießen, die Gemüsestreifen beiseite stellen. Die Marinade aufkochen lassen, den entstehenden Schaum von der Oberfläche abschöpfen. 200 ml der heißen Marinade in einen kleinen Topf füllen und die Butter mit einem Stabmixer unterschlagen, mit Salz und 1 Prise Cayennepfeffer abschmecken.

5 Den Topf mit der restlichen Marinade vom Herd nehmen, die Lachsforellenfilets hineingeben und knapp unter dem Siedepunkt etwa 3 Minuten ziehen lassen. Die Gemüsestreifen in eine Pfanne geben und bei milder Hitze erwärmen.

6 Die Lachsforellenfilets mit dem Schaumlöffel aus dem Topf nehmen, in vorgewärmte Suppenteller legen und die Gemüsestreifen darauf anrichten. Die Buttersauce nochmals mit dem Stabmixer aufschäumen, über die Filets und das Gemüse geben und mit Schnittlauch bestreuen.

Alfons Schuhbeck

»Nach Belieben können Sie unter die Buttersauce 1 TL Sahnemeerrettich mixen und beim Anrichten zusätzlich etwas Meerrettich über das Gericht reiben. Als Beilage eignen sich kleine gekochte Kartoffeln.«

Gebratene Forelle

2 Forellen
(à ca. 300 g; küchenfertig)
Salz
4 Scheiben Knoblauch
2 Petersilienstiele
doppelgriffiges Mehl zum Wenden
4 EL Öl
1 EL Butter
1 EL braune Butter
(siehe Seite 46)
1 Scheibe Ingwer
1 Streifen unbehandelte Zitronenschale
Pfeffer aus der Mühle
1 EL Petersilienblätter (frisch geschnitten)
Zitronensaft zum Beträufeln

Für 2 Personen

1 Den Backofen auf 100 °C vorheizen. Die Forellen innen und außen waschen und trocken tupfen. Die Bauchhöhlen der Forellen salzen und mit je 1 Knoblauchscheibe und 1 Petersilienstiel füllen. Etwas Mehl auf einen Teller geben und die Forellen darin wenden.

2 Das Öl in einer großen Pfanne erhitzen und die Forellen darin bei milder Hitze auf beiden Seiten anbraten. Die Fische auf ein mit Backpapier ausgelegtes Backblech oder in einen Bräter legen und im Ofen auf der mittleren Schiene etwa 15 Minuten saftig durchziehen lassen.

3 Das Bratfett mit Küchenpapier aus der Pfanne tupfen und die Butter sowie die braune Butter in der Pfanne zerlassen. Den restlichen Knoblauch, den Ingwer und die Zitronenschale hinzufügen, einige Minuten bei schwacher Hitze ziehen lassen, mit Salz und Pfeffer würzen. Die Forellen in die Butter geben, darin wenden und mit der Petersilie bestreuen. Die ganzen Gewürze wieder aus der Kräuterbutter entfernen.

4 Die Forellen auf große vorgewärmte Teller legen und mit der Kräuterbutter sowie etwas Zitronensaft beträufeln.

Limettenöl

1/2 unbehandelte Limette
5 EL mildes Olivenöl
Salz · Pfeffer aus der Mühle

Die Limette heiß waschen, trocken reiben und die Schale fein abreiben. Das Olivenöl in einem Schälchen mit der Limettenschale verrühren und mit Salz und Pfeffer würzen.

Alfons Schubbeck

»Das Limettenöl träufle ich entweder auf gebratene Fischfilets oder wende diese darin. Es passt aber auch gut zu Geflügel oder rosa gebratenem Fleisch. Andere Zitrusöle können Sie ebenso herstellen: Einfach statt Limettenschale Zitronen- oder Orangenschale – oder eine Kombination aus allen dreien – ins Öl mischen.«

LACHSFORELLE IN DER SALZKRUSTE

Für die Lachsforelle:

1 Lachsforelle
(ca. 800–1000 g; küchenfertig)
2 Petersilienstiele
1 Scheibe unbehandelte Orange
2 Scheiben unbehandelte Limette
Fenchelsamen
1 kleines Lorbeerblatt
2 Scheiben Knoblauch
1/2 TL schwarze Pfefferkörner

Für die Salzkruste:

5 kleine Eiweiß
1,5 kg grobes Meersalz
30 g Mehl · 30 g Speisestärke

Für 4 Personen

1 Für die Lachsforelle den Fisch innen und außen unter fließendem kaltem Wasser waschen, trocken tupfen und die Flossen abschneiden. Die Petersilienstiele waschen und trocken schütteln. Die Orangenscheibe halbieren und mit den Limettenscheiben, Petersilienstielen, 1 Prise Fenchelsamen, Lorbeerblatt, Knoblauch und Pfefferkörnern in die Bauchhöhle geben. Den Backofen auf 200 °C vorheizen.

2 Für die Salzkruste die Eiweiße schaumig, aber nicht fest schlagen. Das Meersalz, Mehl und die Speisestärke unterrühren. Ein Backblech mit Backpapier belegen und aus knapp der Hälfte der Salzmasse einen Sockel in Fischgröße darauf formen. Den Fisch auf den Salzsockel legen und mit der übrigen Salzmasse bedecken.

3 Die Lachsforelle im Ofen auf der mittleren Schiene etwa 40 Minuten backen. Die Salzkruste erst bei Tisch aufklopfen oder mit einem Brotmesser einen Deckel abschneiden. Die Haut von der Forelle entfernen, die Filets auslösen und auf die Teller verteilen.

SAIBLING IN DER FOLIE

4 Saiblinge
(à ca. 300 g; küchenfertig)
Salz · Pfeffer aus der Mühle
einige Petersilienblätter
4 kleine Stiele Fenchelkraut
(ersatzweise Dillstiele)
4 EL Olivenöl
30 g kalte Butter
4 Scheiben Ingwer
4 Scheiben Knoblauch
4 Scheiben unbehandelte Zitrone
(1/2 cm dick)
4 Lorbeerblätter

Für 4 Personen

1 Die Saiblinge innen und außen waschen, trocken tupfen und mit Salz sowie Pfeffer würzen. Petersilienblätter und Fenchelkraut waschen und trocken tupfen. Den Backofen auf 160 °C vorheizen.

2 Je Fisch 1 Bogen Alufolie mit Olivenöl bestreichen und die Butter in Flöckchen darauf verteilen. Die Saiblinge mittig auf die Folien legen. Ingwer, Knoblauch, Zitronenscheiben, Lorbeerblätter, Petersilienblätter und Fenchelkraut in die Bauchhöhlen verteilen. Die Alufolie über den Fischen zusammenfalten und verschließen.

3 Die Saiblinge im Ofen auf der mittleren Schiene etwa 30 Minuten garen. Die Fische sind gar, wenn sich die Rückenflossen herausziehen lassen. Die Fische nach Belieben aus der Folie nehmen und auf vorgewärmten Tellern anrichten oder in der Folie servieren.

Alfons Schuhbeck

»Zu den Saiblingen in der Folie passt Weißweinbutter (siehe Seite 163).«

Marinierter Saibling auf Spargelgemüse

Für den Saibling:

4 Saiblingsfilets (à ca. 80 g)
Salz · Pfeffer aus der Mühle
8 Dillstiele
je 4 Streifen unbehandelte Zitronen- und Orangenschale
3–4 EL Olivenöl

Für das Spargelgemüse:

250 g weißer Spargel
250 g grüner Spargel
200 ml Gemüsebrühe
1 TL Puderzucker
40 g Sahne
1 EL kalte Butter
1 Scheibe Ingwer
1 Scheibe Knoblauch
1 Streifen unbehandelte Zitronenschale
Salz · Cayennepfeffer
frisch geriebene Muskatnuss
1 EL Petersilienblätter (frisch geschnitten)

Für 4 Personen

1 Die Saiblingfilets waschen, trocken tupfen, halbieren und mit Salz sowie Pfeffer würzen. Den Dill waschen und trocken schütteln. Je 2 Filets nebeneinander in einen Vakuumierbeutel legen, mit Dillstielen, Zitronen- und Orangenschalen belegen und das Olivenöl hineinträufeln. Die Beutel so verschweißen, dass möglichst wenig Luft eingeschlossen wird. Die Filets 2 Stunden im Kühlschrank marinieren lassen.

2 Beide Spargelsorten waschen. Den weißen Spargel ganz und den grünen Spargel nur im unteren Drittel schälen, die Enden abschneiden. Die Spargelstangen längs halbieren und schräg in etwa 5 cm lange Stücke schneiden. Die Brühe in einem Topf erhitzen und die Spargelschalen darin zugedeckt knapp unter dem Siedepunkt 20 Minuten ziehen lassen. In ein Sieb abgießen und dabei die Spargelbrühe auffangen.

3 Den Puderzucker in einer Pfanne bei mittlerer Hitze hell karamellisieren lassen. Den Spargel dazugeben und kurz mit andünsten. 100 ml Spargelbrühe hinzufügen und den Spargel zugedeckt bei milder Hitze etwa 10 Minuten gar ziehen lassen. Falls nötig, noch etwas Brühe nachgießen.

4 Den Spargel in ein Sieb abgießen, den Garsud dabei in einem Topf auffangen. Die Sahne und die Butter mit dem Stabmixer unter den Sud rühren. Ingwer, Knoblauch und Zitronenschale hinzufügen und einige Minuten darin ziehen lassen. Mit Salz, 1 Prise Cayennepfeffer und Muskatnuss abschmecken. Den Sud durch ein Sieb abgießen, in einer Schüssel mit dem Spargel mischen und die Petersilie darüberstreuen.

5 In einem Topf reichlich Wasser erhitzen und die eingeschweißten marinierten Saiblingsfilets darin knapp unter dem Siedepunkt 12 bis 15 Minuten durchziehen lassen. Die Saiblingsfilets aus den Beuteln nehmen, Dillstiele und Zitrusschalen entfernen. Die Fischfilets mit dem Spargelgemüse in vorgewärmten Suppentellern anrichten.

Alfons Schubbeck

»Wer kein Vakuumiergerät besitzt, legt die Fischfilets mit Kräutern und Gewürzen auf einen gebutterten Teller, bedeckt sie mit Frischhalte- oder Mikrowellenfolie und lässt sie im auf 100 °C vorgeheizten Backofen je nach Dicke etwa 15 Minuten glasig durchziehen. Nach dem Garen die Gewürze entfernen, die Haut abziehen und den Fisch salzen und pfeffern.«

Gebratenes Saiblingsfilet auf Bärlauch-Rahmspinat mit gerösteten Kartoffeln

Für den Bärlauch-Rahmspinat:

300 g festkochende Kartoffeln
Salz
100 g Blattspinat
300 g Bärlauch
120 g Sahne
1 EL Butter
1 EL braune Butter
(siehe Seite 46)
Salz · Cayennepfeffer
frisch geriebene Muskatnuss

Für den Saibling:

4 Saiblingsfilets (à ca. 80 g; mit Haut, ohne Gräten)
1 EL Öl
Salz · Pfeffer aus der Mühle

Für die gerösteten Kartoffeln:

1–2 EL Öl
Salz · Pfeffer aus der Mühle
gemahlener Kümmel
1 EL Petersilienblätter (frisch geschnitten)

Für 4 Personen

1 Für den Bärlauch-Rahmspinat die Kartoffeln waschen, schälen und in 1/2 cm große Würfel schneiden. Die Kartoffelwürfel in Salzwasser 20 bis 30 Minuten weich köcheln. In ein Sieb abgießen und abtropfen lassen.

2 Den Spinat und den Bärlauch verlesen, waschen und abtropfen lassen, die groben Stiele entfernen. Die Blätter in kochendem Salzwasser etwa 3 Minuten blanchieren. In ein Sieb abgießen, kalt abschrecken und abtropfen lassen, dabei die Blätter mit den Händen ausdrücken. Die Spinat- und Bärlauchblätter grob zerkleinern.

3 Die Sahne erhitzen und mit 60 g Kartoffelwürfeln, Spinat, Bärlauch und der Butter in einen hohen Rührbecher füllen. Die Mischung mit dem Stabmixer fein pürieren. Das Püree in einen kleinen Topf füllen, bei milder Hitze erwärmen und die braune Butter unterrühren. Mit Salz, 1 Prise Cayennepfeffer und etwas Muskatnuss abschmecken.

4 Für den Saibling die Saiblingsfilets waschen, trocken tupfen und jedes Filet halbieren, sodass 8 etwa gleich große Stücke entstehen. Das Öl in einer Pfanne erhitzen und die Saiblingsfilets darin mit der Hautseite nach unten bei mittlerer Hitze 3 bis 4 Minuten kross anbraten. Die Fischfilets wenden, die Pfanne vom Herd nehmen und die Filets in der Resthitze etwa 1 Minute glasig durchziehen lassen. Die Filets aus der Pfanne nehmen und auf Küchenpapier abtropfen lassen. Mit Salz und Pfeffer würzen.

5 Für die gerösteten Kartoffeln das Öl in einer Pfanne erhitzen und die restlichen Kartoffelwürfel darin bei mittlerer Hitze goldbraun braten. Mit Salz, Pfeffer, 1 Prise Kümmel würzen und die Petersilie darüberstreuen.

6 Die Saiblingsfilets mit dem Bärlauchspinat auf vorgewärmten Tellern anrichten und die Kartoffelwürfel rundherum an den Rand streuen.

Alfons Schuhbeck

»Wenn der Rahmspinat noch sehr flüssig ist, püriere ich einfach ein paar gekochte Kartoffelwürfel mit.«

Gebratenes Renkenfilet auf Kürbispüree mit Gewürzbutter

Für das Kürbispüree:

1 kg Muskatkürbis
1 Knoblauchzehe (geschält und halbiert)
je 1 Streifen unbehandelte Zitronen- und Orangenschale
2 Scheiben Ingwer
2 Thymianzweige
Salz · 70 g Sahne
½ TL Currypulver
1–2 EL braune Butter (siehe Seite 46)

Für die Gewürzbutter:

1 TL Wacholderbeeren
1 TL Korianderkörner
1 EL schwarze Pfefferkörner
1 TL kleine getrocknete Chilischoten
1 TL Pimentkörner
1 Apfel (ca. 150 g)
1 TL Puderzucker
2–3 EL Butter · Salz
einige Spritzer Zitronensaft

Für den Fisch:

4 Renkenfilets (à ca. 80 g; mit Haut, ohne Gräten)
1 EL Öl
Salz · Pfeffer aus der Mühle

Für 4 Personen

1 Für das Kürbispüree den Backofen auf 200 °C vorheizen. Den Kürbis schälen und die Kerne mit einem Löffel entfernen. Das Kürbisfleisch in 2 cm große Würfel schneiden und auf ein tiefes Backblech oder in eine ofenfeste Form geben. Knoblauch, Zitronen- und Orangenschale, Ingwer und Thymianzweige sowie etwas Salz daraufgeben und das Blech oder die Form mit Alufolie verschließen. Den Kürbis im Ofen auf der mittleren Schiene etwa 1 Stunde weich garen.

2 Den Kürbis aus dem Ofen nehmen, die ganzen Gewürze entfernen. Das Kürbisfleisch in ein feines Sieb oder ein Küchentuch geben und kräftig ausdrücken, sodass es auf etwa die Hälfte des Volumens reduziert wird. Das ausgedrückte Kürbisfleisch im Küchenmixer fein pürieren.

3 Die Sahne und das Currypulver in einen Topf geben, erhitzen und das Kürbispüree unterrühren. Die braune Butter unterrühren und das Püree mit Salz abschmecken.

4 Für die Gewürzbutter Wacholderbeeren, Koriander, Pfeffer, Chilischoten und Piment in eine Gewürzmühle füllen. Den Apfel vierteln, schälen, das Kerngehäuse entfernen und das Fruchtfleisch in ½ bis 1 cm große Würfel schneiden. Den Puderzucker in einer Pfanne bei mittlerer Hitze hell karamellisieren lassen. Die Apfelwürfel dazugeben und 1 bis 2 Minuten andünsten. Die Butter hinzufügen, leicht salzen und mit der Mischung aus der Gewürzmühle sowie dem Zitronensaft würzen.

5 Die Renkenfilets waschen, trocken tupfen und halbieren. Das Öl in einer Pfanne erhitzen und die Fischfilets darin bei mittlerer Hitze auf der Hautseite kross anbraten. Die Pfanne vom Herd nehmen, die Fischfilets wenden und in der Resthitze 1 Minute glasig durchziehen lassen. Die Renkenfilets herausheben, auf Küchenpapier abtropfen lassen und mit Salz sowie Pfeffer würzen.

6 Das Kürbispüree auf vorgewärmte Teller verteilen. Die Renkenfilets daneben anrichten und die Gewürzbutter mit den Äpfeln darüberträufeln.

Alfons Schuhbeck

»Gegarter und pürierter Kürbis lässt sich im Gegensatz zu frischem Kürbis sehr gut einfrieren.«

Steckerlfisch mit Kartoffel-Gurken-Gemüse

Für den Fisch:

8 kleine festkochende Kartoffeln
Salz
Kümmelsamen
1–2 TL Öl
4 Renkenfilets (ca. 80 g; mit Haut, ohne Gräten)
Pfeffer aus der Mühle
5 Wacholderbeeren
1/2 TL Korianderkörner
1/2 TL Fenchelsamen
1/2 TL gelbe Senfkörner
1–2 EL Olivenöl
1 Knoblauchzehe (ungeschält)
1–2 Ingwerscheiben
1 EL Butter

Für das Gemüse:

400 g festkochende Kartoffeln
Salz · 1 Salatgurke
80 ml Gemüsebrühe
1/2 Knoblauchzehe
1 Scheibe Ingwer
Salz · Pfeffer aus der Mühle
1 EL Dillspitzen (frisch geschnitten)

Für 4 Personen

1 Für den Fisch die ungeschälten Kartoffeln in Salzwasser mit 1 Prise Kümmel nicht allzu weich kochen und abgießen. Von jeder Kartoffel längs etwa ein Viertel bis ein Drittel wegschneiden. Die Kartoffeln in einer Pfanne bei mittlerer Hitze im Öl anbraten, mit Salz und Pfeffer würzen und warm stellen.

2 Die Renkenfilets schräg halbieren und längs auf Schaschlikspieße stecken, mit Salz und Pfeffer würzen.

3 Wacholder, Koriander, Fenchel und Senf in einer Pfanne bei milder Hitze ohne Fett leicht anrösten, bis sie zu duften beginnen. Alle zusammen in einen Mörser geben und grob zerstoßen.

4 Eine Pfanne bei mittlerer Temperatur erhitzen, das Olivenöl mit den Gewürzen aus dem Mörser hineingeben. Die aufgespießten Renkenfilets darin auf der Hautseite etwa 2 Minuten anbraten. Den Knoblauch, den Ingwer und die Butter hinzufügen, die Fische wenden und die Pfanne vom Herd nehmen. Die Filets etwa 1 Minute durchziehen lassen.

5 Für das Gemüse die Kartoffeln schälen und in gut 1 cm große Würfel schneiden. Die Kartoffelwürfel in Salzwasser etwa 20 Minuten garen, in ein Sieb abgießen und abtropfen lassen. Die Gurke schälen, längs halbieren, mit einem Löffel entkernen und in gleich große Würfel schneiden.

6 Die Kartoffel- und Gurkenwürfel mit der Brühe in einen Topf geben und erhitzen. Knoblauch und Ingwer dazugeben, mit Salz und Pfeffer würzen und den Dill dazugeben.

7 Je 2 gebratene Kartoffeln auf einen Teller setzen, jeweils einen Spieß hineinstecken und das Gemüse daneben anrichten.

Alfons Schuhbeck

»Renke eignet sich für dieses Gericht besonders gut, ersatzweise können Sie aber auch Saibling oder Forelle verwenden.«

Karpfen in Bierteig

Für die Panade:

1 EL Pimentkörner
1 EL Kümmelsamen
1 EL Zimtrindensplitter
1 EL Wacholderbeeren
1 EL schwarze Pfefferkörner
80 g doppelgriffiges Mehl (Wiener Grießler; ersatzweise Weizenmehl Type 405)
80 g Speisestärke
250 ml Bier

Für die Karpfen:

800 g Karpfenfilet (ohne Haut)
Salz

Außerdem:

70 g Butterschmalz zum Braten
70 g Öl zum Braten
einige Spritzer Zitronensaft

Für 4 Personen

1 Für die Panade Piment, Kümmel, Zimtrinde, Wacholderbeeren und Pfefferkörner in eine Gewürzmühle füllen. Das Mehl mit der Speisestärke auf einen Teller geben, vermischen und mit der Mischung aus der Gewürzmühle würzen. Das Bier in eine Schüssel geben.

2 Für die Karpfen das Karpfenfilet waschen und trocken tupfen. In 4 bis 5 cm große Stücke schneiden, dabei die Gräten mithilfe eines scharfen Messers entfernen. Die Fischstücke salzen und erst in der Mehlmischung wenden, dann durch das Bier ziehen und zuletzt noch einmal in der Mehlmischung wenden. Den Vorgang wiederholen.

3 Das Butterschmalz mit dem Öl in einer Pfanne erhitzen. Die panierten Karpfenstücke darin bei milder Hitze portionsweise rundherum hellbraun ausbacken. Mit einer Schaumkelle aus der Pfanne heben, auf Küchenpapier abtropfen lassen und mit Zitronensaft beträufeln. Dazu passen Schnittlauchsauce (siehe Seite 236) und marinierter Blattsalat.

Alfons Schuhbeck

»Die Speisestärke in der Panade sorgt dafür, dass die Teighülle beim Ausbacken besonders knusprig wird. Anstatt Bier kann natürlich auch Wein zum Panieren verwendet werden oder die Fischwürfel werden in einen klassischen Bierteig wie bei den Hollerkücherl von Seite 362 getaucht und gebacken. Es können auch Kabeljau oder andere Fischsorten verwendet werden.«

Buntes Paprikagulasch mit Karpfen

Für das Gemüse:

300 g festkochende Kartoffeln (z. B. Sieglinde oder Nicola)
Salz · Kümmelsamen
je 2 gelbe und rote Paprikaschoten
1 grüne Paprikaschote
3–4 EL Öl
1 Knoblauchzehe
1 TL gemahlener Kümmel
1 TL abgeriebene unbehandelte Zitronenschale
1 TL getrockneter Majoran
1–2 TL Paprikapulver (edelsüß)
1 Zwiebel
1–2 TL Tomatenmark
800 ml Gemüsebrühe
Cayennepfeffer

Für die Karpfenstücke:

500 g Karpfenfilets (ohne Haut)
1–2 EL Öl
Salz · Pfeffer aus der Mühle

Außerdem:

einige Petersilienblätter zum Garnieren

Für 4 Personen

1 Für das Gemüse die Kartoffeln waschen und in einem Topf in Salzwasser mit 1 Prise Kümmel weich kochen. Die Kartoffeln abgießen, pellen, abkühlen lassen und in Scheiben schneiden.

2 Den Backofengrill vorheizen. Die Paprikaschoten längs vierteln, entkernen und waschen. Mit der Schnittfläche nach unten auf ein Backblech legen und die Hautseite mit 1 bis 2 EL Öl bepinseln. Unter dem Grill auf der mittleren Schiene etwa 5 Minuten garen, bis die Haut dunkle Blasen wirft. Die Paprikaschoten aus dem Ofen nehmen und kurz abkühlen lassen. Die Haut abziehen und das Fruchtfleisch in etwa 3 cm große Rauten schneiden, dabei die grünen Schoten von den gelben und roten trennen.

3 Für das Gulaschgewürz den Knoblauch schälen und klein hacken. Mit dem Kümmel, der Zitronenschale und dem Majoran vermischen. Das Paprikapulver mit wenig kaltem Wasser glatt rühren. Die Zwiebel schälen und in kleine Würfel schneiden.

4 In einem Topf 1 EL Öl erhitzen und die Zwiebelwürfel darin bei milder Hitze glasig dünsten. Das Tomatenmark unterrühren, kurz mitdünsten und die Brühe angießen. Die Hälfte der gelben und roten Paprikarauten dazugeben. Das Gulaschgewürz und das angerührte Paprikapulver hinzufügen und alles bei milder Hitze 5 bis 10 Minuten ziehen lassen. Dann mit Salz und 1 Prise Cayennepfeffer abschmecken und mit dem Stabmixer pürieren.

5 In einer Pfanne 1 EL Öl erhitzen und die Kartoffelscheiben darin bei mittlerer Hitze anbraten. Mit den restlichen gelben, roten und den grünen Paprikarauten in die Gulaschsauce geben. Das Paprika-Kartoffel-Gulasch bei milder Hitze warm halten.

6 Für die Karpfenstücke die Karpfenfilets waschen, trocken tupfen und in 2 bis 2 1/2 cm große Stücke schneiden, die Gräten dabei mit einem spitzen Messer entfernen. Das Öl in einer Pfanne erhitzen und die Karpfenstücke darin bei milder Hitze rundherum 2 bis 3 Minuten anbraten. Die Fischstücke herausnehmen, auf Küchenpapier abtropfen lassen und mit Salz und Pfeffer würzen.

7 Das bunte Paprikagulasch auf vorgewärmte tiefe Teller verteilen und die Karpfenstücke daraufgeben. Mit Petersilienblättern garnieren.

HECHT-FORELLEN-NOCKERL MIT KREBSEN

Für die Nockerl:

200 g Hechtfilet (ohne Haut und Gräten, gut gekühlt)
100 g Forellenfilet (ohne Haut und Gräten, gut gekühlt)
Salz · Pfeffer aus der Mühle
300 g Sahne
1–2 TL scharfer Senf
1 Döschen Safranfäden (0,1 g)
Cayennepfeffer
frisch geriebene Muskatnuss
1–2 TL Dillspitzen (frisch geschnitten)

Für die Krautfleckerl:

2 Blätter Weißkohl
Salz

Außerdem:

1/2 Rezept Krebse im eigenen Sud (siehe Seite 177, ohne Einlage)
Dillstiele zum Garnieren

Für 4 Personen

1 Für die Nockerl die Fischfilets waschen, trocken tupfen und in 1 cm große Würfel schneiden. Mit Salz und Pfeffer würzen. Die Fischwürfel und die Sahne etwa 5 Minuten in das Tiefkühlfach stellen, bis sie eiskalt sind.

2 Die Hälfte der Fischwürfel mit dem Senf, dem Safran, 1 Prise Cayennepfeffer und etwas Muskatnuss in den Blitzhacker geben und kurz pürieren, bis die Zutaten zu binden beginnen. Dann die Hälfte der Sahne in drei Portionen dazugeben und dabei immer wieder pürieren, bis die Fischfarce glatt und glänzend ist. Die Farce in eine Schüssel füllen und zugedeckt in den Kühlschrank stellen. Die restlichen Fischwürfel mit der restlichen Sahne ebenso verarbeiten und mit der bereits fertigen Fischfarce in der Schüssel verrühren. Den Dill hinzufügen und die Farce mit den Gewürzen nochmals abschmecken. Die Fischfarce bis zur Weiterverarbeitung zugedeckt in den Kühlschrank stellen.

3 In einem großen flachen Topf reichlich Salzwasser zum Kochen bringen und die Hitze so reduzieren, dass das Wasser knapp unter dem Siedepunkt (bei etwa 90 °C) bleibt. Mit zwei nassen Esslöffeln von der Fischfarce 16 Nocken abstechen, in das Salzwasser geben und 15 Minuten gar ziehen lassen.

4 Für die Krautfleckerl die Weißkohlblätter waschen, die Blattrippen herausschneiden und die Blätter in 1 1/2 cm große Rauten schneiden. Die Weißkohlrauten in Salzwasser etwa 4 Minuten bissfest blanchieren. In ein Sieb abgießen, kalt abschrecken und abtropfen lassen.

5 Den Krebssud mit den Krebssschwänzen und den Krautfleckerl auf vorgewärmten tiefen Tellern anrichten. Die Hecht-Forellen-Nockerl mit dem Schaumlöffel aus dem Salzwasser heben, je 4 Nockerl in einen Teller geben und mit Dillspitzen garnieren.

Alfons Schuhbeck

»Hecht ist ideal für eine Farce, da sein Fleisch sehr gut bindet. Seine Gräten haben es jedoch in sich: Sie sind y-förmig, so genannte Gabelgräten, und lassen sich nicht einfach mit einer Pinzette herausziehen, sondern müssen mit einem scharfen Messer herausgeschnitten werden. Wenn es vor dem Mixen nicht gelingt, alle Gräten zu entfernen, muss die Farce anschließend mithilfe einer Teigkarte durch ein feines Sieb gestrichen werden, sodass alle Gräten zurückbleiben.«

Geräucherter Waller auf Roter Bete

Für das Gemüse:

400 g kleine Rote Beten · Salz
1/2 TL Kümmelsamen
80 ml Gemüsebrühe
je 1 Streifen unbehandelte Zitronen- und Orangenschale
je 1 Scheibe Knoblauch und Ingwer
1 kleiner Thymianzweig
20 g kalte Butter
Pfeffer aus der Mühle
einige Spritzer Rotweinessig
Zucker · 1 reife, feste Birne
1–2 TL Puderzucker

Für den geräucherten Waller:

2 EL Räuchermehl vom Buchenholz (nicht aromatisiert; aus dem Anglerbedarf)
Öl für den Dämpfeinsatz
8 Wallerfilets (à ca. 60 g; ohne Haut)
Salz · Pfeffer aus der Mühle

Außerdem:

etwas Meerrettich (frisch gehobelt)
1 EL Schnittlauchröllchen (frisch geschnitten)

Für 4 Personen

1 Für das Gemüse die Roten Beten waschen und in reichlich Salzwasser mit dem Kümmel etwa 1 Stunde weich köcheln. Die Roten Beten abgießen und schälen, dabei nach Belieben Einweghandschuhe anziehen oder ein Küchentuch zur Hilfe nehmen. Die Roten Beten in schmale Streifen schneiden und mit Brühe, Zitronen- und Orangenschale, Knoblauch, Ingwer und Thymian in einer großen Pfanne bei milder Hitze 2 bis 3 Minuten erwärmen. Die Hälfte der Butter dazugeben und zerlassen. Mit Salz, Pfeffer, Essig und 1 Prise Zucker würzen. Die ganzen Gewürze entfernen.

2 Die Birne waschen, vierteln, dabei das Kerngehäuse entfernen und das Fruchtfleisch in schmale Spalten schneiden. Den Puderzucker in einer Pfanne bei mittlerer Hitze hell karamellisieren lassen, die Birnen hinzufügen, leicht anbräunen und wenden. Die restliche Butter dazugeben und untermischen.

3 Für den geräucherten Waller einen großen Topf mit Alufolie auslegen und das Räuchermehl darauf verteilen. Einen passenden Dämpfeinsatz oder ein Bambus-Dämpfkörbchen einölen und in den Topf setzen. Den Topf bei milder Hitze erwärmen, bis leichter Rauch aufsteigt.

4 Die Wallerfilets mit Salz und Pfeffer würzen, in den Dämpfeinsatz legen und zugedeckt bei mittlerer Hitze etwa 12 Minuten (je nach Dicke der Filets) räuchern.

5 Das Rote-Bete-Gemüse auf vorgewärmten Tellern verteilen, die karamellisierten Birnenspalten dazwischenlegen und die Wallerfilets daneben anrichten. Mit Meerrettich und Schnittlauchröllchen garnieren.

Alfons Schuhbeck

»Das Räucheraroma ist bei dieser Garmethode sehr intensiv. Wer es gerne ein wenig dezenter möchte, brät den Fisch vor dem Räuchern bei milder Hitze in der Pfanne. Die Räucherzeit reduziert sich dann um einige Minuten.«

GEDÄMPFTER WALLER AUS DEM GEWÜRZSUD MIT WURZELGEMÜSE

Für das Wurzelgemüse:

1 Karotte
1 gelbe Karotte
(ersatzweise 1 Karotte)
1 Petersilienwurzel
1 dünne Stange Lauch · Salz
2 EL mildes Olivenöl
125 ml Gemüsebrühe
1 EL Petersilienblätter
(frisch geschnitten)
Pfeffer aus der Mühle
frisch geriebene Muskatnuss

Für den Waller:

4 Wallerfilets
(à ca. 100 g; küchenfertig)
1 TL Fenchelsamen
5 Wacholderbeeren
1 TL Senfkörner
1 getrocknete rote Chilischote
Butter für den Dämpfeinsatz
Salz · Pfeffer aus der Mühle

Für die Kardamombutter:

1 TL Kardamomkapseln
2 EL Butter
1 ausgekratzte Vanilleschote
1 Scheibe Ingwer
1 Knoblauchzehe
(geschält und halbiert)
Salz · Cayennepfeffer

Für 4 Personen

1 Für das Wurzelgemüse die Karotten und die Petersilienwurzel schälen. Den Lauch putzen, das dunkle Grün entfernen, die Stange längs aufschneiden und waschen. Karotten und Petersilienwurzel längs in etwa 2 mm dicke Scheiben, anschließend in 1/2 bis 1 cm breite Streifen schneiden. 4 Lauchblätter beiseite legen, die restlichen Lauchblätter in 1/2 bis 1 cm breite Streifen schneiden.

2 Die Gemüsestreifen in einem Topf in kochendem Salzwasser etwa 2 Minuten blanchieren. In ein Sieb abgießen, kalt abschrecken und abtropfen lassen. Die 4 beiseite gelegten Lauchblätter in kochendem Salzwasser in 2 Minuten bissfest blanchieren, in ein Sieb abgießen, kalt abschrecken und abtropfen lassen.

3 Für den Waller die Wallerfilets waschen, trocken tupfen und in der Mitte mit je 1 blanchiertem Lauchblatt umwickeln. In einem Dämpftopf etwas Wasser mit Fenchelsamen, Wacholderbeeren, Senfkörnern und Chilischote zum Kochen bringen. Den Dämpfeinsatz mit Butter einfetten, in den Topf setzen und die Wallerfilets daraufgeben. Die Filets zugedeckt bei milder Hitze etwa 2 Minuten dämpfen. Den Topf vom Herd nehmen und die Filets zugedeckt weitere 5 Minuten garen lassen.

4 In einer tiefen Pfanne 1 bis 2 TL Olivenöl bei milder Hitze erhitzen und das Gemüse darin andünsten. Die Brühe angießen und das Gemüse zugedeckt 2 bis 3 Minuten bissfest garen. Die Petersilie hinzufügen, mit Salz, Pfeffer und Muskatnuss würzen und das übrige Olivenöl darüberträufeln.

5 Für die Kardamombutter in einer Pfanne bei milder Hitze den Kardamom leicht anrösten. Butter, Vanilleschote, Ingwer und Knoblauch dazugeben, mit Salz und 1 Prise Cayennepfeffer würzen. Das Wurzelgemüse auf vorgewärmte Teller verteilen. Die Wallerfilets mit Salz und Pfeffer würzen, auf die Teller legen und die Kardamombutter darüberträufeln.

Gebratene Maischolle mit Speck und Croûtons

120 g gut durchwachsener Speck
4 EL Öl
2–3 Frühlingszwiebeln
2 Scheiben Toastbrot
40 g Butter
4 ganze Maischollen (à 500 g; küchenfertig, mit Haut)
100 g doppelgriffiges Mehl (Wiener Grießler)
Salz · Pfeffer aus der Mühle
100 ml mildes Olivenöl (ersatzweise braune Butter, siehe Seite 46)
1 Streifen unbehandelte Zitronenschale
1 Thymianzweig

Für 4 Personen

1 Den Speck in kleine Würfel schneiden. In einer Pfanne 1 EL Öl erhitzen und die Speckwürfel darin bei mittlerer Hitze knusprig braten. Herausnehmen und auf Küchenpapier abtropfen lassen.

2 Die Frühlingszwiebeln putzen, waschen, den dunkelgrünen Teil entfernen und den Rest schräg in dünne Ringe schneiden. Die Toastbrotscheiben entrinden und in möglichst kleine Würfel schneiden. Die Butter in einer Pfanne zerlassen und die Brotwürfel darin bei milder Hitze rundherum goldbraun braten. Auf Küchenpapier abtropfen lassen.

3 Den Backofen auf 100 °C vorheizen. Die Schollen waschen und trocken tupfen. Das Mehl auf einen flachen Teller geben. Die Fische darin wenden. In einer Pfanne das restliche Öl erhitzen und die Schollen darin bei mittlerer Hitze nacheinander auf jeder Seite 1 bis 2 Minuten anbraten. Auf ein Backblech legen und im Ofen auf der mittleren Schiene etwa 10 Minuten saftig durchziehen lassen. Die Fische herausnehmen und mit Salz und Pfeffer würzen.

4 Inzwischen in einer Pfanne 1 EL Olivenöl erhitzen und die Frühlingszwiebeln darin bei milder Hitze 1 bis 2 Minuten andünsten. Das restliche Olivenöl in einem Topf mit der Zitronenschale und dem Thymian bei sehr milder Hitze erwärmen. Die Speckwürfel und die Frühlingszwiebelringe dazugeben. Das Öl mit Salz und Pfeffer würzen und Zitronenschale und Thymian wieder entfernen.

5 Die Schollen auf vorgewärmten Tellern anrichten, mit dem Specköl beträufeln und mit den Croûtons bestreuen.

Kandierte Tomaten

4 Tomaten · 4 EL Olivenöl
Salz · Pfeffer aus der Mühle
Puderzucker zum Bestäuben
1 Knoblauchzehe
1 TL Rosmarinnadeln

Für 4 Personen

1 Für die kandierten Tomaten den Backofen auf 120 °C vorheizen. Die Tomaten kreuzweise einritzen, überbrühen, kalt abschrecken, häuten, vierteln und entkernen. Die Tomatenfilets mit der gewölbten Seite nach unten auf ein Bachblech legen, mit Olivenöl beträufeln, salzen, pfeffern und mit etwas Puderzucker fein bestäuben.

2 Den Knoblauch schälen und in Scheiben schneiden. Die Tomaten mit den Knoblauchscheiben und den Rosmarinnadeln bestreuen und im Ofen auf der mittleren Schiene etwa 1 1/2 bis 2 Stunden trocknen lassen.

Gebratener Zander auf Fenchel-Karotten-Gemüse mit Birne

Für das Gemüse:

2 kleine Fenchelknollen
2 Karotten
1–2 TL Öl
125 ml Gemüsebrühe
1/2 ausgekratzte Vanilleschote
1/2 Knoblauchzehe (geschält)
1–2 EL Butter
Salz · Pfeffer aus der Mühle
Cayennepfeffer
1 reife, feste rote Birne
1–2 TL Puderzucker

Für den Zander:

500 g Zanderfilet
(mit Haut, ohne Gräten)
1 EL Öl
Salz · Pfeffer aus der Mühle

Für 4 Personen

1 Für das Gemüse den Fenchel waschen, putzen, die Schichten auseinanderlösen und in 2 bis 3 cm große Stücke schneiden. Die Karotten schälen und schräg in 2 bis 3 mm dicke Scheiben schneiden. Das Öl in einem Topf erhitzen, den Fenchel mit den Karotten dazugeben und bei milder Hitze etwas andünsten. Die Brühe, Vanilleschote und Knoblauch hinzufügen und das Gemüse zugedeckt bei milder Hitze etwa 8 Minuten bissfest bis weich garen. Die Butter unterrühren und das Gemüse mit Salz, Pfeffer und 1 Prise Cayennepfeffer würzen.

2 Die Birne waschen, vierteln und das Kerngehäuse entfernen. Das Fruchtfleisch in Spalten schneiden. Den Puderzucker in einer Pfanne bei milder Hitze hell karamellisieren, die Birnenspalten darin auf beiden Seiten hellbraun anbraten und unter das Gemüse mischen. Den Knoblauch und die Vanilleschote entfernen.

3 Für den Zander die Zanderfilets waschen, trocken tupfen und in 8 gleich große Stücke schneiden. Das Öl in einer Pfanne erhitzen und die Filets darin bei mittlerer Hitze mit der Hautseite nach unten 3 bis 4 Minuten kross anbraten. Die Filets wenden, die Pfanne vom Herd nehmen und die Filets in der Resthitze der Pfanne glasig durchziehen lassen. Die Filets auf Küchenpapier abtropfen lassen, mit Salz und Pfeffer würzen.

4 Das Gemüse mit dem Sud auf vorgewärmten Tellern anrichten und die Zanderfilets danebenlegen.

Weissweinbutter

1 EL Puderzucker
100 ml weißer Portwein
100 ml trockener Weißwein
100 g sehr kalte Butter
Salz · Pfeffer aus der Mühle

Für 4 Personen

1 Den Puderzucker in einem Topf oder eine Pfanne sieben und bei mittlerer Hitze karamellisieren lassen. Mit Portwein und Weißwein ablöschen und die Flüssigkeit um ein Drittel einköcheln lassen.

2 Die Butter in kleinen Stücken nach und nach bei milder Hitze unterschlagen. Nach Belieben je 1 Stückchen unbehandelte Zitronen- oder Orangenschale dazugeben, etwa 2 Minuten darin ziehen lassen und entfernen. Die Weißweinbutter mit Salz und Pfeffer würzen und sofort servieren.

Kross gebratener Zander auf Paprikakraut mit Graupen

Für das Paprikakraut:

1 kleine Zwiebel
2 EL Perlgraupen
Salz
1 kleines Lorbeerblatt
2 Pimentkörner
3 EL Öl
300 g Sauerkraut (aus der Dose)
4 EL Weißwein
200 ml Gemüsebrühe
je 2 gelbe und rote Paprikaschoten
1 TL Paprikapulver (edelsüß)
1/2 TL schwarze Pfefferkörner
1/2 TL Korianderkörner
2 Wacholderbeeren
3 Frühlingszwiebeln
1 Knoblauchzehe
60 g Apfelmus
Zucker
Cayennepfeffer
3 EL Butter

Für den Zander:

500 g Zanderfilet
(mit Haut, ohne Gräten)
1 EL Öl
Salz · Pfeffer aus der Mühle

Für 4 Personen

1 Für das Paprikakraut die Zwiebel schälen und längs ein Achtel herausschneiden. Die Perlgraupen mit etwa 500 ml Salzwasser, der Hälfte des Lorbeerblatts, dem Zwiebelachtel und den Pimentkörnern in einen Topf geben und zugedeckt bei milder Hitze etwa 45 Minuten kochen.

2 Die restliche Zwiebel in kleine Würfel schneiden. In einem Topf 1 EL Öl erhitzen und die Zwiebelwürfel darin bei milder Hitze glasig andünsten. Das Sauerkraut mitsamt Saft dazugeben, kurz mitdünsten, mit dem Weißwein ablöschen und ein paar Minuten einköcheln lassen. Die Brühe dazugießen und das Kraut zugedeckt 30 Minuten bei milder Hitze garen.

3 Den Backofengrill einschalten. Die Paprikaschoten längs vierteln, entkernen und waschen. Mit der Hautseite nach oben auf ein Backblech legen und mit 1 bis 2 EL Öl bepinseln. Die Paprikastücke im Ofen auf der obersten Schiene etwa 5 Minuten grillen, bis die Haut dunkle Blasen wirft. Kurz abkühlen lassen, häuten und in Rauten schneiden.

4 Das Paprikapulver mit wenig kaltem Wasser glatt rühren. Die Pfefferkörner mit den Korianderkörnern und den Wacholderbeeren in ein Gewürzsäckchen füllen. Das angerührte Paprikapulver, die Paprikarauten, die restliche Lorbeerblatthälfte und das Gewürzsäckchen in das Kraut geben und weitere 15 Minuten schmoren.

5 Die Frühlingszwiebeln waschen, putzen und schräg in Scheiben schneiden. Den Knoblauch schälen und halbieren. Die Frühlingszwiebeln und das Apfelmus unter das Kraut rühren. Den Knoblauch hinzufügen, einige Minuten ziehen lassen und wieder entfernen.

6 Die Graupen in ein Sieb abgießen, die Gewürze entfernen und die Graupen unter fließendem kaltem Wasser waschen und abtropfen lassen. Die Graupen mit der Butter unter das Paprikakraut mischen und mit Salz sowie je 1 Prise Zucker und Cayennepfeffer abschmecken.

7 Für den Zander die Zanderfilets waschen, trocken tupfen und in 8 gleich große Stücke schneiden. Das Öl in einer Pfanne erhitzen und die Zanderstücke darin bei mittlerer Hitze auf der Hautseite 3 bis 4 Minuten kross anbraten. Die Fischfilets wenden, die Pfanne vom Herd nehmen und die Filets in der Resthitze glasig durchziehen lassen. Die Zanderstücke herausheben, auf Küchenpapier abtropfen lassen und mit Salz und Pfeffer würzen.

8 Das Paprikakraut mit Graupen auf vorgewärmten Tellern anrichten und die kross gebratenen Zanderfilets daneben anrichten.

Zanderfilets in der Senfkruste

1 EL gelbe Senfkörner
120 g weiche Butter
2 EL scharfer Senf
1 EL süßer Senf
30 g Weißbrotbrösel
Salz
Cayennepfeffer
500 g Zanderfilet
(ohne Haut und Gräten)
Pfeffer aus der Mühle
1 EL Öl

Für 4 Personen

1 Für den Zander zunächst die Senfkruste herstellen. Dafür die Senfkörner mit 1 Tasse Wasser in einen kleinen Topf geben und bei milder Hitze zugedeckt etwa 10 Minuten köcheln lassen.

2 Die Senfkörner in ein Sieb abgießen. Die Butter cremig rühren, beide Senfsorten, die Senfkörner und die Weißbrotbrösel in die Butter geben und mit Salz und 1 Prise Cayennepfeffer würzen. Die Senfbutter auf ein Stück Backpapier geben und zu einer Rolle mit etwa 3 cm Durchmesser formen. Die Rolle 30 Minuten im Kühlschrank fest werden lassen.

3 Den Backofengrill einschalten. Die Zanderfilets waschen, trocken tupfen und mit Salz und Pfeffer würzen. Das Öl in einer Pfanne erhitzen und die Zanderfilets darin auf beiden Seiten je etwa 1 Minute anbraten.

4 Die Filets auf ein leicht geöltes Backblech legen. Die Senfbutter in Scheiben schneiden und auf die Filets legen. Die Zanderfilets unter dem Grill auf der mittleren Schiene etwa 3 Minuten goldbraun überbacken. Die Zanderfilets auf vorgewärmten Tellern anrichten. Dazu passt Meerrettich-Grünkohl-Wirsing (siehe Seite 306).

Alfons Schuhbeck

»Die Senfkruste passt auch zu Waller sehr gut. Da Waller einen kräftigen Eigengeschmack hat, bestreiche ich die angebratenen Fischstücke zusätzlich mit etwas scharfem Senf, bevor ich die Senfbutter daraufgebe.«

GEBRATENER LACHS-ZANDER-STRUDEL MIT SPINATSALAT

Für die Lachsfarce:

200 g Lachsfilet (eisgekühlt; ohne Haut und Gräten)
Salz
1/2–1 TL scharfer Senf
Cayennepfeffer
frisch geriebene Muskatnuss
200 g Sahne (eisgekühlt)

Für den Strudel:

2 Strudelteigblätter (à ca. 20 x 20 cm)
2 Zanderfilets (à ca. 200 g; ohne Haut und Gräten)
2 EL Öl

Für den Spinatsalat:

300 g junger Spinat
1 Kohlrabi
1 Schalotte
1/2 Knoblauchzehe
1 EL Öl
100 ml Gemüsebrühe
1 EL Weißweinessig
Puderzucker
Salz
2 EL Olivenöl
1 TL Walnussöl
Pfeffer aus der Mühle
1 Avocado
1 EL kleine Kapern

Für 4 Personen

1 Für die Lachsfarce das Lachsfilet waschen, trocken tupfen, in Würfel schneiden und in eine Schüssel geben. Die Lachswürfel salzen und 5 Minuten in das Tiefkühlfach stellen. Die Lachsstücke mit dem Senf, 1 Prise Cayennepfeffer und etwas Muskatnuss in den Blitzhacker geben und pürieren, bis die Masse zu binden beginnt. Ein Drittel der Sahne hinzufügen und unterrühren. Die restliche Sahne in zwei weiteren Portionen unterrühren, dabei darauf achten, dass sich die Sahne mit dem Fischfilet vollständig verbunden hat, bevor die übrige Sahne hinzugefügt wird. Die Fischfarce soll glatt und glänzend sein.

2 Für den Strudel die Strudelteigblätter auf ein Küchentuch legen und jeweils in der Mitte in Größe der Zanderfilets ein Viertel Lachsfarce daraufstreichen. Die Zanderfilets waschen, trocken tupfen, mit Salz und Pfeffer würzen und auf die Farce legen. Die Zander mit der restlichen Lachsfarce bestreichen. Die Strudelteigblätter über den Zanderfilets zusammenklappen, die offenen Seiten fest zusammendrücken und den überstehenden Teig bis auf 1 cm abschneiden.

3 Das Öl in einer Pfanne erhitzen und die Lachs-Zander-Strudel darin mit der Naht nach unten bei milder Hitze auf beiden Seiten jeweils 4 bis 5 Minuten hell anbraten. Die Pfanne vom Herd nehmen und die Strudel darin noch etwas nachziehen lassen.

4 Für den Spinatsalat inzwischen die Spinatblätter verlesen, waschen und in einem Sieb abtropfen lassen. Die groben Spinatstiele entfernen. Den Kohlrabi schälen, dabei alle holzigen Teile entfernen, vierteln und mit einem Gemüsehobel in feine Scheiben hobeln. Die Schalotte schälen und in kleine Würfel schneiden.

5 Eine Salatschüssel mit dem Knoblauch ausreiben. Die Schalottenwürfel mit der Brühe, dem Essig, 1 Prise Puderzucker, Salz, dem Oliven- und Walnussöl in die Schüssel geben und gut miteinander verrühren. Die Vinaigrette mit Pfeffer würzen. Die Avocado schälen, halbieren, den Kern entfernen und das Fruchtfleisch in Scheiben schneiden. Die Avocadoscheiben, Spinatblätter und Kohlrabischeiben sowie die abgetropften Kapern zum Dressing geben und alles vorsichtig vermischen.

6 Den Salat auf große Teller verteilen. Die Strudel jeweils halbieren (am besten mit einem Elektromesser) und neben dem Salat anrichten.

KROSS GEBRATENER LACHS AUF KOHLRABIGEMÜSE MIT PETERSILIEN-PESTO

Für das Gewürzöl:

je 1 TL Koriander- und Pimentkörner und Fenchelsamen
1/2 TL Zimtrindensplitter
5 EL mildes Olivenöl · Salz

Für das Petersilien-Pesto:

2 Bund Petersilie
Salz
1 EL Mandelblättchen
1 EL Parmesan (frisch gerieben)
1 kleine Knoblauchzehe (gehackt)
3 EL mildes Olivenöl
3 EL braune Butter (siehe Seite 46)
Pfeffer aus der Mühle
einige Spritzer Zitronensaft

Für das Kohlrabigemüse:

700 g Kohlrabi
1 EL Öl
150 ml Gemüsebrühe
Salz · Pfeffer aus der Mühle

Für den Lachs:

2 EL Öl
4 Lachsfilets (à 120 g; mit Haut, ohne Gräten)
Salz · Pfeffer aus der Mühle

Für 4 Personen

1 Für das Gewürzöl Koriander, Piment, Fenchel und Zimt in einer Pfanne ohne Fett bei milder Hitze anrösten. Die Gewürze vollständig abkühlen lassen und in eine Gewürzmühle füllen. Das Öl in einem Topf erwärmen, mit der Mischung aus der Mühle und Salz würzen.

2 Für das Petersilien-Pesto die Petersilie waschen, die Blätter von den Stielen zupfen und in kochendem Salzwasser 3 Minuten blanchieren. Die Petersilienblätter in ein Sieb abgießen, kalt abschrecken und abtropfen lassen, dabei mit den Händen gut ausdrücken. Die Mandelblättchen in einer beschichteten Pfanne ohne Fett goldbraun rösten und abkühlen lassen. Die Petersilienblätter mit Parmesan, Knoblauch, Mandelblättchen, Olivenöl, brauner Butter, Salz, Pfeffer und Zitronensaft in den Küchenmixer geben und zu einer feinkörnigen Paste pürieren.

3 Für das Kohlrabigemüse den Kohlrabi schälen, dabei alle holzigen Teile entfernen, vierteln und in 1/2 cm dicke Scheiben oder in schmale Spalten schneiden. Das Öl in einem Topf erhitzen und die Kohlrabischeiben darin bei milder Hitze kurz andünsten. Die Brühe angießen und die Kohlrabischeiben zugedeckt knapp unter dem Siedepunkt 8 bis 10 Minuten weich garen.

4 Für den Lachs den Backofen auf 100 °C vorheizen und ein Backblech mit der Hälfte des Öls einfetten. Die Lachsfilets waschen und trockentupfen. Das restliche Öl in einer Pfanne erhitzen und die Lachsfilets darin bei mittlerer Hitze auf der Hautseite etwa 4 Minuten kross anbraten. Die Lachsfilets wenden, die Pfanne vom Herd nehmen und die andere Seite 1/2 Minute anbraten. Die Lachsfilets auf das Backblech legen und im Ofen 10 Minuten saftig durchziehen lassen.

5 Das Pesto unter das Kohlrabigemüse rühren und mit Salz und Pfeffer abschmecken. Die Lachsfilets aus dem Ofen nehmen und mit Salz und Pfeffer würzen. Das Kohlrabigemüse mit der Sauce auf vorgewärmten Tellern anrichten, die Lachsfilets darauflegen und mit dem Gewürzöl beträufeln.

Alfons Schuhbeck

»Anstelle von Lachsfilets können Sie auch Lachsforellenfilets verwenden.«

SEETEUFEL MIT KÜMMEL AUF KARTOFFELSAUCE

Für die Sauce:

60 g Kartoffelwürfel (0,5 cm)
1 EL Karottenwürfel
250 ml Gemüsebrühe
1/2 kleines Lorbeerblatt
1/2 kleine Chilischote
je 1 Scheibe Ingwer und Knoblauch
5 EL mildes Olivenöl
Salz · Cayennepfeffer
1 Msp. abgeriebene unbehandelte Zitronenschale

Für den Fisch:

500 g Seeteufelfilet (ohne Haut und Gräten)
1 EL Kümmelsamen · 1 EL Öl
Salz · Pfeffer aus der Mühle

Für 4 Personen

1 Für die Sauce die Kartoffel- und Karottenwürfel in der Brühe mit dem Lorbeerblatt und der Chili knapp unter dem Siedepunkt 15 bis 20 Minuten weich ziehen lassen. Nach 10 Minuten Garzeit Knoblauch und Ingwer hinzufügen. Die ganzen Gewürze wieder entfernen.

2 Die Kartoffeln und die Karotten mit der Brühe pürieren, dabei das Olivenöl hineinlaufen lassen. Die Kartoffelsauce mit Salz, 1 Prise Cayennepfeffer und der Zitronenschale abschmecken.

3 Die Seeteufelfilets waschen, trocken tupfen, in 2 cm dicke Medaillons schneiden und auf beiden Seiten mit Kümmel bestreuen. Das Öl in einer Pfanne erhitzen und die Filets bei mittlerer Hitze auf beiden Seiten je etwa 2 Minuten braten. Die Filets aus der Pfanne nehmen und mit Salz und Pfeffer würzen.

4 Die Kartoffelsauce auf vorgewärmten Tellern verteilen, den Seeteufel daraufsetzen und mit den kandierten Tomaten von Seite 162 servieren.

SEEZUNGE MIT ZITRONEN-KAPERN-BUTTER

4 Seezungen (à ca. 500 g; küchenfertig, mit Haut)
1 EL Öl
Öl für das Backblech
100 g braune Butter (siehe Seite 46)
1–2 EL kleine Kapern
1 EL Zitronensaft
1 Msp. abgeriebene unbehandelte Zitronenschale
Salz · Pfeffer aus der Mühle

Für 4 Personen

1 Das Schwanzende jeder Seezunge 5 bis 10 Sekunden in kochendes Wasser tauchen, bis sich die Haut von der Gräte löst. Die Haut mit einem Küchentuch von der Schwanzflosse bis zum Kopf auf jeder Seite mit Kraft abziehen. Den äußeren Flossenkranz und die Köpfe mit einer Küchenschere entlang der Filets abschneiden und entfernen. Die Seezungen unter kaltem Wasser innen und außen waschen und trocken tupfen.

2 Den Backofen auf 100 °C vorheizen. Das Öl in einer großen Pfanne erhitzen und die Seezungen darin nacheinander bei mittlerer Hitze auf beiden Seiten jeweils 1 bis 2 Minuten anbraten. Die Seezungen auf ein geöltes Backblech legen und im Ofen auf der mittleren Schiene 7 Minuten ziehen lassen.

3 Die braune Butter erwärmen, Kapern, Zitronensaft und Zitronenschale hinzufügen. Die Seezungen mit Salz und Pfeffer würzen und auf vorgewärmte Teller legen. Die Fische mit der Kapernbutter beträufeln.

Fischpflanzerl mit süss-saurem Kartoffel-Lauch-Gemüse

Für das Gemüse:

1 Stange Lauch (nur der weiße Teil, ca. 100 g)
1 Karotte
800 g kleine festkochende Kartoffeln (z. B. Nicola oder Sieglinde)
1 TL Puderzucker
125 ml trockener Weißwein
2–3 EL Weißweinessig
400 ml Gemüsebrühe
1/2 Knoblauchzehe
5 Pimentkörner
1 getrocknete Chilischote
1 Lorbeerblatt
1 Scheibe Ingwer · 80 g Sahne
Salz · Pfeffer aus der Mühle
2 EL Butter
4 kleine Essiggurken (Cornichons)
1 EL Petersilienblätter (frisch geschnitten)
frisch geriebene Muskatnuss

Für die Fischpflanzerl:

50 g Weißbrot · 50 ml Milch
1/2 Bund Frühlingszwiebeln
je 250 g Lachs- und Zanderfilet
1 Eigelb
Salz · Pfeffer aus der Mühle
1/2 TL Currypulver
1/2 TL Ingwer (fein gehackt)
1/2 Knoblauchzehe (fein gehackt)
1/2 TL abgeriebene unbehandelte Zitronenschale
1 Spritzer Zitronensaft

Außerdem:

Weißbrotbrösel
4 EL Öl

Für 4 Personen

1 Für das Gemüse den Lauch putzen, längs halbieren, waschen und in 1 bis 2 cm breite Streifen schneiden. Die Karotte schälen und schräg in 1/2 cm dicke Scheiben schneiden. Kartoffeln schälen und längs vierteln.

2 Den Puderzucker in einem Topf bei mittlerer Hitze hell karamellisieren lassen, mit dem Weißwein und dem Essig ablöschen und auf ein Drittel einkochen lassen. Die Kartoffelviertel und die Karottenscheiben dazugeben. Die Brühe dazugießen und das Gemüse zugedeckt 15 Minuten bei milder Hitze köcheln lassen.

3 Die Knoblauchzehe schälen und mit Piment, Chilischote, Lorbeerblatt und Ingwer in ein Gewürzsäckchen füllen. Die Lauchstreifen und das Gewürzsäckchen in den Topf geben und das Gemüse noch 5 Minuten weich köcheln lassen.

4 Das Gewürzsäckchen wieder entfernen. Die Sahne zum Gemüse geben und mit Salz, Pfeffer und gegebenenfalls noch einigen Spritzern Weißweinessig abschmecken. Die Butter unter das Gemüse rühren. Die Essiggurken halbieren und zusammen mit der Petersilie unter das Kartoffelgemüse mischen. Zum Schluss 1 Prise Muskatnuss daraufgeben.

5 Für die Fischpflanzerl das Weißbrot in kleine Würfel schneiden und in eine Schüssel geben. Die Milch darübergießen und die Brotwürfel zugedeckt einweichen. Die Frühlingszwiebeln putzen, waschen und in feine Ringe schneiden.

6 Lachs- und Zanderfilet waschen und trocken tupfen. Die Filetstücke in möglichst kleine Würfel schneiden und in eine Schüssel geben. Das Eigelb, die eingeweichten Weißbrotwürfel und die Frühlingszwiebelringe dazugeben und mit den Händen locker vermischen. Salz, Pfeffer, Currypulver, Ingwer, Knoblauch, Zitronenschale und Zitronensaft zur Fischmasse geben und untermischen.

7 Die Fischpflanzerlmasse mit nassen Händen zu kleinen Frikadellen formen und diese in Weißbrotbröseln wenden. Das Öl in einer Pfanne erhitzen und die Fischpflanzerl darin bei milder Hitze auf beiden Seiten je etwa 5 bis 6 Minuten goldbraun braten. Die Fischpflanzerl herausnehmen und auf Küchenpapier abtropfen lassen.

8 Die Fischpflanzerl mit dem Kartoffel-Lauch-Gemüse auf vorgewärmten Tellern anrichten. Dazu passt auch Kartoffelsalat (siehe Seite 46), der nach Belieben mit Frühlingszwiebelringen ergänzt wird.

Seezunge auf Artischockensalat

Für den Salat:

6 Artischocken
Saft von 1 Zitrone · 2 EL Öl
200 g Austernpilze
120 g weiße Riesenbohnen (aus der Dose)
200 g Cocktailtomaten
3 EL weißer Aceto balsamico
3 EL mildes Olivenöl
Salz · Pfeffer aus der Mühle · Zucker
1–2 EL Petersilienblätter (frisch geschnitten)

Für die Seezunge:

500 g Seezungenfilets (ohne Haut)
1–2 EL Öl
1 Knoblauchzehe · 1 Thymianzweig
Salz · Pfeffer aus der Mühle
Basilikumstiele zum Anrichten

Für 4 Personen

1 Für den Salat die Artischocken putzen, den Stiel und alle holzigen Teile abschneiden und mit einem Kugelausstecher oder einem Teelöffel das »Heu« entfernen. Die Artischockenböden sofort mit Zitronensaft einreiben, damit sie sich nicht verfärben. Die Artischockenböden in schmale Streifen schneiden. Das Öl in einer Pfanne erhitzen und die Artischockenstreifen bei milder Hitze darin anbraten.

2 Die Austernpilze mit Küchenpapier abreiben, in mundgerechte Stücke schneiden und ebenfalls bei milder Hitze in der Pfanne anbraten. Die Bohnen in einem Sieb abtropfen lassen. Die Cocktailtomaten waschen und halbieren. Tomaten, Bohnen, Artischocken und Austernpilze in einer Schüssel vermischen. Essig und Olivenöl dazugeben und mit Salz, Pfeffer und 1 Prise Zucker würzen. Die Petersilie unterrühren.

3 Für die Seezunge die Seezungenfilets waschen und trocken tupfen. Fischfilets in 4 bis 5 cm lange Stücke schneiden und in einer Pfanne im Öl etwa 3 Minuten auf beiden Seiten braten. Knoblauch und Thymian hinzufügen und die Fischstücke salzen und pfeffern. Die Seezungenfilets auf dem Salat anrichten und mit Basilikum garnieren.

Heilbutt in Knoblauch-Vanille-Butter

1 Rezept Rahmspinat (siehe Seite 308)

Für den Heilbutt:

4 Heilbuttfilets (à 130–150 g; ohne Haut und Gräten) · 3 EL Öl
Salz · Pfeffer aus der Mühle

Für die Butter:

1 Knoblauchzehe
50 g Butter
2 Scheiben Ingwer
1 ausgekratzte Vanilleschote
1 Streifen unbehandelte Zitronenschale
Salz · Pfeffer aus der Mühle

Für 4 Personen

1 Den Rahmspinat zubereiten. Für den Heilbutt die Fischfilets waschen und trocken tupfen. Das Öl in einer Pfanne erhitzen und die Filets darin bei mittlerer Hitze auf jeder Seite etwa 2 Minuten goldbraun braten. Vorsichtig wenden, die Pfanne vom Herd nehmen und den Fisch in der Resthitze 3 Minuten saftig durchziehen lassen. Mit Salz und Pfeffer würzen.

2 Für die Butter den Knoblauch schälen und in Scheiben schneiden. Die Butter in einer Pfanne bei milder Hitze zerlassen. Knoblauch, Ingwer, Vanilleschote und Zitronenschale hinzufügen und 3 bis 4 Minuten ziehen lassen. Die Knoblauch-Vanille-Butter leicht mit Salz und Pfeffer würzen.

3 Den Rahmspinat auf vorgewärmte tiefe Teller verteilen und je 1 Fischfilet daraufsetzen, die Knoblauch-Vanille-Butter darüberträufeln.

Dorade auf mariniertem Paprikagemüse

Für das Paprikagemüse:

1 große weiße Zwiebel
500 g rote und gelbe Paprikaschoten
6 EL Olivenöl
2 junge Knoblauchzehen
125 ml Gemüsebrühe
1 Scheibe Ingwer
1 TL scharfer Senf
Saft von 1/2 Zitrone
Salz · Cayennepfeffer · Zucker
1 EL Petersilienblätter (frisch geschnitten)
1–2 TL kleine Kapern
getrocknetes Bohnenkraut

Für die Doraden:

4 Doraden royale (à ca. 250 g; küchenfertig)
Salz · Pfeffer aus der Mühle
2 Knoblauchzehen (geschält und halbiert)
4 Streifen unbehandelte Zitronenschale
4 Thymianzweige
2 EL Öl

Für 4 Personen

1 Für das Paprikagemüse inzwischen die Zwiebel schälen und in 2 cm große Würfel schneiden. Die Paprikaschoten längs halbieren, entkernen, waschen und in Rauten schneiden. In einem Topf 1 bis 2 EL Olivenöl erhitzen, die Zwiebelwürfel und die Paprikastücke dazugeben und 2 Minuten andünsten. Den Knoblauch schälen und in Scheiben schneiden. Die Gemüsebrühe, den Knoblauch und den Ingwer in den Topf geben und das Gemüse 10 Minuten am Siedepunkt ziehen lassen.

2 Das Gemüse in ein Sieb abgießen, den Sud dabei in einer Schüssel auffangen. Den Senf, den Zitronensaft, Salz sowie je 1 Prise Cayennepfeffer und Zucker mit dem Stabmixer unter den Sud rühren, dabei das Olivenöl langsam dazugießen. Das Gemüse dazugeben und mit der Marinade mischen. Die Petersilie, Kapern und 1 Prise Bohnenkraut hinzufügen, vorsichtig untermischen.

3 Für die Doraden den Backofen auf 100 °C vorheizen und ein Backblech auf die mittlere Schiene schieben. Die Doraden innen und außen waschen und trocken tupfen, die Haut auf beiden Seiten zwei- bis dreimal einritzen. Die Doraden innen und außen mit Salz und Pfeffer würzen. Die Bauchhöhlen mit je 1/2 Knoblauchzehe, 1 Streifen Zitronenschale und 1 Thymianzweig füllen.

4 Das Öl in einer Pfanne erhitzen und die Doraden bei mittlerer Hitze auf beiden Seiten jeweils etwa 2 Minuten anbraten. Die Fische auf dem Blech im Ofen etwa 20 Minuten glasig durchgaren lassen.

5 Die Doraden auf vorgewärmte Teller legen und jeweils etwas Paprikagemüse daneben anrichten.

Alfons Schuhbeck

»Um zu überprüfen, ob der Fisch bereits fertig ist, zieht man die Rückenflosse aus dem Fleisch. Lässt sie sich leicht entfernen, ist der Fisch gar. Durch die schonende Hitze im Ofen bleibt er besonders saftig.«

GEDÄMPFTER KABELJAU MIT SAFRANKARTOFFEL-MANGOLD-GEMÜSE

Für das Gemüse:

400 g Mangold
Salz
100 g Cocktailtomaten
400 g kleine Kartoffeln
400 ml Gemüsebrühe
1 Döschen Safranfäden (0,1 g)
70 g Sahne
1 Msp. gehackter Knoblauch
3 EL mildes Olivenöl
Cayennepfeffer
Pfeffer aus der Mühle
1 EL Butter

Für den Kabeljau:

4 Kabeljaufilets (à 100 g; ohne Haut und Gräten)
1 Knoblauchzehe
2 Streifen unbehandelte Zitronenschale
2 Scheiben Ingwer
1 Thymianzweig
Butter für den Dämpfeinsatz
Salz · Pfeffer aus der Mühle

Für 4 Personen

1 Für das Gemüse den Mangold waschen und die Stiele herausschneiden. Von den Mangoldstielen mithilfe eines Messers die feine Haut abziehen und die Stiele schräg in 2 cm breite Rauten schneiden. Die Mangoldblätter quer in 1 1/2 cm breite Streifen schneiden. Die Mangoldstiele und -blätter nacheinander in kochendem Salzwasser 3 bis 4 Minuten bissfest blanchieren. Jeweils in ein Sieb abgießen, kalt abschrecken und gut abtropfen lassen, dabei aus den Mangoldblättern das Wasser mit den Händen ausdrücken. Die Cocktailtomaten waschen und quer halbieren.

2 Die Kartoffeln waschen, schälen und in 1/2 cm dicke Scheiben schneiden. Die Brühe mit den Safranfäden in einem Topf erhitzen und die Kartoffelscheiben darin bei milder Hitze etwa 20 Minuten weich ziehen lassen. Die Kartoffeln in ein Sieb abgießen, dabei den Garsud auffangen. 200 ml Garsud mit 50 g Kartoffelscheiben, der Sahne und dem Knoblauch in einen kleine Topf geben und erhitzen. Alles mit dem Stabmixer zu einer sämigen Sauce pürieren. Das Olivenöl dazugeben und ebenfalls mit dem Stabmixer unterschlagen. Die Sauce mit Salz und Cayennepfeffer abschmecken.

3 Für den Kabeljau die Filets waschen und trocken tupfen. Den Knoblauch schälen und halbieren. In einem Dämpftopf etwas Wasser mit dem Knoblauch, der Zitronenschale, dem Ingwer und dem Thymian zum Kochen bringen. Den Dämpfeinsatz mit Butter einfetten und in den Topf setzen. Die Kabeljaustücke in den Dämpfeinsatz geben und zugedeckt bei milder Hitze 5 Minuten garen. Den Topf vom Herd nehmen und den Fisch zugedeckt weitere 2 Minuten saftig durchziehen lassen.

4 Die Mangoldstiele, die Mangoldblätter und die übrigen Kartoffeln mit 5 EL vom restlichen Safransud in einen Topf geben und erhitzen. Die Cocktailtomaten dazugeben und untermischen. Das Gemüse mit Salz und Pfeffer würzen und die Butter unterrühren.

5 Den Kabeljau aus dem Topf nehmen und mit Salz und Pfeffer würzen. Das Gemüse auf vorgewärmte Teller verteilen und den Fisch darauf anrichten. Die Kartoffel-Safran-Sauce als Rand darumträufeln.

Alfons Schuhbeck

»Sehr aromatisch wird die Sauce, wenn Sie sie mit etwas Weißwein-Reduktion (siehe Seite 180, Weiße Fischsauce) abschmecken.«

Kabeljau in der Brotkruste mit Bohnensauce

Für die Sauce:

200 g getrocknete, kleine weiße Bohnen (ersatzweise 400 g Bohnen aus der Dose)
1 Knoblauchzehe · 1 Lorbeerblatt
1 kleine getrocknete Chilischote
80 ml Geflügelbrühe
6 EL mildes Olivenöl
getrocknetes Bohnenkraut
Salz · Cayennepfeffer

Für den Kabeljau:

4 Kabeljaufilets (à ca. 150 g; ohne Haut und Gräten)
Salz · Pfeffer aus der Mühle
8 Scheiben hauchdünn geschnittenes dunkles Brot (in Fischfiletgröße)
4 EL Olivenöl

Für die marinierten Kräuter:

1 TL Zitronensaft
1 Msp. abgeriebene unbehandelte Zitronenschale
1 EL Olivenöl
Salz · Pfeffer aus der Mühle
20 g Kräuterblätter (z. B. Petersilie, Sellerieblätter, Kerbel)

Für 4 Personen

1 Am Vortag für die Sauce die Bohnen über Nacht in kaltem Wasser einweichen. Am nächsten Tag die Bohnen abgießen und mit frischem Wasser bedeckt in einem Topf offen bei milder Hitze etwa 3 Stunden mehr ziehen als kochen lassen. 10 Minuten vor Ende der Garzeit den Knoblauch schälen, halbieren und mit Lorbeerblatt und Chilischote hinzufügen und ziehen lassen.

2 Die Bohnen in ein Sieb abgießen, dabei die Gewürze entfernen. Die Bohnen mit der Brühe in den Küchenmixer geben und fein pürieren, dabei das Olivenöl einlaufen lassen. Die Sauce wieder in den Topf geben, 1 Prise Bohnenkraut unterrühren und erhitzen. Die Sauce mit Salz und 1 Prise Cayennepfeffer abschmecken.

3 Für den Kabeljau die Fischfilets waschen, trocken tupfen und auf beiden Seiten mit Salz und Pfeffer würzen. Je 1 Fischfilet zwischen 2 Brotscheiben legen. Das Olivenöl in einer Pfanne erhitzen und die Kabeljau-Sandwiches darin bei sehr milder Hitze langsam von beiden Seiten je etwa 3 Minuten knusprig anbraten. Den Fisch in der Brotkruste herausnehmen und auf Küchenpapier abtropfen lassen.

4 Für die marinierten Kräuter den Zitronensaft mit Zitronenschale und Olivenöl verrühren und mit Salz und Pfeffer würzen. Die Kräuterblätter unterrühren und nach Belieben angedünstete Zwiebelwürfel dazugeben.

5 Die Bohnensauce auf vorgewärmten Tellern verteilen, den gebratenen Kabeljau in der Brotkruste darauf anrichten und die marinierten Kräuter darüber verteilen.

Alfons Schubbeck

»Das Brot lässt sich besser schneiden, wenn Sie es am Vortag in Frischhaltefolie wickeln. Ich lasse es gerne zusätzlich im Tiefkühlfach ein wenig anfrieren, dann werden die Scheiben wirklich hauchdünn.
Je nach Dicke der Fischfilets und Brattemperatur kann es sein, dass die Filets zu schnell bräunen und dabei nicht ganz gar werden. Dann legt man sie noch für einige Minuten bei 100 °C in den Backofen.«

Garnelen auf Peperonispinat

Für die Garnelen:

20 Riesengarnelen (à ca. 50 g)
1–2 TL mildes Olivenöl
2 EL Butter
4–5 Knoblauchzehen
je 1 kleines Stück Zimtrinde und Vanilleschote
2 Scheiben Ingwer
1/2 EL mildes Currypulver
Salz · Pfeffer aus der Mühle

Für den Peperonispinat:

je 2 grüne und rote türkische Peperoni
2 Schalotten
400 g junger Blattspinat
40 g Kräuterblätter (z. B. Basilikum und Petersilie)
1/2–1 EL Olivenöl
Salz · Pfeffer aus der Mühle
je 1/2 TL abgeriebene unbehandelte Limetten- und Orangenschale

Für 4 Personen

1 Für den Peperonispinat die Peperoni längs halbieren, entkernen und waschen. Die Schoten in 1 cm breite Stücke schneiden. Die Schalotten schälen und in dünne Scheiben schneiden. Den Spinat verlesen, waschen, gut abtropfen lassen und grobe Stiele entfernen. Die Kräuterblätter waschen und trocken schütteln.

2 Für die Garnelen die Riesengarnelen schälen, den Darm entfernen und die Garnelen längs halbieren. Das Olivenöl in einer Pfanne erhitzen und die Garnelen mit der Hautseite nach unten bei milder Hitze 1 bis 2 Minuten anbraten. Die Garnelen wenden, die Pfanne vom Herd nehmen und die anderen Seiten noch 1 Minute anbraten. Die Garnelen herausheben und auf einem vorgewärmten Teller beiseite stellen.

3 Das Fett mit Küchenpapier aus der Pfanne tupfen. Die Butter in die Pfanne geben und bei milder Hitze zerlassen. Den Knoblauch schälen und in Scheiben schneiden. Knoblauch, Zimtrinde, Vanilleschote, Ingwer und Currypulver unterrühren. Die Garnelen in die Butter geben, unter Wenden sanft erwärmen und mit Salz und Pfeffer würzen.

4 Das Olivenöl in einer Pfanne erhitzen, die Peperoni und die Schalotten darin bei milder Hitze glasig andünsten. Den Spinat und die Kräuterblätter dazugeben, kurz mitdünsten und mit Salz, Pfeffer, Limetten- und Orangenschale würzen.

5 Den Peperonispinat auf vorgewärmte Teller verteilen, die gebratenen Garnelen darauf anrichten und mit der Gewürzbutter beträufeln.

Alfons Schuhbeck

»Aus den Garnelenschalen koche ich gerne einen aromatischen Fond, den ich z. B. zum Aufgießen von Risotto verwende. Sie können die gewaschenen Schalen auch einfrieren und erst irgendwann später einen Fond daraus zubereiten.«

Krebse im eigenen Sud

Für die Krebse:

20 Flusskrebse (lebend)
1/2 TL Kümmelsamen
Salz

Für den Krebssud:

1 Stange Staudensellerie
1–2 Zwiebeln
1/2 Petersilienwurzel
1/2 Karotte · 1/2 Fenchelknolle
2 Tomaten
1–2 TL Puderzucker
1 EL Tomatenmark
4 cl Cognac
6 cl Wermut (z. B. Noilly Prat)
100 ml Weißwein
1 l Gemüsebrühe
1 Lorbeerblatt
1/2 TL schwarze Pfefferkörner
10 g getrocknete Champignons
1 Knoblauchzehe
1 Scheibe Ingwer
1 Streifen unbehandelte Zitronenschale
1 Prise Safranfäden
Salz · Cayennepfeffer

Außerdem:

1/2 Salatgurke · Salz
1 EL Petersilienblätter (frisch geschnitten)
1/2 EL Estragonblätter (frisch geschnitten)

Für 4 Personen

1 Für die Krebse die Flusskrebse mit Kümmel 1 bis 2 Minuten in kochendes Salzwasser geben, dann in ein Sieb abgießen, kalt abschrecken und abtropfen lassen. Die Krebsscheren vom Körper abdrehen, mit einer Zange oder Küchenschere aufknacken und das Fleisch herauslösen. Die Krebsschwänze ebenfalls vom Körper abdrehen und schälen. Die ausgelösten Krebsschwänze oben leicht einschneiden und den dunklen Darm entfernen. Das Krebsfleisch zugedeckt in den Kühlschrank stellen.

2 Für den Krebssud den Backofen auf 130 °C vorheizen. Die Krebskarkassen gründlich waschen und abtropfen lassen. Auf ein Backblech geben und im Ofen auf der mittleren Schiene etwa 40 Minuten trocknen lassen. Die Karkassen herausnehmen und grob zerkleinern.

3 Inzwischen den Sellerie, die Zwiebeln, die Petersilienwurzel und die Karotte schälen und in 1 cm große Stücke schneiden. Die Fenchelknolle waschen, putzen und ebenfalls klein schneiden. Die Tomaten waschen und in Stücke schneiden, dabei die Stielansätze entfernen.

4 Den Puderzucker in einem Topf bei mittlerer Hitze hell karamellisieren. Das Tomatenmark unterrühren und leicht anbräunen. Mit Cognac, Wermut sowie Weißwein ablöschen und sämig einköcheln lassen. Das Gemüse und die Krebskarkassen dazugeben und die Brühe angießen. Das Lorbeerblatt, die Pfefferkörner und die getrockneten Champignons hinzufügen und alles zugedeckt knapp unter dem Siedepunkt 30 bis 40 Minuten ziehen lassen.

5 Den Knoblauch schälen und halbieren. Knoblauch, Ingwer und Zitronenschale in den Sud geben und einige Minuten darin ziehen lassen. Den Sud durch ein Sieb in einen Topf abgießen und mit Safran, Salz und 1 Prise Cayennepfeffer abschmecken.

6 Für die Einlage die Salatgurke schälen und mit einem Perlenausstecher oder einem kleinen Kugelausstecher kleine Kugeln aus dem Fruchtfleisch stechen. Die Gurkenkugeln in kochendem Salzwasser 2 Minuten bissfest blanchieren. In ein Sieb abgießen, kalt abschrecken und abtropfen lassen.

7 Das Krebsfleisch mit den Gurkenperlen im Krebssud erhitzen, jedoch nicht kochen lassen. Die Krebse mit dem Sud in vorgewärmte Suppentassen verteilen und mit Petersilie und Estragon bestreuen.

Alfons Schuhbeck

»Ein besonders feines Aroma bekommt der Krebssud mit einigen Tropfen Nuss- oder Arganöl. Krebssud wird zur Rahmsuppe, wenn Sie 80 g Sahne und ein Stück kalte Butter mit dem Stabmixer unterrühren.«

KREBSFOND

Schalen von 20 Flusskrebsen
Salz
1 Zwiebel
1/2 Karotte
1 Stange Staudensellerie
1/4 Fenchelknolle
1 vollreife Tomate
1 TL Puderzucker
6 EL Cognac
4 EL Wermut (z. B. Noilly Prat)
1 EL Tomatenmark
ca. 1,2 l Gemüsebrühe
1 EL getrocknete Champignons
1 Knoblauchzehe
(geschält und halbiert)
1 TL Fenchelsamen
2 Scheiben Ingwer

Für 0,8 – 1 l

1 Die Flusskrebsschalen in lauwarmem Salzwasser waschen, in ein Sieb abgießen, abtropfen lassen und auf einem Backblech verteilen. Den Backofen auf 130 °C stellen und die Krebsschalen auf der mittleren Schiene etwa 20 bis 30 Minuten trocknen. Anschließend in einen Gefrierbeutel füllen und mit dem Fleischklopfer grob zerkleinern.

2 Die Zwiebeln und die Karotte schälen, den Sellerie und den Fenchel putzen und waschen, die Tomate waschen und den Stielansatz entfernen. Alle Gemüse in 1 cm große Stücke schneiden.

3 Den Puderzucker in einem Topf bei milder Hitze hell karamellisieren, mit Cognac und Wermut ablöschen. Das Tomatenmark unterrühren und die Flüssigkeit sämig einköcheln lassen. Die Flusskrebsschalen und das Gemüse hinzufügen und mit so viel Gemüsebrühe aufgießen, dass die Karkassen vollständig mit Flüssigkeit bedeckt sind. Die getrockneten Champignons dazugeben.

4 Die Brühe zugedeckt bei milder Hitze knapp unter dem Siedepunkt etwa 45 Minuten ziehen lassen. Den Knoblauch schälen, halbieren und mit den Fenchelsamen und dem Ingwer zur Brühe geben. Den Fond weitere 15 Minuten ziehen lassen, dann vorsichtig durch ein feines Sieb gießen. Gemüse und Karkassen beim Abgießen nicht drücken, damit der Fond klar bleibt.

Alfons Schuhbeck

»Diesen Fond können Sie als klare Suppe servieren oder Sie lassen ihn etwas einkochen, rühren mit dem Stabmixer 100 g Sahne und ein Stückchen kalte Butter unter und haben dann eine Rahmsuppe.
Auch zum Aufwärmen von knapp bissfest gegarten Nudeln (siehe Seite 115, Nudeln vorkochen) können Sie Krebsfond verwenden. Geben Sie dabei noch 1 Knoblauchscheibe und etwas Butter hinzu.
Garnelen-, Hummer- und Langustenfond bereite ich auf die gleiche Weise mit den jeweiligen Karkassen zu.«

Fischfond

400 g Fischkarkassen (z. B. von Seezunge, Loup de mer, Zander, Seeteufel)
2 Zwiebeln
1 kleine Karotte
1 Tomate
1/4 kleine Fenchelknolle
1 Stange Staudensellerie
1–2 EL Olivenöl
125 ml Weißwein
4 cl Noilly Prat (franz. Wermut)
ca. 750 ml Gemüsebrühe
1 Lorbeerblatt
1/2 TL Pimentkörner
1/2 TL schwarze Pfefferkörner
1 EL getrocknete Champignons

Für 0,6 l

1 Die Fischkarkassen grob zerkleinern und in kaltem Wasser mindestens 2 Stunden wässern, dabei das Wasser zwischendurch mehrmals erneuern, bis es klar bleibt. Die Karkassen in ein Sieb abgießen und abtropfen lassen. Die Zwiebeln und die Karotte schälen und in 1 cm große Würfel schneiden. Die Tomate waschen und in 1 cm große Würfel schneiden, dabei den Stielansatz entfernen. Den Fenchel und den Sellerie putzen, waschen und in 1 cm große Würfel schneiden.

2 Das Olivenöl in einem breiten Topf erhitzen und die Fischkarkassen darin bei mittlerer Hitze einige Minuten andünsten, ohne dass sie Farbe annehmen. Das Gemüse hinzufügen und kurz mitdünsten. Den Weißwein und Wermut dazugeben und auf ein Drittel einköcheln lassen.

3 So viel Brühe angießen, dass die Karkassen und das Gemüse gut bedeckt sind. Lorbeerblatt, Piment- und Pfefferkörner sowie Champignons dazugeben und alles bei milder Hitze knapp unter dem Siedepunkt 20 Minuten ziehen lassen. Den Fond vom Herd nehmen, abkühlen lassen und vorsichtig durch ein feines Sieb gießen.

Weisse Fischsauce

Für die Weißwein-Reduktion:
1 TL Puderzucker
250 ml Weißwein

Für die Sauce:
150 ml Fischfond (ersatzweise Gemüsebrühe)
150 g Sahne
1/2 TL Speisestärke
1/2 Knoblauchzehe
1 Scheibe Ingwer
1 Streifen unbehandelte Zitronenschale
30 g kalte Butter
Salz · Cayennepfeffer

Für 0,2 l

1 Den Puderzucker in einen breiten Topf sieben und bei mittlerer Hitze hell karamellisieren lassen. Den Puderzucker mit Weißwein ablöschen und auf ein Drittel einköcheln lassen.

2 Den Fischfond mit der Sahne in einen Topf geben, bei mittlerer Hitze zum Köcheln bringen und um ein Drittel einköcheln lassen. Die Speisestärke mit wenig kaltem Wasser glatt rühren, unter die Sauce mischen und bei milder Hitze 2 Minuten köcheln lassen. Knoblauch, Ingwer und Zitronenschale dazugeben, bei milder Hitze einige Minuten darin ziehen lassen und wieder entfernen.

3 Die Butter mit dem Stabmixer unter die Fischsauce rühren und mit 2 bis 3 EL Weinreduktion, Salz und 1 Prise Cayennepfeffer abschmecken.

Kartoffelsauce

250 ml Gemüsebrühe
1/2 kleines Lorbeerblatt
1/2 kleine Chilischote
40 g Kartoffelwürfel
1 EL Karottenwürfel
je 1 Scheibe Ingwer und Knoblauch
40 g Sahne
3 EL kalte Butter
Salz · Cayennepfeffer
frisch geriebene Muskatnuss

Für 4 Personen

1 Die Brühe mit dem Lorbeerblatt und der Chilischote in einen Topf geben und erhitzen. Die Kartoffel- und Karottenwürfel in die Brühe geben und zugedeckt bei milder Hitze knapp unter dem Siedepunkt 15 bis 20 Minuten ziehen lassen. Knoblauch und Ingwer hinzufügen und noch etwa 5 Minuten ziehen lassen, bis das Gemüse weich ist.

2 Die ganzen Gewürze wieder entfernen. Die Sahne und die Butter in den Topf geben und alles mit dem Stabmixer fein pürieren. Die Kartoffelsauce mit Salz, 1 Prise Cayennepfeffer und Muskatnuss abschmecken.

Für Kartoffel-Kümmel-Sauce die fertige Kartoffelsauce mit gemahlenem Kümmel würzen.

Für Kartoffel-Thymian-Sauce in die fertige Kartoffelsauce 1 Thymianzweig, 1 Streifen unbehandelte Zitronenschale und 1 geschälte, halbierte Knoblauchzehe geben. Die Aromen einige Minuten ziehen lassen und wieder entfernen.

Für Kartoffel-Bärlauch-Sauce in die fertige Kartoffelsauce in feine Streifen geschnittenen Bärlauch rühren.

Für Kartoffel-Kräuter-Sauce anstelle von Bärlauch können auch andere Kräuter, etwa Brunnenkresse, verwendet werden. Oder Sie rühren anstelle von Kräutern etwas Pesto unter die Kartoffelsauce.

Für Kartoffel-Meerrettich-Sauce die fertige Kartoffelsauce mit etwas Sahnemeerrettich abrunden und mit Zitronensaft sowie 1 kleinen Prise Zucker abschmecken.

Für Kartoffel-Safran-Sauce einige Safranfäden in 1 bis 2 EL warmer Brühe einige Minuten ziehen lassen und mit einigen Knoblauchscheiben unter die fertige Kartoffelsauce mixen. Nach Belieben kann noch ein kleiner Thymianzweig hinzugefügt werden, den Sie nach einigen Minuten wieder entfernen.

Selleriesauce

100 g Knollensellerie
375 ml Gemüsebrühe
60 g Sahne
20 g kalte Butter
Salz · Pfeffer aus der Mühle
Cayennepfeffer

Für 4 Personen

1 Den Knollensellerie schälen und in kleine Würfel schneiden. Die Brühe in einen Topf geben und aufkochen lassen. Den Sellerie hinzufügen und zugedeckt bei milder Hitze etwa 30 Minuten weich köcheln lassen.

2 Die Sahne zum Sellerie in den Topf geben und alles mit dem Stabmixer fein pürieren. Die Butter mit dem Stabmixer unterrühren und die Sauce mit Salz, Pfeffer und 1 Prise Cayennepfeffer würzen.

Alfons Schuhbeck

»Die Selleriesauce erhält ein feines Räucheraroma, wenn Sie die Haut von 1 bis 2 Räucherforellen für ein paar Minuten in die fertige Sauce einlegen.«

Paprikasauce

2 kleine rote Paprikaschoten
2–3 EL Öl
120 g Cocktailtomaten
1 kleine Zwiebel
300 ml Gemüsebrühe
20 g kalte Butter
Salz · Cayennepfeffer

Für 4 Personen

1 Den Backofengrill einschalten. Die Paprikaschoten längs vierteln, entkernen und waschen. Die Viertel mit der Schnittfläche nach unten auf ein Backblech legen und die Hautseite mit 1 bis 2 EL Öl bepinseln. Die Paprika im Ofen auf der mittleren Schiene etwa 5 Minuten garen, bis die Haut dunkle Blasen wirft. Die Paprika aus dem Ofen nehmen, kurz abkühlen lassen und die Haut abziehen. Das Fruchtfleisch klein schneiden.

2 Die Cocktailtomaten waschen und vierteln, dabei die Stielansätze entfernen. Die Zwiebel schälen und in kleine Würfel schneiden. Das restliche Öl in einem Topf erhitzen und die Zwiebel darin bei mittlerer Hitze glasig andünsten. Die Paprikastücke und die Tomaten hinzufügen, die Brühe angießen und das Gemüse zugedeckt bei milder Hitze knapp unter dem Siedepunkt 10 bis 15 Minuten ziehen lassen.

3 Die Brühe mit Gemüse in einen hohen Rührbecher füllen und mit dem Stabmixer fein pürieren. Das Püree durch ein nicht zu feines Sieb passieren und wieder in den Topf geben. Die Butter mit dem Stabmixer unterrühren. Die Sauce mit Salz und 1 Prise Cayennepfeffer oder nach Belieben mit Gulaschgewürz abschmecken.

Weisse Pfeffersauce

1 EL schwarze Pfefferkörner
2 EL Öl
1 TL Puderzucker
2 cl Cognac
250 ml Geflügelbrühe
100 g Sahne
1 Scheibe Knoblauch
30 g kalte Butter
Salz · Cayennepfeffer
frisch geriebene Muskatnuss

Für 4 Personen

1 Die Pfefferkörner grob schroten und den feinen Staub absieben. Das Öl in einer kleinen Pfanne nicht zu stark erhitzen und das Schrot darin kurz anrösten. Das Schrot in ein Sieb geben und abtropfen lassen.

2 Den Puderzucker in einem kleinen Topf bei mittlerer Hitze hell karamellisieren lassen und mit Cognac ablöschen. Die Brühe, die Sahne und das geröstete Pfefferschrot hinzufügen und bei milder Hitze etwa 15 Minuten einköcheln lassen.

3 Die Knoblauchscheibe in die Sauce geben und einige Minuten darin ziehen lassen. Die Sauce durch ein Sieb gießen und die Butter mit dem Stabmixer unterrühren. Die Pfeffersauce mit Salz, 1 Prise Cayennepfeffer und etwas Muskatnuss würzen. Die Sauce passt zu Fisch und Geflügel.

Für scharfes Kraut die Pfeffersauce unter gekochtes Sauerkraut rühren.

Champagnersauce

2 TL Puderzucker
125 ml Champagner oder anderer Schaumwein
125 ml Gemüsebrühe
$^1/_2$ kleines Lorbeerblatt
5 schwarze Pfefferkörner
100 g Sahne
Salz · Cayennepfeffer
1 Streifen unbehandelte Limettenschale
20 g kalte Butter

Für 4 Personen

1 Den Puderzucker in einen Topf sieben und bei milder Hitze hell karamellisieren lassen. Mit Champagner ablöschen und die Flüssigkeit auf ein Drittel bis ein Viertel einköcheln lassen.

2 Die Brühe angießen, das Lorbeerblatt und den Pfeffer hinzufügen und wieder auf ein Drittel einköcheln lassen. Die Sahne unterrühren und die Sauce mit Salz und 1 Prise Cayennepfeffer abschmecken. Die Limettenschale in die Sauce geben und ein paar Minuten darin ziehen lassen.

3 Die Sauce durch ein Sieb gießen und die Butter mit dem Stabmixer unterrühren. Die Sauce nach Belieben mit etwas Champagner-Reduktion (siehe Seite 180, Weiße Fischsauce, statt Weißwein Champagner verwenden) abschmecken. Champagnersauce passt gut zu Geflügel und Kaninchen.

Alfons Schuhbeck

»Die gleiche Sauce erhält einen volleren Geschmack, wenn die Gemüsebrühe durch Geflügelbrühe ersetzt wird.«

FLEISCH

Ein Stück Lebenskraft

Es gibt nix Besseres als was Guats. Und das Gute liegt so nah. Zumindest dann, wenn Schweine, Rinder, Kälber und Lämmer auf grünen Wiesen weiden durften. Denn ihre Aufzucht bürgt für Qualität. Ein saftiges Steak, ein knuspriger Braten oder ein zarter Tafelspitz ist der Beweis.

KRUSTENBRATEN

400 g Fleischknochen vom Kalb
1,5 kg Wammerl (Schweinebauch; küchenfertig, mit Schwarte)
2 EL Öl
1 l Geflügelbrühe
3 große weiße Zwiebeln
1 Karotte
150 g Knollensellerie
600 g kleine festkochende Kartoffeln
1 TL Puderzucker
1 EL Tomatenmark
250 ml kräftiger Rotwein
Salz
1 kleines Lorbeerblatt
2 Knoblauchzehen (geschält und halbiert)
1 Scheibe Ingwer
1 Streifen unbehandelte Zitronenschale
1/2–1 TL getrockneter Majoran
1/2 TL Kümmelsamen
Pfeffer aus der Mühle

Für 4 Personen

1 Den Backofen auf 220 °C vorheizen. Die Knochen auf einem Backblech verteilen und im Ofen auf der mittleren Schiene gut 50 Minuten goldbraun rösten. Herausnehmen und das Fett abtropfen lassen, die Backofentemperatur auf 130 °C herunterschalten.

2 Den Schweinebauch in einem Bräter in 1 EL Öl auf der Fleischseite anbraten und wieder herausnehmen. 500 ml Brühe in den Bräter gießen, den Schweinebauch mit der Schwarte nach unten hineinlegen und im Ofen auf der mittleren Schiene 1 Stunde garen.

3 Zwiebeln, Karotte und Knollensellerie schälen. Die Zwiebeln in Spalten, die Karotte schräg in 1/2 cm dicke Scheiben, den Sellerie in 1 cm große Würfel schneiden. Die Kartoffeln waschen, schälen und je nach Größe halbieren oder vierteln.

4 Das Fleisch aus dem Bräter nehmen und die Schwarte mit einem scharfen Messer zentimeterweise einschneiden. Die Backofentemperatur auf 160 °C erhöhen. Die Brühe aus dem Bräter abgießen und beiseite stellen. Den Bräter mit Küchenpapier trocken tupfen und bei milder Hitze auf den Herd stellen. Den Puderzucker darin hell karamellisieren. Das Tomatenmark unterrühren und etwas andünsten. Nach und nach mit je einem Drittel Rotwein ablöschen und jeweils sirupartig einköcheln lassen.

5 Das restliche Öl in einer Pfanne erhitzen und das Gemüse darin bei mittlerer Hitze andünsten. Mit den gebräunten Knochen in den Bräter geben, die beiseite gestellte und die restliche Brühe angießen und den Schweinebraten mit der Schwarte nach oben daraufsetzen. Im Ofen auf der mittleren Schiene 2 Stunden braten.

6 Die Backofentemperatur auf 220 °C Oberhitze erhöhen. Den Bräter aus dem Ofen nehmen. Den Braten auf ein Backblech setzen, die Schwarte salzen und auf der untersten Schiene 20 bis 30 Minuten knusprig braten.

7 Die Sauce durch ein Sieb in einen Topf gießen, die Knochen entfernen, das Gemüse in den Bräter geben und beiseite stellen. Die Sauce falls nötig entfetten (das oben schwimmende Fett abschöpfen), das Lorbeerblatt hinzufügen und die Sauce etwas einköcheln lassen.

8 Knoblauch, Ingwer, Zitronenschale, Majoran und Kümmel in die Sauce geben und 5 bis 10 Minuten darin ziehen lassen. Die Sauce durch ein Sieb zurück zum Gemüse gießen, erhitzen und mit Salz und Pfeffer abschmecken. Den Krustenbraten in Scheiben schneiden, mit Schmorgemüse und Bratensauce anrichten.

Alfons Schuhbeck

»Statt Rotwein können Sie auch 150 ml dunkles Bier oder Malzbier für die Sauce verwenden.«

Gebratene Spanferkelschulter

Salz · 1 Spanferkelschulter (ca. 1,4 kg; küchenfertig, mit Schwarte, ohne Knochen)
1–2 TL Puderzucker
1 EL Tomatenmark
250 ml kräftiger Rotwein
1 große Zwiebel
1 kleine Karotte
80 g Knollensellerie
1/2–1 EL Öl
400 ml Geflügelbrühe
gemahlener Kümmel
getrockneter Majoran
Pfeffer aus der Mühle
1 Knoblauchzehe (geschält und halbiert)
1 Streifen unbehandelte Zitronenschale

Für 4 Personen

1 In einem großen Topf reichlich Salzwasser erhitzen. Die Spanferkelschulter im siedenden Salzwasser etwa 15 Minuten ziehen lassen. Das Fleisch herausnehmen, mit Küchenpapier trocken tupfen und die Schwarte einschneiden. Den Backofen auf 160 °C vorheizen.

2 Den Puderzucker in einem Bräter bei milder Hitze hell karamellisieren lassen, das Tomatenmark unterrühren und etwas andünsten. Nach und nach mit je einem Drittel Rotwein ablöschen und jeweils sirupartig einköcheln lassen.

3 Die Zwiebel, die Karotte und den Knollensellerie schälen und in etwa 1 1/2 cm große Stücke schneiden. Das Öl in einer Pfanne erhitzen und das Gemüse darin andünsten. Gemüse mit der Brühe in den Bräter zu dem eingeköchelten Rotwein geben. Die Spanferkelschulter mit der Schwarte nach oben daraufsetzen und im Ofen auf der mittleren Schiene etwa 1 1/2 bis 1 3/4 Stunden garen.

4 Am Ende der Garzeit die Backofentemperatur auf 220 °C Oberhitze schalten, die Schwarte salzen und die Spanferkelschulter weitere 15 Minuten knusprig braten. Aus dem Bräter nehmen und warm stellen.

5 Den Bratensaft durch ein Sieb in einen kleinen Topf gießen und etwas einköcheln lassen. Mit je 1 Prise Kümmel und Majoran sowie mit etwas Salz und Pfeffer würzen. Knoblauch und Zitronenschale hinzufügen und einige Minuten darin ziehen lassen. Vor dem Servieren den Knoblauch und die Zitronenschale wieder entfernen. Zum Servieren die Spanferkelschulter in Scheiben schneiden und mit der Sauce und dem Gemüse auf vorgewärmten Tellern anrichten.

Alfons Schuhbeck

»Durch das Sieden in Salzwasser wird die Schwarte weich und lässt sich leicht einschneiden. Während des Bratens sollte sie nicht mit Sauce begossen werden, da diese Zucker enthält. Die Schwarte würde dadurch zu schnell bräunen und bei stärkerer Oberhitze verbrennen, bevor die Kruste kross ist. «

GEFÜLLTE SPANFERKELBRUST

Für die Füllung:
6 Scheiben Toastbrot
80 ml Milch
4 EL Butter
250 g Schweinswurstbrät
2 EL Sahne
Salz · Pfeffer aus der Mühle
frisch geriebene Muskatnuss
1 Msp. abgeriebene unbehandelte Zitronenschale
je 1/2 TL gehackter Knoblauch und Ingwer
getrockneter Majoran
1 EL Petersilienblätter (frisch geschnitten)

Für die Spanferkelbrust:
1,5 kg Spanferkelbrust (küchenfertig, mit Schwarte)
500 ml Geflügelbrühe
1 TL Puderzucker
1 EL Tomatenmark
200 ml kräftiger Rotwein
500 g Schalotten · 1 Karotte
100 g Knollensellerie
1/2–1 EL Öl
Salz · 1 Lorbeerblatt
1 EL Kümmelsamen
1 TL getrockneter Majoran
2 Knoblauchzehen (geschält und halbiert)
2 Scheiben Ingwer
1 Streifen unbehandelte Zitronenschale
Pfeffer aus der Mühle

Für 4 Personen

1 Für die Füllung die Toastbrotscheiben entrinden und in 1 cm große Würfel schneiden. Zwei Drittel der Toastbrotwürfel in eine Schüssel geben und mit der Milch vermischen. Die Butter in einer Pfanne zerlassen und die übrigen Brotwürfel darin bei mittlerer Hitze knusprig braten. Die Croûtons herausnehmen und auf Küchenpapier abtropfen und auskühlen lassen. Das Brät mit der Sahne glatt rühren, die eingeweichten Toastbrotwürfel mit den Croûtons dazugeben und untermischen. Die Füllung mit Salz, Pfeffer, Muskatnuss, Zitronenschale, Knoblauch, Ingwer, 1 Prise Majoran und Petersilie würzen. Nach Belieben zusätzlich 100 g sehr klein geschnittene Gemüsewürfel unter die Brätfüllung mischen.

2 Für die Spanferkelbrust den Backofen auf 130 °C vorheizen. In die Spanferkelbrust mit einem scharfen Messer vorsichtig eine Tasche einschneiden, mit der Brätmasse füllen und mit Rouladennadeln zustecken. Die Hälfte der Brühe in den Bräter gießen, die Spanferkelbrust mit der Schwarte nach unten hineinlegen und im Ofen auf der untersten Schiene 1 Stunde garen. Das Fleisch herausnehmen und die Schwarte einschneiden. Die Brühe aus dem Bräter abgießen und beiseite stellen. Den Bräter trocken tupfen. Die Backofentemperatur auf 160 °C erhöhen.

3 Den Puderzucker im Bräter bei mittlerer Hitze auf dem Herd hell karamellisieren lassen, das Tomatenmark unterrühren und etwas andünsten. Mit der Hälfte des Rotweins ablöschen und sirupartig einköcheln. Den restlichen Rotwein angießen und ebenfalls einköcheln lassen. Die beiseite gestellte Brühe und die restliche Brühe dazugießen.

4 Schalotten, Karotte und Knollensellerie schälen, die Schalotten halbieren, die Karotte schräg in Scheiben schneiden und den Sellerie in 2 bis 3 cm lange Stifte schneiden. Das Öl in einer Pfanne erhitzen und das Gemüse darin bei mittlerer Hitze andünsten. In den Bräter geben und die Spanferkelbrust mit der Schwarte nach oben daraufsetzen. Im Ofen auf der mittleren Schiene etwa 2 Stunden garen. Die Backofentemperatur auf 220 °C Oberhitze erhöhen. Die Spanferkelbrust auf ein Backblech setzen, die Schwarte mit Salz bestreuen und im Ofen auf der untersten Schiene etwa 20 Minuten knusprig braten.

5 Die Sauce durch ein Sieb in einen kleinen Topf gießen und das Gemüse warm stellen. Die Sauce um ein Drittel einköcheln lassen, dabei nach Belieben mit ewas in kaltem Wasser angerührter Speisestärke binden. Lorbeerblatt, Kümmel, Majoran, Knoblauch, Ingwer und Zitronenschale hinzufügen und 5 Minuten in der Sauce ziehen lassen. Mit Salz und Pfeffer würzen, Knoblauch, Ingwer und Zitronenschale wieder entfernen. Die Spanferkelbrust in Scheiben schneiden und mit der Sauce und dem Schmorgemüse auf vorgewärmten Tellern anrichten.

Gegrillter Spanferkelrollbraten mit Linsengemüse

Für den Rollbraten:

0,8–1 kg Spanferkelwammerl (Bauchfleisch; küchenfertig, ohne Knochen)
2–3 EL scharfer Senf
Salz · Pfeffer aus der Mühle
getrockneter Majoran
gemahlener Kümmel
250 ml Geflügelbrühe

Für das Gemüse:

150 g Berglinsen (kleine grüne Linsen)
je 50 g Karotte, Lauch und Knollensellerie
1/2 Zwiebel · 1 EL Öl
1/2–1 EL Tomatenmark
80 ml kräftiger Rotwein
500 ml Geflügelbrühe
2 Scheiben Knoblauch
1 Scheibe Ingwer
1 kleiner Streifen unbehandelte Zitronenschale
1 Lorbeerblatt
Salz · Cayennepfeffer
1/2–1 EL Rotweinessig (oder Aceto balsamico)

Für 4 Personen

1 Für den Rollbraten den Backofen auf 160 °C vorheizen. Den Spanferkelbauch auf der Fleischseite mit Senf bestreichen und mit Salz, Pfeffer und je 1 Prise Majoran und Kümmel würzen. Das Fleisch von der Längsseite her einrollen und mit Küchengarn zusammenbinden.

2 Die Brühe in einen Bräter gießen. Den Rollbraten mit der Nahtseite nach unten hineinlegen und zugedeckt im Ofen auf der untersten Schiene etwa 2 Stunden garen.

3 Die Backofentemperatur auf 240 °C Oberhitze erhöhen. Den Bräter herausnehmen. Ein Ofengitter auf die mittlere Schiene und darunter ein Abtropfblech schieben. Den Rollbraten aus dem Bräter nehmen, mit Salz würzen und im Ofen auf dem Ofengitter etwa 1/2 Stunde kross braten, dabei mehrmals wenden.

4 Für das Gemüse die Linsen 2 Stunden in kaltem Wasser einweichen. Die Karotte und den Sellerie schälen, den Lauch waschen. Das Gemüse in kleine Würfel schneiden. Die Zwiebel schälen und in kleine Würfel schneiden. Das Öl in einer Pfanne erhitzen und Zwiebel, Karotte und Sellerie darin bei milder Hitze andünsten.

5 Das Tomatenmark zu dem Gemüse geben, unterrühren und kurz mitdünsten. Die eingeweichten Linsen abgießen, kurz abbrausen und unter das Gemüse rühren. Mit dem Rotwein ablöschen und etwas einköcheln lassen. Die Brühe angießen und das Gemüse 20 bis 25 Minuten mehr ziehen als kochen lassen.

6 Nach 15 Minuten Garzeit den Knoblauch, den Ingwer, die Zitronenschale und das Lorbeerblatt zum Gemüse geben und kurz vor dem Servieren wieder entfernen. Zuletzt den Lauch hinzufügen und das Linsengemüse mit Salz, 1 Prise Cayennepfeffer und Essig abschmecken.

7 Zum Servieren das Küchengarn vom Spanferkelrollbraten entfernen und mit einem scharfen Messer oder elektrischen Messer in Scheiben schneiden. Die Spanferkelscheiben mit dem Linsengemüse servieren.

Alfons Schubbeck

»Zum Kochen verwende ich fast ausschließlich scharfen Senf, da Senf beim Garen an Intensität verliert und etwas milder wird.«

Kross gebratenes Spanferkelkarree

1 l Geflügelbrühe
2 Spanferkelkarrees mit Schwarte (à ca. 500 g; küchenfertig, mit Schwarte und Knochen)
1 TL Puderzucker
1 EL Tomatenmark
250 ml kräftiger Rotwein
2 weiße Zwiebeln
1 Karotte
150 g Knollensellerie
1 EL Öl
Salz
1 kleines Lorbeerblatt
2 Knoblauchzehen (geschält und halbiert)
1 Scheibe Ingwer
1 Streifen unbehandelte Zitronenschale
1/2–1 TL getrockneter Majoran
1/2 TL Kümmelsamen
Pfeffer aus der Mühle

Für 4 Personen

1 Den Backofen auf 130 °C vorheizen. In einen Bräter 500 ml Brühe gießen und die Spanferkelkarrees mit der Schwarte nach unten hineinlegen. Im Ofen auf der mittleren Schiene 1 1/2 Stunden garen.

2 Die Backofentemperatur auf 160 °C erhöhen. Das Fleisch aus dem Bräter nehmen und die Schwarte mit einem scharfen Messer zentimeterweise leicht einschneiden. Dabei darauf achten, dass die Schnitte zwischen den Rippenknochen verlaufen. Die Fleischscheiben warm stellen.

3 Die Brühe aus dem Bräter abgießen und beiseite stellen. Den Bräter mit Küchenpapier trocken tupfen und bei milder Hitze auf den Herd stellen. Den Puderzucker darin hell karamellisieren lassen. Das Tomatenmark unterrühren und kurz anbräunen. Nach und nach mit je einem Drittel Rotwein ablöschen und jeweils sirupartig einköcheln lassen.

4 Die Zwiebeln, die Karotte und den Knollensellerie schälen und in 1 bis 1 1/2 cm große Stücke schneiden. Das Öl in einer Pfanne erhitzen und das Gemüse darin bei mittlerer Hitze andünsten. In den Bräter geben, die beiseite gestellte und die restliche Brühe angießen. Die Spanferkelkarrees mit der Schwarte nach oben daraufsetzen und im Ofen auf der untersten Schiene 1 Stunde braten.

5 Die Backofentemperatur auf 240 °C Oberhitze erhöhen. Den Bräter herausnehmen. Ein Ofengitter auf die unterste Schiene und darunter ein Abtropfblech schieben. Die Karrees aus dem Bräter nehmen, salzen und im Ofen auf dem Ofengitter 20 bis 30 Minuten kross braten.

6 Die Sauce aus dem Bräter durch ein Sieb in einen kleinen Topf gießen, das Gemüse in den Bräter geben und beiseite stellen. Die Sauce falls nötig entfetten (das oben schwimmende Fett abschöpfen), das Lorbeerblatt hinzufügen und die Sauce etwas einköcheln lassen.

7 Knoblauch, Ingwer, Zitronenschale, Majoran und Kümmel in die Sauce rühren und 5 bis 10 Minuten darin ziehen lassen. Mit Salz und Pfeffer würzen und durch ein Sieb zurück zum Gemüse gießen. Gemüse und Sauce nochmals erhitzen. Die Spanferkelkarrees zwischen den Rippenknochen in Scheiben schneiden, mit etwas Schmorgemüse und Bratensauce auf vorgewärmten Tellern anrichten.

Alfons Schuhbeck

»Zum Spanferkelkarree passen Brezenknödel, Semmelknödel oder Kartoffelknödel.«

Gegrillte Spanferkelhaxen

1 Zwiebel
1 Lorbeerblatt
3 Gewürznelken · Salz
3 Wacholderbeeren
1 TL schwarze Pfefferkörner
4 hintere Spanferkelhaxen (à ca. 800 g; küchenfertig)
1 TL Kümmelsamen

Für 4 Personen

1 Die Zwiebel schälen und das Lorbeerblatt mit den Gewürznelken darauf feststecken. In einem großen Topf reichlich Salzwasser aufkochen. Die gespickte Zwiebel, die Wacholderbeeren und den Pfeffer hinzufügen. Die Spanferkelhaxen darin knapp unter dem Siedepunkt 1 1/2 Stunden ziehen lassen, dabei den aufsteigenden Schaum abschöpfen. Die Haxen herausnehmen und die Schwarte einschneiden.

2 Den Backofen auf 220 °C Umluft vorheizen. Ein Ofengitter auf die mittlere Schiene und darunter ein Abtropfblech schieben.

3 Die Spanferkelhaxen mit Salz und Kümmel bestreuen und auf das Ofengitter legen. Im Ofen auf dem Ofengitter knapp 1 1/2 Stunden rundherum kross braten, nach Belieben gegen Ende der Garzeit den Backofengrill einschalten.

G'surte Schweinshaxe

1 Zwiebel
1 Lorbeerblatt
2 Gewürznelken
500 ml Weinessig
1 TL Zucker
2 gepökelte Schweinshaxen (à ca. 1,5 kg; mit Schwarte)
1 TL schwarze Pfefferkörner
3 Wacholderbeeren

Für 4 Personen

1 Die Zwiebel schälen und das Lorbeerblatt mit den Gewürznelken darauf feststecken. In einem großen Topf 4 l Wasser erhitzen. Die gespickte Zwiebel, den Essig und den Zucker hinzufügen und den Sud einmal aufkochen lassen.

2 Die Schweinshaxen kalt waschen, in den Sud legen und bei milder Hitze 2 1/2 bis 3 Stunden weich garen, bis sich das Fleisch vom Knochen löst. 30 Minuten vor Garzeitende Pfeffer und Wacholderbeeren hinzufügen.

3 Den Braten herausnehmen, die Schwarte entfernen und das Fleisch von den Knochen lösen. Das magere Fleisch gegen den Faserverlauf in Scheiben schneiden. Dazu passt Sauerkraut (siehe Seite 286), gebrühter Krautsalat (siehe Seite 40) oder Bouillonkartoffeln (siehe Seite 327).

Alfons Schuhbeck

»Die Surhaxe kann auch als Sülze zubereitet werden. Dafür 200 ml Kochsud mit 1 TL Dijon-Senf, etwas Rotweinessig, Salz und Pfeffer würzen. Das Fleisch in kleine Stücke schneiden, mit dem Würzsud mischen und in eine Terrinenform (700 ml) füllen. Das Fleisch mit einem Teller beschweren und über Nacht in den Kühlschrank stellen.«

SURBRATEN

3 Zwiebeln
2 Lorbeerblätter
3 Gewürznelken
4–5 l schwach gesalzene Gemüsebrühe
1,5 kg gepökelte Schweineschulter (mit Schwarte)
1 TL Puderzucker
1 EL Tomatenmark
250 ml kräftiger Rotwein
1 Karotte
120 g Knollensellerie
1 EL Öl
2 Knoblauchzehen (geschält und halbiert)
1 Scheibe Ingwer
1 Streifen unbehandelte Zitronenschale
1/2–1 TL getrockneter Majoran
1/2 TL Kümmelsamen
Salz · Pfeffer aus der Mühle

Für 4 Personen

1 Eine Zwiebel schälen und 1 Lorbeerblatt mit den Gewürznelken darauf feststecken. Die Brühe in einem großen Topf aufkochen, das Fleisch und die gespickte Zwiebel hineingeben und knapp unter dem Siedepunkt 2 Stunden ziehen lassen.

2 Das Fleisch herausnehmen und die Schwarte mit einem scharfen Messer zentimeterweise gegen die Faser einschneiden. Für die Sauce 800 ml Brühe abmessen und beiseite stellen.

3 Den Backofen auf 160 °C vorheizen. Den Puderzucker in einem Bräter bei milder Hitze hell karamellisieren. Das Tomatenmark unterrühren und etwas andünsten. Nach und nach mit je einem Drittel Rotwein ablöschen und jeweils sirupartig einköcheln lassen.

4 Die restlichen Zwiebeln, die Karotte und den Knollensellerie schälen und in 1 1/2 cm große Stücke schneiden. Das Öl in einer Pfanne erhitzen und das Gemüse darin bei mittlerer Hitze andünsten. Die beiseite gestellte Brühe und das Gemüse in den Bräter geben. Den Surbraten mit der Schwarte nach oben daraufsetzen und im Ofen auf der untersten Schiene 1 1/2 Stunden garen.

5 Die Backofentemperatur auf 220 °C Oberhitze erhöhen. Den Braten aus dem Bräter nehmen und auf ein Backblech setzen. Im Ofen auf der untersten Schiene 20 bis 30 Minuten knusprig braten.

6 Die Sauce aus dem Bräter durch ein Sieb in einen kleinen Topf gießen, das Gemüse in den Bräter geben und beiseite stellen. Die Sauce falls nötig entfetten (das oben schwimmende Fett abschöpfen), das restliche Lorbeerblatt hinzufügen und die Sauce etwas einköcheln lassen.

7 Knoblauch, Ingwer, Zitronenschale, Majoran und Kümmel in die Sauce rühren und 5 bis 10 Minuten darin ziehen lassen. Die Sauce durch ein Sieb zurück zum Gemüse gießen, erhitzen und mit Salz und Pfeffer abschmecken. Den Surbraten in Scheiben schneiden, mit etwas Schmorgemüse und Bratensauce auf vorgewärmten Tellern anrichten.

Alfons Schubbeck

»Die Gemüsebrühe sollte unbedingt salzarm sein, da das Fleisch gepökelt ist und deshalb beim Kochen Salz an die Flüssigkeit abgibt. Der Braten wird durch das Vorgaren in der Brühe milder.«

Gekochtes Schäufele mit Wurzelgemüse und Krautsalat

Für das Schäufele:

1 Karotte
1 gelbe Karotte (ersatzweise Karotte)
150 g Knollensellerie
1 Zwiebel · 1 Lorbeerblatt
3 Gewürznelken
4 Schweineschäufele nach fränkischem Schnitt (nur der obere Teil der Schweineschulter, in dem das Schulterblatt steckt, längs in ca. 8 cm dicke Scheiben geschnitten; à ca. 500 g; küchenfertig, mit Schwarte)
1–2 EL Öl · Salz
1 TL Wacholderbeeren
1 TL schwarze Pfefferkörner
2 EL Öl für das Blech

Für den Krautsalat:

300 g junger Weißkohl
70 g Knollensellerie
1/2 Karotte · 70 g Lauch
1 kleine Zwiebel
1 EL Öl · 1 TL Zucker
3 EL Rotweinessig
150 ml Gemüsebrühe
1/2 TL Kümmelsamen
1 Lorbeerblatt
1 mittelscharfe rote Chilischote
1 EL Olivenöl · 1–2 EL Öl
1–2 EL Petersilienblätter (frisch geschnitten)
Salz · Cayennepfeffer

Für den Apfelkren:

1 Apfel · 1–2 TL Zitronensaft
1 EL geriebener Meerrettich
Salz · Zucker

Für 4 Personen

1 Für das Schäufele die Karotten schälen und längs halbieren. Den Knollensellerie ebenfalls schälen. Die Zwiebel schälen und das Lorbeerblatt mit den Gewürznelken darauf feststecken.

2 Die Schäufelestücke in einem großen Topf im Öl bei mittlerer Hitze auf allen Fleischseiten (nicht auf der Schwarte) anbraten. So viel Wasser angießen, dass das Fleisch gerade bedeckt ist. Die gespickte Zwiebel einlegen, leicht salzen und das Fleisch etwa 2 1/2 Stunden weich garen. Nach 1 1/2 bis 2 Stunden Karotten, Sellerie, Wacholderbeeren und Pfefferkörner hinzufügen.

3 Für den Krautsalat den Kohl putzen, in feine Streifen hobeln und den Strunk dabei entfernen. Knollensellerie und Karotte schälen und in 2 bis 3 mm große Würfel schneiden. Vom Lauch die äußeren Blätter und den dunkelgrünen Teil entfernen, den Rest waschen und in 2 bis 3 mm große Würfel schneiden. Die Zwiebel schälen und quer in Streifen schneiden.

4 Das Öl in einem Topf erhitzen und die Zwiebelstreifen darin glasig anschwitzen. Den Zucker und die Gemüsewürfel dazugeben und etwas mitdünsten lassen. Mit dem Essig ablöschen, mit der Brühe aufgießen und einmal kurz aufkochen lassen. Den Kümmel, das Lorbeerblatt, die Chilischote, das Olivenöl und das Öl hinzufügen und alles heiß über das Kraut gießen. Das Lorbeerblatt und die Chilischote wieder entfernen. Die Petersilie hinzufügen und den Krautsalat mit Salz und 1 Prise Cayennepfeffer abschmecken.

5 Für den Apfelkren den Apfel schälen, das Kerngehäuse entfernen und das Fruchtfleisch grob reiben. Mit dem Zitronensaft und dem Meerrettich mischen, mit Salz und 1 Prise Zucker würzen.

6 Den Backofen auf 220 °C Oberhitze vorheizen oder den Backofengrill einschalten. Das Fleisch aus dem Topf nehmen. Die Schwarte vom Fleisch schneiden. Das Fett von der Schwarte so weit wie möglich entfernen, sodass nur die 3 bis 5 mm dicke Hautschicht übrig bleibt. Diese Haut mit der glatten Seite nach oben auf ein geöltes Backblech legen und über Kreuz leicht einritzen. Im Ofen auf der mittleren Schiene etwa 15 Minuten goldbraun und knusprig braten.

7 Die gekochten Schäufele auf vorgewärmte Teller legen, die Kruste, den Krautsalat und den Apfelkren daneben anrichten.

SCHUHBECKS ÜBERBACKENES WIESN-STEAK

Für die Gratiniermasse:

1/4 Zwiebel · 1 TL Öl
5 getrocknete Tomaten (in Öl)
1/2 TL Zimtrindensplitter
1/2–1 TL Korianderkörner
2 TL schwarze Pfefferkörner
1/2 TL Kümmelsamen
100 g weiche Butter
1 EL Petersilienblätter (frisch geschnitten)
Salz
1/2 TL abgeriebene unbehandelte Zitronenschale
30 g Weißbrotbrösel
Pfeffer aus der Mühle

Für die Steaks:

4 Schweinerückensteaks (à 150–180 g; küchenfertig)
1 EL Öl
Salz · Pfeffer aus der Mühle

Für das Pesto:

80 g Blattspinat oder Petersilie
Salz · 1/2 kleine Knoblauchzehe
80 g Basilikumblätter (ersatzweise Kopfsalatblätter)
1 TL frisch geriebener Parmesan
1 TL Mandelblättchen (geröstet)
80 ml Olivenöl
Pfeffer aus der Mühle
einige Spritzer Zitronensaft

Für 4 Personen

1 Für die Gratiniermasse die Zwiebel schälen und in kleine Würfel schneiden. Das Öl in einer Pfanne erhitzen, die Zwiebelwürfel darin glasig andünsten und abkühlen lassen. Die Tomaten abtropfen lassen und klein schneiden. Den Zimt, den Koriander, den Pfeffer und den Kümmel in eine Gewürzmühle füllen.

2 Die Butter schaumig schlagen, Zwiebel, Tomaten und Petersilie dazugeben, mit Salz, Zitronenschale und der Mischung aus der Gewürzmühle würzen. Die Weißbrotbrösel unterrühren, die Gratiniermasse mithilfe von Backpapier zu einer Rolle von etwa 3 cm Durchmesser formen und 30 Minuten bis 1 Stunde kühl stellen.

3 Für das Steak den Backofen auf 100 °C vorheizen, ein Ofengitter auf die mittlere Schiene und darunter ein Abtropfblech schieben.

4 Das Öl in einer Pfanne erhitzen und die Schweinerückensteaks bei mittlerer Hitze darin rundherum anbraten. Im Ofen auf dem Ofengitter 50 bis 60 Minuten rosa garen.

5 Für das Pesto die Spinatblätter waschen und abtropfen lassen. In Salzwasser 3 Minuten blanchieren, in ein Sieb abgießen, kalt abschrecken und abtropfen lassen. Mit den Händen das Wasser ausdrücken. Die Blätter grob zerkleinern und in den Blitzhacker geben.

6 Die Knoblauchzehe schälen und in Scheiben schneiden. Das Basilikum waschen, trocken schütteln, klein schneiden und mit dem Knoblauch, dem Parmesan, den Mandeln und dem Olivenöl ebenfalls in den Blitzhacker geben. Mit Salz, Pfeffer und Zitronensaft würzen und zu einer Paste mixen.

7 Das Fleisch aus dem Ofen nehmen, mit Salz und Pfeffer würzen und den Backofengrill einschalten. Die Schweinerückensteaks mit dem Pesto bestreichen, die Gratiniermasse in dünne Scheiben schneiden und auf das Pesto legen. Die belegten Steaks unter dem Grill auf der mittleren Schiene etwa 4 Minuten goldbraun überbacken.

Alfons Schuhbeck

»Weißbrotbrösel stelle ich entweder aus Toastbrot im Blitzhacker selbst her oder ich nehme Semmelbrösel vom Bäcker. Die Brösel müssen saugfähig sein, industriell gefertigte Ware ist meist nicht so gut geeignet.«

Gefülltes Schweineschnitzel mit gebratenem grünem Spargel

Für die Schnitzel:

8–10 g schwarzer Trüffel
140 g Kalbsbrät · 3 EL Sahne
1 EL Petersilienblätter (frisch geschnitten)
1/2 TL abgeriebene unbehandelte Zitronenschale
8 sehr dünne Scheiben Schweinerücken (à ca. 45 g)
Öl für die Folie
1 TL Öl zum Braten
3 EL Sherry (medium)
80 ml Gemüsebrühe
10 g kalte Butter
Salz · Pfeffer aus der Mühle

Für den Spargel:

400 g grüner Spargel
1 TL Puderzucker
100 ml Gemüsebrühe
10 g kalte Butter
je 1 Streifen Zitronen- und Orangenschale
Salz · Pfeffer aus der Mühle

Für 4 Personen

1 Für die Schnitzel den Trüffel unter fließendem kaltem Wasser mit einer Bürste gründlich säubern und fein reiben oder klein hacken. Das Kalbsbrät mit 2 EL Sahne glatt rühren, den Trüffel, die Petersilie und die Zitronenschale dazugeben.

2 Die Schweinerückenscheiben zwischen zwei Lagen geölter Frischhaltefolie sehr dünn klopfen. Das Brät auf dem Fleisch verstreichen und die Schnitzel zusammenklappen. Das Öl in einer Pfanne erhitzen und die Schnitzel auf beiden Seiten bei sehr milder Hitze insgesamt etwa 3 Minuten braten. Das Fleisch aus der Pfanne nehmen. Den Bratensatz mit dem Sherry ablöschen, die Brühe und die restliche Sahne dazugeben und die Butter in der Sauce schmelzen lassen, mit Salz und Pfeffer würzen.

3 Für den Spargel die Stangen waschen, im unteren Drittel schälen und holzige Enden abschneiden. Die Stangen schräg dritteln und je nach Dicke längs halbieren. In einer Pfanne den Puderzucker hell karamellisieren, den Spargel hineingeben, die Brühe angießen und den Spargel etwa 6 Minuten bissfest garen. Die Butter dazugeben und zerlassen. Die Zitronen- und Orangenschale dazugeben und mit Salz und Pfeffer würzen.

4 Die kleinen Schnitzel mit dem Spargelgemüse auf vorgewärmten Tellern anrichten und mit der Sauce beträufeln.

Alfons Schuhbeck

»Anstelle von Butter gebe ich zum Spargel gelegentlich auch etwas mildes Olivenöl. Weißwurstbrät eignet sich statt des getrüffelten Kalbsbräts auch sehr gut zum Füllen der Schnitzel.«

GEFÜLLTES MÜNCHNER SCHNITZEL

Für die Füllung:

180 g Champignons
80 g gekochter Schinken
2 Schalotten
1 EL Butter
Salz · Pfeffer aus der Mühle
1 EL Petersilienblätter (frisch geschnitten)

Für die Schnitzel:

4 Schweinelendenscheiben (à ca. 140 g; küchenfertig)
Öl für die Folie
Salz · Pfeffer aus der Mühle
2 Eier
100 g doppelgriffiges Mehl (Wiener Grießler)
100 g Weißbrotbrösel
100 ml Öl

Für 4 Personen

1 Für die Füllung die Champignons putzen, trocken abreiben und klein schneiden. Den Schinken in sehr kleine Würfel schneiden. Die Schalotten schälen und in kleine Würfel schneiden.

2 Die Butter in einer Pfanne zerlassen und Champignons, Schinken und Schalotten darin bei milder Hitze 1 bis 2 Minuten anbraten. Mit Salz, Pfeffer und Petersilie würzen.

3 Für die Schnitzel die Lendenscheiben mit einem scharfen Messer an der Längsseite so weit einschneiden, dass sie gerade noch zusammenhalten und aufgeklappt werden können. Die Fleischscheiben aufgeklappt zwischen zwei Lagen geölter Frischhaltefolie zu dünnen Schnitzeln klopfen und mit Salz und Pfeffer würzen. Die Pilzfüllung auf einer Schnitzelhälfte verteilen, dabei einen Rand frei lassen und die zweite Schnitzelhälfte darüberklappen.

4 Die Eier in einem tiefen Teller verquirlen und mit Salz und Pfeffer würzen. Das Mehl und die Weißbrotbrösel ebenfalls jeweils in tiefe Teller geben. Das Öl in einer Pfanne erhitzen. Die Schnitzel erst im Mehl wenden, dann durch die verquirlten Eier ziehen und zuletzt mit den Weißbrotbröseln panieren. Sofort bei milder Hitze im Öl langsam goldbraun braten. Aus der Pfanne nehmen und auf Küchenpapier abtropfen lassen.

SCHWEINERÜCKEN IM GANZEN GEBRATEN

1–2 TL Öl
1 kg Schweinerücken (küchenfertig)
aromatisierte Butter nach Wahl (z. B. Kräuterbutter, siehe Seite 211)
Salz · Pfeffer aus der Mühle

Für 4 Personen

1 Den Backofen auf 100 °C vorheizen. Ein Ofengitter auf die mittlere Schiene und darunter ein Abtropfblech schieben.

2 Das Öl in einer Pfanne erhitzen. Den Schweinerücken darin bei mittlerer Hitze rundherum anbraten. Das Fleisch aus der Pfanne nehmen und im Ofen auf dem Ofengitter etwa 2 Stunden rosa garen.

3 Die Gewürzbutter in einer Pfanne zubereiten, den Schweinerücken darin bei milder Hitze wenden und mit Salz und Pfeffer würzen.

Hackbraten

80 g Weißbrot (ohne Rinde)
80 ml Milch
1 kleine Zwiebel
1/2 rote Paprikaschote
1/2 kleiner Zucchino
10 g getrocknete Totentrompetenpilze
1/2 Knoblauchzehe
2 EL Öl
100 g Kalbsbrät
1–2 EL Sahne
150 g Hähnchenschenkelfleisch (ohne Haut und Knochen)
350 g Schweinehackfleisch
2 Eier · 1 TL scharfer Senf
Salz · Cayennepfeffer
getrockneter Majoran
1–2 EL Petersilienblätter (frisch geschnitten)
Öl für das Blech

Für 6–8 Personen

1 Das Weißbrot in Würfel schneiden und in einer Schüssel in der Milch einweichen. Die Zwiebel schälen und in sehr kleine Würfel schneiden. Die Paprikaschote entkernen, waschen und in 1/2 cm große Würfel schneiden. Den Zucchino putzen, waschen und in 1/2 cm große Würfel schneiden. Die Totentrompetenpilze in wenig Wasser 5 Minuten köcheln lassen. In ein Sieb abgießen, ausdrücken und grob hacken. Den Knoblauch schälen und hacken.

2 Das Öl in einer Pfanne erhitzen. Die Zwiebel-, die Paprika- und die Zucchiniwürfel darin bei mittlerer Hitze anbraten, Pilze und Knoblauch hinzufügen und kurz mitdünsten.

3 Das Kalbsbrät mit der Sahne in einer Schüssel glatt rühren. Das Hähnchenfleisch durch die feine Scheibe des Fleischwolfs drehen. Das durchgedrehte Hähnchenfleisch, das Schweinehackfleisch, das eingeweichte Brot, die Eier, den Senf und das angedünstete Gemüse zum Kalbsbrät geben und alles gut vermischen. Mit Salz und je 1 Prise Cayennepfeffer und Majoran kräftig würzen. Die Petersilie unterrühren.

4 Den Backofen auf 140 °C vorheizen. Die Hackfleischmasse auf einem geölten Backblech mit angefeuchteten Händen zu einem schmalen, langen Laib formen. Im Ofen auf der untersten Schiene etwa 25 Minuten braten. Die Backofentemperatur auf 160 °C erhöhen und den Hackbraten weitere 10 bis 15 Minuten garen. Dazu passen Schnittlauchsauce und ein knackiger Salat.

Alfons Schuhbeck

»Zum Abschmecken des Hackbratens braten Sie am besten ein kleines Probefleischpflanzerl, damit Sie die Hackmasse nicht roh probieren müsssen.«

Zitronen-Orangen-Butter

4 EL Butter
1/2 Knoblauchzehe (geschält)
1 Scheibe Ingwer
je 1/2–1 TL abgeriebene unbehandelte Zitronen- und Orangenschale

Für 4 Personen

Für die Zitronen-Orangen-Butter die Butter in einer Pfanne bei milder Hitze zerlassen. Knoblauch, Ingwer, Zitronen- und Orangenschale hinzufügen und 3 bis 4 Minuten darin ziehen lassen, dann wieder entfernen.

KRAUTWICKERL MIT TOMATENSAUCE

Für die Krautwickerl:

Salz · 1 Kopf Weißkohl
1 EL Öl · 250 ml Geflügelbrühe

Für die Füllung:

60 g Toastbrot · 100 ml Milch
1/2 kleine Zwiebel · 1 EL Butter
1 Ei · 1 TL scharfer Senf
abgeriebene Schale von
1/2 unbehandelten Zitrone
200 g Kalbshackfleisch
200 g Schweinehackfleisch
Salz · Pfeffer aus der Mühle
getrockneter Majoran
1 EL Petersilienblätter
(frisch geschnitten)

Für die Sauce:

1 Karotte · 1 Zwiebel
1/2 Knoblauchzehe
1/2–1 TL Tomatenmark · 1 EL Öl
200 g passierte Tomaten
(aus der Dose)
2 Scheiben Knoblauch
je 1 TL Pimentkörner, Koriander-körner, schwarze Pfefferkörner, Zimtrindensplitter
1 EL kalte Butter
(oder etwas mildes Olivenöl)
Salz · Zucker · Cayennepfeffer

Für 4 Personen

1 Für die Krautwickerl in einem großen Topf reichlich Salzwasser aufkochen. Vom Weißkohl den harten Strunk entfernen, eine Fleischgabel in das entstandene Loch stechen und den Kohlkopf für einige Minuten in das kochende Wasser halten, dabei nach und nach 4 einzelne Blätter ablösen. Die Blattrippen mit einem Messer flach schneiden und die Blätter mit Küchenpapier trocken tupfen. Den restlichen Kohlkopf anderweitig verwenden.

2 Für die Füllung das Toastbrot entrinden, in Würfel schneiden und in einer Schüssel in der Milch einweichen. Die Zwiebel schälen und in kleine Würfel schneiden. Die Butter in einer Pfanne zerlassen und die Zwiebelwürfel darin bei milder Hitze glasig dünsten. Das Ei mit dem Senf und der Zitronenschale verquirlen.

3 Beide Hackfleischsorten mit dem eingeweichten Brot, den Zwiebelwürfeln und den verquirlten Eiern vermischen und mit Salz, Pfeffer, 1 Prise Majoran und der Petersilie würzen. Je ein Viertel der Füllung auf ein Kohlblatt setzen. Die Längsseiten der Blätter einschlagen und die Blätter von der schmalen Seite her aufrollen, mit Küchengarn fest binden.

4 Die Krautwickerl in einer Pfanne bei mittlerer Hitze in 1 EL Öl zuerst auf der Nahtseite, dann rundherum anbraten und herausnehmen. Die Pfanne vom Herd nehmen und den Bratensatz mit der Brühe ablöschen.

5 Für die Sauce die Karotte und die Zwiebel schälen und in kleine Würfel schneiden. Den Knoblauch schälen und hacken. Karotte, Zwiebel und Knoblauch in einer tiefen Pfanne im restlichen Öl andünsten. Das Tomatenmark unterrühren und kurz mitdünsten. Den Bratensatz und die passierten Tomaten angießen, die Krautwickerl hineinsetzen und zugedeckt bei milder Hitze 30 Minuten schmoren. Die Knoblauchscheiben 5 Minuten vor Garzeitende hineingeben und wieder entfernen.

6 Die Krautwickerl aus der Sauce nehmen. Piment, Koriander, Pfeffer und Zimtrinde in eine Gewürzmühle füllen. Die Butter in der Sauce zerlassen und mit Salz, den Gewürzen aus der Mühle und je 1 Prise Zucker und Cayennepfeffer würzen. Die Krautwickerl in der Sauce servieren.

Alfons Schuhbeck

»Indem man den Kohlkopf in kochendes Wasser taucht, werden die Blätter geschmeidig und lassen sich im Ganzen vom Kopf lösen.
Ich umwickle die Krautwickerl vor dem Braten gelegentlich noch mit einer Scheibe Speck.«

Fleischpflanzerl

80 g Toastbrot
100 ml Milch · 1/2 Zwiebel
1 EL Öl · 2 Eier
2 TL scharfer Senf
Salz · Pfeffer aus der Mühle
frisch geriebene Muskatnuss
abgeriebene Schale von 1/2 unbehandelten Zitrone
1/2 TL abgeriebene unbehandelte Orangenschale
250 g Kalbshackfleisch
250 g Schweinehackfleisch
getrockneter Majoran
1 EL Petersilienblätter (frisch geschnitten)
Öl zum Braten

Für 4 Personen

1 Das Toastbrot entrinden, in Würfel schneiden und in einer Schüssel in der Milch einweichen. Die Zwiebel schälen, in sehr kleine Würfel schneiden und in einer Pfanne im Öl bei milder Hitze glasig dünsten. Die Eier mit dem Senf, etwas Salz und Pfeffer, 1 Prise Muskatnuss und der Zitronen- und Orangenschale verquirlen.

2 Beide Hackfleischsorten mit dem eingeweichten Brot, den verquirlten Eiern, den Zwiebelwürfeln, 1 Prise Majoran und der Petersilie vermischen.

3 Aus der Hackfleischmasse mit angefeuchteten Händen kleine Fleischpflanzerl formen. Etwas Öl in einer Pfanne erhitzen und die Pflanzerl bei mittlerer Hitze auf beiden Seiten goldbraun braten. Herausnehmen und auf Küchenpapier abtropfen lassen.

Szegediner Gulasch

1 kg Schweineschulter (küchenfertig; ohne Schwarte und Knochen)
3 Zwiebeln
1–2 EL Öl
1 EL Tomatenmark
800 ml Geflügelbrühe
1/2–1 EL Paprikapulver (edelsüß)
2 Knoblauchzehen
1 Streifen unbehandelte Zitronenschale
je 1 TL Kümmelsamen und getrockneter Majoran
400 g gekochtes Sauerkraut
Salz · Cayennepfeffer
150 g Crème fraîche
1 EL Schnittlauchröllchen

Für 4 Personen

1 Das Fleisch in 3 cm große Würfel schneiden. Die Zwiebeln schälen, halbieren und in dünne Scheiben schneiden.

2 Das Öl in einem Topf erhitzen. Das Fleisch darin portionsweise bei milder Hitze rundherum anbraten und aus dem Topf nehmen. Die Zwiebeln im Bratensatz bei milder Hitze andünsten. Das Tomatenmark unterrühren, das Fleisch wieder hinzufügen und die Brühe angießen.

3 Den Deckel so auf den Topf legen, dass ein Spalt offen bleibt. Das Fleisch bei milder Hitze 2 Stunden schmoren, dabei nicht kochen lassen. Nach 1 Stunde den Deckel abnehmen, damit die Sauce noch etwas einkocht und sämiger wird.

4 Das Paprikapulver mit wenig kaltem Wasser glatt rühren. Den Knoblauch schälen, mit Zitronenschale, Kümmel und Majoran fein hacken.

5 Das Sauerkraut auf einem Sieb abtropfen lassen, in das Gulasch rühren und erhitzen. Das Paprikapulver und die gehackten Gewürze hinzufügen und das Szegediner Gulasch noch 15 Minuten ziehen lassen. Mit Salz und 1 Prise Cayennepfeffer herzhaft abschmecken. Zum Anrichten mit Crème fraîche beträufeln und mit Schnittlauchröllchen bestreuen.

Kalbsrahmgulasch mit Apfelwürfeln

1 kg Kalbfleisch (aus der Schulter)
1 kg Zwiebeln (geschält)
1 Apfel
2 EL Öl
1 EL Tomatenmark
500 ml Geflügelbrühe
1–2 Knoblauchzehen
1 TL gemahlener Majoran
1 TL Kümmelpulver
1 TL abgeriebene unbehandelte Zitronenschale
½–1 EL Paprikapulver (edelsüß)
80 g Sahne
Salz · Cayennepfeffer

Für 4 Personen

1 Das Kalbfleisch von Fett und groben Sehnen befreien und in 3 cm große Würfel schneiden. Die Zwiebeln halbieren und in Streifen schneiden. Den Apfel vierteln, schälen, entkernen und 1 Apfelviertel würfeln.

2 Das Öl in einem großen Schmortopf erhitzen. Die Kalbfleischwürfel darin bei mittlerer Hitze rundherum anbraten und wieder herausnehmen. Die Zwiebeln im Bratensatz glasig dünsten, die Apfelwürfel hinzufügen. Das Tomatenmark unterrühren und kurz mitdünsten. Das Fleisch wieder in den Topf geben und die Brühe angießen. Den Deckel so auflegen, dass ein Spalt offen bleibt und das Gulasch 2 ½ bis 3 Stunden mehr ziehen als köcheln lassen.

3 Für das Gulaschgewürz den Knoblauch schälen und fein hacken. Mit Majoran, Kümmel und der Zitronenschale mischen. Das Paprikapulver mit wenig kaltem Wasser glatt rühren. Den restlichen Apfel in 1 cm große Würfel schneiden.

4 Die Fleischwürfel mit dem Schaumlöffel aus dem Topf nehmen. Das Gulaschgewürz mit dem angerührten Paprikapulver und der Sahne in die Sauce mixen und mit Salz und Cayennepfeffer abschmecken. Das Fleisch und die Apfelwürfel wieder in den Topf geben und das Kalbsrahmgulasch knapp unter dem Siedepunkt 10 Minuten ziehen lassen.

Kalbsgeschnetzeltes

600 g Kalbsfilet (in dünnen Scheiben; küchenfertig)
1 Zwiebel
300 g kleine feste Champignons
4 EL Öl · 100 ml Weißwein
200 ml Geflügelbrühe
200 g Sahne
1 gestr. TL Speisestärke
1 Knoblauchzehe (geschält und halbiert)
1 Scheibe Ingwer
1 Streifen unbehandelte Zitronenschale
Salz · Pfeffer aus der Mühle
1 EL Petersilienblätter (frisch geschnitten)

Für 4 Personen

1 Die Kalbsfiletscheiben in Streifen schneiden. Die Zwiebel schälen und in kleine Würfel schneiden. Die Champignons putzen, trocken abreiben und in Scheiben schneiden.

2 In einer Pfanne 2 EL Öl erhitzen und das Fleisch bei mittlerer Hitze portionsweise anbraten, wieder herausnehmen und beiseite stellen. 1 EL Öl in der Pfanne erhitzen und die Zwiebel darin bei milder Hitze glasig dünsten. Mit Weißwein ablöschen und stark einköcheln lassen. Die Brühe und die Sahne hinzufügen. Die Speisestärke mit wenig kaltem Wasser glatt rühren, in die Sauce rühren und 1 bis 2 Minuten leicht köcheln lassen. Knoblauch, Ingwer und Zitronenschale in die Sauce geben, einige Minuten ziehen lassen und wieder entfernen.

3 In einer zweiten Pfanne das restliche Öl erhitzen und die Pilze darin ein bis zwei Minuten anbraten. Mit Salz und Pfeffer würzen. Die Kalbfleischstreifen mit den Pilzen in die Sahnesauce geben. Mit Salz und Pfeffer abschmecken und mit Petersilie bestreuen.

HELL EINGEMACHTES KALBFLEISCH

1,2 kg Kalbfleisch (aus der Schulter, küchenfertig)
Salz · 1 Zwiebel
1 Lorbeerblatt · 2 Gewürznelken
1–2 TL Puderzucker
100 ml trockener Weißwein
1 l Gemüsebrühe
1/2 TL schwarze Pfefferkörner
120 g Sahne
1–2 TL Speisestärke
1 Knoblauchzehe (geschält und halbiert)
1 Scheibe Ingwer
2 Streifen unbehandelte Zitronenschale
3 Petersilienstiele
1 Estragonzweig · Cayennepfeffer
1 Spritzer Zitronensaft
10–20 g kalte Butter
1 EL frische Kräuterblätter (z. B. Petersilie, wenig Estragon, Kerbel)

Für 4 Personen

1 Das Kalbfleisch in 1 1/2 bis 2 cm große Stücke schneiden. In einem Topf reichlich Salzwasser erhitzen. Die Fleischstücke im siedenden Wasser 3 bis 4 Minuten garen. In ein Sieb abgießen und abtropfen lassen. Die Zwiebel schälen und das Lorbeerblatt mit den Gewürznelken darauf feststecken.

2 In einem Topf den Puderzucker hell karamellisieren lassen, mit dem Weißwein ablöschen und auf ein Drittel einköcheln. Die Brühe angießen, die Fleischwürfel und die gespickte Zwiebel hinzufügen und die Pfefferkörner hineinstreuen. Den Deckel so auflegen, dass ein Spalt offen bleibt. Das Fleisch bei milder Hitze 1 Stunde mehr ziehen als köcheln lassen.

3 Die Brühe durch ein Sieb in einen Topf gießen und das Kalbfleisch beiseite stellen. Die Brühe um ein Drittel einköcheln lassen und die Sahne unterrühren. Die Speisestärke mit wenig kaltem Wasser glatt rühren, in die Brühe rühren und knapp unter dem Siedepunkt 2 Minuten ziehen lassen.

4 Knoblauch, Ingwer, Zitronenschale, Petersilie und Estragon einige Minuten in der Sauce ziehen lassen und wieder entfernen. Die Sauce mit Salz, 1 Prise Cayennepfeffer und dem Zitronensaft abschmecken. Die Butter mit dem Stabmixer unterrühren und das Kalbfleisch in der Sauce erhitzen. Zum Anrichten mit den frischen Kräutern bestreuen.

Alfons Schuhbeck

»Zum Kalbfleisch passen Kräuterspinat (siehe Seite 309, Variante) und Kartoffel-Apfel-Püree (siehe Seite 322, Variante) oder Kartoffel-Zitronen-Püree (siehe Seite 322, Variante).«

KALBSRAHMBRATEN

2 Zwiebeln
1 Karotte
100 g Knollensellerie
2 reife Tomaten
2–3 EL Öl
1,5 kg Kalbsnuss (küchenfertig)
1 TL Puderzucker
1 EL Tomatenmark
150 ml kräftiger Rotwein
500 ml Geflügelbrühe
10 g getrocknete Champignons oder Egerlinge
1 Lorbeerblatt
3 Wacholderbeeren
100 g Sahne
2 Petersilienstiele
1 Knoblauchzehe (geschält und halbiert)
1 Streifen unbehandelte Zitronenschale
Salz · Cayennepfeffer

Für 4 Personen

1 Den Backofen auf 150 °C vorheizen. Zwiebeln, Karotte und Knollensellerie schälen und in 1 bis 2 cm große Würfel schneiden. Die Tomaten waschen, halbieren und achteln, dabei die Stielansätze entfernen.

2 In einem Bräter 1 bis 2 EL Öl erhitzen und die Kalbsnuss darin bei mittlerer Hitze rundherum anbraten. Das Fleisch herausnehmen und den Bräter mit Küchenpapier trocken tupfen. Den Puderzucker einstäuben und hell karamellisieren lassen. Das Tomatenmark unterrühren und etwas mitdünsten lassen. Mit der Hälfte des Rotweins ablöschen und die Flüssigkeit sirupartig einköcheln lassen. Den restlichen Rotwein angießen, nochmals einköcheln lassen und die Brühe angießen.

3 Das restliche Öl in einer Pfanne erhitzen. Zwiebeln, Karotte und Sellerie darin andünsten und mit den Tomaten in den Bräter geben. Das Kalbfleisch daraufsetzen und zugedeckt im Ofen auf der mittleren Schiene etwa 3 Stunden schmoren, dabei hin und wieder wenden.

4 Etwa 20 Minuten vor Ende der Garzeit die getrockneten Pilze, das Lorbeerblatt und die Wacholderbeeren in die Sauce streuen. Zum Schluss die Sahne unterrühren. Petersilie, Knoblauch und Zitronenschale hinzufügen und einige Minuten in der Sauce ziehen lassen.

5 Den Braten herausnehmen und in Scheiben schneiden. Die Sauce durch ein Sieb gießen, dabei das Gemüse gut ausdrücken und die Sauce mit Salz und 1 Prise Cayennepfeffer abschmecken. Das Fleisch nochmals in der Sauce erhitzen.

Alfons Schuhbeck

»Wenn Sie die Sahne durch saure Sahne ersetzen, darf die Sauce nicht mehr kochen, da saure Sahne im Gegensatz zu süßer Sahne bei zu hohen Temperaturen ausflockt. Sollte das dennoch einmal passieren, können Sie die Sauce mit dem Stabmixer wieder glatt mixen. Beabsichtigen Sie jedoch saure Sahne und Joghurt mitzukochen, verrühren Sie sie vorher mit 1 bis 2 TL Speisestärke, bevor Sie sie in das Gericht geben.«

Geschmorter Kalbstafelspitz mit Gemüsesauce

1 Zwiebel
1 Karotte
150 g Knollensellerie
2 Tomaten
1,2 kg Kalbstafelspitz (küchenfertig)
Salz · Pfeffer aus der Mühle
2–3 EL Öl
1 TL Puderzucker
300 ml kräftiger Rotwein
1 EL Tomatenmark
100 g passierte Tomaten (aus der Dose)
500 ml Geflügelbrühe
1 Lorbeerblatt · 4 Wacholderbeeren
1 TL schwarze Pfefferkörner
6 Pimentkörner
10 g gemischte getrocknete Pilze
1 Knoblauchzehe (geschält und halbiert)
1 Streifen unbehandelte Zitronenschale
2 Thymianzweige
30 g kalte Butter
1–2 TL scharfer Senf

Für 4 Personen

1 Den Backofen auf 150 °C vorheizen. Zwiebel, Karotte und Knollensellerie schälen und klein schneiden. Die Tomaten waschen, halbieren und klein schneiden, dabei den Stielansatz entfernen. Den Kalbstafelspitz mit Salz und Pfeffer würzen.

2 In einem Bräter 1 bis 2 EL Öl erhitzen und den Tafelspitz darin bei mittlerer Hitze rundherum anbraten, dann wieder herausnehmen. Den Puderzucker in den Topf stäuben, hell karamellisieren lassen und mit einem Drittel Rotwein ablöschen. Das Tomatenmark unterrühren und sirupartig einköcheln lassen. Den restlichen Rotwein auf zweimal angießen und jeweils einköcheln lassen.

3 Das restliche Öl in einer Pfanne erhitzen und Zwiebel, Karotte und Sellerie darin bei mittlerer Hitze andünsten. Gemüse mit den Tomaten, den passierten Tomaten und der Brühe in den Bräter geben und den Tafelspitz daraufsetzen. Zugedeckt im Ofen auf der mittleren Schiene etwa 3 Stunden weich schmoren, den Tafelspitz dabei mehrmals wenden. Nach etwa 2 1/2 Stunden das Lorbeerblatt, die Wacholderbeeren, die Pfeffer- und Pimentkörner sowie die getrockneten Pilze in die Sauce geben.

4 Das Fleisch aus dem Bräter nehmen und warm stellen. Die Sauce durch ein Sieb in einen Topf gießen und das Gemüse dabei kräftig ausdrücken. Knoblauch, Zitronenschale und Thymianzweige einige Minuten bei milder Hitze in der Sauce ziehen lassen und wieder entfernen. Die kalte Butter in kleinen Stücken und den Senf unterrühren. Die Sauce mit Salz und Pfeffer abschmecken, das Fleisch gegen den Faserverlauf in Scheiben schneiden und in der Sauce erhitzen. Die Fleischscheiben mit der Sauce auf vorgewärmten Tellern anrichten.

Alfons Schubbeck

»Durch den Rotwein behält das Gemüse auch nach längerer Garzeit seine Form. Möchten Sie das Gemüse zum Fleisch servieren, gießen Sie die Sauce durch ein Sieb, drücken das Gemüse dabei aber nicht aus, sondern stellen es beiseite.
Zum Binden der Sauce rühren Sie 1 bis 2 TL Speisestärke mit kaltem Wasser glatt, geben die Mischung in die Sauce und lassen sie 2 Minuten leicht köcheln.«

Gesottener Kalbstafelspitz mit pochiertem Ei auf Kohlrabigemüse

Für den Tafelspitz:

1–2 EL Öl
1,2 kg Kalbstafelspitz (küchenfertig)
Salz
1 braune Zwiebel · 1 Karotte
1 gelbe Karotte (ersatzweise Karotte)
150 g Knollensellerie
1 Petersilienwurzel
½ dünne Stange Lauch
1 Lorbeerblatt
3 Wacholderbeeren
½ TL schwarze Pfefferkörner
3 Petersilienstiele

Für das Kohlrabigemüse:

2 Kohlrabi · 1 EL Butter
125 ml Gemüsebrühe
4 EL Sahne
1 EL Petersilienblätter (frisch geschnitten)
Salz · Pfeffer aus der Mühle
frisch geriebene Muskatnuss

Für das pochierte Ei:

1 Schuss Essig
4–5 Eigelb

Für 4 Personen

1 Für den Tafelspitz das Öl in einem Bräter erhitzen und das Fleisch darin bei mittlerer Hitze rundherum anbraten. So viel Wasser angießen, dass das Fleisch gut bedeckt ist, und leicht salzen. Den Tafelspitz bei milder Hitze knapp unter dem Siedepunkt 1 ½ Stunden mehr ziehen als kochen lassen. Den aufsteigenden Schaum abschöpfen.

2 Die Zwiebel schälen und die Schalen zum Tafelspitz geben.

3 Karotten, Knollensellerie und Petersilienwurzel schälen, in Stücke schneiden und nach 30 Minuten Garzeit zum Tafelspitz geben. Den Lauch putzen, waschen und 15 Minuten vor Ende der Garzeit mit dem Lorbeerblatt, den Wacholderbeeren, den Pfefferkörnern und den Petersilienstielen in den Bräter geben.

4 Das Fleisch herausnehmen und die Brühe durch ein feines Sieb gießen und anderweitig verwenden (z. B. als klare Suppe oder zum Aufgießen von Risotto). Das Fleisch warm halten.

5 Für das Kohlrabigemüse die Kohlrabi schälen und holzige Teile entfernen. Die Knollen halbieren und quer in halbmondförmige Spalten schneiden. Junge Kohlrabiblätter in feine Streifen schneiden.

6 Die Butter in einem kleinen Topf zerlassen. Die Kohlrabistücke darin 1 bis 2 Minuten bei milder Hitze andünsten. Die Brühe hinzufügen und die Kohlrabi zugedeckt etwa 10 Minuten bissfest garen. Die Sahne mit den Kohlrabiblättern und der Petersilie unterrühren und das Gemüse mit Salz, Pfeffer und 1 Prise Muskatnuss würzen.

7 Für das pochierte Ei in einem Topf reichlich Wasser aufkochen, den Essig hinzufügen und den Topf vom Herd nehmen. Das Wasser mit einem Kochlöffel in eine Richtung rühren, bis es sich dreht, und die Eigelbe nacheinander hineingleiten lassen. Diie Eier 3 bis 4 Minuten ziehen lassen und sofort anrichten.

8 Zum Servieren den Tafelspitz in Scheiben schneiden und mit dem Kohlrabigemüse auf vorgewärmten Tellern anrichten. Je ein pochiertes Eigelb daraufsetzen und nach Belieben mit etwas Schnittlauchsauce (siehe Seite 236) beträufeln.

GEFÜLLTE MILCHKALBSBRUST MIT SCHMORGEMÜSE

Für die Füllung:

2 EL getrocknete Totentrompetenpilze
250 g Toastbrot (entrindet)
½ Zwiebel · 1 EL Butter
200 ml Milch · 3 Eier
1 EL Petersilienblätter (frisch geschnitten)
Salz · Pfeffer aus der Mühle
frisch geriebene Muskatnuss

Für die Kalbsbrust:

1,5 kg Milchkalbsbrust (küchenfertig)
Salz · Pfeffer aus der Mühle
3 Zwiebeln · 2 Karotten
200 g Knollensellerie
1 TL Puderzucker
1 TL Tomatenmark
250 ml Rotwein
1 EL Öl
500 ml Geflügelbrühe
1 Lorbeerblatt
1–2 TL Speisestärke
3 Petersilienstiele
1 Knoblauchzehe (geschält und halbiert)
1 Scheibe Ingwer
1 Streifen unbehandelte Zitronenschale
20 g kalte Butter

Für 4–6 Personen

1 Für die Füllung etwas Wasser in einem kleinen Topf aufkochen. Die getrockneten Pilze darin 5 Minuten köcheln lassen. In ein Sieb abgießen, kalt abschrecken, abtropfen lassen und klein schneiden. Das Toastbrot in Würfel schneiden und in eine Schüssel geben.

2 Die Zwiebel schälen und in kleine Würfel schneiden. Die Butter in einer Pfanne zerlassen und die Zwiebelwürfel darin glasig dünsten. Die Milch aufkochen. Die Eier in einer Schüssel verquirlen, die heiße Milch langsam dazugießen und mit den Eiern verrühren. Die Eiermilch über das Toastbrot gießen und mit den Pilzen, der Zwiebel und der Petersilie vermischen. Die Brotmasse mit Salz, Pfeffer und Muskatnuss würzen.

3 Für die Kalbsbrust mit einem scharfen Messer in das Fleisch eine Tasche einschneiden und innen und außen mit Salz und Pfeffer würzen. Kalbsbrust nicht ganz mit der Brotmasse füllen und die offene Seite mit Rouladennadeln verschließen oder zunähen. Die Zwiebeln, die Karotten und den Knollensellerie schälen und in 1 bis 2 cm große Stücke schneiden. Den Backofen auf 150 °C vorheizen.

4 Den Puderzucker in einem großen Bräter karamellisieren lassen. Das Tomatenmark unterrühren und kurz andünsten. Nach und nach mit je einem Drittel Rotwein ablöschen und jeweils einköcheln lassen. Das Öl in einer Pfanne erhitzen und das Gemüse darin bei mittlerer Hitze andünsten. Mit der Brühe in den Bräter geben. Die Kalbsbrust daraufsetzen und im Ofen auf der mittleren Schiene 3 bis 3 ½ Stunden schmoren lassen. Dabei mehrmals mit dem Schmorsud begießen.

5 Die Kalbsbrust aus dem Bräter nehmen und warm stellen. Die Sauce durch ein Sieb in einen Topf gießen, das Gemüse beiseite stellen. Das Lorbeerblatt in den Topf geben und die Sauce um ein Drittel einköcheln lassen. Die Speisestärke mit wenig kaltem Wasser glatt rühren, in die Sauce mischen und 2 Minuten leicht köcheln lassen. Die Blätter von der Petersilie abzupfen und beiseite legen. Petersilienstiele, Knoblauch, Ingwer und Zitronenschale in die Sauce geben und einige Minuten darin ziehen lassen. Die Gewürze entfernen.

6 Das Gemüse wieder in den Topf geben und die Sauce mit Salz und Pfeffer würzen. Die Butter in Stücken hinzufügen und die Sauce nochmals erhitzen. Die Petersilienblätter klein schneiden und unterrühren. Die Milchkalbsbrust in Scheiben schneiden und mit dem Schmorgemüse und der Sauce auf vorgewärmte Teller verteilen.

Kalbsfilet im Ganzen gebraten

1–2 TL Öl
500 g Kalbsfilet
(küchenfertig; Mittelstück)
aromatisierte Butter nach Wahl
(z. B. Zitronen-Orangen-Butter,
siehe Seite 199)
Salz · Pfeffer aus der Mühle

Für 4 Personen

1 Den Backofen auf 100 °C vorheizen. Ein Ofengitter auf die mittlere Schiene und darunter ein Abtropfblech schieben.

2 Das Öl in einer Pfanne erhitzen. Das Kalbsfilet darin bei mittlerer Hitze rundherum anbraten. Das Fleisch aus der Pfanne nehmen und im Ofen auf dem Ofengitter etwa 1 1/2 Stunden rosa garen.

3 Die Gewürzbutter in einer Pfanne zubereiten, das Kalbsfilet darin bei milder Hitze wenden und mit Salz und Pfeffer würzen.

Kalbsrücken im Ganzen gebraten

1–2 TL Öl
1 kg Kalbsrücken (küchenfertig)
aromatisierte Butter nach Wahl
(z. B. Thymianbutter
siehe Seite 220)
Salz · Pfeffer aus der Mühle

Für 4 Personen

1 Den Backofen auf 100 °C vorheizen. Ein Ofengitter auf die mittlere Schiene und darunter ein Abtropfblech schieben.

2 Das Öl in einer Pfanne erhitzen. Den Kalbsrücken darin bei mittlerer Hitze rundherum anbraten. Das Fleisch aus der Pfanne nehmen und im Ofen auf dem Ofengitter etwa 2 Stunden rosa garen.

3 Die Gewürzbutter in einer Pfanne zubereiten, den Kalbsrücken darin bei milder Hitze wenden und mit Salz und Pfeffer würzen.

Korianderbutter

1 TL Korianderkörner
4 EL Butter
1 Knoblauchzehe
1 Scheibe Ingwer
1 Streifen oder 1/2 TL abgeriebene
unbehandelte Orangenschale

Für 4 Personen

1 Die Korianderkörner in einer beschichteten Pfanne ohne Fett bei milder Hitze rösten, bis sie zu duften beginnen.

2 Die Pfanne vom Herd nehmen und die Butter darin zerlassen. Den Knoblauch schälen, in Scheiben schneiden und mit dem Ingwer und der Orangenschale in die Pfanne geben. 3 bis 4 Minuten in der flüssigen Butter ziehen lassen.

GEBRATENES KALBSKOTELETT

1–2 TL Öl
4 Kalbskoteletts
(à 320–350 g; küchenfertig)
aromatisierte Butter nach Wahl
(z. B. Kräuterbutter, siehe unten)
Salz · Pfeffer aus der Mühle

Für 4 Personen

1 Den Backofen auf 100 °C vorheizen. Ein Ofengitter auf die mittlere Schiene und darunter ein Abtropfblech schieben.

2 Das Öl in einer Pfanne erhitzen. Die Koteletts darin bei milder Hitze auf beiden Seiten anbraten. Das Fleisch aus der Pfanne nehmen und im Ofen auf dem Ofengitter gut 1 Stunde rosa garen.

3 Die Gewürzbutter in einer Pfanne zubereiten, die Koteletts darin bei milder Hitze wenden und mit Salz und Pfeffer würzen.

Alfons Schuhbeck

»Auf die gleiche Weise bereite ich auch Schweine- und Rinderkoteletts zu. Der Bratensatz aus der Pfanne können Sie mit einem Schuss Weißwein oder Cognac ablöschen und zur aromatisierten Butter geben.«

KRÄUTERBUTTER

1 Schalotte
4 EL Butter
1 Knoblauchzehe
1 Scheibe Ingwer
1 Streifen unbehandelte Zitronenschale
1–2 EL Kräuterblätter (z. B. Dill, Petersilie, Basilikum, Kerbel, wenig Estragon; frisch geschnitten)

Für 4 Personen

1 Die Schalotte schälen und in sehr kleine Würfel schneiden. In einer Pfanne 1 EL Butter zerlassen und die Schalotte darin bei milder Hitze glasig dünsten. Den Knoblauch schälen und halbieren.

2 Die restliche Butter mit dem Knoblauch, dem Ingwer, der Zitronenschale und den Kräutern hinzufügen, 3 bis 4 Minuten darin ziehen lassen und dann wieder entfernen.

Alfons Schuhbeck

»Nach Belieben kann bei allen Gewürzbutter-Variationen ein Teil der Buttermenge durch braune Butter (siehe Seite 46), hochwertiges Olivenöl oder ein beliebiges anderes Öl, wie z. B. Arganöl, ersetzt werden. Wenn Sie die gesamte Buttermenge durch Öl ersetzen, achten Sie darauf, dass das Öl nicht zu heiß wird und damit Geschmack und wertvolle Inhaltsstoffe verliert.«

GRATINIERTE KALBSBACKERL MIT GLASIERTEN SCHALOTTEN

Für die Kalbsbackerl:

2–3 EL Öl
12 Kalbsbackerl (à 150 g; küchenfertig)
1 TL Puderzucker
1 EL Tomatenmark
300 ml Rotwein
2 Zwiebeln
1 Karotte
1 Petersilienwurzel
120 g Knollensellerie
1 l Geflügelbrühe
½ TL Senfkörner
1 TL Speisestärke
1 Thymianzweig
1 Streifen unbehandelte Zitronenschale
1 Knoblauchzehe (geschält und halbiert)
1 Scheibe Ingwer
1 TL Koriandersamen
Salz · Pfeffer aus der Mühle

Für die Schalotten:

500 g Schalotten
1–2 TL Puderzucker
1 EL Butter
Salz · Pfeffer aus der Mühle
1 Thymianzweig

Außerdem:

Öl für das Blech
Kräuter-Gratiniermasse (siehe Seite 233)

Für 4 Personen

1 Für die Kalbsbackerl in einem Schmortopf 1 bis 2 EL Öl erhitzen und die Kalbsbackerl darin bei mittlerer Hitze rundherum anbraten, wieder herausnehmen. Den Puderzucker in den Schmortopf stäuben und hell karamellisieren lassen. Das Tomatenmark unterrühren und kurz andünsten. Nach und nach mit je einem Drittel Rotwein ablöschen und jeweils einköcheln lassen.

2 Die Zwiebeln, die Karotte, die Petersilienwurzel und den Knollensellerie schälen und in 1 cm große Stücke schneiden.Das restliche Öl in einer Pfanne erhitzen und das Gemüse darin andünsten, mit den Kalbsbackerln in den Schmortopf geben und die Brühe angießen. Die Backerl sollten dabei mit Flüssigkeit bedeckt sein. Den Deckel so auflegen, dass ein Spalt offen bleibt. Kalbsbackerl bei milder Hitze etwa 3 Stunden weich schmoren. Den Deckel nach 2 Stunden Garzeit abnehmen.

3 Die Backerl herausnehmen, die Senfkörner in die Sauce streuen und die Sauce etwas einköcheln lassen. Die Speisestärke mit wenig kaltem Wasser glatt rühren, in die Sauce rühren und 2 Minuten köcheln lassen. Thymianzweig, Zitronenschale, Knoblauch und Ingwer hinzufügen und einige Minuten ziehen lassen. Die Sauce durch ein Sieb in einen Topf gießen, dabei das Gemüse etwas ausdrücken. Koriander in eine Gewürzmühle füllen. Die Sauce mit Salz, Pfeffer und Koriander aus der Mühle würzen. Die Backerl wieder in die Sauce geben und darin erwärmen.

4 Die Schalotten schälen und halbieren. In einer tiefen Pfanne den Puderzucker hell karamellisieren lassen. Die Butter hinzufügen und zerlassen. Die Schalotten darin glasig dünsten. Etwas Schmorsauce vom Fleisch angießen und die Schalotten bei milder Hitze etwa 20 Minuten garen. Mit Salz und Pfeffer würzen. Die Schalotten sollten mit einer glänzenden Saucenschicht überzogen sein, aber nicht in der Sauce schwimmen. Falls nötig, beim Schmoren etwas Sauce nachgießen. Kurz vor dem Garzeitende den Thymianzweig hinzufügen, einige Minuten mitschmoren, anschließend wieder entfernen.

5 Den Backofengrill einschalten. Die Kalbsbackerl aus der Sauce nehmen, gut abtropfen lassen und nebeneinander auf ein geöltes Backblech setzen. Die gekühlte Kräutergratiniermasse in Scheiben schneiden und die Backerl damit belegen. Die Backerl unter dem Grill auf der untersten Schiene 4 bis 5 Minuten goldbraun überbacken. Mit den Schalotten und etwas Schmorsauce auf vorgewärmten Tellern anrichten. Dazu passen kleine, gekochte, kurz in einer Pfanne geschwenkte Kartoffeln.

KALBSZUNGE MIT MEERRETTICHSAUCE

Für die Zunge:

Salz
1 Zwiebel
1 Lorbeerblatt
2 Gewürznelken
1 gepökelte Kalbszunge (ca. 800 g; küchenfertig)
1 TL schwarze Pfefferkörner

Für die Sauce:

2 kleinere mehlig kochende Kartoffeln (ca. 160 g)
1–2 TL Puderzucker
100 ml trockener Weißwein
200 g Sahne
1–2 EL Sahnemeerrettich (aus dem Glas)
20 g kalte Butter
Salz · Cayennepfeffer
Zucker

Für 4 Personen

1 Für die Zunge in einem Topf reichlich Salzwasser aufkochen. Die Zwiebel schälen und das Lorbeerblatt mit den Gewürznelken darauf feststecken. Die Kalbszunge waschen, ins kochende Wasser geben, die Pfefferkörner und die gespickte Zwiebel hinzufügen und die Zunge am Siedepunkt 3 1/2 Stunden ziehen lassen, bis sie weich ist. Die Brühe durch ein Sieb in einen Topf gießen. Die Zunge kalt abschrecken, häuten und wieder in die Brühe geben.

2 Für die Sauce 500 ml Brühe von der Kalbszunge abmessen und in einen kleinen Topf gießen. Die Kartoffeln schälen, waschen, in 1/2 cm große Würfel schneiden und in der Brühe knapp unter dem Siedepunkt 10 bis 15 Minuten weich garen.

3 Den Puderzucker in einem kleinen Topf hell karamellisieren lassen, mit Weißwein ablöschen und auf ein Drittel einköcheln lassen. Die Brühe mit den Kartoffelwürfeln, der Sahne und den Meerrettich zum Weißwein geben und alles mit dem Stabmixer zu einer sämigen Sauce pürieren. Die Butter untermixen und die Sauce mit Salz und je 1 Prise Cayennepfeffer und Zucker würzen.

4 Die Zunge in 1/2 bis 1 cm dicke Scheiben schneiden und in der Brühe erhitzen, aber nicht kochen lassen. Die Kalbszungenscheiben mit der Meerrettichsauce auf vorgewärmten Tellern anrichten.

Alfons Schuhbeck

»Die Sauce kann anstelle von Meerrettich mit fein geschnittenem Estragon und etwas scharfem Senf oder mit frisch geschnittener Petersilie und abgeriebener Zitronenschale aromatisiert werden. Für eine Limettensauce wird die abgeriebene Schale von 1 unbehandelten Limette untergerührt, für Zitronen-Orangen-Sauce etwas abgeriebene Zitronen- und Orangenschale. Oder Sie geben in die Brühe 1 Thymianzweig, 1 Streifen Zitronenschale und 1 halbierte Knoblauchzehe, die anschließend wieder entfernt werden.«

LEBER MIT ZWIEBELSAUCE

Für die Sauce:

2 Zwiebeln
3 EL Butter
½–1 TL Tomatenmark
70 ml Portwein
125 ml kräftiger Rotwein
400 ml Geflügelbrühe
1 kleines Lorbeerblatt
1 EL Speisestärke
getrockneter Majoran
Salz · Pfeffer aus der Mühle
½ Knoblauchzehe (geschält)
1 Streifen unbehandelte Zitronenschale

Für die Leber:

700 g Kalbsleber (küchenfertig)
1–2 EL Öl

Für die Apfelspalten:

1 Apfel · 1–2 TL Puderzucker
1 EL Butter

Für 4 Personen

1 Für die Sauce die Zwiebeln schälen, halbieren und in dünne Streifen schneiden. In einer Pfanne 1 bis 2 EL Butter zerlassen und die Zwiebeln darin bei milder Hitze goldbraun anbraten. Das Tomatenmark unterrühren, mit Portwein und Rotwein ablöschen und sämig einköcheln lassen. Die Brühe angießen und das Lorbeerblatt hinzufügen. Die Sauce knapp unter dem Siedepunkt 10 Minuten ziehen lassen.

2 Die Speisestärke mit wenig kaltem Wasser glatt rühren, in die Sauce rühren und 2 Minuten sanft köcheln lassen. Die Sauce mit 1 Prise Majoran, Salz und Pfeffer würzen. Den Knoblauch und die Zitronenschale einige Minuten in der Sauce ziehen lassen und mit dem Lorbeerblatt wieder entfernen. Die restliche Butter in der Sauce zerlassen.

3 Die Leber waschen, trocken tupfen und in 5 bis 8 mm dicke Scheiben schneiden. Das Öl in einer Pfanne erhitzen und die Kalbsleberscheiben darin bei mittlerer Hitze auf beiden Seiten je etwa ½ Minute braten. Auf Küchenpapier abtropfen lassen, in die Sauce geben und warm halten, aber nicht mehr kochen lassen.

4 Für die Apfelspalten den Apfel waschen, vierteln, das Kerngehäuse entfernen und das Fruchtfleisch in schmale Spalten schneiden. In einer Pfanne bei milder Hitze den Puderzucker hell karamellisieren lassen, die Apfelspalten darin auf beiden Seiten anbräunen. Die Butter hinzufügen und zerlassen. Die Kalbsleber in der Zwiebelsauce mit den gebratenen Apfelspalten auf vorgewärmten Tellern anrichten.

Alfons Schuhbeck

»Sehr fein schmecken die Leberscheiben, wenn Sie sie vor dem Braten mit hauchdünnen Rohschinkenscheiben umwickeln und nach Belieben noch je 1 Salbeiblatt dazwischenlegen. Und anstelle von Apfelspalten passen auch Pfirsich- oder Birnenspalten. Wenn ich Leber in einer unbeschichteten Pfanne brate, wende ich sie zuvor in doppelgriffigem Mehl (Wiener Grießler).«

Saure Leber

Für die Sauce:

2 Zwiebeln · 3 EL Butter
½–1 TL Tomatenmark
5 EL Rotweinessig
125 ml Rotwein
400 ml Geflügelbrühe
1 kleines Lorbeerblatt
1 TL Speisestärke
Salz · Pfeffer aus der Mühle
Zucker · getrockneter Majoran
1 Streifen unbehandelte Zitronenschale
½ Knoblauchzehe (geschält)

Für die Leber:

700 g Kalbsleber (küchenfertig)
1–2 EL Öl

Für 4 Personen

1 Für die Sauce die Zwiebeln schälen, halbieren und quer in Streifen schneiden. In einer Pfanne 1 bis 2 EL Butter zerlassen und die Zwiebeln darin bei milder Hitze anbraten. Das Tomatenmark unterrühren, mit Essig und Rotwein ablöschen und sämig einkochen lassen. Die Geflügelbrühe angießen und das Lorbeerblatt hinzufügen. Die Sauce 10 Minuten knapp unter dem Siedepunkt ziehen lassen.

2 Die Speisestärke mit wenig kaltem Wasser glatt rühren, in die Sauce rühren und 2 Minuten leicht köcheln lassen. Mit Salz, Pfeffer, je 1 Prise Zucker und Majoran würzen. Die Zitronenschale und den Knoblauch hinzufügen, einige Minuten in der Sauce ziehen lassen und mit dem Lorbeerblatt entfernen. Die restliche Butter in der Sauce zerlassen.

3 Die Leber waschen, trocken tupfen und erst in ½ cm dicke Scheiben, dann schräg in ½ bis 1 cm breite Streifen schneiden. Das Öl in einer Pfanne erhitzen und die Leberstreifen darin bei mittlerer Hitze portionsweise jeweils etwa 1 Minuten anbraten. Gebratene Leber in die Zwiebelsauce geben und etwa 2 Minuten darin ziehen, aber nicht mehr kochen lassen.

Alfons Schuhbeck

»Statt Rotweinessig können Sie auch andere Essigsorten verwenden. Milder und besonders fein im Geschmack ist Aceto balsamico.«

Gebratene Kalbsnieren

3 Kalbsnieren (à ca. 180 g; küchenfertig)
1–2 EL Öl
1 TL Puderzucker · 50 ml Rotwein
400 ml braune Sauce (siehe Seite 234)
1 TL scharfer Senf
10 g kalte Butter
Salz · Pfeffer aus der Mühle
je 1 TL Petersilien- und Kerbelblätter (frisch geschnitten)

Für 4 Personen

1 Die Nieren waschen und mit Küchenpapier trocken tupfen. Mit einem scharfen Messer in die einzelnen »Röschen« schneiden und dabei größere Adern entfernen.

2 Das Öl in einer Pfanne erhitzen und die Nierenstücke darin bei mittlerer Hitze portionsweise anbraten, herausnehmen und warm stellen.

3 Für die Sauce den Puderzucker im Bratensatz hell karamellisieren lassen. Mit dem Rotwein ablöschen, die braunc Sauce dazugießen und auf die Hälfte einköcheln lassen. Den Senf und die Butter unterrühren und mit Salz und Pfeffer abschmecken. Die Nieren in der Sauce erwärmen, mit Salz und Pfeffer nachwürzen und mit den Kräutern bestreut servieren.

Kalbshaxe im Ganzen geschmort

2 Zwiebeln
1 Karotte
120 g Knollensellerie
2–3 EL Öl
1 Kalbshaxe (3 kg; küchenfertig)
2 TL Puderzucker
1 EL Tomatenmark
150 ml Rotwein
500 ml Geflügelbrühe
1 Lorbeerblatt
1/2 TL schwarze Pfefferkörner
1 Knoblauchzehe (geschält)
1 Scheibe Ingwer
1 Streifen unbehandelte Zitronenschale
1 Thymianzweig
Salz · Pfeffer aus der Mühle

Für 4 Personen

1 Den Backofen auf 160 °C vorheizen. Die Zwiebeln, die Karotte und den Knollensellerie schälen. Die Zwiebeln klein schneiden, Karotte und Sellerie in Stücke schneiden.

2 In einem Bräter 1 bis 2 EL Öl erhitzen. Die Kalbshaxe darin bei mittlerer Hitze rundherum anbraten und herausnehmen. Das Fett mit Küchenpapier aus dem Bräter tupfen. Den Puderzucker in den Bräter stäuben und hell karamellisieren lassen. Das Tomatenmark unterrühren und kurz mitdünsten. Mit der Hälfte des Rotweins ablöschen und sirupartig einköcheln. Den restlichen Rotwein angießen und ebenfalls einköcheln lassen.

3 Das restliche Öl in einer Pfanne erhitzen und das Gemüse bei mittlerer Hitze darin andünsten. Gemüse in den Bräter geben und die Brühe angießen. Die Kalbshaxe daraufsetzen und zugedeckt im Ofen auf der mittleren Schiene 4 1/2 Stunden schmoren, dabei mehrmals wenden. Nach 2 Stunden den Deckel abnehmen und die Kalbshaxe gelegentlich mit der Sauce begießen.

4 Die Kalbshaxe aus dem Bräter nehmen. Das Lorbeerblatt und die Pfefferkörner in die Sauce geben und die Sauce bei mittlerer Hitze auf dem Herd etwas einköcheln lassen. Knoblauch, Ingwer, Zitronenschale und Thymian einige Minuten in der Sauce ziehen lassen. Die Sauce durch ein Sieb gießen und das Gemüse dabei gut ausdrücken. Die Sauce mit Salz abschmecken. Die Kalbshaxe in Scheiben schneiden, mit Salz und Pfeffer würzen und mit der Sauce anrichten.

Alfons Schuhbeck

»Noch saftiger wird die Kalbshaxe nach folgender Methode: Die Haxe nicht anbraten, sondern 1 bis 2 Stunden dämpfen. Dann den Puderzucker karamellisieren und mit den restlichen Zutaten wie oben beschrieben die Sauce ansetzen. Die Kalbshaxe darauf geben, schmoren und wie beschrieben fertigstellen.«

PAPRIKARAHMSCHNITZEL

Für die Sauce:

1 rote Paprikaschote
1 EL Öl
1/2 Zwiebel
1 TL Puderzucker
250 ml Gemüsebrühe
80 g Sahne
Salz · Cayennepfeffer
1/2 TL Paprikapulver (edelsüß)
1 Streifen unbehandelte Zitronenschale
2 Scheiben Knoblauch
20 g kalte Butter

Für die Schnitzel:

8 kleine, dünne Kalbsschnitzel (à 70 g; aus der Oberschale)
Öl für die Folie
Salz · Pfeffer aus der Mühle
1–2 TL Öl zum Braten

Für 4 Personen

1 Für die Sauce den Backofengrill einschalten. Die Paprikaschote längs vierteln, entkernen und waschen. Die Paprikaviertel mit der Schale nach oben auf ein Backblech legen und mit dem Öl bestreichen. Paprika im Ofen auf der obersten Schiene garen, bis die Haut dunkle Blasen wirft. Die Paprikaviertel aus dem Ofen nehmen, kurz abkühlen lassen und die Haut abziehen. Die Paprikaschote in kleine Stücke schneiden.

2 Die Zwiebel schälen und in kleine Würfel schneiden. Den Puderzucker in einem Topf bei milder Hitze hell karamellisieren lassen. Die Zwiebel darin glasig dünsten und die Paprikastücke hinzufügen. Die Brühe angießen und das Gemüse darin knapp unter dem Siedepunkt 10 bis 15 Minuten gar ziehen lassen.

3 Die Sahne hinzufügen und die Paprikasauce im Küchenmixer oder mit dem Stabmixer fein pürieren. Zurück auf den Herd stellen und mit Salz, 1 Prise Cayennepfeffer und Paprikapulver herzhaft abschmecken. Zitronenschale und Knoblauch hinzufügen, einige Minuten in der Sauce ziehen lassen und wieder entfernen. Die kalte Butter in die Sauce mixen und falls nötig nochmals abschmecken.

4 Für die Schnitzel die Kalbsschnitzel zwischen zwei Lagen geölter Frischhaltefolie dünn klopfen und mit Salz und Pfeffer würzen. Das Öl in einer Pfanne erhitzen und die Schnitzel darin bei mittlerer Hitze auf beiden Seiten anbraten. Mit der Sauce auf vorgewärmten Tellern anrichten.

Alfons Schuhbeck

»Diese Sauce erhält durch das pürierte Gemüse eine natürliche Bindung, sodass auf Mehl oder Speisestärke verzichtet werden kann. Die Paprikaschote gibt der Sauce einen feinen Röstgeschmack. Wenn Sie möchten, löschen Sie den Bratensatz in der Pfanne mit Geflügelbrühe ab und geben ihn in die Sauce.
Anstelle von Kalbsschnitzel können Sie auch Schweine- oder Putenschnitzel verwenden.«

Champignonrahmschnitzel

300 ml Gemüsebrühe
2 EL getrocknete Champignons oder Egerlinge
8 kleine Kalbsschnitzel (à 70 g)
Öl für die Folie
2 EL Öl
50 ml trockener Weißwein
150 g Sahne · 1 EL Speisestärke
1 Knoblauchzehe (geschält und halbiert)
1 Scheibe Ingwer
1 Streifen unbehandelte Zitronenschale
Salz · Cayennepfeffer
gemahlener Kümmel
150 g Champignons
Pfeffer aus der Mühle
1 EL Petersilienblätter (frisch geschnitten)

Für 4 Personen

1 Die Brühe in einem Topf erhitzen und vom Herd nehmen. Die getrockneten Pilze hinzufügen und 20 Minuten ziehen lassen. In ein Sieb abgießen und den Sud auffangen.

2 Die Schnitzel zwischen zwei Lagen geölter Frischhaltefolie dünn klopfen. In einer Pfanne 1 bis 2 TL Öl erhitzen. Die Schnitzel darin auf beiden Seiten kurz anbraten und wieder herausnehmen. Den Bratensatz mit Weißwein ablöschen, stark einköcheln lassen und den Pilzsud und die Sahne hinzufügen.

3 Die Speisestärke mit wenig kaltem Wasser glatt rühren, in die Sauce rühren und 2 Minuten leicht köcheln lassen. Knoblauch, Ingwer und Zitronenschale in die Sauce geben, einige Minuten darin ziehen lassen und wieder entfernen. Die Sauce mit Salz und je 1 Prise Cayennepfeffer und Kümmel würzen.

4 Die Champignons putzen, trocken abreiben und in etwa $1/2$ cm dicke Scheiben schneiden. Das restliche Öl in einer Pfanne erhitzen und die Pilze darin portionsweise 1 bis 2 Minuten braten, mit Salz und Pfeffer würzen und zuletzt die Petersilie hinzufügen. Die Pilze in die Sauce geben und die Schnitzel darin erwärmen.

Wiener Schnitzel

2 Eier
1 EL geschlagene Sahne
80 g doppelgriffiges Mehl (Wiener Grießler)
200 g Weißbrotbrösel
8 kleine dünne Kalbsschnitzel (à 60 g; aus der Oberschale)
Salz · Pfeffer aus der Mühle
200 ml Öl zum Braten
1 EL Butter
Saft von $1/2$ Zitrone

Für 4 Personen

1 Die Eier mit der Sahne in einem tiefen Teller verquirlen. Das Mehl und die Weißbrotbrösel ebenfalls jeweils in tiefe Teller geben. Die Kalbsschnitzel mit Salz und Pfeffer würzen. Nacheinander zuerst im Mehl wenden, dabei überschüssiges Mehl abklopfen, dann durch die Eier-Sahne-Mischung ziehen. Zum Schluss in den Weißbrotbröseln panieren, dabei die Brösel nicht zu fest andrücken.

2 Das Öl in einer Pfanne bei mittlerer Temperatur erhitzen. Die panierten Schnitzel darin zuerst auf einer Seite goldbraun backen, dann wenden. Das Fett durch eine leichte Vor- und Rückbewegung der Pfanne über die Schnitzel »schwappen« lassen, sodass die Panade sich wellenartig wölbt. Zusätzlich kann man die Schnitzel noch mit einem Löffel mit heißem Öl begießen, bis sie schön goldbraun sind. Zum Schluss die Butter in der Pfanne zerlassen.

3 Die fertigen Schnitzel aus der Pfanne nehmen und auf Küchenpapier abtropfen lassen. Leicht salzen und mit etwas Zitronensaft beträufeln.

Dickes Rinderfiletsteak

4 Rinderfiletsteaks (à 5–6 cm dick, insgesamt ca. 800 g; Mittelstück)
1–2 TL Öl
aromatisierte Butter nach Wahl (z. B. Kardamombutter, siehe Seite 228)
Salz · Pfeffer aus der Mühle

Für 4 Personen

1 Den Backofen auf 100 °C vorheizen. Ein Ofengitter auf die mittlere Schiene und darunter ein Abtropfblech schieben. Die Steaks mit dem Handballen etwas flachdrücken. Das Öl in einer Pfanne erhitzen und die Steaks darin bei mittlerer Hitze rundherum anbraten. Das Fleisch aus der Pfanne nehmen und auf dem Ofengitter 50 bis 60 Minuten rosa garen.

2 Die Gewürzbutter in einer Pfanne zubereiten, die Steaks darin bei milder Hitze wenden und mit Salz und Pfeffer würzen.

Alfons Schubbeck

»Auf die gleiche Weise können Sie dicke Kalbsfiletsteaks oder Rinderrückensteaks (2 bis 3 cm dick) zubereiten.«

Rinderfilet im Ganzen gebraten

1–2 TL Öl
800 g Rinderfilet (Mittelstück)
aromatisierte Butter nach Wahl (z. B. Kardamombutter, siehe Seite 228)
Salz · Pfeffer aus der Mühle

Für 4 Personen

1 Den Backofen auf 100 °C vorheizen. Ein Ofengitter auf die mittlere Schiene und darunter ein Abtropfblech schieben.

2 Das Öl in einer Pfanne erhitzen und das Rinderfilet darin bei mittlerer Hitze rundherum anbraten. Das Fleisch aus der Pfanne nehmen und im Ofen auf dem Ofengitter etwa 2 Stunden rosa garen.

3 Die Gewürzbutter in einer Pfanne zubereiten, das Filet darin bei milder Hitze wenden und mit Salz und Pfeffer würzen.

Thymianbutter

4 EL Butter
1 Knoblauchzehe (geschält)
1 Thymianzweig
1 Streifen oder 1/2 TL abgeriebene unbehandelte Zitronenschale

Für 4 Personen

Die Butter in einer Pfanne bei milder Hitze zerlassen. Den Knoblauch in Scheiben schneiden und mit dem Thymianzweig und der Zitronenschale in die flüssige Butter geben und darin 3 bis 4 Minuten ziehen lassen, dann wieder entfernen.

Dünnes Rinderfiletsteak

4 Rinderfiletsteaks (à 1 1/2–2 cm dick, insgesamt ca. 300 g; Mittelstück)
1–2 TL Öl
aromatisierte Butter nach Wahl (z.B. Thymianbutter, siehe Seite 220)
Salz · Pfeffer aus der Mühle

Für 4 Personen

1 Die Filetsteaks mit dem Handballen etwas flachdrücken. Das Öl in einer Pfanne erhitzen und die Steaks darin bei mittlerer Hitze 2 1/2 bis 3 Minuten anbraten, bis das Fleisch an der Oberfläche leicht zu schwitzen beginnt und sich nach oben wölbt. Die Steaks wenden, noch einmal 2 1/2 bis 3 Minuten braten, bis sich die Fleischstücke wieder nach oben wölben und an der Oberfläche rötlicher Fleischsaft zu sehen ist.

2 Die Steaks vom Herd nehmen und in der Pfanne noch eine Minute ziehen lassen. Die Gewürzbutter in einer Pfanne zubereiten, die Steaks darin bei milder Hitze wenden und mit Salz und Pfeffer würzen.

Alfons Schubbeck

»Auf die gleiche Weise können Sie Kalbsfiletsteaks zubereiten. Beim Anbraten verwende ich immer möglichst wenig Fett, so wird das Fleisch sehr aromatisch und am Pfannenboden bildet sich ein guter Bratensatz, der mit Wein oder Brühe abgelöscht und für Sauce verwendet werden kann.«

Rotwein-Butter-Sauce

1 TL Puderzucker
100 ml Portwein
100 ml kräftiger Rotwein
100 g sehr kalte Butter
Salz · Pfeffer aus der Mühle

Für 4 Personen

1 Den Puderzucker in einen Topf oder eine Pfanne sieben und darin bei mittlerer Hitze karamellisieren lassen. Portwein und Rotwein angießen und auf ein Drittel einköcheln lassen.

2 Die kalte Butter in Würfel schneiden. Die Butterwürfel nacheinander bei milder Hitze unter ständigem Rühren in die Sauce geben, die Pfanne dazu gegebenenfalls vom Herd nehmen. Mit Salz und Pfeffer abschmecken und sofort servieren.

Alfons Schubbeck

»Diese Sauce passt gut zu kurz gebratenem Rindfleisch und zu Fisch, z. B. Seeteufel-, Zander- oder Wolfsbarschfilet, besonders in Kombination mit Blattspinat und einer Rahmsauce.«

RINDERGULASCH

1 kg Rindfleisch (aus Wade oder Schulter)
1 kg Zwiebeln
2 EL Öl
1 EL Tomatenmark
1 l Geflügelbrühe
2 Knoblauchzehen
je 1 TL Kümmelsamen und getrockneter Majoran
$\frac{1}{2}$–1 TL abgeriebene unbehandelte Zitronenschale
$\frac{1}{2}$ EL Paprikapulver (edelsüß)
Salz · Cayennepfeffer

Für 4 Personen

1 Das Rindfleisch von Fett und groben Sehnen befreien und in 3 cm große Würfel schneiden. Die Zwiebeln schälen, halbieren und quer in Streifen schneiden.

2 Das Öl in einem großen Schmortopf erhitzen. Die Rindfleischwürfel darin bei mittlerer Hitze rundherum anbraten und wieder herausnehmen. Die Zwiebeln im Bratfett glasig dünsten. Das Tomatenmark unterrühren und etwas mitdünsten.

3 Die Rindfleischwürfel wieder in den Schmortopf geben und die Brühe angießen. Das Fleisch sollte gerade bedeckt ist. Den Deckel so auf den Schmortopf auflegen, dass ein Spalt offen bleibt, und das Gulasch bei milder Hitze 4 Stunden schmoren, aber nicht kochen lassen. Nach 2 $\frac{1}{2}$ Stunden den Deckel abnehmen.

4 Für das Gulaschgewürz den Knoblauch schälen und mit Kümmel, Majoran und Zitronenschale fein hacken. Das Paprikapulver mit wenig Wasser glatt rühren. Am Ende der Garzeit das angerührte Paprikapulver und das Gulaschgewürz in das Gulasch rühren. 5 bis 10 Minuten ziehen lassen und das Gulasch mit Salz und Cayennepfeffer abschmecken.

Alfons Schuhbeck

»Das Gulaschgewürz aus Knoblauch, Zitronenschale, Majoran und Kümmel verwende ich für alle Gulaschsorten. Bleibt davon etwas übrig, mische ich es mit 1 TL weicher Butter – so hält es sich mehrere Tage im Kühlschrank.
Die Gewürzmischung können Sie aber auch für den Vorrat zubereiten. Dafür das Gulaschgewürz mit Butter mischen, in einen Spritzbeutel ohne Lochtülle füllen, kleine Häufchen auf Backpapier spritzen und ins Tiefkühlfach stellen. Sobald die Portionen durchgefroren sind, in einen gut verschließbaren Behälter umfüllen.«

GESCHNETZELTE RINDERFILETSPITZEN

700 g Rinderfiletspitzen (küchenfertig)
3 EL Öl
1 Zwiebel
1 TL Puderzucker
1 TL Tomatenmark
125 ml kräftiger Rotwein
600 ml Geflügelbrühe
1 kleines Lorbeerblatt
1 Knoblauchzehe (ungeschält)
70 g Sahne
1 gestr. TL Speisestärke
1 EL scharfer Senf
1/2 TL Paprikapulver (rosenscharf)
200 g kleine, geschlossene Champignons
Salz · Pfeffer aus der Mühle
60 g kleine Essiggurken
Cayennepfeffer
1 Msp. abgeriebene unbehandelte Zitronenschale
einige Spritzer Zitronensaft
1 EL Petersilienblätter (frisch geschnitten)

Für 4 Personen

1 Die Filetspitzen quer in Streifen schneiden. In einer Pfanne 2 EL Öl erhitzen und das Fleisch portionsweise darin bei mittlerer Hitze von allen Seiten etwa 1 Minute anbraten. Herausnehmen und beiseite stellen.

2 Die Zwiebel schälen und in kleine Würfel schneiden. Den Puderzucker in der Pfanne karamellisieren lassen. Die Zwiebelwürfel hinzufügen und bei milder Hitze glasig dünsten. Das Tomatenmark unterrühren, mit dem Rotwein ablöschen und sämig einköcheln lassen. Die Brühe angießen, das Lorbeerblatt und den ungeschälten Knoblauch hinzufügen und die Flüssigkeit um etwa ein Drittel einköcheln lassen.

3 Die Sahne in die Sauce gießen. Die Speisestärke mit wenig kaltem Wasser glatt rühren, in die Sauce rühren und 2 Minuten köcheln lassen. Lorbeerblatt und Knoblauch entfernen. Senf und Paprikapulver in die Sauce rühren und die Sauce mit dem Stabmixer pürieren.

4 Die Champignons putzen, trocken abreiben und in Scheiben schneiden. In einer Pfanne das restliche Öl erhitzen und die Champignons bei mittlerer Hitze 1 bis 2 Minuten anbraten. Mit Salz und Pfeffer würzen.

5 Die Essiggurken in feine Streifen schneiden, mit den Filetspitzen in die Sauce geben und darin erwärmen. Das Rindergeschnetzelte mit Salz, 1 Prise Cayennepfeffer, der Zitronenschale und dem Zitronensaft abschmecken. Die Champignons unterheben und das Gericht mit Petersilie bestreut servieren.

Alfons Schubbeck

»Dazu passt Kartoffel-Birnen-Püree (siehe Seite 322, Variante) oder Kartoffel-Spinat-Püree (siehe Seite 322, Variante). Anstelle der Rinderfiletspitzen können Sie auch geschnetzeltes Schweinefilet verwenden.«

Gekräutertes Rinderfilet mit dreierlei Saucen

Für das Rinderfilet:

800 g Rinderfilet (Mittelstück)
Salz · Pfeffer aus der Mühle
1 EL scharfer Senf
1 TL getrockneter Majoran
1 EL Petersilienblätter (frisch geschnitten) · 1–2 TL Öl

Für die Vinaigrette:

50 g Artischockenböden (aus dem Glas)
2 Schalotten · Salz
1 EL schwarze Oliven (entsteint)
3 EL weißer Aceto balsamico
8 EL mildes Olivenöl
Salz · Pfeffer aus der Mühle
Zucker · 2 TL Kapern
1 EL Basilikum (frisch geschnitten)

Für die Safran-Mayonnaise:

1 mehlig kochende Kartoffel (100 g)
Salz · 1/2 Zwiebel · 1–2 TL Öl
1/2 TL gehackte Knoblauchzehe
1/2 Döschen Safranfäden (0,05 g)
2 Eigelb
1 EL Sherry (medium)
1 TL scharfer Senf · 100 ml Öl
5 EL mildes Olivenöl
1/2 mittelscharfe rote Chilischote
je 1 Msp. abgeriebene unbehandelte Zitronen- und Orangenschale

Für 4 Personen

1 Für das Rinderfilet den Backofen auf 100 °C vorheizen. Ein Ofengitter auf die mittlere Schiene und darunter ein Abtropfblech schieben.

2 Das Rinderfilet mit einem schmalen, langen Messer längs über die ganze Breite schneckenförmig aufschneiden, sodass ein rechteckiges Fleischstück von 1 bis 1 1/2 cm Dicke entsteht. Mit Salz und Pfeffer würzen, mit dem Senf bestreichen und mit Majoran und Petersilie bestreuen. Das Fleisch wieder aufrollen und wie einen Rollbraten mit Küchengarn zusammenbinden. In einer Pfanne das Öl erhitzen und das Rinderfilet rundherum anbraten. Das Fleisch aus der Pfanne nehmen und im Ofen auf dem Ofengitter 1 1/2 bis 2 Stunden rosa durchziehen lassen.

3 Für die Vinaigrette die Artischockenböden abtropfen lassen und in kleine Würfel schneiden. Die Schalotten schälen, in kleine Würfel schneiden und in Salzwasser 2 Minuten blanchieren. In ein Sieb abgießen, kalt abschrecken und abtropfen lassen. Die Oliven klein schneiden. Den Essig und das Olivenöl verrühren, mit Salz, Pfeffer und 1 Prise Zucker würzen. Die Artischocken- und die Schalottenwürfel, die Kapern, die Oliven und das Basilikum unterrühren.

4 Für die Safran-Mayonnaise die Kartoffel schälen, waschen und in kleine Würfel schneiden. Die Kartoffelwürfel in Salzwasser 20 bis 25 Minuten weich kochen, in ein Sieb abgießen und und abtropfen lassen. Die Zwiebel schälen und in kleine Würfel schneiden. Das Öl in einer Pfanne erhitzen und die Zwiebelwürfel mit dem gehackten Knoblauch darin bei milder Hitze glasig dünsten.

5 Die Safranfäden im Mörser zerreiben. Die Eigelbe mit Safran, Sherry und Senf mit dem Schneebesen verrühren. Das Öl und das Olivenöl unter Rühren langsam hineinlaufen lassen, bis eine cremige Mayonnaise entstanden ist. Bis zur Verwendung kühl stellen.

6 Die Chilischote längs halbieren, entkernen, waschen und in kleine Würfel schneiden. Die warmen Kartoffelwürfel mit einer Gabel etwas zerdrücken und mit Zwiebeln und Chili unter die Hälfte der Mayonnaise rühren. Mit Salz und Zitronen- und Orangenschale abschmecken.

Alfons Schuhbeck

»Für eine Koriander-Mayonnaise rühren Sie unter die Safran-Mayonnaise 1 bis 2 EL frisch geschnittene Korianderblätter.«

TIROLER GRÖSTEL

500 g festkochende Kartoffeln (gegart, gepellt und ausgekühlt)
400 g Rindfleisch (gekocht und ausgekühlt)
1 kleine Zwiebel
150 g breite Bohnen
Salz · 2 EL Öl
1 Knoblauchzehe (geschält und halbiert)
1 Streifen unbehandelte Zitronenschale
Pfeffer aus der Mühle
je 1 Prise gemahlener Kümmel und getrockneter Majoran
1 EL braune Butter (siehe Seite 46)
1 EL Petersilienblätter (frisch geschnitten)

Für 4 Personen

1 Die Kartoffeln in Scheiben schneiden. Das Rindfleisch erst in 1/2 cm dicke Scheiben, dann in etwa 2 cm große Stücke schneiden. Die Zwiebel schälen und in kleine Würfel schneiden.

2 Die Bohnen putzen, waschen und schräg in 1 1/2 cm breite Stücke schneiden. In Salzwasser bissfest blanchieren, in ein Sieb abgießen, kalt abschrecken und abtropfen lassen.

3 Das Öl in einer Pfanne erhitzen und die Kartoffelscheiben darin bei mittlerer Hitze portionsweise anbraten. Die Zwiebel hinzufügen und glasig dünsten. Fleisch, Bohnen, Knoblauch und Zitronenschale dazugeben und mit Salz, Pfeffer, Kümmel und Majoran würzen. Die braune Butter hinzufügen. Knoblauch und Zitronenschale nach einigen Minuten wieder entfernen. Das Gröstel mit Petersilie bestreuen und auf vorgewärmten Tellern anrichten.

GEFÜLLTE PAPRIKA

4 rote Paprikaschoten
1/2 Zwiebel
1 TL Zimtrindensplitter
je 1 TL Korianderkörner und Pimentkörner
1 EL Öl
400 g Hackfleisch (vom Rind, Lamm, Kalb o. a.)
1/2–1 EL Tomatenmark
100 g Langkornreis (ungegart)
125 ml Geflügelbrühe
Salz · Pfeffer aus der Mühle
Cayennepfeffer

Für 4 Personen

1 Den Backofen auf 180 °C vorheizen. Von den Paprikaschoten den Strunk wie einen kleinen Deckel abschneiden und beiseite legen. Die Kerne entfernen, die Schoten waschen und trocken tupfen. Die Zwiebel schälen und in kleine Würfel schneiden. Zimt, Koriander und Piment in eine Gewürzmühle füllen.

2 Das Öl in einer tiefen Pfanne erhitzen und die Zwiebelwürfel darin glasig dünsten. Das Hackfleisch hinzufügen und anbraten, bis es eine helle Farbe angenommen hat. Das Tomatenmark unterrühren und kurz mitdünsten. Reis dazugeben, 5 EL Brühe angießen und die Füllung mit Salz, Pfeffer, 1 Prise Cayennepfeffer und der Mischung aus der Mühle würzen.

3 Das Hackfleisch in die Paprikaschoten füllen. Die restliche Geflügelbrühe in eine ofenfeste Form gießen, die Paprikaschoten nebeneinander hineinstellen und die »Deckel« wieder aufsetzen. Die gefüllten Paprika im Ofen etwa 50 Minuten schmoren.

RINDERLENDE MIT TRÜFFELREMOULADE UND LAUWARMEM GEMÜSESALAT

Für die Rinderlende:

1 EL Öl
1 kg Rinderlende (küchenfertig)
1 TL Kardamomkapseln
1 EL Butter
1 Knoblauchzehe (geschält und in Scheiben geschnitten)
1/2 ausgekratzte Vanilleschote
4 kleine rote Chilischoten · Salz

Für die Remoulade:

200 g Crème fraîche · 2 EL Milch
1/2 TL scharfer Senf
1 hart gekochtes Ei
4 eingelegte Sardellenfilets
2 TL Kapern
1 Gewürzgurke (ca. 70 g)
2 EL Petersilienblätter (frisch geschnitten)
1 TL schwarzer Trüffel (gehackt)
1 EL Rotweinessig
einige Spritzer Worcestershiresauce
Salz · Pfeffer aus der Mühle

Für den Gemüsesalat:

120 g Mini-Karotten (mit Grün)
Salz · 120 g Zuckerschoten
200 g Romanesco (ersatzweise Brokkoli)
80 ml Gemüsebrühe
1 EL Butter · 1 rote Chilischote
Pfeffer aus der Mühle
frisch geriebene Muskatnuss
1/2 TL abgeriebene unbehandelte Limettenschale
1 EL Limettensaft
1 EL mildes Olivenöl

Für 4 Personen

1 Für die Rinderlende den Backofen auf 100 °C vorheizen. Ein Ofengitter auf die mittlere Schiene und darunter ein Abtropfblech schieben. Das Öl in einer Pfanne erhitzen und die Rinderlende darin bei mittlerer Hitze rundherum anbraten. Auf das Ofengitter legen und im Ofen 2 1/2 bis 3 Stunden rosa durchziehen lassen.

2 In einer Pfanne den Kardamom bei milder Hitze leicht anrösten, die Butter dazugeben und zerlassen. Den Knoblauch, die Vanilleschote und die Chilischoten hinzufügen, mit Salz würzen und die gebratene Rinderlende darin wenden und darin warm halten. Nach Belieben noch etwas mildes Olivenöl dazugeben.

3 Für die Remoulade die Crème fraîche mit Milch und Senf glatt rühren. Ei, Sardellen, Kapern und Gewürzgurke klein hacken und mit der Petersilie und dem Trüffel in die Crème fraîche rühren. Mit Essig, Worcestershiresauce, Salz und Pfeffer abschmecken.

4 Für den Gemüsesalat die Mini-Karotten waschen, das Grün bis auf 1 cm abschneiden. Die Karotten in Salzwasser bissfest blanchieren. In ein Sieb abgießen, kalt abschrecken und schälen.

5 Von den Zuckerschoten die Enden abknipsen, die Zuckerschoten waschen und schräg halbieren. Den Romanesco waschen, putzen und in kleine Röschen teilen, den Strunk schälen und in Scheiben schneiden. Zuckerschoten, Romanesco und Romanescoscheiben nacheinander in Salzwasser bissfest kochen. Mit dem Schaumlöffel herausheben, kalt abschrecken und abtropfen lassen.

6 Das Gemüse mit der Brühe in einen Topf geben und erhitzen. Butter und Chilischote hinzufügen, mit Salz, Pfeffer, Muskatnuss, Limettenschale und -saft und Olivenöl abschmecken.

7 Die Rinderlende aus der Gewürzbutter nehmen, aufschneiden und mit der Trüffelremoulade auf dem lauwarmen Gemüsesalat servieren.

ROSA GEBRATENE RINDERLENDE MIT KARDAMOMBUTTER

Für die Rinderlende:

1 kg Rinderlende (gut abgehangen)
1 EL Öl

Für die Kardamombutter:

1 TL grüne Kardamomkapseln
4 EL Butter
1 Knoblauchzehe
1/2 ausgekratzte Vanilleschote
4 frische, kleine rote Chilischoten

Außerdem:

Salz · Pfeffer aus der Mühle

Für 4 Personen

1 Für die Rinderlende den Backofen auf 100 °C vorheizen. Ein Ofengitter auf die mittlere Schiene und darunter ein Abtropfblech schieben.

2 Das Öl in einer Pfanne erhitzen und die Rinderlende darin bei mittlerer Hitze rundherum anbraten. Das Fleisch aus der Pfanne nehmen und auf dem Ofengitter im Ofen 2 1/2 bis 3 Stunden rosa durchziehen lassen.

3 Für die Kardamombutter die Kardamomkapseln in einer beschichteten Pfanne ohne Fett bei milder Hitze anrösten, die Butter hinzufügen und zerlassen. Den Knoblauch schälen und in Scheiben schneiden. Mit der Vanilleschote und den Chilischoten in die flüssige Butter geben.

4 Die Rinderlende aus dem Ofen nehmen und bei schwacher Hitze in der Kardamombutter wenden. Mit Salz und Pfeffer würzen.

HOCHRIPPE

5 kg Hochrippe (küchenfertig)
3 EL Öl
aromatisierte Butter nach Wahl
(z. B. Rosmarinbutter,
siehe Seite 242)
Salz · Pfeffer aus der Mühle

Für 8–10 Personen

1 Den Backofen auf 100 °C vorheizen. Ein Ofengitter auf die mittlere Schiene und darunter ein Abtropfblech schieben.

2 Die Fettseite der Hochrippe mit einem scharfen Messer rautenförmig einschneiden. Das Öl in einer Pfanne erhitzen und die Hochrippe darin bei mittlerer Hitze erst auf der Fettseite, anschließend rundherum anbraten. Das Fleisch aus der Pfanne nehmen und im Ofen auf dem Ofengitter 5 1/2 bis 6 Stunden rosa garen.

3 Die Gewürzbutter in einer Pfanne zubereiten. Die Hochrippe damit beträufeln und mit Salz und Pfeffer würzen.

Alfons Schuhbeck

»Statt mit feinkörnigem Salz kann das Fleisch auch mit Fleur de sel gewürzt werden, einem hochwertigen Meersalz, das stets direkt auf die Gerichte gestreut wird.«

GEFÜLLTE RINDERROULADEN

Für die Rouladen:

1/2 kleine Zwiebel
je 1/2 Karotte und gelbe Karotte (ersatzweise Karotte)
50 g Knollensellerie
100 g Essiggurken
100 g durchwachsener Räucherspeck
1 EL Öl
1 EL getrocknete Totentrompetenpilze
2 eingelegte Sardellenfilets
1–2 TL scharfer Senf
150 g Kalbsbrät · 2 EL Sahne
1 Msp. abgeriebene unbehandelte Zitronenschale
1 EL Petersilienblätter (frisch geschnitten)
Cayennepfeffer · Salz
4 dünne Scheiben Rindfleisch (à ca. 160 g; aus der Keule)
Öl für die Folie

Für die Sauce:

1 Zwiebel
120 g Knollensellerie
1 Karotte · 1 EL Öl
1 TL Puderzucker
1 EL Tomatenmark
150 ml kräftiger Rotwein
500 ml Geflügelbrühe
1 kleines Lorbeerblatt
1/2 Knoblauchzehe
1 Streifen unbehandelte Zitronen- oder Orangenschale
10–20 g kalte Butter
Salz · Pfeffer aus der Mühle

Für 4 Personen

1 Für die Rouladen Zwiebel, Karotten und Knollensellerie schälen und in kleine Würfel schneiden. Essiggurken und Räucherspeck ebenfalls in kleine Würfel schneiden. Das Öl in einer Pfanne erhitzen und die Speckwürfel darin bei mittlerer Hitze andünsten. Die Zwiebeln hinzufügen, kurz mitdünsten, vom Herd nehmen und abkühlen lassen.

2 In einem kleinen Topf Wasser aufkochen. Die getrockneten Pilze hinzufügen und 5 Minuten kochen lassen. In ein Sieb abgießen, abkühlen lassen und klein schneiden. Die Sardellen fein hacken. Sardellen, Senf, Speck, Zwiebel, Gemüsewürfel, Pilze und Gurkenwürfel unter das Kalbsbrät mischen und die Sahne unterrühren. Mit Zitronenschale, Petersilie, 1 Prise Cayennepfeffer und falls nötig etwas Salz würzen.

3 Das Rindfleisch zwischen zwei Lagen geölter Frischhaltefolie mit der flachen Seite eines Schnitzelklopfers leicht klopfen. Je ein Viertel des Bräts auf eine Fleischscheibe streichen, dabei die Ränder frei lassen. Die Längsseiten der Rouladen etwas einschlagen, das Fleisch von der schmalen Seite her aufrollen und mit Rouladennadeln oder Holzspießchen feststecken.

4 Für die Sauce Zwiebel, Knollensellerie und Karotte schälen und in 1/2 cm große Würfel schneiden. Das Öl in einer Pfanne erhitzen, die Rouladen darin bei milder Hitze rundherum anbraten und wieder herausnehmen. Das Gemüse in die Pfanne geben und andünsten.

5 Den Puderzucker in einen Schmortopf stäuben, hell karamellisieren lassen und das Tomatenmark unterrühren. Mit Rotwein ablöschen und sirupartig einköcheln lassen. Die Gemüsewürfel hinzufügen und die Brühe angießen. Die Rouladen in die Sauce legen und zugedeckt etwa 2 1/2 Stunden schmoren. Nach 2 Stunden das Lorbeerblatt hinzufügen. Am Ende der Garzeit Knoblauch und Zitronen- oder Orangenschale in die Sauce geben, einige Minuten darin ziehen lassen und wieder entfernen.

6 Die Rouladen herausnehmen und die Rouladennadeln oder Holzspießchen entfernen. Die Sauce durch ein Sieb abgießen, dabei das Gemüse etwas durchdrücken. Die Butter in die Sauce rühren. Mit Salz und Pfeffer würzen und die Rouladen in der Sauce erhitzen.

ROULADEN-VARIATIONEN

Schinken-Trüffel-Füllung:

150 g Poulardenbrust (ohne Haut)
Salz · Pfeffer aus der Mühle
150 g Sahne · 1 EL Walnussöl
frisch geriebene Muskatnuss
30 g eingelegter schwarzer Trüffel
100 g gekochter Schinken
1 Msp. abgeriebene unbehandelte Zitronenschale

Fleischpflanzerlfüllung:

40 g Toastbrot · 50 ml Milch
1/4 Zwiebel · 1 TL Öl · 1 Ei
Salz · Pfeffer aus der Mühle
1 TL scharfer Senf
frisch geriebene Muskatnuss
1 TL abgeriebene unbehandelte Zitronenschale
1 Msp. abgeriebene unbehandelte Orangenschale
je 125 g Kalbs- und Schweinehackfleisch
getrockneter Majoran
1 TL Petersilie (frisch geschnitten)

Bratwurstbrät-Füllung:

2 Zwiebeln · 1 EL Butter
1 EL Petersilie (frisch geschnitten)
1 Msp. abgeriebene unbehandelte Zitronenschale
getrockneter Majoran
200 g Bratwurstbrät
1 TL scharfer Senf

Pfifferlingfüllung:

100 g Toastbrot · 100 ml Milch
1 Ei · Salz · Pfeffer aus der Mühle
frisch geriebene Muskatnuss
1/4 kleine Zwiebel · 75 g Pfifferlinge
1–2 TL Butter
2 EL Schinkenwürfel

Für 4 Personen

Die Rouladen mit der Füllung nach Wahl wie gegenüber auf Seite 230 beschrieben zubereiten.

Für Schinken-Trüffel-Füllung das gut gekühlte Poulardenfleisch in kleine Würfel schneiden, kräftig salzen und pfeffern. Die Fleischwürfel und die Sahne 5 Minuten ins Tiefkühlfach stellen. Die Poulardenwürfel im Blitzhacker grob pürieren, bis das Fleisch anfängt zu binden. Die Sahne nach und nach in 3 bis 4 Portionen dazugeben und alles gut durchpürieren. Die Sahne soll sich jeweils gut mit der Fleischmasse verbinden, bevor die nächste Portion Sahne dazugegeben wird. Das Walnussöl hinzufügen, mit etwas Muskatnuss würzen und die Füllung kalt stellen. Trüffel trocken tupfen und wie den Schinken in etwa 3 mm große Würfel schneiden und unter die Farce mischen. Mit etwas Zitronenschale, Salz und Pfeffer würzen. Statt Schinken und Trüffel kann auch 130 g Trüffelschinken untergerührt werden.

Für Fleischpflanzerlfüllung das Toastbrot entrinden, in Würfel schneiden und in der Milch einweichen. Die Zwiebel schälen, in sehr kleine Würfel schneiden und in einer Pfanne im Öl bei milder Hitze glasig dünsten. Das Ei mit etwas Salz und Pfeffer, dem Senf, 1 Prise Muskatnuss und der Zitronen- und Orangenschale verquirlen. Das Hackfleisch mit dem eingeweichten Brot, dem verquirlten Ei, 1 Prise Majoran, den Zwiebelwürfeln und der Petersilie vermischen.

Für Bratwurstbrät-Füllung die Zwiebeln in kleine Würfel schneiden. Die Butter in einer Pfanne zerlassen und die Zwiebeln darin bei milder Hitze glasig dünsten. Petersilie, Zitronenschale und 1 Prise Majoran hinzufügen. Vom Herd nehmen und abkühlen lassen. Das Bratwurstbrät mit dem Senf und den Zwiebeln vermischen.

Für Pfifferlingfüllung das Toastbrot entrinden und in kleine Würfel schneiden. Die Milch aufkochen, vom Herd nehmen, mit dem Ei verquirlen und mit Salz, Pfeffer und Muskat würzen. Die Eiermilch mit den Brotwürfeln mischen. Die Zwiebel schälen und in kleine Würfel schneiden. Die Pfifferlinge putzen, trocken abreiben und klein schneiden. Die Butter in einer Pfanne zerlassen und die Zwiebel darin glasig dünsten. Die Pfifferlinge kurz mitdünsten und mit den Schinkenwürfeln und nach Belieben mit frisch geschnittenen Petersilienblättern in die Brotmasse mischen.

ZWIEBELROSTBRATEN

8 Scheiben aus der Rinderhüfte (à ca. 80 g; küchenfertig)
Öl für die Folie
Salz · Pfeffer aus der Mühle
2 EL Öl
750 ml Geflügelbrühe
3 Zwiebeln
4 EL Butter
1 TL Puderzucker
1–2 TL Tomatenmark
150 ml kräftiger Rotwein
getrockneter Majoran
20 g kalte Butter

Für 4 Personen

1 Die Fleischscheiben zwischen zwei Lagen geölter Frischhaltefolie etwas flachklopfen und mit Salz und Pfeffer würzen. Das Öl in einer Pfanne erhitzen und das Fleisch darin bei mittlerer Hitze von beiden Seiten anbraten. Das Fleisch aus der Pfanne nehmen, das Bratfett abgießen und den Bratensatz mit der Brühe ablöschen.

2 Die Zwiebeln schälen, halbieren und in feine Streifen schneiden. In einer Schmorpfanne mit der Butter und dem Puderzucker bei mittlerer Hitze hell bräunen. Das Tomatenmark unterrühren und kurz mitdünsten. Mit dem Rotwein ablöschen und den Wein einköcheln lassen.

3 Den Bratenfond in die Schmorpfanne gießen und aufkochen lassen. Das Fleisch hineinlegen und knapp unter dem Siedepunkt etwa 1 Stunde weich schmoren. Dabei das Fleisch immer wieder mit dem Bratenfond begießen. Nach 50 Minuten 1 Prise Majoran hinzufügen.

4 Vor dem Servieren die Butter in der Sauce zerlassen und die Sauce mit Salz und Pfeffer abschmecken.

Alfons Schubbeck

»Möchten Sie den Rostbraten mit knusprig gebratenen Zwiebeln servieren, schneiden Sie die Zwiebel in Ringe, wenden sie in doppelgriffigem Mehl und frittieren die Zwiebelringe in reichlich Öl. Auf Küchenpapier abtropfen lassen, salzen und pfeffern. Für die Sauce den Puderzucker karamellisieren lassen, mit Rotwein ablöschen und wie im Rezept beschrieben fertig stellen. Kross gebratene Zwiebelringe können die geschmorten Zwiebeln ersetzen, eignen sich aber auch zum Garnieren.«

Sellerierostbraten

500 g Knollensellerie
125 ml Gemüsebrühe
60 g kalte Butter
Salz · Pfeffer aus der Mühle
frisch geriebene Muskatnuss
4 Rinderlendenscheiben (à 150 g)
1 EL Öl
Kräuter-Gratiniermasse (siehe unten)

Für 4 Personen

1 Den Knollensellerie schälen und in 1 cm große Würfel schneiden. Die Brühe in einem Topf erhitzen und die Selleriewürfel darin zugedeckt etwa 20 Minuten weich dünsten. Den Sellerie in ein Sieb abgießen, dabei die Kochflüssigkeit auffangen. Sellerie im Küchenmixer oder mit dem Stabmixer pürieren, dabei so viel Kochflüssigkeit wie nötig hinzufügen. Die Butter untermixen und das Selleriepüree mit Salz, Pfeffer und Muskatnuss abschmecken.

2 Den Backofengrill einschalten. Die Rinderlendenscheiben mit dem Handballen etwas flachdrücken. Das Öl in einer Pfanne erhitzen und das Fleisch darin bei mittlerer Hitze auf beiden Seiten etwa 2 1/2 Minuten braten. Auf Küchenpapier abtropfen lassen und mit Salz und Pfeffer würzen.

3 Je 1 EL Selleriepüree auf eine Rinderlendenscheibe streichen. Die gekühlte Kräuter-Gratiniermasse in dünne Scheiben schneiden und auf das Selleriepüree legen. Die Lendenscheiben auf ein Backblech legen und im Ofen auf der mittleren Schiene etwa 4 Minuten goldbraun überbacken. Dazu passt Bohnengemüse (siehe Seite 293).

Kräuter-Gratiniermasse

125 g weiche Butter
1–2 TL scharfer Senf
1 EL Rosmarinnadeln (fein geschnitten)
1 EL Petersilienblätter (frisch geschnitten)
1 TL geriebener Parmesan
1 Knoblauchzehe (gehackt)
40 g Weißbrotbrösel
Salz · Pfeffer aus der Mühle

Für 4 Personen

1 Die weiche Butter schaumig rühren. Senf, Rosmarin, Petersilie, Parmesan, Knoblauch und Brösel unterrühren. Mit Salz und Pfeffer würzen. Die Masse mithilfe von Backpapier zu einer Rolle von etwa 3 cm Durchmesser formen und 1/2 bis 1 Stunde kühl stellen.

2 Die Kräuter-Gratiniermasse zur Weiterverwendung in Scheiben schneiden, Fleisch, Fisch oder Gemüse damit belegen und unter dem vorgeheizten Backofengrill einige Minuten goldbraun überbacken.

Braune Sauce mit Variationen

1,5 kg Fleischknochen vom Kalb
3 Zwiebeln
1 Karotte
150 g Knollensellerie
1 TL Puderzucker
1 EL Tomatenmark
300 ml kräftiger Rotwein
1/2–1 EL Öl
2 l schwach gesalzene Geflügelbrühe

Für ca. 600 ml

1 Den Backofen auf 220 °C vorheizen. Die Knochen klein hacken, waschen, trocken reiben und auf einem Backblech im Ofen auf der mittleren Schiene etwa 45 Minuten bräunen. Die Zwiebeln, die Karotte und den Knollensellerie schälen und in etwa 1 1/2 cm große Würfel schneiden.

2 Puderzucker in einem großen Topf bei mittlerer Hitze hell karamellisieren lassen. Das Tomatenmark unterrühren und kurz mitdünsten. Nach und nach mit je einem Drittel Rotwein ablöschen und jeweils einköcheln.

3 Die Gemüsewürfel in einer Pfanne im Öl andünsten. Mit den gebräunten Knochen in den Topf geben und mit so viel Geflügelbrühe auffüllen, bis alles gut bedeckt ist. Gemüse und Knochen knapp unter dem Siedepunkt 2 Stunden ziehen lassen. Die Sauce durch ein Sieb gießen.

Für Kalbfleischsauce die braune Sauce auf die Hälfte einköcheln lassen. 1 TL Speisestärke mit wenig kaltem Wasser glatt rühren, in die Sauce rühren und 2 Minuten köcheln lassen. 1 Scheibe Ingwer, 1/2 TL Senfkörner, 2 Scheiben Knoblauch, 1 kleiner Rosmarinzweig und 1 Streifen unbehandelte Zitronenschale hinzufügen und kurz in der Sauce ziehen lassen. Die Sauce mit Salz und Pfeffer oder Cayennepfeffer abschmecken und 1 EL kalte Butter unterrühren. Die Sauce durch ein Sieb gießen.

Für Wildsauce die braune Sauce auf die Hälfte einköcheln lassen. 1 TL Speisestärke mit wenig kaltem Wasser glatt rühren, in die Sauce rühren und 2 Minuten köcheln lassen. 5 Wacholderbeeren, 1 Lorbeerblatt, 1 kleines Stück Zimtrinde, 7 Pimentkörner, je 1 Streifen unbehandelte Zitronen- und Orangenschale und 1 Scheibe Ingwer hinzufügen und 5 Minuten ziehen lassen. Mit 1/2 bis 1 TL geriebener Zartbitterschokolade, 1 bis 2 TL Preiselbeerkompott, 1 EL Sahne, Salz und Pfeffer abschmecken und 1 EL kalte Butter unterrühren. Die Sauce durch ein Sieb gießen.

Für Schweinefleischsauce die braune Sauce auf die Hälfte einköcheln lassen. 1 TL Speisestärke mit wenig kaltem Wasser glatt rühren, in die Sauce rühren und 2 Minuten köcheln lassen. 1 Streifen unbehandelte Zitronenschale, 2 Scheiben Knoblauch, je 1 Prise getrockneten Majoran und gemahlenen Kümmel hinzufügen und einige Minuten darin ziehen lassen. Zitronenschale und Knoblauch entfernen. 1 EL kalte Butter in der Sauce zerlassen. Die Sauce mit Salz und Cayennepfeffer abschmecken.

Für Rotweinsauce die braune Sauce erhitzen, 1 Lorbeerblatt hinzufügen und die Sauce auf die Hälfte einköcheln lassen. 1 Rosmarin- oder Thymianzweig, 10 schwarze Pfefferkörner, 2 Scheiben Knoblauch, 1 Scheibe Ingwer, je 1 Streifen unbehandelte Zitronen- und Orangenschale in die Sauce geben und einige Minuten darin ziehen lassen. Den Puderzucker in einer Pfanne hell karamellisieren, mit 125 ml Rotwein ablöschen und auf etwa ein Drittel einköcheln lassen. Mit dem eingeköchelten Rotwein die fertige Sauce abschmecken und durch ein Sieb gießen.

Tafelspitz mit dreierlei Saucen

Für den Tafelspitz:

2 EL Öl
1,2 kg Tafelspitz (küchenfertig)
3 Zwiebeln
200 g Knollensellerie
2 Karotten
1 Petersilienwurzel
1 Lorbeerblatt
1 Knoblauchzehe (geschält und halbiert)
½ TL schwarze Pfefferkörner
3 Wacholderbeeren
1 mittelscharfe Chilischote
Salz · Pfeffer aus der Mühle
1 EL Schnittlauchröllchen
1 Stück frische Meerrettichwurzel (geschält)

Für die Schnittlauchsauce:

100 g saure Sahne
1 TL scharfer Senf
1 EL Zitronensaft
1 EL Schnittlauchröllchen
Salz · Cayennepfeffer · Zucker

Für den Semmelkren:

80 g Toastbrot (entrindet)
100 ml Rinderbrühe
1 EL Sahnemeerrettich (aus dem Glas)
1 EL geschlagene Sahne
Salz · Cayennepfeffer
einige Spritzer Zitronensaft
frisch geriebene Muskatnuss

Für den Apfelkren:

1 Apfel · 1–2 TL Zitronensaft
1 Stück frische Meerrettichwurzel
Salz · Zucker

Für 4 Personen

1 Für den Tafelspitz das Öl in einem Topf erhitzen. Den Tafelspitz darin bei mittlerer Hitze rundherum anbraten. Etwa 3 l Wasser angießen, bis das Fleisch gut bedeckt ist. Den Tafelspitz bei milder Hitze knapp unter dem Siedepunkt 3 Stunden mehr ziehen als kochen lassen. Dabei den aufsteigenden Schaum abschöpfen.

2 Eine Zwiebel schälen und die Schalen zur Brühe geben.

3 Den Knollensellerie, die Karotten, die Petersilienwurzel und die restlichen Zwiebeln schälen. Zwiebeln und Sellerie in etwa 1 cm große Stücke schneiden, Karotten und Petersilienwurzel in Scheiben schneiden. Das Gemüse nach 2 ½ Stunden Garzeit in die Suppe geben. Lorbeerblatt, Knoblauch, Pfefferkörner, Wacholderbeeren und Chilischote hinzufügen und die Brühe mit Salz würzen.

4 Für die Schnittlauchsauce die saure Sahne in einer kleinen Schüssel mit dem Senf und dem Zitronensaft verrühren. Die Schnittlauchröllchen unterrühren und die Sauce mit Salz, 1 Prise Cayennepfeffer und 1 Prise Zucker würzen. Nach Belieben kann die saure Sahne durch Crème fraîche, Joghurt oder Schmand ersetzt werden. Je nach Konsistenz wird dann noch etwas Milch oder Sahne untergerührt.

5 Für den Semmelkren das Toastbrot in kleine Würfel schneiden und einige Minuten in der kalten Brühe einweichen. Den Sahnemeerrettich hinzufügen und alles mit dem Schneebesen gut verrühren. Die geschlagene Sahne unterheben und den Semmelkren mit Salz, 1 Prise Cayennepfeffer, etwas Zitronensaft und Muskatnuss abschmecken.

6 Für den Apfelkren den Apfel schälen, vierteln und das Kerngehäuse entfernen. Das Fruchtfleisch grob reiben und mit Zitronensaft vermischen. Den Meerrettich schälen, fein reiben und mit dem geriebenen Apfel verrühren. Mit Salz und 1 Prise Zucker würzen.

7 Zum Anrichten den Tafelspitz in fingerdicke Scheiben schneiden, mit etwas Brühe beträufeln und mit Salz und Pfeffer würzen. Mit Schnittlauch bestreuen und etwas Meerrettich darüberhobeln. Nach Belieben mit einer oder allen drei Saucen servieren.

Alfons Schuhbeck

»In Bayern wird dieses Gericht auch als Tellerfleisch bezeichnet. Außer Tafelspitz wird dafür die flache Schulter oder ersatzweise der Brustkern vom Rind verwendet. Zum Tellerfleisch passen Bratkartoffeln, Bouillonkartoffeln, Dillbohnen, Rote-Bete-Salat, Kohlrabigemüse oder Rahmspinat.«

Böfflamott

2 Zwiebeln
100 g Knollensellerie
1 kleine Karotte
2–3 EL Öl
1,5 kg flache Rinderschulter (Schaufelbug; küchenfertig)
2 EL Puderzucker
1 EL Tomatenmark
5 EL Weinbrand
350 ml kräftiger Rotwein
1 l Geflügelbrühe
1/2 TL Pimentkörner
1/2 TL schwarze Pfefferkörner
1 Stück Zimtrinde
5 Wacholderbeeren (leicht angedrückt)
1 Lorbeerblatt
1 Knoblauchzehe (geschält und halbiert)
2 Scheiben Ingwer
je 1 Streifen unbehandelte Zitronen- und Orangenschale
50 ml Rotweinessig
40 g kalte Butter
Salz · Cayennepfeffer

Für 4 Personen

1 Den Backofen auf 160 °C vorheizen. Zwiebeln, Knollensellerie und Karotte schälen und in 1 cm große Würfel schneiden.

2 In einem Schmortopf 1 bis 2 EL Öl erhitzen und die Rinderschulter bei mittlerer Hitze rundherum anbraten, wieder herausnehmen. 1 EL Puderzucker hineinstäuben und hell karamellisieren lassen. Das Tomatenmark unterrühren und kurz andünsten. Mit dem Weinbrand und einem Drittel Rotwein ablöschen und sirupartig einkochen lassen. Den restlichen Rotwein nach und nach angießen und jeweils einköcheln lassen.

3 Das restliche Öl in einer Pfanne erhitzen und die Gemüsewürfel darin bei mittlerer Hitze andünsten. Das Gemüse und die Brühe in den Schmortopf geben. Die Rinderschulter daraufsetzen und zugedeckt im Ofen auf der untersten Schiene etwa 3 1/2 Stunden schmoren, dabei das Fleisch ab und zu wenden.

4 Das Fleisch herausnehmen und warm stellen. Den Piment, den Pfeffer, den Zimt, die Wacholderbeeren und das Lorbeerblatt in die Sauce geben und die Sauce um etwa die Hälfte einköcheln lassen. Den Knoblauch, den Ingwer und die Zitronen- und Orangenschale hinzufügen und 5 Minuten in der Sauce ziehen lassen. Die Sauce durch ein Sieb abgießen, dabei das Gemüse etwas ausdrücken.

5 In einer Pfanne den restlichen Puderzucker bei milder Hitze hell karamellisieren, mit Essig ablöschen und sirupartig einköcheln lassen. Die Butter in Stücken in die Schmorsauce rühren und mit dem Essigsirup, Salz und etwas Cayennepfeffer abschmecken. Das Böfflamott in Scheiben schneiden und mit der Sauce auf vorgewärmten Tellern anrichten.

Alfons Schuhbeck

»Für Sauerbraten 1 EL Puderzucker hell karamellisieren lassen, 650 ml Rotwein und 80 ml Rotweinessig hinzufügen, einmal aufkochen und abkühlen lassen. Das Fleisch darin mehrere Tage zugedeckt mariniern. Den Sauerbraten wie das Böfflamott zubereiten, statt mit Weinbrand und Rotweinessig wird das Tomatenmark mit der Marinade abgelöscht. Zusätzlich können noch ein Stück Brotrinde oder 20 g Saucenlebkuchen, 50 g Rosinen und 1/4 geschälter Apfel in Stücken mitgeschmort werden. Zuletzt nur noch die kalte Butter in die Schmorsauce rühren. Zum Verfeinern der Sauce 3 bis 4 EL Sahne dazugeben.«

OCHSENSCHWANZRAGOUT

Für das Ragout:

2 Zwiebeln · 1 Karotte
120 g Knollensellerie
3 EL Öl
2,5 kg Ochsenschwanz (in Stücken)
1 EL Puderzucker
1 EL Tomatenmark
8 cl Madeira (Dessertwein)
250 ml Portwein
500 ml kräftiger Rotwein
1,2 l Geflügelbrühe
3 Wacholderbeeren
je 5 Korianderkörner und schwarze Pfefferkörner
1 Lorbeerblatt
1 Knoblauchzehe (geschält und halbiert)
1 Scheibe Ingwer
1 Rosmarinzweig
1 Streifen unbehandelte Zitronenschale
30 g kalte Butter
Salz · Pfeffer aus der Mühle

Für das Champignongemüse:

1 kleiner Bund Frühlingszwiebeln
Salz · 80 g kleine Champignons
1–2 TL Öl · 1/2 Knoblauchzehe
1 Streifen unbehandelte Zitronenschale
1 EL Butter
1 TL Petersilienblätter (frisch geschnitten)
Pfeffer aus der Mühle

Für 4 Personen

1 Für das Ragout die Zwiebeln, die Karotte und den Knollensellerie schälen und in 1 bis 2 cm große Stücke schneiden. In einem großen Schmortopf 2 EL Öl erhitzen. Die Ochsenschwanzstücke darin bei mittlerer Hitze portionsweise anbraten und herausnehmen.

2 Den Puderzucker in den Topf stäuben und hell karamellisieren lassen. Das Tomatenmark unterrühren und kurz mitdünsten. Mit Madeira, Portwein und einem Drittel Rotwein ablöschen und sirupartig einköcheln lassen. Den restlichen Rotwein nach und nach angießen und jeweils einköcheln lassen.

3 Das restliche Öl in einer Pfanne erhitzen und die Gemüsestücke bei mittlerer Hitze darin andünsten. Das Gemüse in den Schmortopf geben. Die Ochsenschwanzstücke darauflegen und so viel Brühe angießen, dass alle Zutaten mit Flüssigkeit bedeckt sind. Den Deckel so auflegen, dass ein Spalt offen bleibt, und das Fleisch bei milder Hitze etwa 3 1/2 Stunden weich schmoren. Eine halbe Stunde vor Ende der Garzeit Wacholderbeeren, Koriander und Pfeffer sowie das Lorbeerblatt hinzufügen.

4 Die Ochsenschwanzstücke aus der Schmorsauce nehmen und abkühlen lassen. Die Fleischstücke von den Knochen lösen. Die Sauce durch ein Sieb in einen Topf gießen, dabei das Gemüse gut ausdrücken.

5 Die Sauce um die Hälfte einköcheln lassen. Knoblauch, Ingwer, Rosmarin und Zitronenschale hinzufügen, einige Minuten in der Sauce ziehen lassen und wieder entfernen. Die kalte Butter in Stücken unter Rühren in der Sauce zerlassen. Die Fleischstücke hinzufügen und nochmals erhitzen. Das Ragout mit Salz und Pfeffer abschmecken.

6 Für das Champignongemüse die Frühlingszwiebeln putzen, waschen und schräg in 2 bis 3 cm lange Stücke schneiden. In Salzwasser bissfest blanchieren, in ein Sieb abgießen, kalt abschrecken und abtropfen lassen.

7 Die Champignons putzen, trocken abreiben und größere Pilze halbieren. Das Öl in einer Pfanne erhitzen und die Champignons darin bei mittlerer Hitze 1 Minute anbraten und wenden. Knoblauch und Zitronenschale hinzufügen und die Butter unterrühren.

8 Die Frühlingszwiebeln zu den Champignons geben und erhitzen. Die Petersilie unterrühren. Mit Salz und Pfeffer würzen, Knoblauch und Zitronenschale entfernen. Das Ochsenschwanzragout mit dem Champignongemüse auf vorgewärmten Tellern anrichten.

LAMMRAGOUT

800 g ausgelöste Lammschulter (küchenfertig)
400 g Schalotten
1 Karotte
1 Stange Staudensellerie
$^{1}/_{4}$ Fenchelknolle
2 Tomaten
2–3 EL Öl
1 TL Puderzucker
1 EL Tomatenmark
200 ml Rotwein
1 l Geflügelbrühe
1 Lorbeerblatt
2 Knoblauchzehen (geschält und halbiert)
2 Scheiben Ingwer
1 Rosmarinzweig
1 Streifen unbehandelte Zitronenschale
20 g kalte Butter
Salz · Pfeffer aus der Mühle
Cayennepfeffer

Für 4 Personen

1 Das Lammfleisch in 3 cm große Würfel schneiden. Die Schalotten und die Karotte schälen. Die Schalotten vierteln, die Karotte in Scheiben schneiden. Staudensellerie und Fenchel putzen und waschen. Den Sellerie schräg in $^{1}/_{2}$ cm dicke Scheiben, den Fenchel in 1 bis 2 cm große Stücke schneiden. Die Tomaten kreuzweise einritzen, überbrühen, kalt abschrecken, häuten, vierteln, entkernen und in Würfel schneiden.

2 In einem Schmortopf 1 bis 2 EL Öl erhitzen. Die Lammfleischwürfel darin bei mittlerer Hitze portionsweise anbraten und herausnehmen. Den Puderzucker in den Topf stäuben und hell karamellisieren lassen. Das Tomatenmark unterrühren und kurz mitdünsten. Mit der Hälfte des Rotweins ablöschen und sirupartig einköcheln lassen. Den restlichen Rotwein hinzufügen und ebenfalls einköcheln lassen.

3 Das restliche Öl in einer Pfanne erhitzen. Schalotten, Karotte, Sellerie und Fenchel darin bei mittlerer Hitze andünsten und mit den Fleischwürfeln in den Schmortopf geben. Die Brühe angießen und den Deckel so auflegen, dass ein Spalt offen bleibt. Das Lammragout bei milder Hitze 2 Stunden schmoren. Nach 1 $^{1}/_{2}$ Stunden Garzeit den Deckel abnehmen und das Lorbeerblatt hinzufügen.

4 Kurz vor Ende der Garzeit die Tomatenwürfel unterrühren. Knoblauch, Ingwer, Rosmarin und Zitronenschale in die Sauce geben, einige Minuten darin ziehen lassen und mit dem Lorbeerblatt wieder entfernen. Die Butter in der Sauce zerlassen und das Lammragout mit Salz, Pfeffer und 1 Prise Cayennepfeffer würzen.

Alfons Schuhbeck

»Zum Lammragout serviere ich Limettenreis (siehe Seite 339) oder gekochte Kartoffeln (siehe Seite 324). Nach Belieben können Sie den Rosmarinzweig durch Thymian ersetzen.«

Geschmorte Lammkeule

2 Zwiebeln
150 g Knollensellerie
1 Karotte
1/2 Fenchelknolle
3 EL Öl
1 Lammkeule (ca. 1,5 kg; ohne Knochen, küchenfertig)
1–2 TL Puderzucker
1 EL Tomatenmark
300 ml kräftiger Rotwein
1 l Geflügelbrühe
1 frisches Lorbeerblatt
1–2 TL Speisestärke
1 Knoblauchzehe (geschält und halbiert)
2 Scheiben Ingwer
1 Rosmarinzweig
1 Streifen unbehandelte Zitronenschale
Salz · Pfeffer aus der Mühle
Cayennepfeffer

Für 4 Personen

1 Den Backofen auf 130 °C vorheizen. Die Zwiebeln schälen, halbieren und in Spalten schneiden. Den Knollensellerie und die Karotte schälen und in 1 cm breite und 3 cm lange Stifte schneiden. Den Fenchel putzen, waschen, längs halbieren und quer in 1 cm breite Stücke schneiden.

2 In einem Schmortopf 2 EL Öl erhitzen und die Lammkeule darin bei mittlerer Hitze rundherum anbraten. Das Fleisch herausnehmen und das Bratfett abgießen. Den Puderzucker in den Schmortopf stäuben und bei milder Hitze hell karamellisieren lassen. Das Tomatenmark unterrühren und kurz andünsten. Nach und nach mit je einem Drittel Rotwein ablöschen und jeweils einköcheln lassen.

3 Das Gemüse im restlichen Öl in einer Pfanne andünsten und mit der Brühe in den Schmortopf geben. Die Lammkeule daraufsetzen und im Ofen auf der mittleren Schiene etwa 3 1/2 Stunden rosa schmoren, dabei öfter mit der Sauce begießen.

4 Das Fleisch aus dem Topf nehmen und warm stellen. Die Sauce durch ein Sieb in einen Topf gießen, das Gemüse beiseite stellen. Das Lorbeerblatt in die Sauce geben und die Sauce auf dem Herd um ein Drittel einköcheln lassen. Die Speisestärke mit wenig kaltem Wasser glatt rühren, in die Sauce rühren und 1 bis 2 Minuten köcheln lassen.

5 Den Knoblauch, den Ingwer, den Rosmarin und die Zitronenschale einige Minuten in der Sauce ziehen lassen und mit dem Lorbeerblatt wieder entfernen. Die Sauce mit Salz, Pfeffer und 1 Prise Cayennepfeffer abschmecken. Die Lammkeule in Scheiben schneiden und mit der Sauce und dem Gemüse anrichten.

Geschmorte Zickleinkeule können Sie genauso wie die Lammkeule zubereiten.

Alfons Schuhbeck

»Wer die Lammkeule lieber durchgegart statt rosa möchte, heizt den Backofen auf 160 °C vor. Nach Belieben können am Ende der Garzeit noch halbierte Cocktailtomaten in die Sauce gegeben werden. Ein besonders kräftiges Aroma haben Cocktailtomaten aus der Dose, da sie sonnengereift geerntet werden. Statt Rosmarin passt auch Thymian sehr gut zur Lammkeule.«

Geschmorte Lammhaxerl

1 große Zwiebel
1 Karotte
120 g Knollensellerie
1/2 Fenchelknolle
1/2 dünne Stange Lauch
4 hintere Lammhaxen (à 300–350 g; küchenfertig)
3 EL Öl
1 EL Puderzucker
1 EL Tomatenmark
100 ml Portwein
250 ml kräftiger Rotwein
400 ml Geflügelbrühe
1 Lorbeerblatt
2 TL Speisestärke
1 Knoblauchzehe (geschält und halbiert)
2 Scheiben Ingwer
1 Streifen unbehandelte Zitronenschale
1 Thymianzweig
Salz · Pfeffer aus der Mühle

Für 4 Personen

1 Zwiebel, Karotte und Knollensellerie schälen. Fenchel und Lauch putzen und waschen. Das Gemüse in 1 cm große Würfel schneiden. Den Backofen auf 140 °C vorheizen.

2 In einem Schmortopf 2 EL Öl erhitzen und die Lammhaxen darin bei mittlerer Hitze rundherum anbraten. Die Haxen herausnehmen und das Bratenfett abgießen.

3 Den Puderzucker in den Schmortopf stäuben und hell karamellisieren lassen. Das Tomatenmark unterrühren und kurz andünsten. Mit dem Portwein und nach und nach mit je einem Drittel Rotwein ablöschen und jeweils einköcheln lassen.

4 Die Zwiebel, die Karotte, den Sellerie und den Fenchel in einer Pfanne im restlichen Öl andünsten, mit der Brühe in den Schmortopf geben und die Hachsen daraufsetzen. Zugedeckt im Ofen auf der mittleren Schiene etwa 3 1/2 Stunden schmoren, dabei mehrmals wenden. 20 Minuten vor Ende der Garzeit das Lorbeerblatt und den Lauch hinzufügen.

5 Die Lammhaxen herausnehmen, die Sauce durch ein Sieb in einen Topf gießen. Das Gemüse und das Fleisch beiseite stellen. Die Sauce auf dem Herd etwas einköcheln lassen. Die Speisestärke mit wenig kaltem Wasser glatt rühren, in die kochende Sauce rühren und 1 bis 2 Minuten bei milder Hitze köcheln lassen.

6 Die Sauce vom Herd nehmen, Knoblauch, Ingwer, Zitronenschale und Thymianzweig hinzufügen und nach einigen Minuten wieder entfernen. Die Sauce mit Salz und Pfeffer abschmecken. Das Gemüse und die Lammhaxen in der Sauce erwärmen und auf vorgewärmten Tellern servieren. Nach Belieben die Haxen von den Knochen lösen und das Fleisch quer zur Faser in Scheiben schneiden.

Rosmarinbutter

4 EL Butter
1 Knoblauchzehe (geschält)
1 Rosmarinzweig
1 rote Chilischote
1 Scheibe Ingwer

Für 4 Personen

Die Butter in einer Pfanne bei milder Hitze zerlassen. Den Knoblauch schälen und in Scheiben schneiden. Mit dem Rosmarinzweig, der Chilischote und dem Ingwer in die flüssige Butter geben und 3 bis 4 Minuten darin ziehen lassen, dann wieder entfernen.

Gekochte Lammschulter

1 Lammschulter (ca. 1,2 kg; ohne Knochen, küchenfertig)
2 EL Öl
2–3 l Geflügelbrühe
2 festkochende Kartoffeln
1 Karotte
150 g Knollensellerie
1 Zwiebel
5 Pimentkörner
1 Lorbeerblatt
1 Thymianzweig
1 kleine getrocknete Chilischote
2 Knoblauchzehen (geschält)
1 Streifen unbehandelte Zitronenschale
Salz · Pfeffer aus der Mühle

Für 4 Personen

1 Die Lammschulter mit Küchengarn zusammenbinden. Das Öl in einem großen Topf erhitzen und die Lammschulter darin bei mittlerer Hitze rundherum anbraten. So viel Brühe angießen, dass das Fleisch bedeckt ist. Die Lammschulter knapp unter dem Siedepunkt 2 Stunden ziehen lassen. Den aufsteigenden Schaum abschöpfen.

2 Die Kartoffeln, die Karotte, den Knollensellerie und die Zwiebel schälen. Die Kartoffeln der Länge nach halbieren und quer in 1 cm dicke Scheiben schneiden. Die Karotte schräg in 1 cm dicke Scheiben schneiden. Den Sellerie und die Zwiebel in 1 bis 2 cm große Stücke schneiden.

3 Den Piment in ein Gewürzsäckchen füllen und mit dem Lorbeerblatt, dem Thymian, der Chilischote und dem Gemüse 20 Minuten vor Garzeitende in die Brühe geben. Kurz vor Ende der Garzeit Knoblauch und Zitronenschale dazugeben und einige Minuten in der Brühe ziehen lassen.

4 Die Lammschulter aus der Brühe nehmen, die Brühe durch ein feines Sieb gießen und mit Salz und Pfeffer abschmecken. Das Küchengarn entfernen und das Fleisch in Scheiben schneiden. Die Lammschulter mit dem Gemüse und etwas Brühe in vorgewärmten tiefen Tellern anrichten.

Rosa gebratener Lammrücken

500 g Lammrückenfilet (ausgelöst)
1–2 TL Öl
aromatisierte Butter nach Wahl (z. B. Thymianbutter, siehe Seite 220)
Salz · Pfeffer aus der Mühle

Für 4 Personen

1 Den Backofen auf 100 °C vorheizen. Ein Ofengitter auf die mittlere Schiene und darunter ein Abtropfblech schieben.

2 Das Lammrückenfilet quer halbieren. Das Öl in einer Pfanne erhitzen und das Fleisch darin bei mittlerer Hitze rundherum anbraten. Das Lammfleisch aus der Pfanne nehmen und im Ofen auf dem Ofengitter etwa 40 Minuten rosa garen.

3 Die Gewürzbutter in einer Pfanne zubereiten, das Filet darin bei milder Hitze wenden und mit Salz und Pfeffer würzen.

Geflügel & Wild

SAISON FÜR GANS UND GAMS

Das zarte feine Fleisch von Hähnchen galt einmal als Inbegriff der Feinschmeckerei. Inzwischen hat es hierzulande das ganze Jahr über Saison. Gans, Ente und Wild hingegen mit ihrem unverwechselbaren Geschmack weiß der Kenner eher zur kalten Jahreszeit als Festtagsbraten zu schätzen.

GEBRATENE HENDLHAXEN AUF GEWÜRZKARTOFFELN

Für die Hähnchenkeulen:

1 Knoblauchzehe
1/2 TL gemahlener Koriander
1 EL Paprikapulver (edelsüß)
1 EL Kurkumapulver
1/2 TL Zimtpulver
1/2 TL Cayennepfeffer
1/2 TL getrockneter Oregano
1 TL Salz
1 TL Pfeffer aus der Mühle
1/2 TL Zucker
7 EL Olivenöl
1 TL Honig
4 Hähnchenkeulen (à ca. 250 g; küchenfertig, mit Haut)

Für die Kartoffeln:

700 g kleine festkochende Kartoffeln (z. B. Sieglinde)
je 1/2 unbehandelte Zitrone und Orange
350 g Schalotten
6 EL Olivenöl
6–8 Knoblauchzehen
3 Rosmarinzweige
5–6 kleine Chilischoten · Salz

Für 4 Personen

1 Am Vortag für die Marinade den Knoblauch schälen und hacken. In einer Schüssel mit Koriander, Paprika, Kurkuma, Zimt, Cayennepfeffer, Oregano, Salz, Pfeffer und Zucker mit dem Olivenöl und dem Honig zu einer Paste verrühren. Die Hähnchenkeulen waschen und trocken tupfen, rundherum mit der Marinade bestreichen und zugedeckt im Kühlschrank 1 Tag ziehen lassen.

2 Für die Kartoffeln den Backofen auf 180 °C vorheizen. Die ungeschälten Kartoffeln waschen, abtropfen lassen und halbieren. Die Zitrone und die Orange heiß waschen, trocken reiben und in Scheiben schneiden. Die Schalotten schälen und je nach Größe halbieren oder vierteln. Ein Backblech mit 1 EL Olivenöl bestreichen.

3 Die Kartoffelhälften, die Zitronen- und Orangenscheiben und die Schalottenviertel auf dem Backblech verteilen. Den Knoblauch schälen. Rosmarin waschen und trocken schütteln. Chilischoten waschen. Knoblauch, Rosmarin und Chilischoten auf den Kartoffeln verteilen. Alles mit Salz würzen und mit 3 EL Olivenöl beträufeln. Die Hähnchenkeulen aus der Marinade nehmen, auf die Kartoffeln legen und im Ofen auf der mittleren Schiene etwa 1 1/4 Stunden garen. Aus dem Backofen nehmen und mit dem restlichen Olivenöl beträufeln.

Alfons Schuhbeck

»Die Zitronen- und Orangenscheiben geben dem Gericht eine leicht bittere Note. Für ein milderes Aroma rühre ich anstelle der Zitrusscheiben etwas abgeriebene unbehandelte Zitronen- und Orangenschale in 2 EL Olivenöl und träufle dieses frische Öl nach dem Garen über die Hendlhaxen und die Kartoffeln.«

Geschnetzelte Hähnchenbrust

500 g Hähnchenbrustfilet (küchenfertig, ohne Haut)
1 EL Öl
1 EL Butter
Salz · Pfeffer aus der Mühle
1 EL Petersilienblätter (frisch geschnitten)

Für 4 Personen

1 Die Hähnchenbrustfilets waschen und trocken tupfen. Die Filets längs halbieren und schräg in lange Streifen schneiden.

2 Das Öl in einer großen Pfanne erhitzen und die Hähnchenbruststreifen darin bei mittlerer Hitze in zwei Portionen je etwa 2 Minuten anbraten. Das Hähnchenfleisch herausnehmen und beiseite legen.

3 Die Butter in der Pfanne zerlassen, mit Salz und Pfeffer würzen und die Petersilie hineinstreuen. Das angebratene Hähnchenfleisch kurz in der Kräuterbutter wenden.

Alfons Schubbeck

»Besonders zart wird das Fleisch, wenn Sie es nicht in der Pfanne braten, sondern für 2 Minuten in 90 °C heißes Salzwasser legen. Gut abtropfen lassen, dann einfach in Olivenöl oder Gewürzbutter (siehe Seite 279, Tipp) wenden oder mit der Senfsauce vermischen.«

Senfsauce

100 ml Gemüsebrühe
100 g Sahne
je 1 EL scharfer und süßer Senf
10 g kalte Butter
Salz · Cayennepfeffer

Für ca. 200 ml

Für die Senfsauce die Brühe in einem kleinen Topf mit der Sahne aufkochen lassen. Den scharfen und den süßen Senf unterrühren. Die Butter darin zerlassen und die Senfsauce mit Salz und 1 Prise Cayennepfeffer abschmecken.

Alfons Schubbeck

»Die Senfsauce passt zu rosa gebratenem Fleisch, Hähnchenbrust, Geschnetzeltem, gekochtem Rindfleisch und zu Fisch. Sie kann mit etwas abgeriebener Zitronen- oder Limettenschale oder fein geschnittenen Kräutern wie Estragon oder Dill verfeinert werden. Mit abgeriebener Orangenschale ist sie eine perfekte Begleitung zu gebratener Entenbrust.«

Kräuterhendl

1 Masthähnchen (1,2–1,4 kg)
1 Handvoll frische Kräuterblätter (Salbei, Basilikum, Petersilie und Thymian)
1 EL schwarze Pfefferkörner
1 TL Pimentkörner
1/2 kleine Zwiebel
1/2 Apfel
1 1/2 unbehandelte Zitronen
1/2 TL getrockneter Majoran
1 Lorbeerblatt · Salz
Öl für das Backblech
6 Petersilienstiele
2 Rosmarinzweige
6 Knoblauchzehen (ungeschält)
50 g flüssige Butter zum Bepinseln

Für 4 Personen

1 Das Hähnchen innen und außen waschen und trocken tupfen. Mit einem Esslöffelstiel die Haut von Brust- und Keulenfleisch anheben, die Kräuterblätter auf das Fleisch legen und die Haut straff darüberziehen.

2 Die Pfeffer- und Pimentkörner in eine Gewürzmühle füllen. Die Zwiebel schälen. Den Apfel waschen und das Kerngehäuse entfernen. Die 1/2 Zitrone heiß waschen und trocken reiben. Zwiebel, Apfel und Zitrone in 2 bis 3 cm große Stücke schneiden und in eine Schüssel geben. Den Majoran und das Lorbeerblatt zu der Füllung in die Schüssel geben. Die Zitronenfüllung mit Salz und der Mischung aus der Mühle würzen und alle Zutaten gründlich vermischen. Die Füllung in die Bauchhöhle des Hähnchens geben. Ein Backblech mit Öl einfetten, den Backofen auf 160 °C vorheizen.

3 Die ganze Zitrone heiß waschen, trocken reiben und in Scheiben schneiden. Petersilie und Rosmarin waschen und trocken schütteln. Zitronenscheiben, Petersilienstiele, Rosmarinzweige und ungeschälte Knoblauchzehen auf das Backblech legen. Das gefüllte Hähnchen mit der Butter bepinseln und ebenfalls auf das Blech setzen.

4 Das Kräuterhendl im Ofen auf der untersten Schiene etwa 1 Stunde garen. Das Hähnchen dabei gelegentlich mit der flüssigen Butter bepinseln. Die Backofentemperatur auf 200 °C erhöhen und das Hähnchen weitere 15 bis 25 Minuten knusprig braun braten.

5 Das Kräuterhendl in Portionen teilen, auf vorgewärmten Tellern anrichten, mit Salz und Pfeffer leicht nachwürzen und mit Bratensaft vom Blech beträufeln.

Alfons Schubbeck

»Der Bratensaft bekommt mit 1 EL mildem Olivenöl, das Sie zum Schluss untermischen, ein feines Aroma. Zum Kräuterhendl passt knuspriges Baguette.«

Zitronenbackhendl

2 Eier
3 TL Zitronensaft
Pfeffer aus der Mühle
frisch geriebene Muskatnuss
abgeriebene Schale von 1 unbehandelten Zitrone
1 EL halbsteif geschlagene Sahne
80 g doppelgriffiges Mehl (Wiener Grießler)
100 g Weißbrotbrösel
4 Hähnchenbrustfilets (à 120 g; küchenfertig, ohne Haut) · Salz
ca. 200 ml Öl zum Ausbacken
10 g kalte Butter

Für 4 Personen

1 Für das Backhendl die Eier in einem tiefen Teller verquirlen und mit 1 TL Zitronensaft, Pfeffer, Muskatnuss und der Hälfte der Zitronenschale würzen. Die Sahne unterheben. Das Mehl und die Weißbrotbrösel ebenfalls auf je 1 tiefen Teller verteilen.

2 Die Hähnchenbrustfilets waschen und trocken tupfen. Die Hähnchenbrüste schräg in jeweils vier Scheiben schneiden. Mit Salz und Pfeffer würzen. Die Hähnchenteile nacheinander zuerst im Mehl wenden, dann durch die verquirlten Eier ziehen und zuletzt mit den Weißbrotbröseln panieren, dabei die Panade nicht zu fest andrücken.

3 In eine tiefe Pfanne 2 cm hoch Öl gießen und bei mittlerer Hitze heiß werden lassen. Die panierten Hähnchenstücke darin von beiden Seiten goldbraun backen. In einer zweiten Pfanne die Butter schmelzen, die restliche Zitronenschale und den übrigen Zitronensaft dazugeben und die Zitronenbutter mit Salz und Pfeffer würzen. Die gebackenen Hähnchenstücke kurz in der Zitronenbutter wenden. Mit Zitronenspalten und Kartoffelsalat (siehe Seite 46) servieren und nach Belieben mit frittierten Petersilienstielen garnieren.

Alfons Schubbeck

»Statt Hähnchenbrust können Sie auch entbeinte, in kleinere Stücke geteilte Hähnchenkeulen verwenden. Besonders zart und äußerst dekorativ sind Stubenkükenkeulen. Ziehen Sie von den Keulchen die Haut ab und schneiden Sie mit einem spitzen kleinen Messer die Oberschenkelknochen heraus und legen auch die Unterschenkelknochen etwas frei, bevor Sie sie panieren. Den Weißbrotbröseln können Sie mit Gewürzen (z. B. gemahlener Pfeffer mit Piment) oder gehackten Kräutern (z. B. Thymian) eine andere Note geben.«

ROTWEINHUHN MIT PERLZWIEBELN

Für das Rotweinhuhn:

4 Hähnchenkeulen (à ca. 250 g; küchenfertig, mit Haut)
2 Zwiebeln
1 kleine Karotte
120 g Knollensellerie
1–2 EL Öl
1 TL Puderzucker
1 EL Tomatenmark
4 cl Cognac
500 ml kräftiger Rotwein
550 ml Geflügelbrühe
1/2 TL Pimentkörner
1 TL schwarze Pfefferkörner
1 EL getrocknete Champignons
1 Lorbeerblatt
1 EL Speisestärke
1 Thymianzweig
2 Scheiben Knoblauch
1 Streifen unbehandelte Zitronenschale
2 EL kalte Butter
Salz · Pfeffer aus der Mühle

Für das Gemüse:

150 g Perlzwiebeln
1 EL Butter
50 ml Geflügelbrühe
150 g Champignons oder Egerlinge
1/2 EL Öl

Außerdem:

6 dünne Scheiben durchwachsener Speck
1 EL Öl

Für 4 Personen

1 Für das Rotweinhuhn die Hähnchenkeulen enthäuten, am Gelenk halbieren, waschen und trocken tupfen. Die Zwiebeln, die Karotte und den Knollensellerie schälen und in 1/2 bis 1 cm große Würfel schneiden.

2 Das Öl in einem großen Topf erhitzen und die Hähnchenteile darin bei mittlerer Hitze rundherum kräftig anbraten, dann herausnehmen. Den Puderzucker in den Topf stäuben und hell karamellisieren lassen. Die Gemüsewürfel dazugeben und einige Minuten andünsten, das Tomatenmark hinzufügen und kurz mit andünsten. Mit dem Cognac ablöschen. Nach und nach mit je einem Drittel Rotwein ablöschen und jeweils einköcheln lassen. Die angebratenen Hähnchenteile wieder dazugeben, die Brühe angießen und einen Deckel so auflegen, dass ein Spalt offen bleibt. Die Hähnchenkeulen knapp unter dem Siedepunkt etwa 35 Minuten schmoren lassen. Piment, Pfefferkörner und getrocknete Champignons in ein Gewürzsäckchen füllen und nach 15 Minuten mit dem Lorbeerblatt in die Schmorsauce geben.

3 Die Hähnchenteile mit dem Gewürzsäckchen aus dem Topf nehmen, die Hähnchenteile beiseite legen. Die Sauce um etwa ein Drittel einköcheln lassen. Die Speisestärke mit wenig kaltem Wasser glatt rühren, unter die leicht kochende Sauce rühren und 2 Minuten köcheln lassen. Thymian, Knoblauch und Zitronenschale dazugeben, einige Minuten darin ziehen lassen und wieder entfernen. Die Schmorsauce durch ein Sieb in einen Topf streichen, das Gemüse dabei etwas ausdrücken. Die Butter unter die Sauce rühren, mit Salz und Pfeffer abschmecken. Die Hähnchenkeulen wieder in die Sauce geben und darin warm halten.

4 Für das Gemüse die Perlzwiebeln schälen. Die Butter in einem kleinen Topf zerlassen und die Perlzwiebeln darin bei milder Hitze glasig dünsten. Die Brühe hinzufügen und das Gemüse zugedeckt etwa 10 Minuten weich dünsten, die Flüssigkeit sollte dabei weitgehend verdampfen.

5 Die Champignons putzen, trocken abreiben und halbieren. Das Öl in einer großen Pfanne erhitzen und die Pilze darin bei mittlerer Hitze 1 Minute anbraten. Die Perlzwiebeln und die Champignons zu den geschmorten Hähnchenkeulen in die Sauce geben.

6 Zum Anrichten den Speck in 1 cm breite Streifen schneiden. Das Öl in einer Pfanne erhitzen und die Speckstreifen darin bei mittlerer Hitze kross anbraten. Die Speckstreifen herausnehmen, auf Küchenpapier abtropfen lassen und das Schmorgericht damit garnieren.

Kross gebratene Hendlbrüste

4 Hähnchenbrüste (à ca. 120 g; küchenfertig, mit Haut)
1 EL Öl
aromatisierte Butter nach Wahl (z. B. Rosmarinbutter siehe Seite 242)
Salz · Pfeffer aus der Mühle

Für 4 Personen

1 Den Backofen auf 100 °C vorheizen. Ein Ofengitter auf die mittlere Schiene und darunter ein Abtropfblech schieben. Die Hähnchenbrüste waschen, trocken tupfen und in einer Pfanne im Öl mit der Hautseite nach unten bei mittlerer Hitze etwa 3 Minuten kross anbraten. Wenden und kurz weiterbraten. Die Hähnchenbrüste aus der Pfanne nehmen und im Ofen auf dem Ofengitter 30 bis 40 Minuten saftig durchziehen lassen.

2 Die aromatisierte Butter in einer Pfanne zubereiten. Die Hähnchenbrüste mit Salz und Pfeffer würzen und in der Butter wenden.

Für Perlhuhnbrüste die Keulen wie oben beschrieben zubereiten und 25 bis 30 Minuten im Ofen garen.

Geschmorte Putenkeule

2 Zwiebeln
1 Karotte
1 Stange Staudensellerie
2 Putenoberkeulen (à ca. 500 g; küchenfertig, mit Haut)
2 EL Öl
1 EL Puderzucker
1 EL Tomatenmark
100 ml trockener Weißwein
350 ml Geflügelbrühe
50 g flüssige Butter zum Bepinseln
Salz · Öl für das Backblech
1 Lorbeerblatt
1 Knoblauchzehe (geschält und halbiert)
1 Streifen unbehandelte Zitronenschale
2 Thymianzweige
Pfeffer aus der Mühle

Für 4 Personen

1 Den Backofen auf 160 °C vorheizen. Die Zwiebeln und die Karotte schälen und in kleine Würfel schneiden. Den Staudensellerie putzen, waschen und ebenfalls in kleine Würfel schneiden. Die Putenkeulen waschen und trocken tupfen.

2 In einem Bräter 1 EL Öl erhitzen und die Putenkeulen darin rundherum anbraten und herausnehmen. Den Puderzucker in den Bräter stäuben und hell karamellisieren lassen. Das Tomatenmark unterrühren, mit Weißwein ablöschen und alles sirupartig einköcheln lassen.

3 Das restliche Öl in einer Pfanne erhitzen und die Karotten-, Zwiebel- und Selleriewürfel darin andünsten. Gemüsewürfel in den Bräter geben und die Brühe angießen. Die Putenkeulen auf das Gemüse legen. Die flüssige Butter mit Salz würzen und die Putenkeulen damit bepinseln. Im Ofen auf der mittleren Schiene 1 1/2 bis 2 Stunden garen, die Putenkeulen dabei gelegentlich mit der flüssigen Butter bepinseln.

4 Den Bräter aus dem Ofen nehmen. Die Putenkeulen auf ein eingefettetes Backblech legen und wieder in den Ofen schieben. Die Backofentemperatur auf 200 bis 220 °C Oberhitze umschalten und die Putenkeulen 5 bis 10 Minuten bräunen.

5 Das Lorbeerblatt in den Bräter geben und die Schmorsauce auf dem Herd um ein Drittel einköcheln. Knoblauch, Zitronenschale und Thymian dazugeben, einige Minuten darin ziehen lassen und mit dem Lorbeerblatt wieder entfernen. Die Sauce mit Salz und Pfeffer würzen. Die Putenkeulen mit der Schmorsauce auf vorgewärmten Tellern anrichten.

PUTENKEULE IM PFEFFERTOPF

2 Putenoberkeulen (à ca. 500 g; küchenfertig, mit Haut)
150 g Schalotten
500 g kleine festkochende Kartoffeln
2 rote Spitzpaprikaschoten
100 ml Olivenöl
150 ml trockener Weißwein
200 ml Geflügelbrühe
2 kleine getrocknete Chilischoten
1 kleines Lorbeerblatt
Fett für das Backblech
abgeriebene Schale von 1 unbehandelten Zitrone
1 Knoblauchzehe (geschält und halbiert)
1 Scheibe Ingwer
1 Thymianzweig
Salz · Pfeffer aus der Mühle

Für 4 Personen

1 Die Putenkeulen waschen und trocken tupfen. Die Schalotten schälen und halbieren. Die Kartoffeln schälen, waschen und in 1/2 cm dicke Scheiben schneiden. Die Paprikaschoten längs halbieren, entkernen, waschen und quer in etwa 1 1/2 cm große Stücke schneiden.

2 In einem Topf 1 bis 2 EL Olivenöl erhitzen, die Putenkeulen darin bei mittlerer Hitze rundherum anbraten und herausnehmen. Die Schalotten in den Topf geben und glasig dünsten. Den Weißwein angießen, auf die Hälfte einköcheln lassen und die Brühe hinzufügen.

3 Die Putenkeulen in den Topf geben und zugedeckt knapp unter dem Siedepunkt 1 1/2 bis 2 Stunden garen. Die Kartoffeln nach 30 Minuten Garzeit dazugeben und mitgaren. Die Paprikastücke, Chilischoten und das Lorbeerblatt nach weiteren 45 Minuten Garzeit in den Sud geben.

4 Den Backofengrill einschalten. Die Putenkeulen aus dem Garsud nehmen, auf ein eingefettetes Backblech legen und im Ofen auf der untersten Schiene 5 bis 10 Minuten goldbraun und knusprig braten.

5 Den Garsud durch ein Sieb in einen hohen Rührbecher gießen. Das restliche Olivenöl mit der Zitronenschale dazugeben und mit dem Stabmixer unter den Sud rühren.

6 Den Sud und das Gemüse zurück in den Topf geben. Knoblauch, Ingwer und Thymian hinzufügen, 5 Minuten darin ziehen lassen und mit dem Lorbeerblatt und den Chilischoten wieder entfernen. Mit Salz abschmecken und Pfeffer aus der Mühle grob darübermahlen.

7 Die Putenkeulen aufschneiden und mit dem Gemüse und der Schmorsauce auf vorgewärmten Tellern anrichten.

Alfons Schuhbeck

»Wie scharf Chilischoten wirklich sind, lässt sich nie ganz sicher voraussagen. Für kontrollierte Schärfe verwende ich deshalb anstatt Chilischoten Cayennepfeffer. Diesen gebe ich erst zum Schluss mit dem Salz an das Gericht.«

Pute im Ganzen gebraten

Für die Sauce:

2 Zwiebeln · 1 Karotte
150 g Knollensellerie
1 EL Öl
1–2 TL Puderzucker
1/2–1 EL Tomatenmark
250 ml kräftiger Rotwein
750 ml Geflügelbrühe
1 Lorbeerblatt
1/2–1 TL Speisestärke
1 Knoblauchzehe (geschält und halbiert)
1 Scheibe Ingwer
1 Streifen unbehandelte Zitronenschale
1 Rosmarinzweig
10 g kalte Butter

Für die Pute:

1 Zwiebel · 1 EL Öl
120 g gekochter Hinterschinken
1 Apfel · 2 Karotten
300 g Weißbrot (vom Vortag)
350 ml Milch · 4 Eier
Salz · Pfeffer aus der Mühle
frisch geriebene Muskatnuss
50 g Hartweizen- oder Weichweizengrieß
150 g Maiskörner (tiefgefroren oder aus der Dose)
50 g Rosinen
1 kleine Pute (ca. 3 kg)
100 g flüssige Butter zum Bepinseln

Für ca. 6 Personen

1 Für die Sauce die Zwiebeln, die Karotte und den Knollensellerie schälen und in knapp 1 cm große Würfel schneiden. Das Öl in einer Pfanne erhitzen und die Gemüsewürfel darin einige Minuten andünsten.

2 Den Puderzucker in einem Topf bei milder Hitze hell karamellisieren lassen. Das Tomatenmark unterrühren und leicht anbräunen. Mit der Hälfte des Rotweins ablöschen und sämig einköcheln lassen, den restlichen Rotwein angießen und ebenfalls einköcheln lassen. Die Brühe dazugießen und in einen großen Bräter oder in ein tiefes Backblech umfüllen. Die Gemüsewürfel dazugeben. Den Backofen auf 150 °C vorheizen.

3 Für die Pute die Zwiebel schälen und in kleine Würfel schneiden. Das Öl in einer Pfanne erhitzen und die Zwiebelwürfel darin bei mittlerer Hitze glasig dünsten. Den Schinken in kleine Würfel schneiden. Den Apfel schälen, vierteln, das Kerngehäuse entfernen und das Fruchtfleisch in kleine Würfel schneiden. Die Karotten putzen, schälen und in 1/2 cm große Würfel schneiden.

4 Das Weißbrot in 1/2 bis 1 cm große Würfel schneiden. Die Milch in einem Topf aufkochen und vom Herd nehmen. Die Eier mit der Milch verquirlen und mit Salz, Pfeffer und Muskatnuss würzen. Die Brotwürfel in der Eiermilch einweichen. Zwiebel-, Schinken-, Apfel- und Karottenwürfel sowie Grieß, Maiskörner und Rosinen untermischen. Die Füllung nochmals abschmecken und zugedeckt 10 Minuten ziehen lassen.

5 Die Pute von den Innereien befreien, innen und außen waschen, trocken tupfen und die Bauchhöhle mit Salz würzen. Die Bauchhöhle mit der Weißbrotmasse füllen und mit Holzspießen verschließen. Die Keulen mit Küchenschnur zusammenbinden. Die Pute mit dem Bauch nach oben auf die Sauce und das Gemüse in den Bräter oder das Backblech legen. Die flüssige Butter salzen und die Pute damit einpinseln. Die Pute im Ofen auf der untersten Schiene 4 1/2 bis 5 Stunden garen, dabei öfters mit der Butter bepinseln. 15 Minuten vor Ende der Garzeit das Lorbeerblatt zur Sauce geben.

6 Die Pute herausnehmen und warm stellen. Die Sauce durch ein Sieb in einen Topf gießen, dabei das Gemüse etwas ausdrücken und die Sauce erhitzen. Die Speisestärke mit wenig kaltem Wasser glatt rühren, unter die Sauce rühren und 2 Minuten leicht köcheln lassen. Knoblauch, Ingwer, Zitronenschale und Rosmarin dazugeben, einige Minuten in der Sauce ziehen lassen und mit dem Lorbeerblatt wieder entfernen. Die Butter unterrühren und die Sauce mit Salz und Pfeffer abschmecken.

GEBRATENE ENTE

Für die Ente:

1/2 Zwiebel
1/2 Apfel
Salz · Pfeffer aus der Mühle
getrockneter Majoran
1 Bauernente (ca. 2,5 kg)
1,2 l Geflügelbrühe

Für die Sauce:

2 Zwiebeln
1 kleine Karotte
100 g Knollensellerie
1 EL Öl
2 TL Puderzucker
1 EL Tomatenmark
250 ml kräftiger Rotwein
1 TL Speisestärke
1 Majoranzweig
2 Petersilienstiele
je 2 Scheiben Ingwer und Knoblauch
2 Streifen unbehandelte Orangenschale
20 g kalte Butter

Für ca. 6 Personen

1 Für die Ente den Backofen auf 140 °C vorheizen. Die Zwiebel schälen und in große Würfel schneiden. Den Apfel waschen, vierteln, das Kerngehäuse entfernen und das Fruchtfleisch ebenfalls in grobe Würfel schneiden. Zwiebel- und Apfelstücke vermischen und mit Salz, Pfeffer und 1 Prise Majoran würzen. Von der Ente die Flügelknochen abschneiden und alle Innereien entfernen. Innen und außen waschen und trocken tupfen.

2 Die Bauchhöhle der Ente mit der Zwiebel-Apfel-Mischung füllen. Die Ente mit der Bauchseite nach oben in einen Bräter legen und die Flügelknochen dazugeben. Die Brühe angießen und die Ente zugedeckt im Ofen auf der untersten Schiene etwa 3 1/2 Stunden garen, bis die Haut hell und das Fleisch weich ist. Das dabei austretende Fett zwischendurch abschöpfen und beiseite stellen. Die Ente aus dem Bräter nehmen, die Brühe weitgehend entfetten und für die Sauce beiseite stellen.

3 Die Backofentemperatur auf 220 °C erhöhen. Von der Ente die Brüste und Keulen auslösen und aus den Keulen die Oberschenkelknochen entfernen. Die Füllung aus der Bauchhöhle entfernen. Entenkarkassen und Flügelknochen mit einer Geflügelschere oder einem Hackbeil zerkleinern, auf ein Backblech legen und im Ofen auf der mittleren Schiene etwa 20 Minuten knusprig braun braten. Ausgetretenes Fett entfernen.

4 Für die Sauce die Zwiebeln, die Karotte und den Knollensellerie schälen und in etwa 1 cm große Würfel schneiden. Das Öl in einer Pfanne erhitzen und das Gemüse darin andünsten. Den Puderzucker in einem Topf bei milder Hitze hell karamellisieren lassen. Das Tomatenmark unterrühren und leicht anbräunen. Die Hälfte des Rotweins dazugießen und sirupartig einköcheln lassen. Den restlichen Rotwein hinzufügen und ebenfalls einköcheln lassen. Die gebräunten Knochen, das angedünstete Gemüse sowie die beiseite gestellte Brühe bis auf 5 EL unterrühren und alles knapp unter dem Siedepunkt 1 Stunde ziehen lassen.

5 Die Sauce durch ein feines Sieb in einen Topf gießen und auf die Hälfte einköcheln lassen. Die Speisestärke mit wenig kaltem Wasser glatt rühren, unter Rühren in die Sauce geben und 2 Minuten leicht köcheln lassen. Majoran, Petersilie, Ingwer, Knoblauch und Orangenschale hinzufügen, kurz ziehen lassen und wieder entfernen. Etwas Bratfett von der Ente und die Butter unter die Sauce rühren und mit Salz abschmecken.

6 Den Backofengrill einschalten. Die Entenbrüste und -keulen mit der Hautseite nach oben auf ein Backblech legen und die übrigen 5 EL Brühe dazugeben. Das Entenfleisch im Ofen auf der unteren Schiene 10 bis 15 Minuten kross braten. Die Entenbrüste und -keulen mit der Sauce auf vorgewärmten Tellern anrichten. Dazu passen Brezenknödel (siehe Seite 316), Kartoffelknödel (siehe Seite 313), Schokoladenblaukraut (siehe Seite 285, Variante), Selleriepüree (siehe Seite 291) und Meerrettichwirsing (siehe Seite 306, Variante).

Gegrillte Entenkeulen

4 Entenkeulen (à 350–400 g; küchenfertig, mit Haut)
1 kleine Zwiebel
1 Lorbeerblatt
3 Gewürznelken
4 l Geflügelbrühe

Für 4 Personen

1 Die Entenkeulen waschen, trocken tupfen und die Oberschenkelknochen mit einem scharfen Messer auslösen. Die Zwiebel schälen und das Lorbeerblatt mit den Nelken darauf feststecken. Die Brühe in einem großen Topf aufkochen lassen, die gespickte Zwiebel und die Entenkeulen dazugeben. Die Keulen in der Brühe knapp unter dem Siedepunkt 2 1/2 bis 3 Stunden weich garen.

2 Den Backofengrill einschalten. Die Entenkeulen aus der Brühe nehmen und mit der Hautseite nach oben auf ein tiefes Backblech oder in eine ofenfeste Form legen. 5 EL Brühe angießen und die Entenkeulen im Ofen auf der untersten Schiene 15 bis 20 Minuten kross grillen.

Gebratene Barbarie-Entenbrust

4 Barbarie-Entenbrüste (à ca. 200 g; mit Haut)
2 EL Öl
Salz · Pfeffer aus der Mühle

Für 4 Personen

1 Den Backofen auf 100 °C vorheizen. Ein Ofengitter auf die mittlere Schiene und darunter ein Abtropfblech schieben. Die Entenbrüste waschen und trocken tupfen, von Fett und Sehnen befreien, Federkiele mit einer Pinzette herauszupfen und die Hautseite bis an die Ränder rautenförmig einritzen.

2 Das Öl in einer Pfanne erhitzen und die Entenbrüste darin mit der Hautseite nach unten bei mittlerer Hitze etwa 5 Minuten anbraten. Wenden und die zweite Seite nur kurz anbraten, sodass sich die Poren auf der Fleischseite schließen. Die Entenbrüste aus der Pfanne nehmen und im Ofen auf dem Ofengitter 1 Stunde durchziehen lassen.

3 Die Entenbrüste aus dem Backofen nehmen, salzen und pfeffern.

Alfons Schuhbeck

»Schneiden Sie die Haut der Entenbrüste wirklich bis ganz an den Rand ein; damit verhindern Sie, dass sich das Fleisch beim Garen wölbt. Zu den Entenbrüsten passt Orangenöl: 4 bis 5 EL mildes Olivenöl mit etwas abgeriebener unbehandelter Orangenschale mischen, 3 Scheiben Ingwer und Knoblauch dazugeben und 5 Minuten ziehen lassen. Das Öl über die gebratenen Entenbrüste träufeln.«

Salat von der Entenkeule

Für die Ente:

4 Entenkeulen (à 350–400 g; küchenfertig, mit Haut)
1,2 l Öl oder Entenfett
Salz · Pfeffer aus der Mühle

Für den Salat:

300 g gemischter Blattsalat
je 2 Zweige Minze, Basilikum und Zitronenmelisse
2 Orangen
60 ml Gemüsebrühe
2 EL Himbeeressig oder Rotweinessig
2 TL Johannisbeergelee
Salz · Pfeffer aus der Mühle
5 EL mildes Olivenöl

Für 4 Personen

1 Für die Ente die Entenkeulen waschen, trocken tupfen und die Oberschenkelknochen auslösen. Das Fleisch über dem verbleibenden Unterschenkelknochen auf der Innenseite bis zum Knochen einschneiden und so den Knochen etwas freilegen.

2 Etwa 1 l Öl in einen Topf geben und auf 80 °C erhitzen. Die Entenkeulen hineinlegen und bei gleich bleibender Temperatur etwa 4 Stunden weich schmoren. Die Keulen sollten dabei mit Öl bedeckt sein, gegebenenfalls noch etwas Öl hinzufügen.

3 Das restliche Öl in einer großen Pfanne bei milder Temperatur erhitzen. Die Entenkeulen aus dem Schmoröl nehmen, mit der Hautseite nach unten in die Pfanne legen und etwa 10 Minuten kross braten. Die Keulen wenden, die Pfanne vom Herd nehmen und die Keulen in der Resthitze noch 1 bis 2 Minuten ziehen lassen. Herausnehmen, auf Küchenpapier abtropfen lassen und mit Salz und Pfeffer würzen.

4 Für den Salat die Blattsalate waschen, trocken schleudern und die Blätter in mundgerechte Stücke zupfen. Die Kräuterblätter von den Stielen zupfen. Die Orangen mit einem scharfen Messer so großzügig schälen, dass auch die weiße Haut mit entfernt wird. Die Orangenfilets aus den Trennhäuten schneiden und auf einem Sieb abtropfen lassen. Aus dem Rest der Orangen den Saft ausdrücken und mit dem abgetropften Saft der Orangenfilets mischen.

5 Für das Dressing die Brühe, den Essig, den Orangensaft und das Johannisbeergelee in einem hohen Rührbecher mit dem Stabmixer verrühren. Mit Salz und Pfeffer würzen und das Öl untermixen, gegebenenfalls noch etwas nachwürzen. Die Salatblätter und die Orangenfilets mit dem Dressing vermischen, die warmen Entenkeulen daneben anrichten.

Alfons Schuhbeck

»Wenn Sie die Entenkeulen aufbewahren möchten, lassen Sie sie im Öl auskühlen und geben sie dann mit dem Öl in einen gut verschließbaren Behälter. Im Kühlschrank halten sie sich 2 bis 3 Wochen. Das Schmoröl eignet sich nicht mehr zum Braten, da es Wasser enthält und beim Erhitzen spritzt.«

Geschmorte Gänsekeulen

4 Gänsekeulen (à 450–500 g; küchenfertig, mit Haut)
2 Zwiebeln
1 Karotte
120 g Knollensellerie
6 EL Öl
1 EL Puderzucker
1 EL Tomatenmark
250 ml kräftiger Rotwein
500 ml Geflügelbrühe
1–2 TL Speisestärke
getrockneter Majoran
je 1 Scheibe Ingwer und Knoblauch
je 1 Streifen unbehandelte Zitronen- und Orangenschale
Salz · Pfeffer aus der Mühle

Für 4 Personen

1 Von den Gänsekeulen die Haut ablösen und zum Garnieren beiseite legen. Die Keulen waschen, trocken tupfen und am Gelenk durchtrennen. Den Oberschenkelknochen auslösen und das Oberschenkelfleisch halbieren. Die Zwiebeln, die Karotte und den Knollensellerie schälen und in höchstens $^{1}/_{2}$ cm große Würfel schneiden.

2 In einem Schmortopf 1 bis 2 EL Öl erhitzen, die Gänsekeulen darin bei mittlerer Hitze rundherum anbraten und wieder herausnehmen. Den Puderzucker in den Topf stäuben und hell karamellisieren lassen. Das Tomatenmark dazugeben und leicht anbräunen. Mit der Hälfte des Rotweins ablöschen und sirupartig einköcheln lassen. Den restlichen Rotwein hinzufügen und ebenfalls einköcheln lassen.

3 In einer Pfanne 1 EL Öl erhitzen und die Gemüsewürfel bei mittlerer Hitze darin andünsten. Gemüsewürfel und Gänsekeulen in den Schmortopf zum eingeköchelten Rotwein geben und mit der Brühe aufgießen. Einen Deckel so auflegen, dass ein Spalt offen bleibt, und die Gänsekeulen etwa 4 Stunden weich schmoren.

4 Die Gänsekeulen aus dem Topf nehmen. Die Sauce durch ein Sieb in einen kleinen Topf gießen und etwas einköcheln lassen. Das Gemüse zu den Keulen geben und zugedeckt warm halten. Die Speisestärke mit wenig kaltem Wasser glatt rühren, unter Rühren in die Sauce geben und 2 Minuten köcheln lassen. 1 Prise Majoran, Ingwer, Knoblauch, Zitronen- und Orangenschale hinzufügen, einige Minuten darin ziehen lassen und die ganzen Gewürze wieder entfernen. Mit Salz und Pfeffer abschmecken. Die Sauce, die Gänsekeulen und das Gemüse zusammen in den Schmortopf geben und erhitzen.

5 Die beiseite gelegte Haut der Gänsekeulen in kleine Würfel schneiden. Das restliche Öl in einer Pfanne erhitzen und die Haut darin bei milder Hitze langsam kross braten. Auf Küchenpapier abtropfen lassen und salzen. Die Gänsekeulen mit Sauce und Gemüse auf vorgewärmten Tellern anrichten und mit der gebratenen Haut bestreuen.

Für Ganserlragout das Fleisch von den Gänsekeulen lösen, in Stücke schneiden und wie oben beschrieben 4 Stunden schmoren. Die Gewürze ein paar Minuten im Ragout ziehen lassen, wieder entfernen und die Sauce nach Belieben mit etwas Speisestärke binden.

GEFÜLLTE GANS

Für die Gans:

1 Gans (ca. 4,5 kg)
250 g Brezenstangen (vom Vortag; ohne Salz)
250 ml Milch
2 Eier
Salz · Pfeffer aus der Mühle
frisch geriebene Muskatnuss
½ Zwiebel
100 g Butter
250 g Bratwurstbrät
5 EL Sahne
1 EL Petersilienblätter (frisch geschnitten)
1–2 TL abgeriebene unbehandelte Zitronenschale

Für die Sauce:

2 Zwiebeln
1 kleine Karotte
100 g Knollensellerie
1 EL Öl
2 TL Puderzucker
1 EL Tomatenmark
250 ml kräftiger Rotwein
1,2 l Geflügelbrühe
1–2 TL Speisestärke
1 Majoranzweig
2 Petersilienstiele
je 2 Scheiben Ingwer und Knoblauch
2 Streifen unbehandelte Orangenschale
20 g kalte Butter
Salz

Für 4 Personen

1 Den Backofen auf 220 °C vorheizen. Von der Gans die Flügel und den Hals abschneiden und alle Innereien entfernen. Die Gans innen und außen waschen und trocken tupfen. Die Gänseflügel und den Hals in etwa 3 cm große Stücke hacken und auf einem Backblech im Ofen auf der mittleren Schiene etwa 30 Minuten goldbraun braten. Für die Sauce beiseite stellen und ausgetretenes Fett entfernen. Die Backofentemperatur auf 150 °C herunterschalten. Ein Ofengitter auf die unterste Schiene und darunter ein Abtropfblech schieben.

2 Für die Füllung die Brezenstangen in 1 cm große Würfel schneiden und in eine Schüssel geben. Die Milch aufkochen, vom Herd nehmen und mit den Eiern verrühren. Die Eiermilch mit Salz, Pfeffer und Muskatnuss würzen und mit den Brezenwürfeln mischen. Die Zwiebel schälen und in kleine Würfel schneiden. In einer Pfanne 1 EL Butter zerlassen und die Zwiebelwürfel darin bei milder Hitze glasig dünsten. Mit der Brezenmasse mischen. Das Bratwurstbrät mit der Sahne glatt rühren und mit der Petersilie unter die Füllung mischen. Mit Zitronenschale, Salz, Pfeffer und Muskatnuss abschmecken.

3 Die Bauchhöhle der Gans salzen, mit der Brätmasse füllen und mit einem Holzspieß verschließen. Die Gans im Ofen auf dem Ofengitter 5 bis 5 ½ Stunden kross braten. Die restliche Butter zerlassen, mit Salz würzen und die Gans zwischendurch damit bestreichen.

4 Für die Sauce die Zwiebeln, die Karotte und den Knollensellerie schälen und in etwa 1 cm große Würfel schneiden. Das Öl in einer Pfanne erhitzen und das Gemüse darin andünsten. Den Puderzucker in einem Topf bei milder Hitze hell karamellisieren lassen. Das Tomatenmark unterrühren und etwas anbräunen. Mit der Hälfte des Rotweins ablöschen und sirupartig einköcheln lassen. Den restlichen Rotwein hinzufügen und ebenfalls einköcheln lassen. Die Gemüsewürfel, die beiseite gestellten Gänseflügel- und Halsstücke dazugeben. Die Brühe dazugießen und alles knapp unter dem Siedepunkt etwa 1 Stunde ziehen lassen.

5 Die Sauce durch ein feines Sieb in einen Topf gießen und auf die Hälfte einköcheln lassen. Die Speisestärke mit wenig kaltem Wasser glatt rühren, in die Sauce rühren und 2 Minuten leicht köcheln lassen. Majoran, Petersilie, Ingwer, Knoblauch und Orangenschale dazugeben, einige Minuten darin ziehen lassen und wieder entfernen. Etwas Bratfett vom Abtropfblech und die Butter unter die Sauce rühren. Mit Salz abschmecken.

6 Die Gänsekeulen und -brüste auslösen, die Karkasse mit einer Küchenschere aufschneiden, die Füllung herauslösen und in Scheiben schneiden. Keulen, Brüste und Füllung mit der Sauce auf vorgewärmten Tellern anrichten. Dazu passt Blaukraut (siehe Seite 285), Selleriepüree (siehe Seite 291) oder Meerrettichwirsing (siehe Seite 306).

Gefüllte Ganserlleberknödel mit Wachtelei

Für die Knödel:

150 g Gänseleber
1/2 Zwiebel · 1 EL Öl
250 g Toastbrot
1 Ei · 1 Eigelb
1 TL scharfer Senf · 125 ml Milch
1 Msp. abgeriebene unbehandelte Zitronenschale
1 EL Petersilienblätter (frisch geschnitten)
getrockneter Majoran · Salz
frisch geriebene Muskatnuss
doppelgriffiges Mehl zum Wenden
12 Wachteleier
1 Lorbeerblatt
1 Streifen unbehandelte Zitronenschale

Für die Röstzwiebeln:

300 ml Öl oder Fett
50 g doppelgriffiges Mehl (Wiener Grießler)
1 Zwiebel

Für 4 Personen

1 Für die Knödel die Leber putzen, waschen und durch die feine Scheibe des Fleischwolfs drehen. Die Zwiebel schälen und in kleine Würfel schneiden. Das Öl in einer Pfanne erhitzen und die Zwiebelwürfel darin bei milder Hitze glasig dünsten.

2 Das Toastbrot entrinden, in 1/2 bis 1 cm große Würfel schneiden und in eine Schüssel geben. Ei und Eigelb mit dem Senf verquirlen. Die Milch in einem Topf erhitzen und vom Herd nehmen. Mit der Eiermischung verrühren und über die Brotwürfel gießen. Locker durchmischen und die durchgedrehte Leber, die Zwiebelwürfel, die Zitronenschale und die Petersilie unterheben. Die Knödelmasse mit 1 Prise Majoran, etwas Salz und Muskatnuss würzen.

3 Das Mehl auf einen tiefen Teller geben. Die Wachteleier in einem Topf in kochendem Wasser 2 1/2 bis 3 Minuten garen. Kalt abschrecken und pellen. Die Wachteleier im Mehl wenden, mit der Knödelmasse umhüllen und mit angefeuchteten Händen zu Knödeln formen.

4 In einem großen Topf reichlich Salzwasser aufkochen, Lorbeerblatt und Zitronenschale hinzufügen und die Knödel darin 8 Minuten mehr ziehen als kochen lassen. Die Knödel mit dem Schaumlöffel herausheben und auf Küchenpapier abtropfen lassen.

5 Für die Röstzwiebeln das Öl in einem Topf auf 170 °C erhitzen. Das Mehl in einen tiefen Teller geben. Die Zwiebel schälen, in möglichst feine Scheiben schneiden und im Mehl wenden. Überschüssiges Mehl abschütteln, die Zwiebel im heißen Öl frittieren und auf Küchenpapier abtropfen lassen.

6 Die Ganserlleberknödel auf vorgewärmte Teller verteilen und mit den Röstzwiebeln bestreuen. Dazu passt besonders gut Bayerisch Kraut mit Quitte (siehe Seite 288).

Alfons Schuhbeck

»Nach Belieben können die Knödel, statt in Wasser gegart, auch frittiert werden. Erhitzen Sie dafür reichlich Frittierfett auf 160 °C und bräunen die Knödel darin gleichmäßig etwa 5 Minuten. Dazu passt Pfefferkraut (siehe Seite 286, Variante) oder Rahmkraut (siehe Seite 286, Variante).«

GANSERLLEBER-MOUSSE MIT PORTWEINGELEE

Für das Gelee:

1 ½ Blatt weiße Gelatine
1 ½ EL Zucker
100 ml Portwein
50 ml Cognac

Für die Mousse:

350 g Gänseleber
½ TL Zucker
100 g Butter
getrockneter Majoran
gemahlener Piment
Cayennepfeffer
2 cl Cognac
2 cl Portwein
1 EL Apfelgelee
je 1 Streifen unbehandelte Zitronen- und Orangenschale
130 g Sahne
Salz

Für 4 Personen

1 Für das Gelee die Gelatine in kaltem Wasser einweichen. Den Zucker mit dem Portwein und dem Cognac in einen kleinen Topf geben und bei milder Hitze zum Köcheln bringen. Den Topf vom Herd nehmen, die Gelatine gut ausdrücken und unter Rühren in der heißen Flüssigkeit auflösen. Das Portweingelee bei Zimmertemperatur abkühlen lassen, sodass es nicht stockt.

2 Für die Mousse die Gänseleber putzen, waschen, trocken tupfen und in 2 cm große Stücke schneiden. Den Zucker in einer Pfanne bei milder Hitze karamellisieren lassen, die Leber und 30 g Butter dazugeben. Mit je 1 Prise Majoran, Piment und Cayennepfeffer würzen und die Leber 1 bis 2 Minuten rundherum rosa braten. Mit dem Cognac und dem Portwein ablöschen.

3 Das Apfelgelee unter die Gänseleber rühren, Zitronen- und Orangenschalen dazugeben und die Sahne angießen. Leicht erwärmen, jedoch nicht kochen lassen, und mit Salz würzen. Vom Herd nehmen, 2 Minuten kurz stehen lassen und die Zitrusschalen wieder entfernen.

4 Die Gänseleber mit der Sauce und der restlichen Butter in einem Küchenmixer oder mit dem Stabmixer fein pürieren. Die Masse eventuell noch durch ein feines Sieb streichen und nochmals mit Salz, Piment und Majoran abschmecken.

5 Die Gänselebermasse drei Viertel hoch in eine flache Form oder Schale füllen, glatt streichen und im Kühlschrank 30 Minuten fest werden lassen. Die Form aus dem Kühlschrank nehmen und das abgekühlte, flüssige Portweingelee als ½ cm hohe Schicht vorsichtig auf die Mousse gießen. Die Gänselebermousse nochmals mindestens 2 Stunden in den Kühlschrank stellen.

6 Mit einem heißen Löffel kleine Nocken aus der Gänselebermousse ausstechen und auf Tellern anrichten. Als Beilage dazu passen ein kleiner Salat und getoastete Brotscheiben.

Alfons Schuhbeck

»Beim Putzen der Leber sollten gallig-grüne Stellen großzügig entfernt werden, damit die Mousse das gewünschte milde Leberaroma erhält.«

GESCHMORTE PERLHUHNKEULEN

2 Zwiebeln
1 Karotte
150 g Knollensellerie
4 Perlhuhnkeulen (à ca. 200 g; küchenfertig, mit Haut)
2–3 EL Öl
1–2 TL Puderzucker
1 EL Tomatenmark
2 EL Cognac
5 cl roter Portwein
200 ml kräftiger Rotwein
600 ml Geflügelbrühe
1 Lorbeerblatt
5 Wacholderbeeren (leicht angedrückt)
1/2 TL schwarze Pfefferkörner
1 EL getrocknete Champignons
1 Knoblauchzehe
1 Streifen unbehandelte Orangenschale
1 Splitter Zimtrinde
2 Scheiben Ingwer
1 kleiner Thymianzweig
20 g kalte Butter
Salz · Pfeffer aus der Mühle

Für 4 Personen

1 Die Zwiebeln, die Karotte und den Knollensellerie schälen und in 1 bis 1 1/2 cm große Würfel schneiden. Die Perlhuhnkeulen waschen, trocken tupfen und mit einem spitzen Messer die Oberschenkelknochen auslösen.

2 In einem breiten Schmortopf 1 bis 2 EL Öl erhitzen, die Keulen mit der Hautseite nach unten hineinlegen und bei mittlerer Hitze braun anbraten. Wenden und die zweite Seite nur kurz anbraten. Die Perlhuhnkeulen aus dem Topf nehmen und das verbliebene Öl mit Küchenpapier aus der Pfanne tupfen.

3 Den Puderzucker in den Topf sieben und hell karamellisieren lassen. Das Tomatenmark unterrühren und leicht anbräunen. Mit Cognac, Portwein und der Hälfte des Rotweins ablöschen und die Flüssigkeit sirupartig einköcheln lassen. Den restlichen Rotwein dazugeben und ebenfalls einköcheln lassen.

4 Den Backofen auf 160 °C vorheizen. Das restliche Öl in einer Pfanne erhitzen und die Gemüsewürfel darin bei mittlerer Hitze andünsten. Das Gemüse zum eingeköchelten Rotwein in den Topf geben und mit der Brühe aufgießen. Die Perlhuhnkeulen mit der Hautseite nach oben darauflegen, dabei darauf achten, dass die Haut nicht in der Sauce liegt.

5 Die Keulen ohne Deckel im Ofen auf der mittleren Schiene 45 bis 50 Minuten weich schmoren. Nach 30 Minuten Schmorzeit das Lorbeerblatt, die Wacholderbeeren, die Pfefferkörner und die Champignons dazugeben und fertig garen. Die geschmorten Keulen aus dem Topf nehmen, nach Belieben mit Salz und Pfeffer würzen und warm stellen.

6 Die Schmorflüssigkeit auf dem Herd bei milder Hitze noch etwas einköcheln lassen. Den Knoblauch schälen und halbieren. Knoblauchhälften, Orangenschale, Zimt, Ingwer und Thymian hinzufügen und einige Minuten in der Sauce ziehen lassen. Durch ein Sieb streichen, dabei das Gemüse gut ausdrücken. Die Butter unter die Sauce rühren und mit Salz und Pfeffer abschmecken.

Alfons Schuhbeck

»Zu den Perlhuhnkeulen passt Kartoffelpüree mit Kräutern (siehe Seite 322, Variation) oder Kartoffel-Zitronen-Püree (siehe Seite 322, Variation).«

FASANENBRUST MIT WEISSER PFEFFERSAUCE

Für die Fasanenbrust:

4 Fasanenbrüste
(à 80–100 g; küchenfertig, ohne Haut und Knochen)
1 EL Öl
aromatisierte Butter nach Wahl (z. B. Rosmarinbutter, siehe Seite 242)
Salz · Pfeffer aus der Mühle

Für die Pfeffersauce:

1 Schalotte
1–2 EL schwarze Pfefferkörner
125 ml Apfelsaft
150 ml trockener Weißwein
1 TL Puderzucker
2 cl Cognac
250 ml Geflügelbrühe
100 g Sahne
1 TL Speisestärke
30 g kalte Butter
½ Knoblauchzehe
1 Streifen unbehandelte Zitronenschale
Salz
Cayennepfeffer

Für 4 Personen

1 Für die Fasanenbrüste den Backofen auf 100 °C vorheizen. Ein Ofengitter auf die mittlere Schiene und darunter ein Abtropfblech schieben. Die Fasanenbrüste waschen und trocken tupfen.

2 Das Öl in einer Pfanne erhitzen und die Fasanenbrüste darin bei sehr milder Hitze auf beiden Seiten insgesamt etwa 2 Minuten farblos anbraten. Die Fasanenbrüste aus der Pfanne nehmen und im Ofen auf dem Ofengitter 20 bis 30 Minuten saftig durchziehen lassen.

3 Für die Pfeffersauce die Schalotte schälen und in kleine Würfel schneiden. Den Pfeffer grob zerstoßen. Den Apfelsaft mit Weißwein, Schalottenwürfeln und Pfefferkörnern in einen kleinen Topf geben und bei milder Hitze auf ein Drittel einköcheln lassen. Die Flüssigkeit durch ein Sieb gießen und den Pfefferfond auffangen.

4 In einem kleinen Topf den Puderzucker bei mittlerer Hitze hell karamellisieren. Mit Cognac ablöschen, die Brühe und die Sahne dazugießen und das Ganze 15 Minuten einköcheln lassen. Die Sauce mit dem Pfefferfond nach und nach abschmecken, gegebenenfalls nicht alles verwenden.

5 Die Speisestärke mit etwas kaltem Wasser glatt rühren, in die Sauce geben und 2 Minuten köcheln lassen. Die Sauce durch ein Sieb in einen Topf gießen und die Butter in kleinen Stücken mit dem Stabmixer unterrühren. Knoblauch und Zitronenschale einlegen, ein paar Minuten darin ziehen lassen, dann wieder entfernen. Die Sauce mit Salz und 1 Prise Cayennepfeffer abschmecken.

6 Die aromatisierte Butter in einer Pfanne zubereiten. Die Fasanenbrüste aus dem Ofen nehmen und bei milder Hitze in der Butter wenden. Mit Salz und Pfeffer abschmecken und mit der weißen Pfeffersauce auf vorgewärmten Tellern anrichten.

Alfons Schubbeck

»Hähnchenbrüste ohne Haut können Sie auf dieselbe Weise braten, sie brauchen jedoch 10 Minuten länger. Das Interessante an der weißen Pfeffersauce ist der Kontrast von intensivem Pfefferaroma und heller Farbe. Ich gebe weiße Pfeffersauce gerne unter abgetropftes gekochtes Sauerkraut und serviere es dann mit Nürnberger Rostbratwürsteln.«

Geflügelfond

2 kg Geflügelkarkassen (Hähnchenflügel, Rückenstücke usw.)
1–2 EL Öl
100 ml trockener Weißwein
2 EL Noilly Prat (franz. Wermut)
4 Hähnchenkeulen (à ca. 250 g; küchenfertig, mit Haut)
3 Zwiebeln
1 Karotte
1 Stange Staudensellerie
1 Lorbeerblatt
1 TL schwarze Pfefferkörner
1/2 TL Pimentkörner
50 g kleine Champignons (mit geschlossenen Hüten)
1/2 Stange Lauch
1 EL getrocknete Champignons oder Egerlinge

Für ca. 2,5 l

1 Die Geflügelkarkassen grob zerkleinern, waschen und trocken tupfen. Das Öl in einem großen Topf erhitzen und die Karkassen darin bei milder Hitze farblos anschwitzen. Den Weißwein und den Wermut angießen und einköcheln lassen. 4 l kaltes Wasser hinzufügen und aufkochen lassen. Die Hähnchenkeulen waschen und trocken tupfen, in den Topf geben und 1 1/2 Stunden sanft sieden lassen, dabei den aufsteigenden Schaum mit dem Schaumlöffel abschöpfen.

2 Inzwischen die Zwiebeln und die Karotte schälen und in 1 1/2 cm große Stücke schneiden. Den Staudensellerie waschen, putzen und in 1 cm breite Stücke schneiden. Das Gemüse nach etwa 1 Stunde Garzeit mit dem Lorbeerblatt, dem Pfeffer und dem Piment zu den Hähnchenkeulen in den Topf geben. Die Champignons putzen und trocken abreiben. Den Lauch putzen, längs halbieren und gründlich waschen. Champignons, Lauch und getrocknete Champignons 15 Minuten vor Ende der Garzeit in den Sud legen.

3 Den Topf vom Herd nehmen und den Fond abkühlen lassen. Das oben schwimmende Fett mit dem Schaumlöffel abnehmen. Ein Sieb mit einem Küchentuch auslegen und den Geflügelfond durch das Sieb in einen Topf oder eine Schüssel gießen.

Alfons Schuhbeck

»In der Profiküche wird Geflügelfond nur aus Geflügelkarkassen, also ohne Geflügelfleisch hergestellt. Deshalb muss er anschließend stark eingekocht werden.«

Geflügelrahmsauce

450 ml Geflügelbrühe
1 kleine Kartoffel (ca. 50 g)
1 Zwiebel (30–40 g)
1/2 kleines Lorbeerblatt
1/2 kleine Chilischote
je 1 Scheibe Knoblauch und Ingwer
1 Streifen unbehandelte Zitronenschale
80 g Sahne · 20 g kalte Butter
Salz · Cayennepfeffer
einige Spritzer Zitronensaft

Für ca. 300 ml

1 Die Brühe in einem Topf um ein Drittel einköcheln lassen. Inzwischen die Kartoffel und die Zwiebel schälen und in kleine Würfel schneiden.

2 Die Gemüsewürfel, das Lorbeerblatt und die Chilischote zur Geflügelbrühe geben und darin knapp unter dem Siedepunkt etwa 25 Minuten ziehen lassen. Dann den Knoblauch, den Ingwer und die Zitronenschale hinzufügen und weitere 5 Minuten ziehen lassen.

3 Die ganzen Gewürze aus dem Fond entfernen. Die Sahne und die Butter unterrühren und alles mit dem Stabmixer fein pürieren. Die Sauce mit Salz, 1 Prise Cayennepfeffer und Zitronensaft abschmecken.

Geräucherte Kaninchenrahmsuppe

Für die Suppe:

2 Kaninchenrücken
(à ca. 650 g; mit Knochen)
4 EL Räuchermehl
(aus dem Anglerbedarf)
1 TL Öl für den Dämpfeinsatz
1 Karotte
2 Stangen Staudensellerie
1/2 Zwiebel
1 Lorbeerblatt
2 Gewürznelken
1 TL Puderzucker
200 ml trockener Weißwein
1 l Geflügel- oder Gemüsebrühe
5 schwarze Pfefferkörner
3 Pimentkörner
1 Streifen unbehandelte
Zitronenschale
1 Scheibe Knoblauch
150 g Sahne
1 TL scharfer Senf
40 g kalte Butter
Salz · Cayennepfeffer

Für die Einlage:

120 g Erbsen · Salz
2–3 Kopfsalatblätter
Pfeffer aus der Mühle
1 EL Öl
1 EL Meerrettich (frisch gehobelt)

Für 4 Personen

1 Für die Suppe die Kaninchenrücken waschen, trocken tupfen und mit einem Ausbeinmesser auslösen (oder schon vom Metzger auslösen lassen). Die Kaninchenrückenfilets für die Suppeneinlage beiseite legen, die Knochen klein hacken und waschen.

2 Einen breiten Dämpf- oder Räuchertopf mit Alufolie auslegen und das Räuchermehl darauf verteilen. Den Dämpfeinsatz leicht mit Öl einfetten und in den Topf auf die Alufolie setzen. Den Deckel auflegen und den Topf bei mittlerer Temperatur erhitzen, bis leichter Rauch aufsteigt. Die Kaninchenknochen in den Dämpfeinsatz geben und zugedeckt bei milder Hitze 20 bis 30 Minuten räuchern.

3 Die Karotte schälen und in 2 bis 3 mm dünne Scheiben schneiden. Den Staudensellerie waschen, putzen und ebenfalls in 2 bis 3 mm dünne Scheiben schneiden. Die Zwiebel schälen und das Lorbeerblatt mit den Gewürznelken darauf feststecken.

4 Den Puderzucker in einem großen Topf bei mittlerer Hitze karamellisieren lassen. Die geräucherten Knochen dazugeben und kurz anbraten. Den Weißwein dazugießen und sirupartig einköcheln lassen. Karotte, Sellerie und gespickte Zwiebel dazugeben. Die Brühe dazugießen. Die Suppe bei milder Hitze knapp unter dem Siedepunkt 20 Minuten ziehen lassen.

5 Pfeffer, Piment, Zitronenschale und Knoblauch zur Suppe geben und weitere 15 Minuten ziehen lassen. Die Suppe durch ein Sieb in einen Topf gießen. Sahne und Senf unterrühren. Die Butter in kleinen Stückchen mit einem Stabmixer unterrühren. Mit Salz und Cayennepfeffer aschmecken.

6 Für die Einlage die Erbsen in Salzwasser 5 Minuten blanchieren. In ein Sieb abgießen, kalt abschrecken und abtropfen lassen. Die Salatblätter waschen, trocken schütteln und in feine Streifen schneiden. Die Kaninchenrückenfilets putzen, in 1 bis 2 cm dicke Scheiben schneiden, mit Salz und Pfeffer würzen. Das Öl in einer Pfanne erhitzen und die Filets darin bei milder Hitze 2 Minuten rundherum hell anbraten. Die Filetscheiben, die Erbsen und die Kopfsalatstreifen unter die Suppe rühren und erwärmen. Auf vorgewärmte tiefe Teller verteilen, mit den Meerrettichspänen garnieren und sofort servieren.

KANINCHENKEULEN IN ROTWEINSAUCE

400 g Schalotten
2 Karotten
2 Stangen Staudensellerie
2–3 EL Öl
4 Kaninchenkeulen
(à 300–350 g; küchenfertig)
1 TL Puderzucker
1 EL Tomatenmark
70 ml Portwein
150 ml kräftiger Rotwein
500 ml Geflügelbrühe
1 Lorbeerblatt
1 Splitter Zimtrinde
5 Wacholderbeeren
1 TL schwarze Pfefferkörner
$\frac{1}{2}$ TL Pimentkörner
1 TL Speisestärke
1 Knoblauchzehe
je 1 Streifen unbehandelte
Zitronen- und Orangenschale
2 Thymianzweige
10 g kalte Butter
Salz · Pfeffer aus der Mühle

Für 4 Personen

1 Die Schalotten schälen und halbieren. Die Karotten putzen, schälen, längs halbieren und schräg in 4 bis 5 cm lange Stücke schneiden. Den Sellerie putzen, waschen und schräg in 4 bis 5 cm lange Stücke schneiden. In einer Pfanne 1 EL Öl erhitzen und das Gemüse darin 2 bis 3 Minuten andünsten. Die Kaninchenkeulen waschen und trocken tupfen.

2 Das restliche Öl in einem Schmortopf erhitzen, die Kaninchenkeulen darin bei milder Hitze rundherum hell anbraten und aus dem Topf nehmen. Den Puderzucker in den Topf stäuben und hell karamellisieren lassen. Das Tomatenmark unterrühren und kurz mitdünsten. Mit dem Portwein und nach und nach mit je einem Drittel Rotwein ablöschen und jeweils einköcheln lassen.

3 Mit der Brühe aufgießen, das Gemüse und die Kaninchenkeulen in den Topf geben und den Deckel so auflegen, dass ein Spalt offen bleibt. Das Fleisch knapp unter dem Siedepunkt etwa 1 $\frac{1}{2}$ Stunden weich ziehen lassen. Inzwischen Lorbeerblatt, Zimt, Wacholderbeeren, Pfeffer und Piment in ein Gewürzsäckchen füllen und verschließen. Nach etwa 1 Stunde Garzeit in den Topf geben und in der Sauce ziehen lassen.

4 Die Sauce durch ein Sieb in einen Topf gießen, Gemüse und Fleisch beiseite stellen und das Gewürzsäckchen entfernen. Die Sauce etwa auf die Hälfte einköcheln lassen. Die Speisestärke mit wenig kaltem Wasser glatt rühren, unter die Sauce rühren und bei milder Hitze 2 Minuten köcheln lassen.

5 Den Knoblauch schälen und halbieren. Knoblauchhälften, Zitronen- und Orangenschale sowie Thymian in die Sauce geben, einige Minuten darin ziehen lassen und wieder entfernen. Die Butter unterrühren und die Sauce mit Salz und Pfeffer abschmecken. Die Kaninchenkeulen und das Gemüse wieder in die Sauce geben und erwärmen.

6 Die Kaninchenkeulen mit dem Gemüse und der Sauce auf vorgewärmten Tellern anrichten.

Alfons Schuhbeck

»Zu den Kaninchenkeulen serviere ich Schwammerlspätzle (siehe Seite 336) oder Topfenspätzle (siehe Seite 334), gemischte Knödel (siehe Seite 315), Bohnengemüse (siehe Seite 293) oder buntes Gemüse (siehe Seite 296).«

Kaninchenrückenfilets in Gewürzöl

4 Kaninchenrückenfilets
(à ca. 100 g; küchenfertig)
1 EL Öl
5 EL Olivenöl
je 1 Streifen unbehandelte Zitronen- und Orangenschale
1 Knoblauchzehe
1 Scheibe Ingwer · 1 Lorbeerblatt
1/4 ausgekratzte Vanilleschote
1 Splitter Zimtrinde
gemahlener Kardamom
gemahlener Koriander
1/2 TL Pimentkörner
2 Zacken Sternanis
1 Rosmarinzweig
Salz · Pfeffer aus der Mühle

Für 4 Personen

1 Den Backofen auf 100 °C vorheizen. Ein Ofengitter auf die mittlere Schiene und darunter ein Abtropfblech schieben. Die Kaninchenrückenfilets waschen und trocken tupfen.

2 Das Öl in einer Pfanne erhitzen und die Kaninchenrückenfilets darin bei mittlerer Hitze 6 bis 7 Minuten rundherum anbraten. Das Fleisch aus der Pfanne nehmen und im Ofen auf dem Ofengitter 15 bis 20 Minuten durchziehen lassen.

3 Das Olivenöl in einer Pfanne nicht zu stark erhitzen. Zitronen- und Orangenschale, ungeschälten Knoblauch, Ingwer, Lorbeerblatt, Vanilleschote, Zimt, je 1 Prise Kardamom und Koriander, Piment, Sternanis und Rosmarin zu dem Öl in die Pfanne geben.

4 Die Kaninchenrückenfilets im Gewürzöl 1 bis 2 Minuten wenden, mit Salz und Pfeffer würzen. Das Fleisch in Scheiben schneiden, auf vorgewärmten Tellern anrichten und mit etwas Gewürzöl beträufeln.

Rosa gebratener Hasenrücken

4 Hasenrückenfilets
(à ca. 100 g; küchenfertig)
1 EL Öl
aromatisierte Butter nach Wahl
(z. B. Thymianbutter, siehe Seite 220)
Salz · Pfeffer aus der Mühle

Für 4 Personen

1 Den Backofen auf 100 °C vorheizen. Ein Ofengitter auf die mittlere Schiene und darunter ein Abtropfblech schieben. Den Hasenrücken waschen und trocken tupfen.

2 Das Öl in einer Pfanne erhitzen und den Hasenrücken darin bei mittlerer Hitze rundherum kurz anbraten. Aus der Pfanne nehmen und im Ofen auf dem Ofengitter 15 bis 20 Minuten rosa durchziehen lassen.

3 Die aromatisierte Butter in einer Pfanne zubereiten, den Hasenrücken darin bei milder Hitze wenden, mit Salz und Pfeffer würzen. Das Fleisch in Scheiben schneiden und mit der Gewürzbutter auf vorgewärmten Tellern anrichten.

GESCHMORTE HASENKEULEN

Für die Hasenkeulen:

4 Hasenkeulen
(à ca. 350 g; küchenfertig)
2–3 EL Öl
1–2 TL Puderzucker
1 TL Tomatenmark
80 ml Portwein
250 ml kräftiger Rotwein
1 Zwiebel · 1 Karotte
120 g Knollensellerie
250 ml Geflügelbrühe

Für die Sauce:

1 Lorbeerblatt
1/2 TL schwarze Pfefferkörner
5 Pimentkörner
5 Wacholderbeeren (angedrückt)
1 TL Speisestärke
1 Splitter Zimtrinde
1 Zacken Sternanis
je 1 Streifen unbehandelte
Zitronen- und Orangenschale
1 Thymianzweig
1 Scheibe Ingwer
30 g kalte Butter
Salz · Pfeffer aus der Mühle
einige Spritzer alter Aceto
balsamico

Für 4 Personen

1 Für die Hasenkeulen die Keulen waschen und trocken tupfen. In einem großen, flachen Topf 1 bis 2 EL Öl erhitzen und die Hasenkeulen darin bei milder Hitze rundherum hell anbraten, dann herausnehmen. Den Puderzucker in den Topf stäuben und hell karamellisieren lassen. Das Tomatenmark unterrühren, etwas anbräunen, mit dem Portwein und nach und nach mit je einem Drittel Rotwein ablöschen und jeweils einköcheln lassen.

2 Die Zwiebel, die Karotte und den Knollensellerie schälen und in etwa 1 1/2 cm große Stücke schneiden. Das restliche Öl in einer Pfanne erhitzen und das Gemüse darin bei mittlerer Hitze andünsten.

3 Das Gemüse zum eingeköchelten Rotwein in den Topf geben und mit der Brühe auffüllen. Die Hasenkeulen auf das Gemüse legen, dabei darauf achten, dass sie mit Flüssigkeit bedeckt sind. Den Deckel so auflegen, dass ein Spalt offen bleibt, und die Hasenkeulen knapp unter dem Siedepunkt 3 1/2 bis 4 Stunden schmoren, bis sich das Fleisch leicht vom Knochen lösen lässt. Die Hasenkeulen herausnehmen.

4 Für die Sauce das Lorbeerblatt, die Pfeffer- sowie Pimentkörner und die Wacholderbeeren in die Schmorflüssigkeit geben. Die Sauce noch etwas einköcheln lassen und durch ein Sieb in einen Topf streichen. Das Gemüse dabei etwas ausdrücken. Die Speisestärke mit wenig kaltem Wasser glatt rühren, unter die Sauce rühren und bei milder Hitze 2 Minuten köcheln lassen. Zimt, Sternanis, Zitronen- und Orangenschale, Thymian und Ingwer dazugeben, einige Minuten in der Sauce ziehen lassen und wieder entfernen. Die Butter unterrühren und die Sauce mit Salz, Pfeffer und Essig abschmecken.

5 Die Hasenkeulen in die Sauce legen, erwärmen und auf vorgewärmten Tellern anrichten. Dazu passen Spätzle (siehe Seite 334) oder Kartoffel-Apfel-Püree (siehe Seite 322, Variante).

Alfons Schuhbeck

»Zum Abschmecken von Wildsaucen eignet sich auch roter Port- bzw. Rotwein. Dafür in einer Pfanne etwas Puderzucker karamellisieren lassen, mit Port- oder Rotwein ablöschen und einköcheln lassen.«

REHSCHULTER MIT GEBRATENER BIRNE

Für die Rehschulter:

1 Zwiebel
1 kleine Karotte
120 g Knollensellerie
2 EL Öl
1 Rehschulter (ca. 1,4 g)
1–2 TL Puderzucker
1 EL Tomatenmark
300 ml kräftiger Rotwein
300 ml Geflügelbrühe
1 Lorbeerblatt
5 Wacholderbeeren
1 TL schwarze Pfefferkörner
1 TL Pimentkörner
1 TL Speisestärke
1 Knoblauchzehe
1 Thymianzweig
je 1 Streifen unbehandelte Zitronen- und Orangenschale
2 TL getrocknete Champignons
40 g kalte Butter
Salz · Pfeffer aus der Mühle

Für die Birne:

1 kleine reife, feste Birne
je 1 TL Piment- und schwarze Pfefferkörner
20 g kalte Butter
1 Lorbeerblatt
1/4 ausgekratzte Vanilleschote
1 EL Birnengeist
Saft von 1/2 Orange

Für 4 Personen

1 Für die Rehschulter die Zwiebel, die Karotte und den Knollensellerie schälen und in etwa 1 cm große Würfel schneiden. In einer Pfanne 1 EL Öl erhitzen und das Gemüse darin 2 bis 3 Minuten andünsten. Rehschulter waschen und trocken tupfen, Fett, grobe Sehnen und die Knochen entfernen. Das Fleisch mit Küchengarn zusammenbinden.

2 Das restliche Öl in einem Schmortopf erhitzen, das Fleisch darin bei mittlerer Hitze rundherum leicht anbraten und wieder herausnehmen. Den Puderzucker in den Schmortopf stäuben und hell karamellisieren lassen. Das Tomatenmark unterrühren und etwas mitdünsten. Nach und nach mit je einem Drittel Rotwein ablöschen und jeweils sirupartig einköcheln lassen. Die Brühe angießen, das Gemüse in den Topf geben und den Rehbraten auf das Gemüse legen. Den Deckel so auflegen, dass ein Spalt offen bleibt. Das Rehfleisch knapp unter dem Siedepunkt etwa 2 1/2 Stunden gar ziehen lassen, zwischendurch mehrmals wenden.

3 Den Braten aus der Sauce nehmen und warm stellen. Die Sauce durch ein Sieb in einen Topf gießen und das Gemüse dabei gut ausdrücken. Lorbeerblatt, Wacholderbeeren, Pfeffer und Piment in die Sauce geben und diese noch etwas einköcheln lassen. Die Speisestärke mit wenig kaltem Wasser glatt rühren, unter die Sauce rühren und 2 Minuten köcheln lassen. Den Knoblauch schälen und halbieren. Knoblauch mit Thymian, Zitronen- und Orangenschale sowie getrockneten Champignons in die Sauce geben und einige Minuten darin ziehen lassen. Durch ein Sieb streichen, die Butter unterrühren und die Sauce mit Salz und Pfeffer würzen.

4 Die Birne waschen, vierteln, das Kerngehäuse entfernen und das Fruchtfleisch in schmale Spalten schneiden. Piment und Pfeffer in eine Gewürzmühle füllen. Die Hälfte der Butter in einer Pfanne zerlassen und die Birnenspalten darin kurz anbraten. Das Lorbeerblatt und die Vanilleschote hinzufügen. Den Birnengeist sowie den Orangensaft dazugießen und etwas einköcheln lassen. Die restliche Butter auf die Birne geben und zerlassen. Mit Pfeffer und Piment aus der Mühle würzen. Mit dem Bratensaft der Birne die Rehsauce abschmecken.

5 Das Fleisch in Scheiben schneiden, zurück in die Sauce legen und erwärmen. Die Fleischscheiben mit der Sauce auf vorgewärmten Tellern anrichten und mit den gebratenen Birnenspalten garnieren.

Geräucherter Rehrücken

Für das Rehrückenfilet:

4 EL Räuchermehl (aus dem Anglerbedarf)
2–3 TL Öl
500 g Rehrückenfilet (küchenfertig)

Für die Gewürzbutter:

1 getrocknetes Lorbeerblatt
1 TL schwarze Pfefferkörner
1 TL Pimentkörner
1 TL Wacholderbeeren
1/2 TL Zimtrindensplitter
1–2 EL Butter
Salz

Für 4 Personen

1 Für das Rehrückenfilet einen breiten Dämpf- oder Räuchertopf mit Alufolie auslegen und das Räuchermehl darauf verteilen. Einen passenden Dämpfeinsatz mit etwa 1 TL Öl einfetten und in den Topf auf die Alufolie setzen. Den Deckel auflegen und den Topf bei mittlerer Temperatur erhitzen, bis leichter Rauch aufsteigt.

2 Inzwischen das Rehrückenfilet waschen, trocken tupfen und in zwei gleich große Stücke schneiden. Das restliche Öl in einer Pfanne erhitzen und die Filetstücke darin bei mittlerer Hitze rundherum leicht anbraten. Das Rehrückenfilet in den Dämpfeinsatz legen und zugedeckt bei milder Hitze etwa 10 Minuten rosa gar ziehen lassen.

3 Für die Gewürzbutter das Lorbeerblatt zwischen den Fingern zerbröseln und mit Pfeffer, Piment, Wacholderbeeren und Zimt in eine Gewürzmühle füllen. Die Butter bei milder Hitze in einer Pfanne zerlassen, mit Salz und mit der Mischung aus der Gewürzmühle würzen.

4 Das Rehrückenfilet aus dem Dämpfeinsatz nehmen und in der Gewürzbutter wenden. Das Fleisch in Scheiben schneiden und mit der Butter auf vorgewärmten Tellern anrichten.

Alfons Schuhbeck

»Wenn Sie ein Vakuumiergerät besitzen, probieren Sie einmal diesen pochierten Rehrücken aus: In einen Vakuumbeutel etwas braune Butter, einige Rosmarinzweige, Zitronen- und Orangenschale geben. Das Rehrückenfilet mit Salz sowie der oben beschriebenen Gewürzmischung aus der Mühle würzen, in den Beutel geben und vakuumieren. In einem Topf reichlich Wasser erhitzen und den eingeschweißten Rehrücken darin knapp unter dem Siedepunkt 20 bis 30 Minuten rosa garen. Noch aromatischer und ganz besonders zart wird das Fleisch, wenn Sie es eingeschweißt und gekühlt mehrere Stunden in der Marinade ziehen lassen, bevor Sie es garen.«

Rosa gebratener Rehrücken mit Kartoffel-Sellerie-Püree

Für die Sauce:

1,5 kg Rehrücken (am Knochen)
2 Zwiebeln · 1 Karotte
150 g Knollensellerie
1 EL Öl
1 TL Puderzucker
1 EL Tomatenmark
300 ml kräftiger Rotwein
2 l Geflügel- oder Gemüsebrühe (schwach gesalzen)
2 TL Speisestärke
1/2 TL Pimentkörner
1 Lorbeerblatt
1/2 TL Wacholderbeeren (leicht angedrückt)
1 Splitter Zimtrinde
je 1 Streifen unbehandelte Zitronen- und Orangenschale
1/2 TL geraspelte Zartbitterschokolade
1/2 EL Preiselbeerkompott
Salz · Pfeffer aus der Mühle
10 g kalte Butter

Für den Rehrücken:

1 EL Öl · 1 EL Butter
1 TL Wacholderbeeren
Salz · Pfeffer aus der Mühle

Für das Püree:

600 g Knollensellerie · Salz
300 g Kartoffeln
Kümmelsamen
60 ml Milch
1 EL Butter
1 EL braune Butter (siehe Seite 46)
Cayennepfeffer
frisch geriebene Muskatnuss

Für 4 Personen

1 Für die Sauce den Backofen auf 220 °C vorheizen. Rehrücken waschen und trocken tupfen. Rehrückenfilets mit einem scharfen Ausbeinmesser vom Knochen lösen, alle Sehnen entfernen und beiseite legen. Knochen klein hacken, waschen auf einem Backblech verteilen und im Ofen auf der mittleren Schiene 30 Minuten hell bräunen. Das ausgetretene Fett entfernen. Zwiebeln, Karotte und Knollensellerie schälen und in 2 cm große Würfel schneiden. Das Gemüse in einer Pfanne im Öl andünsten.

2 Puderzucker in einem großen Topf bei mittlerer Hitze karamellisieren. Tomatenmark dazugeben und etwas anbräunen. Nach und nach mit je einem Drittel Rotwein ablöschen und jeweils sirupartig einköcheln lassen. Angedünstete gebräunte Knochen und Gemüse in den Topf geben. Mit Brühe auffüllen und das Gemüse bei milder Hitze knapp unter dem Siedepunkt etwa 2 Stunden gar ziehen lassen.

3 Die Sauce durch ein Sieb in einen Topf gießen und auf etwa die Hälfte einköcheln lassen. Speisestärke mit wenig kaltem Wasser glatt rühren und unter Rühren in die kochende Sauce geben. Piment, Lorbeerblatt, Wacholderbeeren, Zimt, Zitronen- und Orangenschale hinzufügen, einige Minuten ziehen lassen und wieder entfernen. Die Sauce mit Zartbitterschokolade, Preiselbeerkompott, Salz und Pfeffer abschmecken, zum Schluss die Butter unterrühren.

4 Für den Rehrücken den Backofen auf 100 °C vorheizen. Ein Ofengitter auf die mittlere Schiene und darunter ein Abtropfblech schieben. Das Öl in einer Pfanne erhitzen und die Rehrückenfilets darin bei mittlerer Hitze rundherum anbraten. Das Fleisch aus der Pfanne nehmen und im Ofen auf dem Ofengitter etwa 50 Minuten rosa durchziehen lassen. In einer Pfanne die Butter bei milder Hitze zerlassen. Wacholderbeeren hinzufügen, salzen, pfeffern und das Fleisch darin wenden.

5 Für das Püree den Sellerie schälen, in 1 cm große Würfel schneiden und in Salzwasser 15 bis 20 Minuten weich kochen. In ein Sieb abgießen und gut abtropfen lassen. Die Selleriewürfel mit dem Stabmixer pürieren. Kartoffeln waschen und in Salzwasser mit 1 Prise Kümmel 15 bis 20 Minuten weich kochen. Abgießen, möglichst heiß pellen, durch die Kartoffelpresse in eine Schüssel drücken und mit dem Selleriepüree vermischen. Milch erhitzen und mit einem Gummischaber unter das Püree rühren. Butter und braune Butter hinzufügen und das Püree mit Salz, 1 Prise Cayennepfeffer und Muskatnuss würzen.

6 Das Rehrückenfilet aufschneiden und mit der Sauce und dem Kartoffel-Sellerie-Püree auf vorgewärmten Tellern anrichten. Als weitere Beilage dazu passt Schwarzwurzel-Rosenkohl-Gemüse (siehe Seite 305).

Gebratene Rehmedaillons

8 Rehmedaillons (à ca. 80 g; aus dem Rückenfilet)
1 EL Öl
aromatisierte Butter nach Wahl (z. B. Zitronen-Orangen-Butter, siehe Seite 199)
Salz · Pfeffer aus der Mühle

Für 4 Personen

1 Den Backofen auf 100 °C vorheizen. Ein Ofengitter auf die mittlere Schiene und darunter ein Abtropfblech schieben. Die Rehmedaillons waschen und trocken tupfen.

2 Die Rehmedaillons mit dem Handballen etwas flach drücken. Das Öl in einer Pfanne erhitzen und die Medaillons darin bei milder Hitze auf beiden Seiten kurz anbraten. Das Fleisch aus der Pfanne nehmen und im Ofen auf dem Ofengitter etwa 30 Minuten rosa durchziehen lassen.

3 Die aromatisierte Butter in einer Pfanne zubereiten, die Rehmedaillons darin bei milder Hitze wenden und mit Salz und Pfeffer würzen. Das Fleisch in Scheiben schneiden und mit der Gewürzbutter auf vorgewärmten Tellern anrichten.

Hirschrücken

600 g Hirsch- oder Wildschweinrücken (ausgelöst, küchenfertig)
1 EL Öl
aromatisierte Butter nach Wahl (z. B. Thymianbutter, siehe Seite 220)
Salz · Pfeffer aus der Mühle

Für 4 Personen

1 Den Backofen auf 100 °C vorheizen. Ein Ofengitter auf die mittlere Schiene und darunter ein Abtropfblech schieben. Den Hirschrücken waschen und trocken tupfen.

2 Das Öl in einer Pfanne erhitzen und den Hirschrücken darin bei mittlerer Hitze rundherum kurz anbraten. Das Fleisch aus der Pfanne nehmen und im Ofen auf dem Ofengitter etwa 50 Minuten rosa garen.

3 Die aromatisierte Butter in einer Pfanne zubereiten, das Fleisch darin bei milder Hitze wenden und mit Salz und Pfeffer würzen. In Scheiben schneiden und mit der Gewürzbutter auf vorgewärmten Tellern anrichten.

Alfons Schuhbeck

»Wildschweinrücken bereite ich wie den Hirschrücken zu. Und Hirsch- oder Wildschweinmedaillons (2 bis 3 cm dick), werden wie die Rehmedaillons (ganz oben) zubereitet. Sie brauchen jedoch etwa 40 Minuten, bis sie gar sind.«

GERÄUCHERTE REHSUPPE MIT BRÄTNOCKERL

Für die Suppe:

4 EL Räuchermehl (aus dem Anglerbedarf)
1 TL Öl
ca. 1 kg Rehknochen (gehackt)
1 Zwiebel · 1 Karotte
150 g Knollensellerie
1 TL Puderzucker · 4 cl Cognac
150 ml trockener Weißwein
ca. 1 l Geflügel- oder Gemüsebrühe
1 Lorbeerblatt · 3 Pimentkörner
5 Wacholderbeeren
1 Streifen unbehandelte Zitronenschale
1 Scheibe Knoblauch
150 g Sahne · 1 Thymianzweig
40 g kalte Butter
Salz · Cayennepfeffer

Für die Nockerl:

1 EL getrocknete Morcheln (mind. 2 Stunden in kaltem Wasser eingeweicht)
1 TL Puderzucker
50 ml Portwein
150 g Kalbsbrät
4–5 EL Sahne
Salz · Pfeffer aus der Mühle
abgeriebene Schale von 1/2 unbehandelten Zitrone
frisch geriebene Muskatnuss
1/2 EL Petersilienblätter (frisch geschnitten)
1 TL Thymianblättchen (frisch geschnitten)

Außerdem:

Croûtons (siehe Seite 91)

Für 4 Personen

1 Für die Suppe einen breiten Dämpf- oder Räuchertopf mit Alufolie auslegen und das Räuchermehl darauf verteilen. Den Dämpfeinsatz leicht mit Öl einfetten und in den Topf auf die Alufolie setzen. Den Deckel auflegen und den Topf bei mittlerer Temperatur erhitzen, bis leichter Rauch aufsteigt. Die Rehknochen waschen, trocken tupfen, in den Dämpfeinsatz legen und zugedeckt bei milder Hitze 20 bis 30 Minuten räuchern.

2 Die Zwiebel, die Karotte und den Knollensellerie schälen und in kleine Würfel schneiden. Den Puderzucker in einem großen Topf bei mittlerer Hitze karamellisieren. Mit Cognac und Weißwein ablöschen und sirupartig einköcheln lassen.

3 Die geräucherten Knochen und die Gemüsewürfel zum eingeköchelten Weißwein in den Topf geben und mit so viel Brühe aufgießen, bis die Knochen gut bedeckt sind. Die Suppe bei milder Hitze knapp unter dem Siedepunkt etwa 25 Minuten ziehen lassen. Nach 10 bis 15 Minuten Garzeit Lorbeerblatt, Piment, Wacholderbeeren, Zitronenschale und Knoblauch in den Topf geben und mitziehen lassen.

4 Die Suppe durch ein Sieb in einen Topf streichen und die Sahne unterrühren. Für eine etwas sämigere Suppe nach Belieben 1 TL Speisestärke mit wenig kaltem Wasser glatt rühren und vor der Sahne unter die Sauce rühren. Den Thymian hinzufügen, kurz ziehen lassen und wieder entfernen. Die Butter in kleinen Stückchen mit einem Stabmixer unter die Suppe rühren. Mit Salz und Cayennepfeffer abschmecken.

5 Für die Nockerl die eingeweichten Morcheln gut abtropfen lassen und klein hacken. Den Puderzucker in einer Pfanne bei mittlerer Hitze hell karamellisieren, mit Portwein ablöschen und sirupartig einköcheln lassen. Vom Herd nehmen und abkühlen lassen.

6 Das Kalbsbrät mit Sahne glatt rühren, Morcheln und eingeköchelten Portwein unterrühren. Die Masse mit Salz, Pfeffer, Zitronenschale und Muskatnuss abschmecken. Die Petersilie und den Thymian unterrühren.

7 In einem kleinen Topf Salzwasser zum Kochen bringen und vom Herd nehmen. Aus der Kalbsbrätmasse mithilfe von zwei nassen Esslöffeln kleine Nockerl formen, in das Salzwasser geben und darin höchstens 5 Minuten gar ziehen lassen.

8 Die Rehsuppe in vorgewärmten Suppentellern anrichten, die Morchelnockerl darin verteilen und mit Croûtons bestreut servieren.

REHRAGOUT MIT TRAUBEN UND SPECK

Für das Ragout:

1 kg Rehfleisch (aus der Schulter)
2 Zwiebeln · 1 Karotte
150 g Knollensellerie
2 EL Öl · 2–3 TL Puderzucker
1 EL Tomatenmark · 4 cl Cognac
300 ml kräftiger Rotwein
750 ml Geflügelbrühe
1 Lorbeerblatt
1/2 TL schwarze Pfefferkörner
5 Wacholderbeeren (leicht angedrückt)
gemahlener Koriander
5 Pimentkörner
1 Knoblauchzehe
1 Scheibe Ingwer
1 Streifen unbehandelte Orangenschale
5 EL Rotweinessig
1 EL Johannisbeergelee
Salz · Pfeffer aus der Mühle
10 g geraspelte Zartbitter-schokolade
30 g kalte Butter

Außerdem:

4 dünne Scheiben durchwachsener Speck
1 TL Öl
80 g kleine grüne Weintrauben (kernlos)
1/2–1 EL Butter

Für 4 Personen

1 Für das Ragout das Rehfleisch waschen, trocken tupfen, von groben Sehnen befreien und in 3 bis 4 cm große Würfel schneiden. Die Zwiebeln, die Karotte und den Knollensellerie schälen und in 1 cm große Würfel schneiden. Das Gemüse in einer Pfanne in 1 EL Öl bei mittlerer Hitze 2 bis 3 Minuten andünsten.

2 Das restliche Öl in einem Schmortopf erhitzen, die Rehfleischwürfel darin bei mittlerer Hitze in 2 Portionen rundherum anbraten und herausnehmen. 1 bis 2 TL Puderzucker hineinstäuben und hell karamellisieren. Das Tomatenmark unterrühren und leicht anbräunen. Mit Cognac und nach und nach je einem Drittel Rotwein ablöschen und jeweils sämig einköcheln lassen. Mit der Brühe auffüllen, das Fleisch und das Gemüse dazugeben und bei milder Hitze knapp unter dem Siedepunkt 1 1/2 Stunden weich schmoren. Nach 1 Stunde Schmorzeit Lorbeerblatt, Pfefferkörner, Wacholderbeeren, 1 Prise Koriander und Piment dazugeben.

3 Die Sauce durch ein Sieb in einen Topf streichen, das Gemüse dabei etwas ausdrücken. Die Fleischwürfel beiseite stellen. Den Knoblauch schälen und halbieren. Knoblauch mit Ingwer und Orangenschale in die Sauce geben, einige Minuten bei milder Hitze darin ziehen lassen und wieder entfernen. Den restlichen Puderzucker in einer Pfanne bei mittlerer Hitze hell karamellisieren, mit dem Essig ablöschen und auf die Hälfte einköcheln lassen. Die Schmorsauce mit Johannisbeergelee, Salz, Pfeffer und dem eingeköchelten Essig abschmecken. Die Schokolade in der Sauce schmelzen lassen und die Butter in kleinen Stücken unterrühren. Das Fleisch wieder in die Sauce geben und erwärmen.

4 Zum Anrichten die Speckscheiben in 1 bis 2 cm breite Streifen schneiden. Das Öl in einer Pfanne erhitzen und den Speck darin bei mittlerer Hitze kross anbraten. Herausnehmen und auf Küchenpapier abtropfen lassen. Die Weintrauben waschen, abtropfen lassen, evtl. enthäuten und je nach Größe halbieren. Die Butter in einer Pfanne zerlassen und die Weintrauben darin bei milder Hitze 1 bis 2 Minuten andünsten. Das Rehragout auf vorgewärmten Tellern verteilen und mit den Speckstreifen sowie den Weintrauben garnieren. Dazu passen Spätzle (siehe Seite 334), Selleriepüree (siehe Seite 291) oder Brezenknödel (siehe Seite 316).

Alfons Schuhbeck

»Hirschragout können Sie ebenso zubereiten. Verwenden Sie statt Rehfleisch Hirschfleisch aus Schulter oder Keule. Und für Hasenragout nehme ich Vorderläufe und Keulen.«

REHPFLANZERL

100 g Toastbrot · 100 ml Milch
1 kleine Zwiebel · 1 EL Butter
2 Eier · 2 TL scharfer Senf
Salz · Pfeffer aus der Mühle
Cayennepfeffer
getrockneter Majoran
1 Msp. fein gehackte unbehandelte Zitronen- oder Orangenschale
1 Msp. gehackter Ingwer
je 170 g Reh-, Kalbs- und Schweinehackfleisch
1 EL Petersilienblätter (frisch geschnitten)
Wildgewürz aus der Mühle (siehe unten)
Öl zum Anbraten

Für 4 Personen

1 Für die Rehpflanzerl das Toastbrot entrinden, in Würfel schneiden und in der Milch einweichen. Die Zwiebel schälen und in kleine Würfel schneiden. Die Butter in einer Pfanne zerlassen und die Zwiebelwürfel darin bei milder Hitze glasig andünsten. Die Eier in einer Schüssel mit dem Senf verquirlen und mit Salz, Pfeffer, je 1 Prise Cayennepfeffer und Majoran, Zitronen- oder Orangenschale und Ingwer würzen.

2 Das Reh-, Kalbs- und Schweinehackfleisch mit dem eingeweichten Brot, den Zwiebelwürfeln, den verquirlten Eiern und der Petersilie vermischen. Mit der Mischung aus der Gewürzmühle abschmecken.

3 Mit angefeuchteten Händen kleine Pflanzerl aus der Hackfleischmasse formen. Etwas Öl in einer Pfanne erhitzen und die Hacksteaks darin bei mittlerer Hitze auf beiden Seiten goldbraun braten. Herausnehmen und auf Küchenpapier abtropfen lassen. Dazu passt Blaukrautsalat (siehe Seite 40) oder marinierter Grünkohl.

Für Hirschpflanzerl die Wildpflanzerl statt mit Rehhackfleisch mit Hirschhackfleisch wie oben beschrieben zubereiten.

Alfons Schuhbeck

»Die Wildhacksteaks schmecken noch aromatischer, wenn Sie sie nach dem Braten in Gewürzbutter wenden. Dafür in einer Pfanne Butter zerlassen, einige Wacholderbeeren, 1 Splitter Zimtrinde, einige Pimentkörner, je 1 Streifen unbehandelte Zitronen- und Orangenschale, 1 Scheibe Ingwer und 1 Rosmarinzweig dazugeben.«

WILDGEWÜRZ

1 Lorbeerblatt
1 TL schwarze Pfefferkörner
1 TL Pimentkörner
1 TL Wacholderbeeren
1 TL Korianderkörner
½ TL Zimtrindensplitter

Für die Gewürzmühle

Das Lorbeerblatt zwischen den Fingern zerbröseln und mit Pfeffer, Piment, Wacholderbeeren, Koriander und Zimtrinde in eine Gewürzmühle füllen.

Wildschweingulasch

1 kg Wildschweinschulter
800 g Zwiebeln
2 EL Öl
1 TL Tomatenmark
750 ml Geflügelbrühe
5 Wacholderbeeren (angedrückt)
1/2 TL schwarze Pfefferkörner
5 Pimentkörner
1 Lorbeerblatt
1 Knoblauchzehe (geschält und halbiert)
2 Scheiben Ingwer
1 Thymianzweig
je 1 Streifen unbehandelte Zitronen- und Orangenschale
Salz · Cayennepfeffer

Für 4 Personen

1 Die Wildschweinschulter waschen, trocken tupfen, von groben Sehnen befreien und in 3 bis 4 cm große Würfel schneiden. Die Zwiebeln schälen, halbieren und in Streifen schneiden.

2 Das Öl in einem großen Schmortopf erhitzen, die Fleischwürfel nacheinander in zwei Portionen darin bei mittlerer Hitze rundherum anbraten und wieder herausnehmen. Die Zwiebelstreifen in den Topf geben und glasig dünsten. Das Tomatenmark unterrühren und einige Minuten mitdünsten. Das Fleisch dazugeben, mit der Brühe aufgießen und knapp unter dem Siedepunkt 3 Stunden ziehen lassen.

3 Wacholderbeeren, Pfeffer und Piment in ein Gewürzsäckchen füllen und 15 Minuten vor Garzeitende mit dem Lorbeerblatt in das Gulasch geben. Am Ende der Garzeit Knoblauch, Ingwer, Thymian, Zitronen- und Orangenschale hinzufügen, 5 Minuten ziehen lassen und anschließend mit Gewürzsäckchen und Lorbeerblatt wieder entfernen. Das Gulasch mit Salz und 1 Prise Cayennepfeffer abschmecken.

Alfons Schubbeck

»Das Wildschweingulasch können Sie nach Belieben noch mit etwas eingeköcheltem Rotwein oder Portwein abschmecken.«

WILDSCHWEINBRATEN

3 Zwiebeln
1 Karotte
150 g Knollensellerie
3 EL Öl
1,5 kg Wildschweinschulter
1–2 TL Puderzucker
1 EL Tomatenmark
300 ml kräftiger Rotwein
750 ml Geflügelbrühe
1 TL Wacholderbeeren
1/2 TL Pimentkörner
1 TL schwarze Pfefferkörner
1 TL Fenchelsamen
1 Lorbeerblatt
2 EL getrocknete Champignons
1 TL Speisestärke
1 Streifen unbehandelte Orangenschale
1 Scheibe Ingwer
1/2 Knoblauchzehe (geschält)
1 Rosmarinzweig
1/2 TL geraspelte Zartbitterschokolade
20 g kalte Butter
Salz · Pfeffer aus der Mühle

Für 4 Personen

1 Den Backofen auf 150 °C vorheizen. Die Zwiebeln, die Karotte und den Knollensellerie schälen und in 1 bis 1 1/2 cm große Stücke schneiden. In einer Pfanne 1 EL Öl erhitzen und das Gemüse darin 2 bis 3 Minuten andünsten. Die Wildschweinschulter waschen und trocken tupfen, grobe Sehnen entfernen.

2 Das restliche Öl in einem Bräter erhitzen, die Wildschweinschulter darin bei mittlerer Hitze rundherum kurz anbraten und herausnehmen. Den Puderzucker in den Bräter stäuben und hell karamellisieren lassen. Das Tomatenmark unterrühren und kurz mit andünsten. Nach und nach mit je einem Drittel Rotwein ablöschen und jeweils sämig einköcheln lassen. Mit der Brühe aufgießen und das Gemüse und den Wildschweinbraten hinzufügen.

3 Den Wildschweinbraten zugedeckt im Ofen auf der mittleren Schiene etwa 2 1/2 Stunden weich schmoren. Das Fleisch aus dem Bräter nehmen und warm stellen.

4 Wacholderbeeren, Piment, Pfeffer, Fenchelsamen, Lorbeerblatt und getrocknete Champignons in die Sauce geben und auf dem Herd noch etwas einköcheln lassen. Die Sauce durch ein Sieb in einen Topf gießen, das Gemüse dabei etwas ausdrücken.

5 Die Speisestärke mit wenig kaltem Wasser glatt rühren, unter die Sauce rühren und 2 Minuten köcheln lassen. Orangenschale, Ingwer, Knoblauch und Rosmarin dazugeben, einige Minuten ziehen lassen und wieder entfernen. Die Schokolade in der Sauce schmelzen lassen und die Butter unterrühren. Mit Salz und Pfeffer abschmecken.

6 Den Braten in Scheiben schneiden und mit der Sauce auf vorgewärmten Tellern anrichten. Dazu passt Kartoffel-Sellerie-Püree (siehe Seite 322, Variante), Spätzle (siehe Seite 334), Schwammerlspätzle (Seite 336) oder Brezenknödel (Seite 316).

Alfons Schuhbeck

»Frischlingskeule können Sie genauso wie die Wildschweinschulter zubereiten.«

GEMÜSE

Schätze der Natur

Frisches Gemüse in seiner Vielfalt und Farbenpracht bereichert jeden Speisezettel. Durch die reiche Auswahl, die Märkte und Gärten bieten, sind der Kreativität in der Küche keine Grenzen gesetzt. Und begleitet von aromatischen Kräutern und Gewürzen spielt zartes und knackiges Gemüse keine Nebenrolle mehr.

Blaukraut-Variationen

800 g Rotkohl
1 EL Puderzucker
100 ml Portwein
200 ml kräftiger Rotwein
125 ml Gemüsebrühe
1 Lorbeerblatt · 5 Pimentkörner
1/2 TL schwarze Pfefferkörner
1 Splitter Zimtrinde
2–3 EL Apfelmus
1 Streifen unbehandelte Orangenschale
1 Scheibe Ingwer
20 g kalte Butter
Salz · Zucker
1 EL milder Aceto balsamico

Für 4 Personen

1 Den Rotkohl putzen, die äußeren Blätter entfernen und den Strunk herausschneiden. Den Kohl auf dem Gemüsehobel in feine Streifen hobeln. Den Puderzucker in einem Topf hell karamellisieren lassen, den Portwein und den Rotwein angießen und auf ein Drittel einköcheln lassen. Den Rotkohl und die Brühe hinzufügen und den Kohl zugedeckt bei milder Hitze etwa 1 1/2 Stunden mehr ziehen als köcheln lassen, dabei öfters umrühren.

2 Nach 1 Stunde das Lorbeerblatt einlegen. Den Piment, den Pfeffer und den Zimt in ein Gewürzsäckchen füllen. Das Säckchen verschließen und zu dem Blaukraut geben.

3 Am Ende der Garzeit das Apfelmus unter den Kohl rühren, Orangenschale und Ingwer einlegen, einige Minuten darin ziehen lassen und wieder entfernen. Das Lorbeerblatt und das Gewürzsäckchen ebenfalls entfernen und die Butter unterrühren. Das Blaukraut mit Salz, Zucker und Essig abschmecken.

Für Schokoladenblaukraut den Rotkohl wie oben beschrieben zubereiten. Am Ende der Garzeit 1/2 bis 1 TL gehackte Zartbitterkuvertüre unterrühren.

Für Holunder-Birnen-Blaukraut den Rotkohl wie in Schritt 1 und 2 beschrieben zubereiten. 1 Birne schälen, vierteln, das Kerngehäuse entfernen und das Fruchtfleisch in schmale Spalten schneiden. Die Birnenspalten etwa 10 Minuten vor Ende der Garzeit mit 50 ml Holundersaft in das Blaukraut geben. Wer Holunder-Birnen-Kompott zur Hand hat, kann auch 150 g davon unter das fertige Kraut mischen. Nach Belieben in Spalten geschnittene Zwetschgen zum Holunder-Birnen-Blaukraut geben.

Alfons Schuhbeck

»Alle Blaukraut-Variationen passen zu Wild, Ente, Gans und dunklen Schmorgerichten.«

Sauerkraut-Variationen

1 große Zwiebel · 1 EL Öl
800 g Sauerkraut (aus der Dose)
100 ml trockener Weißwein
400 ml Gemüsebrühe
1 Stück Speckschwarte oder 1 dicke Scheibe durchwachsener Speck
5 schwarze Pfefferkörner
2 Wacholderbeeren (leicht zerdrückt)
1 Lorbeerblatt
2 EL Apfelmus · 1 EL Butter
Cayennepfeffer · Zucker

Für 4 Personen

1 Die Zwiebel schälen und in kleine Würfel schneiden. Das Öl in einem Topf erhitzen und die Zwiebelwürfel darin bei milder Hitze glasig andünsten. Das Sauerkraut dazugeben und kurz mitdünsten. Mit Weißwein ablöschen und diesen fast vollständig einköcheln lassen.

2 Die Brühe angießen und die Speckschwarte hinzufügen. Das Sauerkraut bei milder Hitze etwa 45 Minuten schmoren lassen. Inzwischen Pfeffer, Wacholderbeeren und Lorbeerblatt in ein Gewürzsäckchen füllen und das Säckchen verschließen. Nach 30 Minuten Garzeit das Apfelmus und das Gewürzsäckchen zum Sauerkraut geben.

3 Am Ende der Garzeit das Gewürzsäckchen wieder entfernen. Die Butter unterrühren und das Sauerkraut mit je 1 Prise Cayennepfeffer und Zucker und nach Belieben mit Salz abschmecken.

Für Rahmkraut das Sauerkraut wie oben beschrieben zubereiten. Am Ende der Garzeit 50 g Sahne und 3 EL Butter unterrühren.

Für Pfefferkraut das Sauerkraut wie oben beschrieben zubereiten. Am Ende der Garzeit 50 g Sahne, 3 EL Butter und reichlich Cayennepfeffer dazugeben und unterrühren. Das Pfefferkraut passt zu Geflügelleberknödeln (siehe Seite 89, Tipp), gebackenen Rinderbackerl (siehe Seite 74) und Surbraten (siehe Seite 194).

Für Champagnerkraut ersetzen Sie den Weißwein durch Champagner. Das Champagnerkraut passt sehr gut zu gebratener Fasanenbrust (siehe Seite 266).

Für Kokos-Curry-Kraut das Sauerkraut wie oben beschrieben zubereiten, jedoch mit 250 ml Brühe und 150 g Kokosmilch (aus der Dose) aufgießen. Am Ende der Garzeit noch 1 bis 2 TL mildes Currypulver dazugeben. Das Kokos-Curry-Kraut passt zu gebratenen Rostbratwürsteln (siehe Seite 110), gebratener Hähnchen- oder Putenbrust.

Alfons Schuhbeck

»Das Apfelmus gebe ich erst gegen Ende der Garzeit dazu, dann legt das Kraut am Topfboden nicht so schnell an. Apfelmus bringt eine fruchtige Note ins Kraut und gibt ihm eine leichte Bindung.«

GEBRATENE KRAUTFLECKERL

1/2 kleiner Kopf junger Weißkohl oder Spitzkohl
1–2 EL Öl
80 ml Gemüsebrühe
1 Scheibe Knoblauch
1 Scheibe Ingwer
1 Streifen unbehandelte Zitronenschale
20 g kalte Butter
Salz · Cayennepfeffer

Für 4 Personen

1 Den Weißkohl putzen, die äußeren Blätter entfernen und den Strunk herausschneiden. Die Weißkohlblätter waschen, trockentupfen und in Rauten schneiden. Das Öl in einer großen Pfanne erhitzen und die Weißkohlrauten darin bei mittlerer Hitze einige Minuten anbraten.

2 Die Brühe angießen. Den Knoblauch, den Ingwer und die Zitronenschale hinzufügen, einige Minuten darin ziehen lassen und wieder entfernen. Die Butter dazugeben und zerlassen. Die Krautfleckerl mit Salz und 1 Prise Cayennepfeffer abschmecken.

Für Dill-Krautfleckerl die gebratenen Krautfleckerl wie oben beschrieben zubereiten. Am Ende der Garzeit 1 EL frisch geschnittenen Dill unterrühren. Sie passen gut zu gebratenem Fisch (z. B. zu Seeteufel mit Kümmel, siehe Seite 169).

Für Krautfleckerl mit Pesto die gebratenen Krautfleckerl wie oben beschrieben zubereiten. Zum Schluss 1 EL Pesto an das Gericht geben. Sie passen gut zu gekochtem Rindfleisch (z. B. Tafelspitz, siehe Seite 236), zu gebratenem Fisch, gebratenem Lamm und können unter Nudelfleckerl (siehe Seite 128) gemischt werden.

Für gebratene Krautviertel 1/2 Kopf sehr jungen Weißkohl oder Spitzkohl putzen, die äußeren Blätter entfernen und den Kohl in schmale Spalten schneiden, dabei den Strunk nicht entfernen. Die Kohlstreifen in einer Pfanne in 1 bis 2 EL ÖL auf beiden Seiten anbraten. 80 ml Gemüsebrühe angießen und den Kohl darin einige Minuten weich dünsten. Mit Salz und Pfeffer würzen und 1 EL Butter unterrühren.

Alfons Schuhbeck

»Sie können die Krautviertel auch nur anbraten und dann in der letzten halben Stunde in einem Schmorgericht mitgaren, beispielsweise mit einer Lammkeule (siehe Seite 240) oder einem Krustenbraten (siehe Seite 187).«

BAYERISCHES KRAUT MIT QUITTE

1/2 kleiner Kopf Weißkohl
1/2 Quitte
1 kleine Karotte
1 Zwiebel
1 Knoblauchzehe
1 EL Öl
1 Schuss Apfelsaft
200 ml Gemüsebrühe
Salz · Cayennepfeffer
gemahlener Kümmel
1 EL Petersilienblätter (frisch geschnitten)
1 EL Butter
1 Spritzer Apfelessig

Für 4 Personen

1 Den Weißkohl putzen, die äußeren Blätter entfernen und den Strunk herausschneiden. Die Quitte schälen, vierteln und das Kerngehäuse entfernen. Den Kohl und die Quitte in Rauten schneiden. Die Karotte putzen, schälen und in möglichst kleine Würfel schneiden.

2 Die Zwiebel und den Knoblauch schälen und in kleine Würfel schneiden. Das Öl in einem Topf erhitzen und die Zwiebel- und die Knoblauchwürfel darin bei mittlerer Hitze glasig andünsten. Die Kohl- und die Quittenrauten dazugeben und etwas mitdünsten lassen. Die Karottenwürfel dazugeben und mit dem Apfelsaft ablöschen.

3 Die Brühe angießen und das Gemüse zugedeckt 20 bis 30 Minuten weich dünsten.

4 Das Bayerische Kraut mit Salz und je 1 Prise Cayennepfeffer und Kümmel würzen, die Petersilie und die Butter unterrühren und das Kraut mit Apfelessig abschmecken.

Für Bayerisches Kraut mit Speck 100 g durchwachsenen Bauchspeck in kleine Würfel schneiden und in einer Pfanne bei mittlerer Hitze in 1 EL Öl anbraten. Die Speckwürfel herausnehmen, auf Küchenpapier abtropfen lassen und unter das gegarte Kraut mischen.

Alfons Schuhbeck

»Traditionell wird für Bayerisches Kraut der Weißkohl in Streifen geschnitten oder gehobelt, mit Zwiebeln in Brühe gedünstet und mit einem Spritzer Essig, etwas Salz, Zucker und Kümmel gewürzt.
Nach Belieben können Sie die Quitte durch Birne ersetzen. Da Birne viel weicher ist als Quitte, werden die Birnenwürfel nach 15 bis 20 Minuten hinzugefügt.«

Rotes Zwiebelkraut

500 g weiße Zwiebeln
1 EL Puderzucker
150 ml Portwein
250 ml kräftiger Rotwein
1 EL helle Senfkörner
1 kleines Lorbeerblatt
5 Pimentkörner
1 Scheibe Knoblauch
1 Scheibe Ingwer
1 Streifen unbehandelte Orangenschale
Salz · Pfeffer aus der Mühle
1–2 EL Butter

Für 4 Personen

1 Die Zwiebeln schälen und längs in höchstens 1/2 cm breite Streifen schneiden.

2 Den Puderzucker in einem weiten, flachen Topf hell karamellisieren lassen und mit Portwein und Rotwein ablöschen. Senfkörner, Lorbeerblatt und Piment in ein Gewürzsäckchen füllen, das Säckchen verschließen und in den Topf geben. Die Flüssigkeit einköcheln lassen.

3 Die Zwiebelstreifen dazugeben und unterrühren. Den Knoblauch, den Ingwer und die Orangenschale einlegen und die Zwiebeln mit Salz und Pfeffer würzen. Noch etwa 3 Minuten ziehen lassen, dann das Gewürzsäckchen sowie Knoblauch, Ingwer und Orangenschale wieder entfernen. Die Butter unterrühren.

Für Rotweinschalotten werden statt der weißen Zwiebeln 500 g Schalotten geschält, je nach Größe halbiert oder geviertelt und wie in Schritt 2 und 3 beschrieben zubereitet.

Für Safranzwiebelkraut 1 Döschen Safranfäden (0,1 g) in 2 EL warmer Gemüsebrühe einweichen. Das Kraut wie in Schritt 1 bis 3 beschrieben zubereiten, nur statt mit Portwein und Rotwein den Puderzucker mit 125 ml trockenem Weißwein ablöschen. Am Ende der Garzeit den Safran mit der Brühe und 1/2 ausgekratzte Vanilleschote dazugeben. Die Vanilleschote einige Minuten darin ziehen lassen und wieder entfernen.

Alfons Schuhbeck

»Das rote Zwiebelkraut passt gut zu gebratenem Zander (siehe Seite 163, 164), zu Geflügel und zu kurz gebratenem Rindfleisch oder Kalbfleisch.«

Selleriepüree

350 g Knollensellerie
100 g Sahne
50 g braune Butter (siehe Seite 46)
Salz · Pfeffer aus der Mühle
frisch geriebene Muskatnuss

Für 4 Personen

1 Den Knollensellerie putzen, schälen und in kleine Würfel schneiden. Die Sahne in einem Topf erhitzen, die Selleriewürfel hineingeben und zugedeckt etwa 20 Minuten weich schmoren.

2 Den Sellerie mit dem Schaumlöffel herausnehmen und im Blitzhacker pürieren, dabei so viel Kochflüssigkeit wie nötig hinzufügen. Die braune Butter unterrühren. Das Selleriepüree mit Salz, Pfeffer und etwas Muskatnuss abschmecken.

Wurzelpüree

300 g Karotten
3 große Zwiebeln
300 g Knollensellerie
300–350 ml Gemüsebrühe
80 g Sahne
Salz · Cayennepfeffer
frisch geriebene Muskatnuss
3 EL Butter
1 EL braune Butter (siehe Seite 46)

Für 4 Personen

1 Die Karotten, die Zwiebeln und den Knollensellerie putzen, schälen und in 2 cm große Würfel schneiden. Die Gemüsewürfel mit der Brühe in einen Topf geben und zugedeckt bei milder Hitze gut 20 Minuten schmoren, bis das Gemüse sehr weich ist und die Flüssigkeit fast vollständig verdampft ist.

2 Das Gemüse in ein Sieb abgießen und abtropfen lassen. Mit der Sahne im Blitzhacker fein pürieren. Das Wurzelpüree mit Salz und je 1 Prise Cayennepfeffer und Muskatnuss kräftig abschmecken. Zum Schluss die Butter und die braune Butter unterrühren.

Alfons Schuhbeck

»Eine interessante Note bekommt das Wurzelpüree, wenn Sie es mit Sahnemeerrettich verfeinern. Leicht fruchtig schmeckt es, wenn Sie 1/4 gewürfelten Apfel mitkochen. Wurzelpüree passt zu gedämpftem oder gebratenem Fisch sowie zu gekochtem Rindfleisch. Ich garniere es gerne mit etwas frisch geriebenem Meerrettich.«

WURZELGEMÜSE

1 Karotte
1 gelbe Karotte
(ersatzweise Karotte)
1 Petersilienwurzel
1 dünne Stange Lauch · Salz
2 EL mildes Olivenöl
125 ml Gemüsebrühe
1 EL Petersilienblätter
(frisch geschnitten)
Pfeffer aus der Mühle
frisch geriebene Muskatnuss

Für 4 Personen

1 Die Karotten und die Petersilienwurzel putzen und schälen. Den Lauch putzen, die dunkelgrünen Blätter entfernen und den Rest waschen. Karotten und Petersilienwurzel zuerst längs in etwa 2 mm dicke Scheiben und anschließend in 1/2 bis 1 cm breite Streifen schneiden. Den Lauch längs in 1/2 bis 1 cm breite Streifen schneiden.

2 Alle Gemüsestreifen in einem Topf in Salzwasser etwa 2 Minuten blanchieren. In ein Sieb abgießen, kalt abschrecken und abtropfen lassen.

3 In einer tiefen Pfanne 1 bis 2 TL Olivenöl erhitzen und das Gemüse darin bei milder Hitze andünsten. Die Brühe angießen und das Gemüse zugedeckt weitere 2 bis 3 Minuten bissfest garen. Die Petersilie hinzufügen, das Wurzelgemüse mit Salz, Pfeffer und Muskatnuss würzen und das restliche Olivenöl darüberträufeln.

Für Wurzelgemüse im Safransud 150 ml Gemüsebrühe erhitzen, 1 halbierte Knoblauchzehe und 1 Scheibe Ingwer einlegen, 1/2 TL mildes Currypulver dazugeben, 1 Döschen Safranfäden (0,1 g) einstreuen, einige Tropfen Anislikör (z. B. Pernod) dazugeben und die blanchierten Wurzelgemüsestreifen in dem Sud erhitzen. Knoblauch und Ingwer wieder entfernen und 2 EL mildes Olivenöl hinzufügen. Mit Salz und Cayennepfeffer abschmecken.

Alfons Schubbeck

»Beide Wurzelgemüse-Variationen passen sehr gut zu Fisch. Wer mag, kann den Safransud noch mit 1 Thymianzweig aromatisieren.«

KARTOFFEL-GURKEN-GEMÜSE

400 g festkochende Kartoffeln
Salz · 1 Salatgurke
80 ml Gemüsebrühe
1 Knoblauchzehe
1 Scheibe Ingwer
Pfeffer aus der Mühle
1 EL Dillspitzen
(frisch geschnitten)

Für 4 Personen

1 Die Kartoffeln schälen und in gut 1 cm große Würfel schneiden. In einem Topf in Salzwasser etwa 20 Minuten kochen. In ein Sieb abgießen und abtropfen lassen. Die Gurke schälen, längs halbieren, entkernen und in etwa 1 cm große Würfel schneiden.

2 Die Kartoffel- und Gurkenwürfel mit der Brühe in einen Topf geben und erhitzen. Den Knoblauch schälen und halbieren. Mit dem Ingwer zu dem Gemüse in den Topf geben, etwa 3 Minuten ziehen lassen und wieder entfernen. Das Kartoffel-Gurken-Gemüse mit Salz und Pfeffer würzen und den Dill unterrühren.

BOHNENGEMÜSE

300 g große weiße Bohnen
(aus der Dose)
300 g Kidneybohnen
(aus der Dose)
200 g breite grüne Bohnen
Salz · 60 ml Gemüsebrühe
1 Scheibe Knoblauch
1 Scheibe Ingwer
1 Streifen unbehandelte
Zitronenschale
2 EL Butter
Pfeffer aus der Mühle
Cayennepfeffer
1 EL Dillspitzen (frisch geschnitten)

Für 4 Personen

1 Die weißen Bohnen und die Kidneybohnen in ein Sieb abgießen, mit fließendem kaltem Wasser abbrausen und abtropfen lassen.

2 Die breiten grünen Bohnen putzen, waschen und in 1 bis 2 cm lange Stücke schneiden. In Salzwasser fast weich kochen. In ein Sieb abgießen, kalt abschrecken und abtropfen lassen.

3 Die Brühe in einem kleinen Topf mit den drei Bohnensorten, dem Knoblauch, dem Ingwer und der Zitronenschale erhitzen. Die Butter dazugeben und zerlassen. Die Bohnen mit Salz, Pfeffer und 1 Prise Cayennepfeffer würzen. Zum Schluss den Dill hinzufügen und Knoblauch, Ingwer und Zitronenschale wieder entfernen.

Alfons Schuhbeck

»Natürlich können Sie das Bohnengemüse anstatt mit Dill auch mit Bohnenkraut aromatisieren. Sehr würzig wird es mit kross gebratenen Speckwürfeln. Bohnengemüse passt zu Fisch und kurz gebratenem Fleisch, zu Lammrücken (siehe Seite 243) und zu Tafelspitz (siehe Seite 236).«

Fenchel-Safran-Gemüse

3 Fenchelknollen (ca. 800 g)
1–2 TL Öl
200 ml Gemüsebrühe
1 Knoblauchzehe
1 Thymianzweig
1 Döschen Safranfäden (0,1 g)
1 EL mildes Olivenöl
Salz · Cayennepfeffer

Für 4 Personen

1 Die Fenchelknollen putzen, waschen und in 3 bis 4 cm breite Spalten schneiden.

2 Das Öl in einem Topf erhitzen und den Fenchel darin bei mittlerer Hitze kurz andünsten. Die Brühe angießen. Den Knoblauch schälen und halbieren. Mit dem Thymian zum Fenchel geben und die Safranfäden einstreuen. Den Fenchel knapp unter dem Siedepunkt etwa 8 Minuten ziehen lassen. Nach Belieben mit geschmorten Cocktailtomaten servieren.

3 Das Olivenöl unterrühren und das Fenchel-Safran-Gemüse mit Salz und 1 Prise Cayennepfeffer abschmecken. Den Knoblauch und den Thymian wieder entfernen.

Für Fenchel-Karotten-Gemüse die Fenchelknollen wie in Schritt 1 beschrieben vorbereiten. 3 kleine Karotten schälen, halbieren und schräg in 3 bis 4 cm breite Stücke schneiden. 300 g kleine Schalotten schälen und halbieren. Karotten und Schalotten mit dem Fenchel in 1 EL Öl andünsten und wie oben beschrieben fertig stellen. Nach Belieben mit je 1 Prise gemahlenen Fenchelsamen und gemahlenem Koriander verfeinern.

Für Fenchel-Safran-Gemüse mit Mangold 2 Mangoldblätter waschen, die Blätter vom Stiel schneiden und Blätter und Stiele in 1 cm breite Streifen oder Stücke schneiden. Die Mangoldblätter und -stiele in Salzwasser bissfest blanchieren. In ein Sieb abgießen, kalt abschrecken und abtropfen lassen. 100 g Cocktailtomaten waschen und halbieren oder ganz lassen. Zwei Fenchelknollen wie in Schritt 1 beschrieben vorbereiten. 200 g kleine Schalotten schälen und halbieren, mit dem Fenchel in 1 EL Öl andünsten und wie oben beschrieben fertig stellen. Zuletzt Mangoldblätter, Mangoldstiele und Cocktailtomaten dazugeben und gegebenenfalls nachwürzen.

Alfons Schuhbeck

»Nach Belieben können Sie das Fenchelgemüse noch mit etwas Currypulver würzen. Alle drei Fenchel-Variationen passen ausgezeichnet zu Fisch, hellem Fleisch und zu Geflügel.«

BUNTES GEMÜSE

120 g Mini-Karotten (mit Grün)
Salz · 120 g Zuckerschoten
200 g Romanesco
(ersatzweise Brokkoli)
80 ml Gemüsebrühe
1 EL Butter · 1 rote Chilischote
Pfeffer aus der Mühle
frisch geriebene Muskatnuss
1/2 TL abgeriebene unbehandelte
Limettenschale
1 EL Limettensaft
1 EL mildes Olivenöl

Für 4 Personen

1 Von den Mini-Karotten das Grün bis auf 1 cm abschneiden. Karotten waschen und im Ganzen in Salzwasser bissfest kochen. In ein Sieb abgießen, kalt abschrecken und schälen.

2 Die Zuckerschoten waschen, die Enden abschneiden und die Schoten halbieren. Den Romanesco in kleine Röschen teilen. Den Strunk schälen und in Scheiben schneiden. Die Zuckerschoten, die Romanescoröschen und -scheiben nacheinander in Salzwasser bissfest blanchieren. Mit dem Schaumlöffel herausheben, kalt abschrecken und abtropfen lassen.

3 Alle Gemüsesorten mit der Brühe in einem Topf erhitzen. Die Butter unterrühren. Die Chilischote hinzufügen und etwa 3 Minuten ziehen lassen. Das Gemüse mit Salz, Pfeffer, Muskatnuss, Limettenschale und -saft und Olivenöl abschmecken. Die Chilischote wieder entfernen.

KAROTTENGEMÜSE

500 g Karotten
3 EL Butter
100 ml Gemüsebrühe
1 Scheibe Ingwer
1 EL Petersilienblätter
(frisch geschnitten)
Salz · Pfeffer aus der Mühle

Für 4 Personen

1 Die Karotten putzen, schälen und nach Belieben in etwa 1/2 cm dicke Scheiben, Rauten, Würfel oder Stifte schneiden.

2 In einem Topf 1 EL Butter zerlassen und die Karotten darin bei milder Hitze dünsten. Die Brühe angießen, den Ingwer dazugeben und die Karotten zugedeckt knapp unter dem Siedepunkt etwa 10 Minuten weich garen. Den Ingwer wieder entfernen.

3 Zum Schluss die restliche Butter und die Petersilie unterrühren und das Karottengemüse mit Salz und Pfeffer würzen.

Für glasierte Karotten die Karotten wie in Schritt 1 beschrieben vorbereiten. In einem Topf 1 EL Butter zerlassen und 1 bis 2 TL Zucker unterrühren. Die Karotten darin bei milder Hitze andünsten. 70 ml Gemüsebrühe angießen und und die Karotten knapp unter dem Siedepunkt etwa 10 Minuten weich garen, dabei die Flüssigkeit fast vollständig einköcheln lassen.

KOHLRABIGEMÜSE

4 kleine Kohlrabi (ca. 500 g)
300 ml Gemüsebrühe
80 g Sahne
2 EL Butter
1 EL braune Butter (siehe Seite 46)
3 Scheiben Knoblauch
Salz · Cayennepfeffer
frisch geriebene Muskatnuss
1 EL Petersilienblätter
(frisch geschnitten)

Für 4 Personen

1 Die Kohlrabi mit einem Messer dünn schälen, dabei die holzigen Enden entfernen, vierteln und in 3 bis 4 mm dicke Scheiben oder in schmale Spalten schneiden. Die Kohlrabischeiben mit der Brühe in einen flachen weiten Topf geben und zugedeckt knapp unter dem Siedepunkt etwa 12 Minuten weich garen.

2 Ein Drittel der Kohlrabischeiben mit dem Schaumlöffel herausheben und beiseite legen. Die Sahne, die Butter, die braune Butter und den Knoblauch zu dem Kohlrabi in den Topf geben und alles mit dem Stabmixer glatt pürieren. Das Kohlrabipüree mit Salz und je 1 Prise Cayennepfeffer und Muskatnuss würzen und nochmals kurz aufmixen.

3 Die Kohlrabistücke unter das Kohlrabipüree heben und mit der Petersilie bestreuen.

BLUMENKOHLGEMÜSE MIT BUTTERBRÖSELN

Für die Brösel:

4 EL Weißbrotbrösel
4 EL Butter
Salz · Pfeffer aus der Mühle

Für das Gemüse:

700 g Blumenkohl · Salz
60 ml Gemüsebrühe
4 EL Butter
Cayennepfeffer
frisch geriebene Muskatnuss

Für 4 Personen

1 Für die Brösel die Weißbrotbrösel mit der Butter in einer Pfanne bei milder Hitze goldbraun rösten. Mit Salz und Pfeffer würzen.

2 Für das Gemüse den Blumenkohl waschen und in kleine Röschen zerteilen. In Salzwasser 6 bis 8 Minuten nicht allzu weich kochen. In ein Sieb abgießen, kalt abschrecken und in einem Sieb abtropfen lassen.

3 Die Blumenkohlröschen in einer tiefen Pfanne mit der Brühe wieder erhitzen. Die Butter hinzufügen und den Blumenkohl mit Salz und je 1 Prise Cayennepfeffer und Muskatnuss würzen. Zum Anrichten die Butterbrösel über dem Blumenkohl verteilen.

Alfons Schuhbeck

»Das Blumenkohlgemüse können Sie mit 1 EL frisch geschnittenen Petersilienblättern verfeinern. Oder Sie servieren es mit Orangenbröseln: Unter die gebräunten Brösel 1/2 TL unbehandelte Orangenschale mischen.«

Schmorgemüse

je 1 TL Wacholderbeeren, Fenchelsamen und Senfkörner
2 Stangen Staudensellerie
2 Karotten
2 gelbe Karotten (ersatzweise Karotten)
200 g Knollensellerie · 1 EL Öl
80 ml trockener Weißwein
125 ml Brühe
1 mittelscharfe Chilischote
1 Lorbeerblatt
je 1 Streifen unbehandelte Orangen- und Zitronenschale
1 EL Butter
1 EL Petersilienblätter (frisch geschnitten)
Salz · Pfeffer aus der Mühle

Für 4 Personen

1 Die Wacholderbeeren, die Fenchelsamen und die Senfkörner in eine Gewürzmühle füllen. Den Staudensellerie putzen, waschen und schräg in 2 cm große Stücke schneiden. Alle Karotten putzen, schälen, längs halbieren und schräg in 2 cm große Stücke schneiden. Den Knollensellerie putzen, schälen und in 2 cm große Stücke schneiden.

2 Das Öl in einem Topf erhitzen und das vorbereitete Gemüse darin bei milder Hitze andünsten. Mit Weißwein ablöschen und den Wein fast vollständig einköcheln lassen. Die Brühe dazugießen. Die Chilischote und das Lorbeerblatt dazugeben und alles zugedeckt bei milder Hitze 20 bis 30 Minuten weich schmoren.

3 Kurz vor Ende der Garzeit die Orangen- und Zitronenschale einlegen und das Gemüse mit der Mischung aus der Gewürzmühle würzen. Die Butter und die Petersilie dazugeben. Das Schmorgemüse mit Salz und Pfeffer würzen und die ganzen Gewürze wieder entfernen.

Mangoldgemüse mit weissen Bohnen

100 g getrocknete weiße Bohnen
1 Lorbeerblatt · Salz
500 g Mangold
4 reife Tomaten
1 kleine Zwiebel
1 EL Öl
125 ml Gemüsebrühe
1 Knoblauchzehe (geschält und halbiert)
1 Scheibe Ingwer
1 Streifen unbehandelte Zitronenschale
Pfeffer aus der Mühle
gemahlener Koriander
2 EL Butter

Für 4 Personen

1 Am Vortag die Bohnen in reichlich kaltem Wasser über Nacht einweichen. In ein Sieb abgießen und die Bohnen in einem Topf in frischem Wasser knapp unter dem Siedepunkt etwa 1 1/2 Stunden weich köcheln. Nach 1 Stunde das Lorbeerblatt dazugeben. Bohnen kurz vor Ende der Garzeit mit Salz würzen. In ein Sieb abgießen, das Lorbeerblatt entfernen.

2 Den Mangold in Blätter teilen und waschen. Die Blätter von den Stielen schneiden und quer in 1 1/2 cm breite Streifen schneiden. Die Stiele schälen und schräg in 2 cm breite Rauten schneiden. Beides getrennt in Salzwasser bissfest blanchieren, dabei die Blätter nur kurz blanchieren. In ein Sieb abgießen, kalt abschrecken und abtropfen lassen.

3 Die Tomaten kreuzweise einritzen, überbrühen, kalt abschrecken, häuten, vierteln und entkernen. Die Tomatenviertel quer halbieren. Die Zwiebel schälen, in kleine Würfel schneiden und in einer Pfanne im Öl bei milder Hitze andünsten. Mangold dazugeben, kurz mitdünsten. Die Brühe angießen. Bohnen, Tomaten, Knoblauch, Ingwer und Zitronenschale hinzufügen und erhitzen. Mit Salz, Pfeffer und 1 Prise Koriander abschmecken. Die Butter unterrühren, ganze Gewürze wieder entfernen.

Paprikagemüse

2 rote Paprikaschoten
1 gelbe Paprikaschote
1 Zwiebel
1 kleiner Zucchino (ca. 200 g)
3 EL Olivenöl
1 Lorbeerblatt
100 ml Gemüsebrühe
1 Knoblauchzehe
100 g passierte Tomaten (aus der Dose)
1 Thymianzweig
1 Splitter Zimtrinde
1/4 ausgekratzte Vanilleschote
Salz · Pfeffer aus der Mühle
Cayennepfeffer

Für 4 Personen

1 Die Paprikaschoten längs halbieren, entkernen und waschen. Die Schoten in 1 1/2 cm große Stücke schneiden. Die Zwiebel schälen und in 1 1/2 cm große Stücke schneiden. Den Zucchino putzen, waschen, längs halbieren und in 1/2 cm breite Scheiben schneiden.

2 In einem Topf 1 EL Olivenöl erhitzen und die Paprika- und die Zwiebelstücke darin bei milder Hitze glasig dünsten. Das Lorbeerblatt einlegen. Die Brühe angießen und das Gemüse zugedeckt bei milder Hitze etwa 8 Minuten dünsten. Den Knoblauch schälen und halbieren.

3 Die Zucchinischeiben, die passierten Tomaten, den Knoblauch, den Thymian, den Zimt und die Vanilleschote dazugeben und das Paprikagemüse weitere 2 bis 3 Minuten dünsten. Das restliche Olivenöl unterrühren und das Gemüse mit Salz, Pfeffer und 1 Prise Cayennepfeffer würzen. Lorbeerblatt, Knoblauch, Thymian, Zimt und Vanilleschote wieder entfernen.

Eingelegte Kürbisstückerl

600 g Muskatkürbis
150 g Zucker
200 ml Weißweinessig
1 TL Salz
2 Scheiben Ingwer
2 Gewürznelken · 1 Lorbeerblatt
2 Wacholderbeeren
1 TL Senfkörner
1/2 TL schwarze Pfefferkörner

Für 4 Personen

1 Den Kürbis schälen, entkernen und in 1 1/2 bis 2 cm große Würfel schneiden (ergibt etwa 400 g Kürbiswürfel).

2 Den Zucker in einem Topf bei mittlerer Hitze hell karamellisieren lassen. Die Kürbiswürfel, 400 ml Wasser, Essig, Salz und die Gewürze hinzufügen. Alles 1 Minute bei mittlerer Hitze köcheln lassen.

3 Die Kürbisstücke mit Flüssigkeit und Gewürzen gleichmäßig in zwei große Einmachgläser oder Gläser mit Twist-off-Deckel füllen, diese sofort verschließen und die Kürbisstücke auskühlen lassen. Im Kühlschrank halten sich die eingelegten Kürbisstücke mehrere Monate.

Alfons Schuhbeck

»Die Kürbisstückerl passen gut zu Geräuchertem, können aber auch unter einen Kartoffelsalat gemischt werden. Außerdem kann man sie zu Feldsalat mit gebratener Leber (siehe Seite 214, 215) oder Ente (siehe Seite 256) servieren.«

Gebratene Steinpilze mit Petersilie

400 g feste Steinpilze (oder z. B. Champignons, Pfifferlinge, Semmelstoppelpilze, Shiitake)
1–2 TL Öl
Salz · Pfeffer aus der Mühle
1 EL Butter
1 EL Petersilienblätter (frisch geschnitten)

Für 4 Personen

1 Die Steinpilze trocken putzen. Dabei Schmutz an Hut und Stiel abreiben und wurmstichige Stellen wegschneiden. Von größeren Steinpilzen auch den Schwamm entfernen. Andere Pilzsorten ebenfalls trocken abreiben. (Schwammerl sollte man nie waschen, denn sie saugen sich wie ein Schwamm mit Flüssigkeit voll, die dann später beim Garen in der Pfanne wieder austritt.)

2 Die geputzten Pilze in knapp 1/2 cm dicke Scheiben schneiden. Das Öl in zwei große Pfannen verteilen und erhitzen. Die Steinpilzscheiben in beiden Pfannen verteilen und bei mittlerer Hitze etwa 2 Minuten braten.

3 Die gebratenen Steinpilze mit Salz und Pfeffer würzen. Die Butter unterrühren und die Petersilie darüberstreuen. Nach Belieben mit Kräutern und kross gebratenen Speckwürfeln servieren.

Für Steinpilze mit Schalotte die gebratenen Steinpilze wie oben beschrieben zubereiten. 1 Schalotte schälen und in kleine Würfel schneiden. In einer Pfanne 1 TL Öl erhitzen und die Schalottenwürfel darin bei milder Hitze anbraten. Die gebratene Schalotte zu den Steinpilzen geben.

Alfons Schuhbeck

»Damit beim Braten der Pilze kein Wasser austritt, sollten Sie darauf achten, dass sie nicht zu dünn geschnitten sind, die Pfanne weder zu heiß noch zu kalt ist und dass die Pilze in der Pfanne nebeneinander, nicht übereinander liegen.
Ich träufle nur ganz wenig Fett in die Pfanne, so bekommen die Pilze einen richtig kräftigen Bratgeschmack.«

Lauch-Champignon-Gemüse

2 dünne Stangen Lauch
200 g kleine feste Champignons
1 EL Öl
80 ml trockener Weißwein
150 ml Gemüsebrühe
1 Knoblauchzehe
1 Scheibe Ingwer
1 Streifen unbehandelte Zitronenschale
Salz · Pfeffer aus der Mühle
50 g Sahne
2 EL Butter
1 EL Petersilienblätter (frisch geschnitten)

Für 4 Personen

1 Den Lauch putzen und die dunkelgrünen Außenblätter entfernen. Die Stangen längs halbieren, waschen und in 1 bis 2 cm breite Streifen schneiden. Die Pilze putzen, trocken abreiben und in Scheiben schneiden.

2 Das Öl in einem Topf erhitzen und die Lauchstreifen darin bei mittlerer Hitze 2 Minuten andünsten. Mit Weißwein ablöschen und den Wein fast vollständig einköcheln lassen.

3 Die Brühe angießen und das Lauchgemüse zugedeckt knapp unter dem Siedepunkt etwa 6 Minuten bissfest garen. Die Champignonscheiben dazugeben. Den Knoblauch schälen und halbieren. Mit dem Ingwer und der Zitronenschale in das Gemüse geben, einige Minuten darin ziehen lassen und wieder entfernen.

4 Das Lauch-Champignon-Gemüse mit Salz und Pfeffer abschmecken. Die Sahne hinzufügen und die Butter unterrühren und zerlassen. Zum Schluss die Petersilie darüberstreuen.

Für Lauch-Champignon-Gemüse mit Tomaten und Fenchel das Gemüse wie oben beschrieben zubereiten. 3 Tomaten kreuzweise einritzen, überbrühen, kalt abschrecken, häuten, vierteln und entkernen. 1/4 Fenchelknolle in kleine Stücke schneiden und bissfest blanchieren. Die Tomatenviertel nochmals halbieren und mit den Fenchelwürfeln unter das gegarte Lauch-Champignon-Gemüse mischen.

Für Lauch-Champignon-Gemüse mit Kartoffeln 2 festkochende Kartoffeln schälen, in 3 mm dicke Scheiben schneiden und in Salzwasser etwa 10 Minuten fast weich kochen. Das Lauchgemüse wie beschrieben fertigstellen und die Kartoffelscheiben hinzufügen.

Alfons Schuhbeck

»Statt mit Petersilie können Sie das Gemüse auch mit Basilikum verfeinern. Am besten eignen sich kleine weiße Champignons mit geschlossenen Hüten. Sie sehen schöner aus und bleiben knackiger.«

Pfifferling-Bohnen-Gemüse

300 g kleine Pfifferlinge
100 g feine grüne Bohnen · Salz
100 g durchwachsener Bauchspeck
2 EL Öl
2 Schalotten
1 Knoblauchzehe (geschält und halbiert)
1 Streifen unbehandelte Zitronenschale
50 ml Geflügelbrühe
getrocknetes Bohnenkraut
1 EL kalte Butter
Pfeffer aus der Mühle

Für 4 Personen

1 Die Pilze putzen und trocken abreiben. Die Bohnen putzen, waschen und halbieren. In einem Topf in Salzwasser weich garen. In ein Sieb abgießen, kalt abschrecken und abtropfen lassen.

2 Den Speck in Streifen schneiden. In einer Pfanne 1 EL Öl erhitzen und die Speckstreifen darin bei milder Hitze kurz anbraten. Auf Küchenpapier abtropfen lassen.

3 Die Schalotten schälen und in kleine Würfel schneiden. Das restliche Öl in einer Pfanne erhitzen und die Schalottenwürfel darin bei milder Hitze glasig andünsten. Die Pilze, den Knoblauch und die Zitronenschale hinzufügen und 2 Minuten mitbraten. Die Bohnen dazugeben und die Brühe angießen. Mit 1 Prise Bohnenkraut würzen. Die Butter unterrühren und zerlassen. Das Pfifferling-Bohnen-Gemüse mit Salz und Pfeffer würzen, Knoblauch und Zitronenschale wieder entfernen. Das Gemüse passt zu gebratener Perlhuhnbrust (siehe Seite 253, Variante) und zu rosa gebratenem Kalb- oder Rindfleisch.

Bohnen-Tomaten-Gemüse

300 g Schalotten
300 g grüne Bohnen · Salz
4 Tomaten
3 EL Olivenöl
250 ml Gemüsebrühe
1 Lorbeerblatt
schwarze Pfefferkörner
Pimentkörner
2 Thymianzweige
1 Knoblauchzehe (geschält und halbiert)
1 Streifen unbehandelte Zitronenschale
Cayennepfeffer

Für 4 Personen

1 Die Schalotten schälen und vierteln. Die Bohnen waschen, putzen, schräg in Stücke schneiden und in Salzwasser fast weich garen. In einem Sieb abschrecken und abtropfen lassen. Die Tomaten kreuzweise einritzen, überbrühen, abschrecken und häuten, dann achteln und entkernen.

2 1 EL Olivenöl in einem Topf erhitzen und die Schalotten darin bei milder Hitze glasig dünsten. Brühe und Lorbeerblatt hinzufügen und die Schalotten zugedeckt knapp unter dem Siedepunkt 10 Minuten dünsten.

3 Bohnen und Tomaten dazugeben und erwärmen. Die Brühe in einen Topf abgießen und das restliche Olivenöl mit dem Stabmixer unterrühren. Das Gemüse wieder in die Brühe geben.

4 Pfeffer und Piment in eine Gewürzmühle füllen. Thymian, Knoblauch und Zitronenschale in das Gemüse geben und mit der Mischung aus der Mühle sowie mit Salz und Cayennepfeffer würzen. Das Bohnen-Tomaten-Gemüse bei milder Hitze 5 Minuten ziehen lassen und alle ganzen Gewürze wieder entfernen.

Gebratenes Spargelgemüse

400 g weißer Spargel
400 g grüner Spargel
200 g kleine Karotten
200 g Frühlingszwiebeln
1 feste rote Birne
200 g breite grüne Bohnen
Salz · 1 TL Puderzucker
150 ml Gemüsebrühe
1 kleines Lorbeerblatt
1 Scheibe Knoblauch
1 Scheibe Ingwer
1 Streifen unbehandelte Zitronenschale
getrocknetes Bohnenkraut
30 g kalte Butter
1 TL Zitronensaft
Cayennepfeffer

Für 4 Personen

1 Den weißen Spargel schälen und die holzigen Enden abschneiden. Den grünen Spargel waschen und nur im unteren Drittel schälen, die holzigen Enden abschneiden. Die Spargelstangen längs halbieren und schräg in etwa 5 cm lange Stücke schneiden.

2 Die Karotten putzen, schälen, längs vierteln und schräg in 5 cm lange Stücke schneiden. Die Frühlingszwiebeln putzen, waschen und schräg in 5 cm lange Stücke schneiden. Die Birne waschen, vierteln, das Kerngehäuse entfernen und das Fruchtfleisch in schmale Spalten schneiden. Die Bohnen putzen, waschen, schräg in 5 cm lange Stücke schneiden und in Salzwasser blanchieren. In ein Sieb abgießen, kalt abschrecken und abtropfen lassen.

3 Den Puderzucker in einer Pfanne bei mittlerer Hitze hell karamellisieren lassen. Den Spargel und die Karotten hinzufügen und etwas anbraten. Die Brühe angießen, das Lorbeerblatt einlegen und das Gemüse bei milder Hitze etwa 10 Minuten gar ziehen lassen. Nach 5 Minuten die Frühlingszwiebeln und Birnenspalten dazugeben. Den Knoblauch, den Ingwer, die Zitronenschale und 1 kleine Prise Bohnenkraut hinzufügen. Falls nötig, noch etwas Brühe angießen.

4 Die ganzen Gewürze wieder entfernen. Die Bohnen unter das Spargelgemüse rühren. Die Butter hinzufügen und zerlassen. Das Spargelgemüse mit Zitronensaft, Salz und 1 Prise Cayennepfeffer abschmecken.

Alfons Schuhbeck

»Aus den Spargelschalen können Sie ganz einfach einen Spargelfond kochen: Die Spargelschalen in einen Topf geben und mit Gemüsebrühe so weit auffüllen, dass sie gerade bedeckt sind. Die Schalen knapp unter dem Siedepunkt 20 Minuten ziehen lassen, durch ein Sieb gießen und den Sud auffangen. Aus Spargelfond wird mit etwas Sahne und Butter ganz schnell eine Spargelsuppe. Ich verwende den Fond auch zum Aufwärmen von vorgekochten Nudeln und Gemüse sowie zum Angießen von Risotto.«

Gebratener weisser und grüner Spargel

300 g weißer Spargel
300 g grüner Spargel
1–2 TL Puderzucker
70 ml Gemüsebrühe
1–2 EL Butter
1 EL Petersilienblätter (frisch geschnitten)
Salz · Pfeffer aus der Mühle

Für 4 Personen

1 Den weißen Spargel schälen und die holzigen Enden abschneiden. Den grünen Spargel waschen und nur im unteren Drittel schälen, die holzigen Enden abschneiden. Die Spargelstangen in etwa 1/2 cm dicke schräge Stücke schneiden.

2 Den Puderzucker in einer Pfanne bei mittlerer Hitze hell karamellisieren lassen. Den Spargel darin kurz andünsten. Die Brühe angießen und den Spargel bei milder Hitze 6 bis 8 Minuten bissfest garen.

3 Die Butter unterrühren und zerlassen. Den gebratenen Spargel mit der Petersilie und Salz und Pfeffer würzen.

Für marinierten Spargel den gebratenen Spargel wie in Schritt 1 und 2 beschrieben vorbereiten. In eine Schüssel geben und mit etwas Olivenöl und Zitronensaft mischen und mit Salz und Pfeffer würzen. Zum Schluss 1 EL frisch geschnittene Petersilienblätter darüberstreuen.

Schwarzwurzel-Rosenkohl-Gemüse

400 g Rosenkohl · Salz
400 g Schwarzwurzeln
50 ml Gemüsebrühe
1 EL Butter
Pfeffer aus der Mühle
frisch geriebene Muskatnuss
1 EL Petersilienblätter (frisch geschnitten)

Für 4 Personen

1 Den Rosenkohl putzen, in einzelne Blätter teilen, den Strunk dabei entfernen. Rosenkohlblätter waschen und in Salzwasser 2 bis 3 Minuten blanchieren. In ein Sieb abgießen, kalt abschrecken und abtropfen lassen.

2 Die Schwarzwurzeln unter fließendem kaltem Wasser gründlich bürsten, schälen und schräg in Scheiben schneiden. In einem Topf in Salzwasser 3 bis 4 Minuten blanchieren. In ein Sieb abgießen, kalt abschrecken und abtropfen lassen.

3 Beide Gemüsesorten mit der Brühe in einen Topf geben und erhitzen. Die Butter hinzufügen und das Schwarzwurzel-Rosenkohl-Gemüse mit Salz, Pfeffer, 1 Prise Muskatnuss und der Petersilie würzen.

Alfons Schuhbeck

»Sehr gut passen in dieses Wintergemüse noch gekochte Maronen. Ich serviere es zu Wild, Ente oder Gans.«

Rahmwirsing

1 Kopf Wirsing
Salz
200 g Sahne
30 g kalte Butter
Cayennepfeffer
frisch geriebene Muskatnuss

Für 4 Personen

1 Den Wirsing putzen, in einzelne Blätter teilen, diese halbieren und dabei die Blattrippe entfernen. Die Blätter waschen und in Salzwasser einige Minuten bissfest blanchieren. In ein Sieb abgießen, kalt abschrecken und abtropfen lassen. Das überschüssige Wasser mit den Händen aus den Blättern drücken. Die Blätter in Rauten schneiden.

2 Den Wirsing mit der Sahne in einer Pfanne erhitzen. Die Butter unterrühren und zerlassen und den Rahmwirsing mit Salz und je 1 Prise Cayennepfeffer und Muskatnuss abschmecken. Nach Belieben mit grob gehackten Walnusskernen bestreuen.

Für Meerrettichwirsing den Rahmwirsing wie oben beschrieben zubereiten und 2 bis 3 EL Sahnemeerrettich (aus dem Glas) unterrühren.

Meerrettich-Grünkohl-Wirsing

500 g Grünkohl
500 g Wirsing · Salz
80 ml Gemüsebrühe
120 g Sahne
1 EL Sahnemeerrettich (aus dem Glas)
Cayennepfeffer
frisch geriebene Muskatnuss
1 Msp. abgeriebene unbehandelte Orangenschale

Für 4 Personen

1 Den Grünkohl von den harten Stielen zupfen und die Blätter in kleine Stücke zerteilen. Den Wirsing putzen, in einzelne Blätter teilen und die Blattrippen entfernen. Beide Kohlsorten waschen.

2 Den Grünkohl in einem Topf in Salzwasser etwa 4 Minuten bissfest blanchieren. In ein Sieb abgießen, kalt abschrecken und abtropfen lassen. Den Wirsing in Salzwasser etwa 10 Minuten kochen. In ein Sieb abgießen, kalt abschrecken und abtropfen lassen. Aus beiden Kohlsorten das überschüssige Wasser ausdrücken. Die Wirsingblätter in etwa 2 cm große Stücke schneiden.

3 Grünkohl und Wirsing mit der Brühe und der Sahne in einem Topf erhitzen. Den Sahnemeerrettich hinzufügen und den Meerrettich-Grünkohl-Wirsing mit Salz, etwas Cayennepfeffer und Muskatnuss und der Orangenschale würzen.

Rettich-Spinat-Gemüse mit roten Linsen

500 g weißer Rettich · Salz
300 g Blattspinat
50 g rote Linsen
1/2 TL Puderzucker
125 ml Gemüsebrühe
1/2 TL scharfer Senf
3 EL Butter
Cayennepfeffer
frisch geriebene Muskatnuss

Für 4 Personen

1 Den Rettich putzen, schälen, längs vierteln und in 1/2 cm dicke Scheiben schneiden. In Salzwasser 4 bis 5 Minuten blanchieren. In ein Sieb abgießen, kalt abschrecken und abtropfen lassen.

2 Den Spinat verlesen, waschen und abtropfen lassen, grobe Stiele entfernen. Die Linsen in Salzwasser etwa 5 Minuten weich kochen, in ein Sieb abgießen, kalt abschrecken und abtropfen lassen.

3 Den Puderzucker in einem kleinen Topf hell karamellisieren lassen. Die Rettichscheiben dazugeben, die Brühe angießen und alles erhitzen. Die Spinatblätter hinzufügen und wenige Minuten schmoren lassen, dann die Linsen untermischen.

4 Das Rettich-Spinat-Gemüse durch ein Sieb gießen, dabei den Sud auffangen. Den Senf und die Butter mit dem Stabmixer unter den Sud mixen. Das Gemüse wieder dazugeben und mit Salz und je 1 Prise Cayennepfeffer und Muskatnuss abschmecken.

Rahmspinat

2 mittelgroße, mehlig kochende Kartoffeln (160 g) · Salz
800 g Blattspinat
250 g Sahne
2 EL Butter
2 EL braune Butter (siehe Seite 46)
frisch geriebene Muskatnuss
Cayennepfeffer

Für 4 Personen

1 Die Kartoffel schälen, waschen und in 1/2 cm große Würfel schneiden. Die Kartoffelwürfel in Salzwasser in 10 bis 15 Minuten weich köcheln und in ein Sieb abgießen.

2 Den Spinat verlesen, waschen und abtropfen lassen, grobe Stiele entfernen. Die Spinatblätter in Salzwasser etwa 3 Minuten blanchieren, in ein Sieb abgießen und kalt abschrecken. Den Spinat abtropfen lassen und mit den Händen das überschüssige Wasser ausdrücken. Die Spinatblätter etwas zerkleinern.

3 Die Sahne in einem Topf erhitzen. Mit den Kartoffelwürfeln, dem Spinat und der Butter im Küchenmixer pürieren. Wieder in den Topf geben und den Spinat bei milder Hitze erwärmen. Die braune Butter unterrühren und den Rahmspinat mit Salz, Muskatnuss und 1 Prise Cayennepfeffer abschmecken.

Alfons Schubbeck

»Rahmspinat passt zu Spiegelei oder pochiertem Ei. Je nach Jahreszeit hoble ich beim Anrichten noch etwas weißen Trüffel darüber.«

BLATTSPINAT-VARIATIONEN

500 g Wurzelspinat · Salz
50 ml Gemüsebrühe
1 Scheibe Knoblauch
1 EL Butter
1 EL braune Butter (siehe Seite 46)
Cayennepfeffer
frisch geriebene Muskatnuss

Für 4 Personen

1 Den Spinat verlesen, waschen und abtropfen lassen, grobe Stiele entfernen. Spinatblätter in kochendem Salzwasser 1 Minute blanchieren. In ein Sieb abgießen, kalt abschrecken und abtropfen lassen. Mit den Händen das überschüssige Wasser ausdrücken.

2 Den Spinat und die Brühe in eine Pfanne geben und darin erhitzen. Den Knoblauch dazugeben, die Butter und die braune Butter hinzufügen und zerlassen. Den Blattspinat mit Salz, 1 Prise Cayennepfeffer und Muskatnuss würzen, den Knoblauch wieder entfernen.

Für Limettenspinat den Blattspinat wie oben beschrieben zubereiten. Am Ende der Garzeit die abgeriebene Schale von 1 unbehandelten Limette unter den Spinat rühren.

Für Kräuterspinat den Blattspinat wie in Schritt 1 beschrieben vorbereiten. 1 Bund Petersilie waschen und trocken schütteln. Die Blätter von den Stielen zupfen und in Salzwasser 2 Minuten blanchieren. In ein Sieb abgießen, kalt abschrecken und abtropfen lassen. Mit den Händen das überschüssige Wasser ausdrücken. Je 1 Hand voll Kerbel, Basilikum, Bärlauch, Dill und Estragon waschen, trocken schütteln und klein schneiden. Alle Kräuter mit dem blanchierten Spinat wie in Schritt 2 beschrieben würzen und erhitzen. Gegebenenfalls 1 bis 2 EL Gemüsebrühe hinzufügen.

Für Brennnesselspinat den Blattspinat wie oben beschrieben vorbereiten. 100 g junge Brennnesselblätter waschen und trocken schütteln. Brennnesseln in Salzwasser 1 Minute blanchieren, in ein Sieb abgießen, kalt abschrecken, abtropfen lassen und mit den Händen das überschüssige Wasser ausdrücken. Brennnesselblätter klein schneiden und mit dem blanchierten Spinat wie in Schritt 2 beschrieben erhitzen.

Für Mandelspinat den Blattspinat wie oben beschrieben zubereiten. 1 bis 2 EL Mandelblättchen in einer beschichteten Pfanne ohne Fett anrösten. Den fertigen Spinat mit den Mandelblättchen bestreuen.

Für Peperonispinat 2 rote türkische Peperoni (ersatzweise 1 rote Spitzpaprika) längs halbieren, entkernen, waschen und in 1 cm breite Stücke schneiden. In 100 ml Gemüsebrühe etwa 5 Minuten weich dünsten. Den Peperonispinat mit allen Zutaten (bis auf die 50 ml Brühe) wie oben beschrieben zubereiten.

Alfons Schuhbeck

»Spinat lässt sich mit vielen anderen Gemüsesorten kombinieren, etwa mit blanchierten grünen Bohnen, gekochten Artischockenherzen, Cocktailtomaten, gehäuteten Tomatenfilets oder blanchiertem Kohlrabi.«

BEILAGEN

Eine runde Sache

Ein Schweinebraten ohne Knödel? Undenkbar für echte Bayern. Ob der Knödel allerdings aus Semmeln, Brezen oder Kartoffeln besteht, ist reine Geschmackssache. Das Gleiche gilt für Püree, Rösti, Spätzle oder Topfennudeln – sie alle sind ideale Begleiter für Hauptsachen mit Fisch und Fleisch.

KARTOFFELKNÖDEL HALB UND HALB

Für die Füllung:

1 1/2 Scheiben Toastbrot
1–2 EL Butter
1 TL Petersilienblätter (frisch geschnitten)

Für die Knödel:

1 kg mehlig kochende Kartoffeln
Salz
1/2 TL Kümmelsamen
2 Eigelb
1 schwach geh. EL Speisestärke (12–15 g)

Für 6 Stück

1 Für die Füllung das Toastbrot in kleine Würfel schneiden. Die Butter in einer Pfanne zerlassen und die Toastwürfel darin bei milder Hitze goldbraun rösten. Auf Küchenpapier abtropfen lassen und in einer Schüssel mit der Petersilie vermischen.

2 Für die Knödel 300 g Kartoffeln waschen und in reichlich Salzwasser mit dem Kümmel weich kochen. Die Kartoffeln abgießen, möglichst heiß pellen und durch die Kartoffelpresse drücken.

3 Inzwischen die restlichen Kartoffeln waschen, schälen und auf der Gemüsereibe fein reiben. Die Kartoffelraspel auf ein Küchentuch geben, zusammendrehen und das überschüssige Wasser fest ausdrücken, dabei das Kartoffelwasser auffangen. Das Kartoffelwasser 10 Minuten stehen lassen, dabei setzt sich die Stärke am Boden ab. Das Wasser vorsichtig abgießen und die Stärke mit den Kartoffelraspeln in eine Schüssel geben. Die durchgepressten Kartoffeln, die Eigelbe und die Speisestärke hinzufügen, mit Salz würzen und alles zu einem glatten Knödelteig vermischen.

4 Den Knödelteig mit angefeuchteten Händen zu 6 Knödeln formen, etwas flachdrücken, mit den gerösteten Toastwürfeln füllen und die Knödel rund und glatt formen. Die Kartoffelknödel in einem Topf in siedendem Salzwasser 20 Minuten mehr ziehen als kochen lassen.

Alfons Schuhbeck

»Mehlig kochende Kartoffeln sind der Garant für diese Knödel. Am schönsten werden die Knödel, wenn Sie den fertigen Knödelteig sofort verarbeiten. Ist der Teig etwas zu weich, flocken die Knödel oft aus. Um das zu verhindern, rührt man einfach etwas Speisestärke in wenig kaltem Wasser glatt und gibt die Mischung in das Kochwasser.«

Gekochte Kartoffelknödel

Für die Füllung:

2 Scheiben Toastbrot
1–2 EL Butter
1 TL Petersilienblätter (frisch geschnitten)

Für die Knödel:

1,2 kg mehlig kochende Kartoffeln
Salz · 1 TL Kümmelsamen
100 g Speisestärke
2 Eigelb
3 EL braune Butter (siehe Seite 46)
frisch geriebene Muskatnuss

Für 8 Stück

1 Für die Füllung das Toastbrot in kleine Würfel schneiden. Die Toastwürfel in einer Pfanne in der Butter bei milder Hitze goldbraun rösten. Auf Küchenpapier abtropfen lassen und mit der Petersilie mischen.

2 Für die Knödel die Kartoffeln waschen und in reichlich Salzwasser mit dem Kümmel weich kochen. Die Kartoffeln abgießen, möglichst heiß pellen und durch die Kartoffelpresse drücken.

3 Von den durchgepressten Kartoffeln 1 kg abwiegen und mit der Speisestärke, den Eigelben, der braunen Butter, Salz und etwas Muskatnuss zu einem glatten Knödelteig verarbeiten.

4 Aus dem Knödelteig mit angefeuchteten Händen 8 Knödel formen, etwas flachdrücken, mit den gerösteten Toastwürfeln füllen und zu glatten Knödeln formen. Die Knödel in einem Topf in siedendem Salzwasser 20 Minuten gar ziehen lassen. Mit dem Schaumlöffel herausheben.

Alfons Schuhbeck

»Etwas deftiger werden die Knödel mit ein paar Schinken- oder Speckwürfeln in der Füllung. Wenn Sie die Kartoffelknödel ohne Füllung zubereiten, können Sie beim Anrichten etwas Bröselbutter darüber träufeln. Dafür 100 g Butter zerlassen und 50 g Weißbrotbrösel darin goldbraun rösten.«

Gebackene Kartoffelknödel

650 g mehlig kochende Kartoffeln
Salz · 1/2 TL Kümmelsamen
75 g Crème fraîche
3 EL braune Butter (siehe Seite 46)
130 g doppelgriffiges Mehl (Wiener Grießler)
frisch geriebene Muskatnuss
2 Eier
Pfeffer aus der Mühle
100 g Weißbrotbrösel
2 l Öl zum Frittieren

Für 12 Stück

1 Die Kartoffeln waschen und in reichlich Salzwasser mit dem Kümmel weich kochen. Die Kartoffeln abgießen, möglichst heiß pellen und durch die Kartoffelpresse drücken.

2 Von den durchgepressten Kartoffeln 500 g abwiegen und mit der Crème fraîche, der braunen Butter, 50 g Mehl, etwas Salz und Muskatnuss zu einem glatten Knödelteig verarbeiten.

3 Die Eier in einem tiefen Teller verquirlen und mit Salz, Pfeffer und Muskatnuss würzen. Die Weißbrotbrösel und das restliche Mehl ebenfalls jeweils in einen tiefen Teller geben.

4 Das Öl in einem Topf oder einer Fritteuse auf 160 °C erhitzen. Aus dem Knödelteig mit angefeuchteten Händen 12 Knödel formen. Die Knödel nacheinander zuerst im Mehl, dann in den Eiern und zuletzt in den Weißbrotbröseln wenden. Die Kartoffelknödel im heißen Fett etwa 8 Minuten goldbraun backen. Mit dem Schaumlöffel herausheben und auf Küchenpapier abtropfen lassen.

Gemischte Knödel

500 g mehlig kochende Kartoffeln
Salz · 1 TL Kümmelsamen
2 Brötchen vom Vortag (ca. 80 g)
70 ml Milch
50 g Speisestärke
50 g doppelgriffiges Mehl (Wiener Grießler)
50 g Hartweizengrieß
2 Eier
4 EL braune Butter (siehe Seite 46)
Pfeffer aus der Mühle
frisch geriebene Muskatnuss

Für 8 Stück

1 Die Kartoffeln waschen und in reichlich Salzwasser mit dem Kümmel weich kochen. Die Kartoffeln abgießen, möglichst heiß pellen und durch die Kartoffelpresse auf einen großen Teller oder eine Platte drücken. Die durchgepressten Kartoffeln ausbreiten, ausdampfen lassen und zugedeckt im Kühlschrank mehrere Stunden auskühlen lassen.

2 Die Brötchen in möglichst dünne Scheiben schneiden und in eine Schüssel geben. Die Milch in einem kleinen Topf aufkochen lassen, über die Semmelscheiben gießen und zugedeckt 5 Minuten ziehen lassen.

3 Die durchgepressten Kartoffeln mit den eingeweichten Brötchenscheiben, Speisestärke, Mehl, Grieß, Eiern, brauner Butter, 1 Prise Salz, Pfeffer und Muskatnuss zu einem glatten Knödelteig verarbeiten.

4 Aus dem Knödelteig mit angefeuchteten Händen 8 Knödel formen und in einem Topf in siedendem Salzwasser etwa 20 Minuten ziehen lassen.

SEMMELKNÖDEL

300 g Brötchen (Semmeln) oder Weißbrot (beides vom Vortag)
250 ml Milch
3 Eier
Salz · Pfeffer aus der Mühle
frisch geriebene Muskatnuss
1 EL Petersilienblätter (frisch geschnitten)

Für 8 Stück

1 Die Brötchen oder das Weißbrot in sehr dünne Scheiben schneiden. Die Milch aufkochen und vom Herd nehmen. Die Eier verquirlen, mit der Milch verrühren und mit Salz, Pfeffer und 1 Prise Muskatnuss würzen. Die Eiermilch über die Brotscheiben gießen, die Petersilie hinzufügen und alles mit den Händen zu einer kompakten Masse verkneten. Zugedeckt 20 Minuten ziehen lassen.

2 Aus der Brotmasse mit angefeuchteten Händen 8 Knödel formen. In einem großen Topf reichlich Salzwasser aufkochen und die Knödel darin knapp unter dem Siedepunkt 15 bis 20 Minuten ziehen lassen.

Für Speckknödel unter den Knödelteig ausgelassene Speckwürfel (das ausgebratene Fett abgießen) und angedünstete Zwiebelwürfel mischen.

Für Kräuterknödel 3 bis 5 EL frisch geschnittene Kräuter zur Knödelmasse geben.

BREZENKNÖDEL

250 g weiche Laugenstangen (Brezenstangen; vom Vortag)
250 ml Milch
2 Eier
Salz · Pfeffer aus der Mühle
frisch geriebene Muskatnuss
1/2 Zwiebel
1 EL Öl
1 EL Petersilienblätter (frisch geschnitten)

Für 8 Personen

1 Das Salz von den Laugenstangen entfernen. Die Stangen in 1/2 bis 1 cm große Würfel schneiden. Die Milch aufkochen und vom Herd nehmen. Die Eier verquirlen und nach und nach mit der Milch verrühren. Die Eiermilch mit Salz, Pfeffer und 1 Prise Muskatnuss würzen. Die Laugenwürfel vorsichtig untermischen, dabei nicht zerdrücken.

2 Die Zwiebel schälen und in kleine Würfel schneiden. Das Öl in einer Pfanne erhitzen und die Zwiebelwürfel darin bei milder Hitze glasig dünsten. Die Zwiebel mit der Petersilie unter die Knödelmasse mischen.

3 Zwei Bogen Alufolie nebeneinander auf der Arbeitsfläche ausbreiten und jeweils mit Frischhaltefolie belegen. Mit angefeuchteten Händen jeweils die Hälfte der Knödelmasse auf die Folien geben und zu länglichen Rollen von etwa 5 cm Durchmesser formen. Die Rollen zuerst in die Frischhaltefolie, dann in die Alufolie wickeln. Die Enden der Alufolie etwas andrücken, dann eindrehen, sodass eine feste, gleichmäßige Rolle entsteht.

4 Die Knödelrollen in einem großen Topf in leicht siedendem Wasser etwa 30 Minuten garen. Die Rollen mit dem Schaumlöffel herausheben, aus der Folie wickeln und noch heiß in Scheiben schneiden.

SCHWARZBROTKNÖDEL

1/2 Zwiebel
1 EL Öl
250 g Bauernbrot (Roggenbrot)
200 ml Milch
2 Eier
Salz · Pfeffer aus der Mühle
frisch geriebene Muskatnuss
gemahlener Koriander
gemahlener Kümmel

Für 8 Personen

1 Die Zwiebel schälen und in kleine Würfel schneiden. Das Öl in einer Pfanne erhitzen und die Zwiebelwürfel darin bei milder Hitze glasig dünsten. Das Brot in 1/2 cm große Würfel schneiden und in einer Schüssel mit den Zwiebelwürfeln vermischen.

2 Die Milch in einem Topf aufkochen und vom Herd nehmen. Die Eier verquirlen, mit der Milch verrühren und mit Salz, Pfeffer, Muskatnuss, Koriander und Kümmel würzen. Die Eiermilch über die Brotwürfel gießen und zugedeckt 5 Minuten ziehen lassen.

3 Zwei Bogen Alufolie nebeneinander auf der Arbeitsfläche ausbreiten und jeweils mit Frischhaltefolie belegen. Mit angefeuchteten Händen je die Hälfte der Knödelmasse auf die Folien geben und zu länglichen Rollen von etwa 5 cm Durchmesser formen. Die Rollen zuerst in die Frischhaltefolie, dann in die Alufolie wickeln. Die Enden der Alufolie etwas andrücken, dann eindrehen, sodass eine feste, gleichmäßige Rolle entsteht.

4 In einem großen Topf reichlich Wasser aufkochen und die Knödelrollen im leicht siedenden Wasser etwa 30 Minuten garen. Die Rollen mit einem Schaumlöffel herausheben, aus der Folie wickeln und noch heiß in Scheiben schneiden.

Alfons Schuhbeck

»Ich variiere den Knödelteig nach Belieben mit grob gehackten Walnüssen, klein geschnittenen getrockneten Aprikosen oder Dörrpflaumen. Für einen kräftigeren Brotgeschmack können Sie noch 1/2 TL gemahlenes Brotgewürz in den Knödelteig geben. Es besteht aus gemahlenem Kümmel, Koriander und Gewürzfenchel, die zu gleichen Teilen gemischt werden. Anis-Fans geben noch einen Teil gemahlenen Anis hinzu. Ich verwende zum Einwickeln der Knödel stets starke Alufolie, sie reißt beim Eindrehen der Enden nicht so leicht ein.«

Böhmische Serviettenknödel

5 Scheiben Toastbrot
80 g Butter
250 g Mehl
Salz
Zucker
frisch geriebene Muskatnuss
20 g Hefe
175 ml lauwarme Milch
1 Ei
1 Eigelb
flüssige Butter zum Bestreichen
Mehl zum Formen

Für 8 Personen

1 Das Toastbrot in kleine Würfel schneiden. Die Toastbrotwürfel mit der Butter in einer Pfanne bei milder Hitze goldbraun rösten und auf Küchenpapier abtropfen lassen.

2 Das Mehl mit 1/2 TL Salz, 1 Prise Zucker und etwas Muskatnuss in einer Schüssel vermischen. Die Hefe mit den Fingern zerbröckeln und in der lauwarmen Milch auflösen. Die Hefemischung mit dem Ei und dem Eigelb unter das Mehl rühren und alles mit dem Knethaken des Handrührgeräts zu einem glatten Teig verkneten. Die gerösteten Brotwürfel untermischen und den Teig zugedeckt an einem warmen Ort etwa 20 Minuten gehen lassen.

3 Drei Stoffservietten mit Wasser leicht anfeuchten und mit Butter gut bestreichen. Den Teig mit etwas Mehl zu drei Rollen von etwa 10 cm Länge formen. Die Teigrollen jeweils auf eine Serviette legen und die Serviettenenden locker darüberschlagen. Den Teig erneut 25 Minuten gehen lassen.

4 In einem breiten oder länglichen, flachen Topf reichlich Salzwasser zum Kochen bringen. Die Teigrollen nicht allzu fest in die Serviette wickeln, sodass der Teig beim Garen noch etwas aufgehen kann. Die Serviettenenden mit Küchengarn locker zubinden. Die Serviettenknödel in den Topf geben und im sanft siedenden Wasser etwa 35 Minuten garen, dabei gelegentlich wenden.

5 Die Knödelrollen mit einem Schaumlöffel herausheben und gut abtropfen lassen. Aus der Serviette rollen und mit einem scharfen Messer in Scheiben schneiden.

Alfons Schuhbeck

»Dieser Knödel ist besonders saugfähig und deshalb ideal zu saucenreichen Gerichten. Traditionell wird er mit einem über Kreuz gelegten Faden in Scheiben geschnitten.«

Griessknödel

Für die Grießknödel:

125 g Hartweizengrieß
500 ml Milch
120 g Butter
Salz
½ Knoblauchzehe
1 kleines Lorbeerblatt
1 Streifen unbehandelte Zitronenschale
Cayennepfeffer
2 Eier

Für den Kochsud:

1 kleine Zwiebel
1 Lorbeerblatt
2 Gewürznelken
Salz
1 mittelscharfe Chilischote
1 Knoblauchzehe

Für 12 Stück

1 Für die Grießknödel den Grieß in einer Pfanne ohne Fett bei milder Hitze anrösten, sodass er leicht zu duften beginnt. Aus der Pfanne nehmen und abkühlen lassen.

2 Die Milch mit der Butter, etwas Salz, dem Knoblauch, dem Lorbeerblatt, der Zitronenschale und 1 Prise Cayennepfeffer aufkochen. Den Grieß unter Rühren einrieseln lassen und die Masse bei mittlerer Hitze so lange rühren, bis sie sich vom Topfboden löst.

3 Die Grießmasse in eine Schüssel geben, dabei Knoblauch, Lorbeerblatt und Zitronenschale entfernen. Nach und nach die Eier unter die Grießmasse rühren. Die Masse auf Zimmertemperatur abkühlen lassen, dabei gelegentlich umrühren, sodass eine glatte Knödelmasse entsteht. Gegebenenfalls noch etwas nachwürzen. Aus dem glatten Teig mit angefeuchteten Händen Knödel von etwa 5 cm Durchmesser formen.

4 Für den Kochsud die Zwiebel schälen und das Lorbeerblatt mit den Gewürznelken darauf feststecken. Reichlich Salzwasser mit der gespickten Zwiebel in einen großen Topf geben und erhitzen. Die Chilischote und den ungeschälten Knoblauch dazugeben. Die Knödel in den Kochsud geben und knapp unter dem Siedepunkt etwa 15 Minuten gar ziehen lassen.

Alfons Schuhbeck

»Grieß wird bei milder Hitze nur ganz hell geröstet, so entwickelt er einen milden und fast nussigen Geschmack. Lassen Sie ihn anschließend wirklich ganz abkühlen, damit er beim Kochen nicht klumpt. Grießknödel nehmen beim Garen noch Flüssigkeit auf, weshalb der Kochsud kräftig gewürzt sein sollte – so gewinnen die Knödel an Geschmack und laugen nicht aus. Das gilt auch für andere Knödel, die direkt in Flüssigkeit und nicht in Folie gegart werden; zumindest sollte das Wasser immer leicht gesalzen werden.«

Polentapüree

500 ml Gemüsebrühe
500 ml Milch
1 kleines Lorbeerblatt
125 g Instant-Polenta (Maisgrieß)
4 EL braune Butter (siehe Seite 46)
Salz
frisch geriebene Muskatnuss

Für 4 Personen

1 Die Brühe mit der Milch und dem Lorbeerblatt in einen Topf geben und aufkochen lassen. Die Instant-Polenta einrieseln lassen und unter ständigem Rühren 5 bis 10 Minuten köcheln lassen.

2 Die braune Butter unterrühren und die Polenta mit Salz und Muskatnuss abschmecken.

Für Polenta-Mandel-Püree 2 bis 3 EL Mandelblättchen in einer beschichteten Pfanne ohne Fett anrösten und am Ende der Garzeit in die Polenta rühren.

Für Paprikapolenta 4 gelbe Paprikaschoten längs halbieren, entkernen und waschen. In kochendem Salzwasser 3 Minuten blanchieren, in ein Sieb abgießen, kalt abschrecken und abtropfen lassen. Die Paprikaschoten häuten und im Küchenmixer pürieren. Die Polenta wie oben beschrieben zubereiten, allerdings mit 50 g Polenta zusätzlich. Das Paprikapüree zusammen mit der Butter unter die Polenta rühren.

Gebratene Polentataler

300 ml Gemüsebrühe
300 ml Milch
Salz
250 g Instant-Polenta
3 EL geriebener Parmesan
1 TL Thymianblättchen (fein geschnitten)
2 Eier
Pfeffer aus der Mühle
frisch geriebene Muskatnuss
Öl für das Backblech
2 EL Öl

Für 4 Personen

1 Die Brühe mit Milch und Salz in einem Topf aufkochen lassen. Die Instant-Polenta unter Rühren einrieseln lassen und 10 bis 15 Minuten unter beständigem Rühren knapp unter dem Siedepunkt ziehen lassen, bis ein dicker Brei entstanden ist. Die Polentamasse vom Herd nehmen, den Parmesan, die Thymianblättchen und die Eier unterrühren. Mit Salz, Pfeffer und Muskatnuss abschmecken. Nach Belieben können noch 150 g Maiskörner untergerührt werden.

2 Ein Backblech mit Öl bestreichen und mit Backpapier belegen. Die Polentamasse gut 1 cm hoch darauf glatt streichen und im Kühlschrank auskühlen lassen, dabei nicht zudecken. Mit einem runden Ausstechförmchen oder einem Glas Taler ausstechen. Die Polentamasse kann auch in Rauten von etwa 5 cm Seitenlänge oder in andere Formen geschnitten werden.

3 Das Öl in einer Pfanne erhitzen und die Polentataler darin bei mittlerer Hitze auf beiden Seiten goldbraun anbraten. Mit einem Pfannenwender herausnehmen und auf Küchenpapier abtropfen lassen.

KARTOFFELPÜREE-VARIATIONEN

1 kg mehlig kochende Kartoffeln
Salz
1/2 TL Kümmelsamen
250 ml Milch
1 EL Butter
2 EL braune Butter (siehe Seite 46)
frisch geriebene Muskatnuss

Für 4 Personen

1 Die Kartoffeln waschen und in reichlich Salzwasser mit dem Kümmel weich kochen. Kartoffeln abgießen, möglichst heiß pellen und durch die Kartoffelpresse drücken.

2 Die Milch erhitzen und mit einem Kochlöffel unter die durchgepressten Kartoffeln rühren, die Butter und die braune Butter untermischen. Das Püree mit Salz und Muskatnuss würzen.

Für Kartoffel-Zitronen-Püree die abgeriebene Schale von 1 unbehandelten Zitrone unter das fertige Püree rühren.

Für Kartoffel-Spinat-Püree 100 g jungen Blattspinat verlesen, waschen und abtropfen lassen, grobe Stiele entfernen. Den Spinat unter das fertige Püree rühren.

Für Kartoffel-Apfel-Püree 1 Apfel schälen, vierteln, entkernen und in kleine Würfel schneiden. Die Apfelwürfel und 2 EL Apfelmus unter das fertige Püree rühren.

Für Kartoffel-Birnen-Püree 2 feste reife Birnen schälen, vierteln, entkernen und in kleine Würfel schneiden. Die Birnenwürfel unter das fertige Püree rühren.

Für Kartoffel-Wurzel-Püree 500 g gekochtes Wurzelgemüse pürieren und unter das fertige Kartoffelpüree rühren.

Für Kartoffel-Lauch-Püree 400 g gekochten Lauch pürieren und unter das fertige Kartoffelpüree rühren.

Für Kartoffel-Bärlauch-Püree 50 g Bärlauchblätter waschen, trocken schütteln und in Streifen schneiden. Die Bärlauchstreifen unter das fertige Püree rühren.

Für Kartoffel-Senfkörner-Püree 2 TL Senfkörner in Salzwasser in 20 Minuten weich kochen, in ein Sieb abgießen und unter kaltem Wasser abspülen. 100 g Frühstücksspeck in kleine Würfel schneiden, in 1 bis 2 EL Öl kross anbraten und auf Küchenpapier abtropfen lassen. 2 Endivienblätter waschen, trocken schütteln und in feine Streifen schneiden. Senfkörner, Speckwürfel und Endivienstreifen unter das fertige Püree rühren.

Bröselkartoffeln

800 g festkochende Kartoffeln
Salz
1 Lorbeerblatt
1 getrocknete rote Chilischote
2 EL Öl
100 g Weißbrotbrösel
1 Knoblauchzehe
40 g Butter
1 Rosmarinzweig
Pfeffer aus der Mühle
1 EL Petersilienblätter (frisch geschnitten)

Für 4 Personen

1 Die Kartoffeln schälen, waschen und in etwa 1 1/2 cm große Würfel schneiden. Die Kartoffelwürfel in Salzwasser mit Lorbeerblatt und Chilischote etwa 30 Minuten weich kochen. In ein Sieb abgießen und Lorbeerblatt sowie Chilischote dabei entfernen.

2 Das Öl in einer großen Pfanne erhitzen. Die Kartoffelwürfel darin bei mittlerer Hitze im Öl hell anbraten und die Weißbrotbrösel darüber streuen. Den Knoblauch schälen und halbieren. Die Butter mit dem Rosmarinzweig und Knoblauch dazugeben und die Brösel goldgelb rösten. Rosmarin und Knoblauch wieder entfernen. Die Kartoffeln mit Salz und Pfeffer würzen und mit Petersilie bestreut servieren.

Kartoffelkrapfen

700 g mehlig kochende Kartoffeln
Salz
1/2 TL Kümmelsamen
1–2 EL Butter
50 g Mehl
1 Ei
frisch geriebene Muskatnuss
Fett zum Frittieren

Für 4 Personen

1 Die Kartoffeln in Salzwasser mit dem Kümmel weich kochen, möglichst heiß pellen und durch die Kartoffelpresse drücken.

2 100 ml Wasser mit der Butter und einer Prise Salz in einen Topf geben und aufkochen. Das Mehl hineinrühren und bei mittlerer Hitze etwa 1 Minute weiter rühren, bis am Topfboden ein weißer Teigfilm entsteht. Den Teig in eine Schüssel geben und das Ei unterrühren. 500 g passierte Kartoffeln hinzufügen und untermischen. Den Kartoffelteig mit Salz und Muskat würzen und in einen Spritzbeutel mit Loch- oder Sterntülle füllen.

3 Das Fett in einer Fritteuse oder einem breiten Topf auf 160 bis 170 °C erhitzen. Auf Backpapierbögen (15 bis 20 cm lang) kleine Krapferl von 1 bis 2 cm Durchmesser aufspritzen. Ein Backpapierstück nach dem anderen mit den Krapferln nach unten vorsichtig in das heiße Fett einlegen, das Backpapier dabei an einer Ecke festhalten und nach etwa 10 Sekunden abziehen. Die Kartoffelkrapferl in 1 1/2 bis 2 Minuten goldbraun backen und auf Küchenpapier abtropfen lassen.

Alfons Schubbeck

»Etwas würziger schmecken die Krapfen, wenn Sie unter den Teig zum Schluss noch 30 g fein geriebenen Parmesan mischen.«

KARTOFFELGRATIN

1 EL Butter für die Form
400 g Sahne
1 Knoblauchzehe (geschält und halbiert)
2 Scheiben Ingwer
1 Streifen unbehandelte Zitronenschale
1 Thymianzweig
Salz · Pfeffer aus der Mühle
frisch geriebene Muskatnuss
1 kg mehlig kochende Kartoffeln

Für 4 Personen

1 Den Backofen auf 180 °C vorheizen. Eine ofenfeste Form mit Butter einfetten. Die Sahne in einem Topf aufkochen und vom Herd nehmen. Knoblauch, Ingwer, Zitronenschale und Thymianzweig in die Sahne geben, 5 Minuten darin ziehen lassen und wieder entfernen. Die Sahne mit Salz, Pfeffer und Muskatnuss würzen.

2 Die Kartoffeln schälen, waschen und in 2 mm dicke Scheiben hobeln. Die Kartoffelscheiben mit der Sahne vermischen, in die Form füllen und im Ofen auf der mittleren Schiene etwa 40 Minuten goldbraun backen. Nach Belieben das Gratin vor dem Backen mit 100 g geriebenem Bergkäse bestreuen. Noch würziger wird es mit 1 Prise Oregano.

GEKOCHTE KARTOFFELN

1/2 Zwiebel
1 kleines Lorbeerblatt
2 Gewürznelken
1 kg festkochende Kartoffeln
Salz
1 TL schwarze Pfefferkörner

Für 4 Personen

Die Zwiebel schälen und das Lorbeerblatt mit den Gewürznelken darauf feststecken. Die Kartoffeln waschen, schälen und in reichlich Salzwasser mit der gespickten Zwiebel und dem Pfeffer weich kochen. Die Kartoffeln abgießen und als Beilage zu Fisch- oder Fleischgerichten reichen.

Für Knoblauch-Chili-Kartoffeln 1/2 geschälte Knoblauchzehe, 1 Scheibe Ingwer und 1 kleine getrocknete Chilischote statt der gespickten Zwiebel und den Pfefferkörnern ins Salzwasser geben.

Für Koriander-Kardamom-Kartoffeln 1/2 geschälte Knoblauchzehe, 7 grüne Kardamomkapseln, 1 TL Korianderkörner und 1/2 TL Kurkumapulver statt der gespickten Zwiebel und den Pfefferkörnern ins Salzwasser geben.

Alfons Schuhbeck

»Die gekochten Kartoffeln können Sie nach Belieben noch in 2 bis 3 EL Butter, brauner Butter (siehe Seite 46) oder in mildem Olivenöl wenden. Sehr aromatisch werden die Kartoffeln, wenn Sie sie in Gemüse- oder Geflügelbrühe kochen.«

PELLKARTOFFELN

1 kg kleine festkochende Kartoffeln
(z. B. Nicola oder Sieglinde)
Salz
1 TL Kümmelsamen
1/2 TL schwarze Pfefferkörner

Für 4 Personen

Die Kartoffeln unter fließendem Wasser gründlich abbürsten und in reichlich Salzwasser mit dem Kümmel und dem Pfeffer weich kochen. In ein Sieb abgießen und je nach Weiterverwendung möglichst heiß pellen oder neue Kartoffeln in der Schale belassen.

Für in der Schale gebratene Kartoffeln die ungeschälten Kartoffeln halbieren und in einer Pfanne in 1 EL Öl goldbraun anbraten. Mit Salz, Pfeffer, je 1 Prise gemahlenem Kümmel und getrocknetem Majoran würzen, zum Schluss 1 EL Butter dazugeben und zerlassen.

Für Kräuterkartoffeln die Kartoffeln möglichst heiß pellen und in einer Pfanne in 2 bis 3 EL Butter, brauner Butter oder mildem Olivenöl nochmals kurz erhitzen. Mit Salz, 1 Msp. abgeriebener unbehandelter Zitronenschale und Muskatnuss würzen. 1 EL frisch geschnittene Kräuter (z. B. Petersilie, Dill, Schnittlauch, Bärlauch oder 1 TL Estragon) dazugeben.

Für Pesto-Kartoffeln die Kartoffeln möglichst heiß pellen und in 5 EL Gemüsebrühe nochmals kurz erhitzen. Zum Schluss 1 bis 2 EL Pesto vorsichtig untermischen.

Für Kartoffeln mit Gewürzbutter die Kartoffeln möglichst heiß pellen. In einer Pfanne 2 bis 3 EL Butter bei milder Hitze zerlassen. 1 TL Kardamomkapseln, 1/2 ausgekratzte Vanilleschote, 1/2 Zimtrinde und 1 geschälte und halbierte Knoblauchzehe dazugeben und die Kartoffeln darin erhitzen. Die Gewürze anschließend entfernen.

Alfons Schuhbeck

»Statt die Kartoffeln im Salzwasser zu kochen, können Sie sie auch auf einem Salzbett im Ofen garen. Dafür 1 kg Meersalz auf einem Backblech verteilen, die Kartoffeln darauflegen und im auf 200 °C vorgeheizten Backofen je nach Größe 60 bis 70 Minuten garen.
Bei dieser Garmethode verlieren die Kartoffeln einen Teil ihrer Flüssigkeit und eignen sich deshalb sehr gut für Kartoffelknödel, Gnocchi, Zwetschgenknödel usw.«

BOUILLONKARTOFFELN

500 g kleine festkochende Kartoffeln (z. B. Nicola oder Sieglinde)
2 Karotten
180 g Knollensellerie
1/2 Zwiebel
1 kleines Lorbeerblatt
1 Gewürznelke
350 ml Fleischbrühe
1 Streifen unbehandelte Zitronenschale
Salz
gemahlener Kümmel
1 EL Petersilienblätter (frisch geschnitten)

Für 4 Personen

1 Die Kartoffeln waschen, schälen und längs halbieren. Die Karotten putzen, schälen und schräg in 1/2 cm dicke Scheiben schneiden. Den Knollensellerie schälen, zunächst in 1/2 cm dicke Scheiben und dann in 1 1/2 bis 2 cm große Rauten schneiden. (Nach Wunsch können Karotten und Sellerie auch in 1 cm große Würfel geschnitten werden.) Die Zwiebel schälen und das Lorbeerblatt mit der Gewürznelke darauf feststecken.

2 Die Brühe mit den Kartoffeln, den Karotten, dem Sellerie und der gespickten Zwiebel in einen Topf geben und das Gemüse knapp unter dem Siedepunkt in etwa 20 Minuten weich garen.

3 Die Zitronenschale in die Brühe geben, einige Minuten darin ziehen lassen und zusammen mit der gespickten Zwiebel wieder entfernen. Die Kartoffeln mit Salz und 1 Prise Kümmel würzen. Die Bouillonkartoffeln mit der Petersilie bestreut servieren.

SCHMORKARTOFFELN

1 kg kleine festkochende Kartoffeln (z.B. Nicola oder Sieglinde)
Salz · 1 TL Kümmelsamen
1–2 EL Öl
1 Knoblauchzehe
180 ml braune Sauce (siehe Seite 234)
Pfeffer aus der Mühle
getrockneter Majoran
1 EL Petersilienblätter (frisch geschnitten)
1 EL Butter

Für 4 Personen

1 Die Kartoffeln waschen und in reichlich Salzwasser mit dem Kümmel weich kochen. Kartoffeln abgießen, möglichst heiß pellen und vierteln.

2 Das Öl in einer Pfanne erhitzen und die Kartoffeln darin bei mittlerer Hitze rundherum goldbraun anbraten. Den Knoblauch schälen, halbieren und mit der Kalbssauce dazugeben. Die Sauce einige Minuten einköcheln lassen, bis die Sauce leicht bindet.

3 Den Knoblauch herausnehmen und die Kartoffeln mit Salz, Pfeffer und 1 Prise Majoran würzen. Die Petersilie und die Butter unterrühren. Die Schmorkartoffeln passen gut zu Lamm-, Kalbs- oder Schweinebraten.

Alfons Schuhbeck

»Anstatt in Kalbssauce können Sie die Kartoffeln auch in anderen dunklen Fleisch- oder Bratensaucen schmoren.«

KROKETTEN

650 g mehlig kochende Kartoffeln
Salz
1/2 TL Kümmelsamen
2 Eigelb
1 EL Speisestärke
frisch geriebene Muskatnuss
Mehl für die Arbeitsfläche
2 Eier
100 g doppelgriffiges Mehl (Wiener Grießler)
100 g Weißbrotbrösel
Frittierfett zum Ausbacken

Für ca. 20 Stück

1 Die Kartoffeln waschen und in reichlich Salzwasser mit dem Kümmel weich kochen. Kartoffeln abgießen, möglichst heiß pellen und durch die Kartoffelpresse drücken.

2 Von den durchgepressten Kartoffeln 500 g abwiegen und noch heiß mit den Eigelben und der Speisestärke zu einem glatten Teig verarbeiten. Kartoffelteig mit Salz und Muskat würzen und in einen Spritzbeutel mit Lochtülle (1 1/2 cm Durchmesser) füllen. Den Kartoffelteig in gleichmäßigen Strängen auf die leicht bemehlte Arbeitsfläche spritzen.

3 Die Eier in einem tiefen Teller verquirlen. Das Mehl und die Weißbrotbrösel ebenfalls jeweils in tiefe Teller geben. Die Teigstränge in 4 cm lange Stücke teilen und diese zuerst im Mehl, dann im verquirlten Ei und zuletzt in den Weißbrotbröseln wenden.

4 Das Frittierfett in einem großen Topf oder in der Fritteuse auf 170 °C erhitzen. Die Kroketten darin einige Minuten goldbraun backen. Mit dem Schaumlöffel herausheben und auf Küchenpapier abtropfen lassen.

Für Kartoffelpflanzerl 100 g gekochten Hinterschinken in kleine Würfel schneiden. 1 kleine Zwiebel schälen und ebenfalls in kleine Würfel schneiden. 1 EL Öl in einer Pfanne erhitzen und die Zwiebelwürfel darin glasig andünsten. Den Kartoffelteig wie oben beschrieben (Schritt 1 und 2) zubereiten. Die Zwiebelwürfel, die Schinkenwürfel, 1 EL Crème fraîche, 1 Prise getrockneten Majoran und 1 EL frisch geschnittene Petersilienblätter unter den Kartoffelteig mischen. Auf der bemehlten Arbeitsfläche etwa 4 cm dicke Rollen formen, in 1 bis 2 cm dicke Scheiben schneiden und mit den Händen zu Küchlein formen. In einer Pfanne die Kartoffelpflanzerl im restlichen Öl bei mittlerer Hitze auf beiden Seiten goldbraun braten und auf Küchenpapier abtropfen lassen.

Alfons Schuhbeck

»Für gebackene Williamskartoffeln forme ich die Krokettenmasse mit bemehlten Händen zu kleinen Birnen und stecke als Stiele feine Selleriestäbchen hinein. Danach wie oben beschrieben panieren und backen.«

REIBERDATSCHI

500 g vorwiegend festkochende Kartoffeln
2 Eigelb
Salz · Pfeffer aus der Mühle
frisch geriebene Muskatnuss
2 EL Öl

Für 8–10 Stück

1 Die Kartoffeln waschen, schälen und auf der Gemüsereibe in feine Streifen raspeln. Die Kartoffelstreifen mit den Händen gut ausdrücken. Die Eigelbe unter die Kartoffeln mischen und die Masse mit Salz, Pfeffer und Muskatnuss würzen.

2 Etwas Öl in einer Pfanne erhitzen. Mit einem Löffel etwas Kartoffelmasse in die Pfanne geben und zu Küchlein von 6 bis 7 cm Durchmesser flachdrücken. Die Unterseite der Küchlein etwa 2 Minuten goldbraun braten, wenden und die zweite Seite ebenfalls etwa 2 Minuten braten. Die Reiberdatschi herausnehmen und auf Küchenpapier abtropfen lassen. Den gesamten Teig auf diese Weise verarbeiten.

Für Reiberdatschi mit Speck und Birnen 100 g Speck in möglichst kleine Würfel schneiden, in einer Pfanne bei milder Hitze in 1 bis 2 TL Öl kross braten und auf Küchenpapier abtropfen lassen. Eine Birne schälen, vierteln, das Kerngehäuse entfernen und in möglichst kleine Würfel schneiden. Birne und Speck mit der Reiberdatschimasse vermischen und wie oben beschrieben fertig stellen.

Für Reiberdatschi mit Lauch 100 g Lauch (am besten das helle Grün) in kleine Würfel schneiden und mit der Reiberdatschimasse mischen. Wie oben beschrieben fertig stellen.

Alfons Schuhbeck

»Reiberdatschi sind mit Apfelmus oder Schnittlauchsauce ein eigenständiges Gericht, passen aber auch ausgezeichnet zu Matjesfilets (siehe Seite 55).
Für fruchtige Reiberdatschi schneiden Sie 1 geschälte Birne in möglichst kleine Würfel und mischen sie mit den geriebenen Kartoffeln. Statt Birne eignet sich auch Apfel oder Quitte dafür.«

RÖSTI-VARIATIONEN

500 g festkochende Kartoffeln
Salz · Pfeffer aus der Mühle
frisch geriebene Muskatnuss
1–2 EL Öl

Für 4 Personen

1 Die Kartoffeln waschen, schälen und auf der Gemüsereibe in feine Streifen raspeln. Die Kartoffelstreifen mit etwas Salz, Pfeffer und Muskatnuss würzen und einige Minuten ziehen lassen. Das austretende Wasser mit den Händen gut ausdrücken.

2 Das Öl in einer Pfanne erhitzen. Die Kartoffelstreifen hineingeben, gleichmäßig etwa 1/2 cm dick verteilen und etwas andrücken. Das Rösti bei mittlerer Hitze etwa 4 Minuten goldbraun anbraten. Zum Wenden das Rösti aus der Pfanne auf einen Teller gleiten lassen, die umgedrehte Pfanne darüberlegen und das Rösti wieder in die Pfanne stürzen. Etwas Öl hinzufügen und die andere Seite ebenfalls langsam goldbraun braten. Das Rösti herausnehmen und auf Küchenpapier abtropfen lassen.

Für Gemüserösti wahlweise 100 g Lauch, 1 kleine Karotte, 100 g Fenchel, 100 g Knollensellerie oder 100 g Zucchini putzen, waschen und in feine Streifen raspeln. Die Gemüsestreifen mit den Kartoffelstreifen vermischen und wie oben beschrieben würzen und braten.

Für Birnen- oder Apfelrösti 1 Birne oder 1 Apfel schälen, vierteln, Kerngehäuse entfernen und die Viertel in feine Streifen schneiden oder raspeln. Die Streifen mit den Kartoffelstreifen vermischen und wie oben beschrieben würzen und braten.

Für Sauerkrautrösti 100 g rohes Sauerkraut mit den Kartoffelstreifen vermischen und wie oben beschrieben würzen und braten.

Für Rösti aus gegarten Kartoffeln 300 g festkochende Kartoffeln waschen, in reichlich Salzwasser mit 1 Prise Kümmelsamen etwa 15 Minuten garen, abgießen und kalt abschrecken. Kartoffeln pellen und noch heiß auf der Gemüsereibe in grobe Streifen raspeln, mit Salz, Pfeffer und Muskatnuss würzen. Das Rösti in einer Pfanne in 3 EL Öl auf beiden Seiten knusprig braun braten.

Alfons Schuhbeck

»Wer mag, kann auch kleine Rösti braten: Dafür einfach in die Pfanne kleine Häufchen Kartoffelstreifen geben und mit dem Löffel flachdrücken.
Die Kartoffeln sollten Sie nach dem Reiben gleich weiterverarbeiten, damit sie ihre schöne gelbe Farbe behalten und nicht braun werden.«

FINGERNUDELN

600 g mehlig kochende Kartoffeln
Salz
1 TL Kümmelsamen
2 EL braune Butter (siehe Seite 46)
2 Eigelb
60 g doppelgriffiges Mehl (Wiener Grießler)
60 g Speisestärke
frisch geriebene Muskatnuss
Mehl für die Arbeitsfläche
1–2 EL Öl
Pfeffer aus der Mühle
2 EL Butter

Für 4 Personen

1 Die Kartoffeln waschen und in reichlich Salzwasser mit dem Kümmel weich kochen. Die Kartoffeln abgießen, möglichst heiß pellen, durch die Kartoffelpresse drücken und etwa 30 Minuten abkühlen lassen.

2 Von den durchgepressten Kartoffeln 500 g abwiegen und mit der braunen Butter und den Eigelben vermischen. Das Mehl mit der Speisestärke mischen, auf die Kartoffelmasse sieben und locker unterkneten. Den Fingernudelteig mit Salz und Muskatnuss würzen.

3 Den Teig dritteln und jedes Teigstück auf der Arbeitsfläche mit etwas Mehl zu Rollen von etwa 1 1/2 cm Durchmesser formen. Die Rollen in etwa 3 cm lange Stücke schneiden und diese mit leicht bemehlten Händen zu etwa 7 cm langen Rollen formen, deren Enden spitz zulaufen.

4 In einem Topf reichlich Salzwasser zum Sieden bringen. Die Fingernudeln hineingeben und wenige Minuten ziehen lassen, bis sie an die Oberfläche steigen. Die Fingernudeln einmal aufkochen lassen, mit einem Schaumlöffel herausnehmen und auf Küchenpapier abtropfen lassen.

5 Das Öl in einer Pfanne erhitzen und die Fingernudeln darin bei mittlerer Hitze rundherum goldbraun anbraten. Mit Salz und Pfeffer würzen, die Butter hinzufügen und die Fingernudeln darin wenden.

Alfons Schuhbeck

»Der fertige Fingernudelteig sollte gleich verarbeitet werden, damit er seine Konsistenz behält und sich gut formen lässt. Wenn Sie die Fingernudeln vorbereiten möchten, breiten Sie die gegarten Nudeln auf einem Backblech aus, mischen sie mit 1 bis 2 EL Öl und lassen sie abkühlen. In einem gut verschlossenen Behälter können Fingernudeln 1 bis 2 Tage im Kühlschrank aufbewahrt werden. Kurz vor dem Servieren braten Sie sie dann einfach wie oben beschrieben an.
Aus dem gleichen Teig können Sie auch Gnocchi herstellen: Dafür die Rollen in 1 bis 1 1/2 cm breite Stücke schneiden, in Salzwasser garen und nicht mehr anbraten.«

TOPFEN-FINGERNUDELN

500 g mehlig kochende Kartoffeln
Salz
1 TL Kümmelsamen
120 g Speisequark (Topfen)
3 EL braune Butter (siehe Seite 46)
1 Eigelb
Pfeffer aus der Mühle
frisch geriebene Muskatnuss
100 g Speisestärke
40 g Hartweizen- oder Weichweizengrieß
Mehl für die Arbeitsfläche
2–3 EL Öl
2 EL Butter

Für 4 Personen

1 Die Kartoffeln waschen und in reichlich Salzwasser mit dem Kümmel weich kochen. Die Kartoffeln abgießen, möglichst heiß pellen, durch die Kartoffelpresse drücken und auf einem Backblech abkühlen lassen. Den Speisequark auf ein nasses Küchentuch geben. Die Tuchecken über dem Quark zusammenfassen und die Flüssigkeit kräftig ausdrücken, sodass 60 bis 70 g Quark übrig bleiben.

2 Von den durchgepressten Kartoffeln 375 g abwiegen, mit der braunen Butter, dem Eigelb und dem Quark vermischen. Mit Salz, Pfeffer und Muskatnuss würzen. Die Speisestärke und den Grieß dazugeben und alles rasch zu einem glatten Teig verkneten.

3 Den Teig dritteln und jedes Teigstück auf der Arbeitsfläche mit etwas Mehl zu einer Rolle von etwa 1 1/2 cm Durchmesser formen. Die Rollen in etwa 2 cm breite Stücke schneiden und diese mit leicht bemehlten Händen zu etwa 7 cm langen Rollen formen, deren Enden spitz zulaufen. Bis zur Weiterverwendung auf ein leicht mit Mehl bestäubtes Backblech legen und mit einem Küchentuch abdecken.

4 Das Öl in einer Pfanne erhitzen und die Fingernudeln darin bei milder Hitze rundherum goldbraun braten. Die Butter dazugeben und die Fingernudeln darin wenden. Gegebenenfalls nochmals salzen.

Alfons Schuhbeck

»Mit gebratenen Krautfleckerln (siehe Seite 287) oder mariniertem Kopfsalat sind Topfen-Fingernudeln ein eigenständiges Gericht.«

SPÄTZLE

400 g doppelgriffiges Mehl (Wiener Grießler)
8 Eier
Salz
1 EL Öl
1–2 EL Butter
Pfeffer aus der Mühle
frisch geriebene Muskatnuss

Für 4 Personen

1 Das Mehl mit den Eiern, 1 TL Salz und dem Öl in der Küchenmaschine oder mit den Knethaken des Handrührgeräts verkneten. 3 bis 5 Minuten weiterkneten, bis der Teig Blasen wirft.

2 In einem großen Topf reichlich Salzwasser zum Kochen bringen. Den Spätzlehobel kurz in das Wasser tauchen, den Teig einfüllen und die Spätzle in das siedende Wasser hobeln.

3 Wenn die Spätzle an die Oberfläche steigen, einmal kurz aufkochen lassen. Mit dem Schaumlöffel herausheben und in einer Pfanne bei mittlerer Hitze in der zerlassenen Butter wenden. Die Spätzle mit Salz, Pfeffer und Muskatnuss würzen.

TOPFENSPÄTZLE

250 g doppelgriffiges Mehl (Wiener Grießler)
50 g Weizengrieß
250 g Speisequark
5 Eier
Salz
80 ml Gemüsebrühe
1–2 EL Butter
Pfeffer aus der Mühle
frisch geriebene Muskatnuss

Für 4 Personen

1 Mehl, Grieß, Speisequark, Eier und etwas Salz in der Küchenmaschine oder mit den Knethaken des Handrührers verkneten. 3 bis 5 Minuten weiterkneten, bis der Teig Blasen wirft.

2 In einem großen Topf reichlich Salzwasser zum Kochen bringen. Den Spätzlehobel kurz in das Wasser tauchen, den Teig einfüllen und die Spätzle in das siedende Wasser hobeln.

3 Wenn die Spätzle an die Oberfläche steigen, einmal kurz aufkochen lassen. Die Spätzle mit dem Schaumlöffel herausheben. In einer Pfanne die Brühe erwärmen und die Butter darin zerlassen. Die Spätzle kurz bei mittlerer Hitze in Brühe und Butter wenden und mit Salz, Pfeffer und Muskatnuss würzen.

Alfons Schubbeck

»Für Topfen-Mohn-Spätzle 2 EL Mohn 10 Minuten in Wasser kochen, in einem Sieb abtropfen lassen und unter den Topfenteig rühren.«

KRÄUTERSPÄTZLE

Für das Pesto:

60 g Blattspinat · Salz
1 EL Mandelblättchen
60 g Kräuterblätter (z. B. Petersilie, Basilikum, Bärlauch, Kresse, Kerbel)
1 TL geriebener Parmesan
1 Msp. gehackter Knoblauch
3 EL Olivenöl
2 EL braune Butter (siehe Seite 46)
Pfeffer aus der Mühle
einige Spritzer Zitronensaft

Für die Spätzle:

100 g Kräuterblätter (z. B. Petersilie, Basilikum, Bärlauch, Kresse, Kerbel)
70 g Crème fraîche
70 g saure Sahne
5 Eier · 1 EL Öl
500 g doppelgriffiges Mehl (Wiener Grießler)
Salz · frisch geriebene Muskatnuss

Für 4–6 Personen

1 Für das Pesto die Spinatblätter verlesen, waschen und abtropfen lassen, grobe Stiele entfernen. Den Spinat in kochendem Salzwasser blanchieren, kalt abschrecken und in einem Sieb abtropfen lassen. Mit den Händen das überschüssige Wasser gut ausdrücken und den Spinat grob hacken.

2 Die Mandelblättchen in einer beschichteten Pfanne ohne Fett hell rösten. Die Kräuterblätter waschen, trocken schütteln und klein schneiden. Mit Spinat, Parmesan, Mandelblättchen, Knoblauch, Olivenöl und brauner Butter im Küchenmixer fein pürieren. Pesto mit Salz, Pfeffer und Zitronensaft würzen.

3 Für die Spätzle die Kräuterblätter waschen, trocken schütteln und klein schneiden. Crème fraîche, saure Sahne, Eier, Öl und Kräuterblätter im Küchenmixer pürieren. Kräuterpüree, Mehl, etwas Salz und Muskatnuss in der Küchenmaschine oder mit den Knethaken des Handrührers verkneten. 3 bis 5 Minuten weiterkneten, bis der Teig Blasen wirft.

4 In einem großen Topf reichlich Salzwasser zum Kochen bringen und den Spätzlehobel kurz hineintauchen. Den Teig hineinfüllen und die Spätzle ins siedende Wasser hobeln.

5 Wenn die Spätzle an die Oberfläche steigen, einmal kurz aufkochen lassen. Die Spätzle mit dem Schaumlöffel herausheben und in einer Pfanne bei mittlerer Hitze mit dem Kräuterpesto mischen.

Alfons Schuhbeck

»Spätzle können Sie bereits mehrere Stunden im Voraus garen. Die fertigen Spätzle auf einem Backblech ausbreiten, mit 1 bis 2 EL Olivenöl mischen und bis zum Gebrauch zugedeckt kühl stellen. Kurz vor dem Servieren die Spätzle in 80 ml Gemüsebrühe erhitzen und das Pesto hinzufügen.«

SCHWAMMERLSPÄTZLE

300 ml Gemüsebrühe
20 g getrocknete Champignons oder Egerlinge
6 Eier
500 g doppelgriffiges Mehl (Wiener Grießler)
Salz
1 EL Öl
1–2 EL Butter
Pfeffer aus der Mühle
frisch geriebene Muskatnuss
1 EL Petersilienblätter (frisch geschnitten)

Für 4–6 Personen

1 Die Gemüsebrühe in einem Topf zum Kochen bringen. Den Topf vom Herd nehmen und die getrockneten Pilze darin 15 bis 20 Minuten ziehen lassen. Die Pilze in ein Sieb gießen und abtropfen lassen, dabei die Brühe auffangen. Die Pilze klein hacken.

2 In einer Schüssel die Eier mit 100 ml Pilzbrühe verühren. Das Mehl mit der Eiermischung, den gehackten Pilzen, 1 TL Salz und dem Öl in der Küchenmaschine oder mit den Knethaken des Handrührers verkneten. 3 bis 5 Minuten weiterkneten, bis der Teig Blasen wirft.

3 In einem großen Topf reichlich Salzwasser zum Kochen bringen, den Spätzlehobel kurz hineintauchen, den Teig einfüllen und die Spätzle ins siedende Wasser hobeln. Wenn die Spätzle an die Oberfläche steigen, einmal kurz aufkochen lassen.

4 Die restliche Pilzbrühe mit der Butter in einer Pfanne erhitzen. Die Spätzle mit dem Schaumlöffel herausheben und in der Brühe bei mittlerer Hitze kurz wenden. Die Spätzle mit Salz, Pfeffer und Muskatnuss würzen und die Petersilie darüberstreuen.

Für Schwammerlspätzle mit gebratenen Pilzen 150 g Pilze (Steinpilze, Pfifferlinge, Totentrompeten, Morcheln o. ä.) putzen und größere Exemplare klein schneiden. In einer Pfanne im Öl bei milder Hitze 2 Minuten anbraten und mit Salz, Pfeffer, 1 kleinen Prise gemahlenem Kümmel und 1 Msp. abgeriebener Zitronenschale würzen. 1 EL frisch geschnittene Petersilie und 1 EL Butter dazugeben und unter die Spätzle mischen.

Alfons Schuhbeck

»Schwammerlspätzle passen als Beilage zu rosa gebratenem Kalbsrücken, können aber auch als eigenständiges Gericht serviert werden.«

Risotto

1/2 Zwiebel
1 EL Olivenöl
150 g Risottoreis
(z. B. Arborio, Vialone nano oder Carnaroli)
2 EL trockener Weißwein
Zitronensaft
450 ml heiße Gemüsebrühe
1 kleines Lorbeerblatt
1/2 Knoblauchzehe (geschält)
1 Scheibe Ingwer
1 Streifen unbehandelte Zitronenschale
2 EL Butter
1 EL geriebener Parmesan
Salz · Cayennepfeffer

Für 4 Personen

1 Die Zwiebel schälen, in kleine Würfel schneiden und in einem flachen, großen Topf bei milder Hitze im Olivenöl glasig dünsten. Den Reis dazugeben und mitdünsten, bis die Reiskörner glasig sind. Mit dem Weißwein und etwas Zitronensaft ablöschen und einkochen lassen. Etwas Brühe angießen und das Lorbeerblatt hinzufügen. Unter häufigem Rühren immer wieder heiße Brühe angießen und bei milder Hitze einkochen lassen, bis die Reiskörner nach 15 bis 20 Minuten weich sind, aber noch Biss haben.

2 Nach gut 15 Minuten Knoblauch, Ingwer und Zitronenschale in den Risotto geben. Sobald der Reis fertig ist, alle ganzen Gewürze wieder entfernen. Butter und Parmesan unterrühren und den Risotto mit Salz und 1 Prise Cayennepfeffer abschmecken.

Für Safran-Vanille-Risotto 1 Döschen Safranfäden (0,1 g) in 1 EL warme Gemüsebrühe rühren und 15 Minuten ziehen lassen. Den Risotto wie oben beschrieben zubereiten und den Safran und 1/2 ausgekratzte Vanilleschote zusammen mit den anderen Gewürzen des Grundrezepts unterrühren.

Für Zitronen-Risotto die abgeriebene Schale von 1 unbehandelten Zitrone anstelle des Streifens Zitronenschale unterrühren. Nach Belieben zum Schluss blanchierte Lauch- oder Frühlingszwiebelringe unterrühren.

Für Spargel-Risotto von je 250 g weißem und grünem Spargel die trockenen Enden abschneiden. Den weißen Spargel ganz, den grünen Spargel nur im unteren Drittel schälen, die Spargelschalen aufheben. Die Spargelstangen in Scheiben schneiden und in 1 l Wasser mit 1 EL Salz und 1/2 bis 1 EL Zucker weich kochen, danach kalt abschrecken. 550 ml Gemüsebrühe erhitzen, die Spargelschalen dazugeben und knapp unter dem Siedepunkt 20 Minuten ziehen lassen, durch ein Sieb gießen. Den Risotto wie oben beschrieben zubereiten und den Spargelsud anstelle der Gemüsebrühe verwenden. Die Spargelscheiben zum Schluss unterrühren.

Für Schwammerl-Risotto 550 ml Gemüsebrühe aufkochen, vom Herd nehmen und 3 bis 4 EL getrocknete Champignons oder Egerlinge darin 15 bis 20 Minuten ziehen lassen. In ein Sieb gießen und abtropfen lassen, dabei den Sud auffangen. Den Risotto wie oben beschrieben zubereiten und den Pilzsud zum Angießen verwenden. Die Pilze klein hacken und zum Schluss unter den Risotto rühren.

Für Garnelen-Risotto den Risotto wie oben beschrieben zubereiten und Garnelenfond (siehe Seite 176, Tipp) anstelle der Gemüsebrühe zum Angießen verwenden. 1 Splitter Zimtrinde und 1/2 ausgekratzte Vanilleschote zusammen mit den anderen Gewürzen des Grundrezepts unterrühren.

LIMETTENREIS MIT STERNANIS

250 g Basmatireis
1 EL Öl
60 g Zwiebelwürfel
5 Streifen unbehandelte Limettenschale
1 Zacken Sternanis
350 ml Gemüsebrühe
20 g kalte Butter
Salz · Cayennepfeffer

Für 4 Personen

1 Den Backofen auf 180 °C vorheizen. Den Reis in ein Sieb geben, unter fließendem kaltem Wasser waschen und abtropfen lassen.

2 Das Öl in einem ofenfesten Topf erhitzen und die Zwiebelwürfel darin bei milder Hitze glasig andünsten. Den Reis, die Limettenschale und den Sternanis hinzufügen und kurz mitdünsten lassen. Die Brühe dazugießen und einmal aufkochen lassen.

3 Den Reis zugedeckt im Ofen auf der mittleren Schiene 15 bis 20 Minuten kernig ausquellen lassen. Die Limettenschale und den Sternanis entfernen, die Butter unterrühren und den Reis mit Salz und 1 Prise Cayennepfeffer abschmecken.

Alfons Schuhbeck

»Für Kardamomreis ersetzen Sie die Limettenschale und den Sternanis durch 2 angedrückte Kardamomkapseln.«

GRAUPEN-RISOTTO

100 g Perlgraupen
650 ml Gemüsebrühe
1 kleines Lorbeerblatt
1 kleine getrocknete Chilischote
80 g gut durchwachsener Speck
1 EL Öl · 1 kleine Karotte
80 g Knollensellerie · 70 g Lauch
2 TL Kapern
1 Knoblauchzehe (geschält und halbiert)
1 Scheibe Ingwer
1 Streifen unbehandelte Zitronenschale
1 EL Butter
Salz · Pfeffer aus der Mühle
1 EL Schnittlauchröllchen

Für 4 Personen

1 Die Perlgraupen in ein Sieb geben, unter fließendem kaltem Wasser waschen und abtropfen lassen. Mit 500 ml Brühe in einen Topf geben, aufkochen und etwa 10 Minuten köcheln lassen. Das Lorbeerblatt und die Chilischote dazugeben, vom Herd nehmen und zugedeckt 35 Minuten quellen lassen. Die Graupen in ein Sieb abgießen und abtropfen lassen. Das Lorbeerblatt und die Chilischote entfernen.

2 Den Speck in kleine Würfel schneiden. Das Öl in einer Pfanne erhitzen und die Speckwürfel darin kross anbraten. Die Speckwürfel herausnehmen und auf Küchenpapier abtropfen lassen. Die Karotte und den Knollensellerie putzen und schälen, den Lauch putzen und waschen. Alle Gemüsesorten in möglichst kleine Würfel schneiden.

3 Die Gemüsewürfel mit der restlichen Brühe in einen großen Topf geben und knapp unter dem Siedepunkt 4 Minuten garen. Graupen, Speck, Kapern, Knoblauch, Ingwer und Zitronenschale dazugeben und erhitzen. Die Butter unterrühren und den Graupenrisotto mit Salz und Pfeffer würzen. Knoblauch, Ingwer und Zitronenschale wieder entfernen. Kurz vor dem Servieren die Schnittlauchröllchen unterrühren.

A. Schuhbeck

Mehlspeisen & Gebäck

GÖTTLICHES AUS DER BACKSTUBE

Als Meister der Mehlspeisen gelten eigentlich die Österreicher. Aber auch die Bayern können sich ein Leben ohne Kaiserschmarren, Dampfnudeln und Strudel nicht vorstellen. Und bei der Zubereitung dieser verheißungsvollen Süßspeisen können sie es durchaus mit ihren Nachbarn aufnehmen.

STRUDELTEIG (GRUNDREZEPT)

300 g Mehl
Salz
4 EL Öl
1 Eigelb
Mehl für die Arbeitsfläche

Für ca. 350 g

1 Das Mehl in eine Schüssel sieben und 1 Prise Salz darüberstreuen. In die Mitte eine Mulde drücken. 3 EL Öl mit 150 ml lauwarmem Wasser und dem Eigelb in die Mulde geben und alle Zutaten mit den Knethaken des Handrührgeräts oder auf der bemehlten Arbeitsfläche zu einem glatten Teig verkneten.

2 Den Strudelteig halbieren, zu zwei Kugeln formen und mit dem restlichen Öl bestreichen. Die Teigkugeln jeweils in Frischhaltefolie wickeln und bei Zimmertemperatur etwa 1 Stunde ruhen lassen.

Alfons Schuhbeck

»Strudelteig sollte nach dem Ruhen nicht mehr geknetet werden, da er sonst wieder Spannung bekommt und sich nicht dünn ausziehen lässt. Sie können ihn gut verpackt im Tiefkühlfach einfrieren und bei Bedarf im Kühlschrank langsam wieder auftauen.«

APFELSTRUDEL

Für die Füllung:

8 Äpfel (ca. 1,4 kg; z. B. Boskop, Braeburn oder Elstar)
70 g Mandelblättchen · 60 g Zucker
1/2–1 TL Zimtpulver
60 g Rumrosinen (abgetropft; siehe Seite 398, Tipp)
Saft von 1 Zitrone
100 g Biskuitbrösel

Für den Teig:

350 g Strudelteig (siehe oben, ersatzweise Strudelteig aus dem Kühlregal)

Außerdem:

Mehl zum Bestäuben
40 g flüssige Butter zum Bestreichen
Butter für das Blech

Für 8–10 Personen

1 Die Äpfel schälen und bis auf das Kerngehäuse hobeln oder die Äpfel vierteln, schälen, entkernen und in 1/2 bis 1 cm große Würfel schneiden. Die Mandelblättchen in einer beschichteten Pfanne ohne Fett anrösten. Zucker und Zimt vermischen und mit den Rumrosinen, dem Zitronensaft, den Biskuitbröseln und den Mandelblättchen unter die Äpfel mischen.

2 Für den Teig den Backofen auf 200 °C vorheizen. Eine der beiden vorbereiteten Strudelteigkugeln mit Mehl bestäuben und auf einem großen bemehlten Küchentuch (etwa 40 x 40 cm) mit dem Nudelholz etwas ausrollen. Den Teig über die Handrücken vorsichtig zu einem hauchdünnen Rechteck ausziehen und sofort mit flüssiger Butter bestreichen.

3 Die Hälfte der Füllung an der Längsseite des Teiges in einem Strang verteilen. Dabei an den Schmalseiten je einen 5 cm breiten Rand frei lassen und diesen nach innen einschlagen. Den Strudel mithilfe des Tuchs aufrollen und den Strudel mit der Nahtseite nach unten auf ein mit Butter gefettetes Backblech legen. Den zweiten Strudel auf die gleiche Weise herstellen. Beide Strudel mit flüssiger Butter bestreichen und im Ofen auf der mittleren Schiene 20 bis 25 Minuten goldbraun backen.

4 Die Strudel aus dem Ofen nehmen, etwas abkühlen lassen und nach Belieben vor dem Servieren mit Puderzucker bestäuben.

KARAMELLISIERTER KIRSCHSTRUDEL

Für die Füllung:

600 g Kirschen
2 cl Kirschwasser
50 g Haselnüsse
200 g gemahlene Mandeln
25 g Mehl
1 Ei
50 g Marzipanrohmasse
50 g weiche Butter
50 g Puderzucker
je 1/2 TL abgeriebene unbehandelte Zitronen- und Orangenschale
Mark von 1/2 Vanilleschote
Salz
Zimtpulver

Für den Teig:

350 g Strudelteig (siehe Seite 343, ersatzweise Strudelteig aus dem Kühlregal)

Außerdem:

Mehl zum Bestäuben
60 g flüssige Butter zum Bestreichen
Butter für das Backblech
50 g Puderzucker zum Bestäuben

Für 8–10 Personen

1 Für die Füllung die Kirschen waschen, entstielen, entsteinen und mit dem Kirschwasser beträufeln. Den Backofen auf 200 °C vorheizen.

2 Die Haselnüsse grob hacken, mit den Mandeln mischen und auf einem Backblech im Ofen auf der mittleren Schiene etwa 10 Minuten gleichmäßig hell rösten, dabei mehrmals durchrühren und herausnehmen. Den Backofen nicht ausschalten. Die Nüsse und die Mandeln abkühlen lassen und mit dem Mehl mischen.

3 Das Ei trennen. Das Marzipan mit dem Eigelb cremig rühren. Die Butter mit dem Puderzucker, der Zitronen- und Orangenschale, dem Vanillemark und je 1 Prise Salz und Zimt cremig rühren. Das Marzipan mit dem Eiweiß hinzufügen und einige Minuten weiterrühren. Die Kirschen und die Marzipan-Butter-Masse mit der Nuss-Mehl-Mischung verrühren.

4 Für den Teig eine der beiden vorbereiteten Strudelteigkugeln mit Mehl bestäuben und auf einem bemehlten Küchentuch (etwa 40 x 40 cm) mit dem Nudelholz etwas ausrollen. Den Teig über die Handrücken vorsichtig zu einem hauchdünnen Rechteck ausziehen und sofort mit flüssiger Butter bestreichen.

5 Die Hälfte der Füllung an der Längsseite des Teiges in einem Strang verteilen. Dabei an den Schmalseiten je einen 5 cm breiten Rand frei lassen und diesen nach innen einschlagen. Den Strudel mithilfe des Tuchs aufrollen und mit der Nahtseite nach unten auf ein mit Butter gefettetes Backblech legen. Den zweiten Strudel auf die gleiche Weise herstellen. Beide Strudel mit flüssiger Butter bestreichen und im heißen Ofen auf der untersten Schiene 20 bis 25 Minuten goldbraun backen.

6 Den Backofengrill einschalten. Die Kirschstrudel aus dem Ofen nehmen, mit reichlich Puderzucker bestäuben und unter dem vorgeheizten Grill 2 bis 4 Minuten hell karamellisieren lassen.

Alfons Schubbeck

»Für einen Schokoladen-Kirsch-Strudel gibt man noch 70 g gehackte Zartbitterkuvertüre und 70 g Nougatstückchen zur Kirschfüllung. Für einen Marillenstrudel ersetzt man Kirschen und Kirschwasser durch Aprikosen und Marillenbrand.«

TOPFENSTRUDEL MIT RHABARBER

Für die Füllung:

60 g weiche Butter
80 g Zucker
2 Eier (Zimmertemperatur)
Mark von 1 Vanilleschote
abgeriebene Schale von 1 unbehandelten Zitrone · Salz
500 g Speisequark (Topfen; Zimmertemperatur)
125 g Sahne
125 g saure Sahne
1 EL gemahlene Mandeln
200 g Rhabarberstücke (siehe Seite 427, ohne Beeren)

Für den Teig:

350 g Strudelteig (siehe Seite 343, ersatzweise Strudelteig aus dem Kühlregal)

Außerdem:

Mehl zum Bestäuben
50 g flüssige Butter zum Bestreichen
Butter für die Form
2 EL Zucker · 125 ml Milch

Für 8–10 Personen

1 Für die Füllung die Butter mit 3 EL Zucker in einer Schüssel hellschaumig aufschlagen, die Eier nacheinander unterrühren. Das Vanillemark, die Zitronenschale, 1 Prise Salz, den restlichen Zucker und den Quark unter die Eiermasse rühren. Die Sahne halb steif schlagen, mit der sauren Sahne mischen und unter die Quarkmasse heben. Die Mandeln in einer Pfanne ohne Fett hell rösten und unter die Topfenmasse rühren.

2 Für den Teig den Backofen auf 200 °C vorheizen. Eine der beiden vorbereiteten Strudelteigkugeln mit Mehl bestäuben und auf einem großen bemehlten Küchentuch (etwa 40 x 40 cm) mit dem Nudelholz etwas ausrollen. Den Teig über die Handrücken vorsichtig zu einem hauchdünnen Rechteck ausziehen und sofort mit flüssiger Butter bestreichen.

3 Die Hälfte der Topfenmasse an der Längsseite des Teiges in einem 10 bis 15 cm breiten Strang verteilen. Dabei an den Schmalseiten je einen 5 cm breiten Rand frei lassen und diesen nach innen einschlagen. Die Hälfte der Rhabarberstücke darauf verteilen. Den Strudel mithilfe des Tuchs aufrollen und mit der Nahtseite nach unten in einen mit Butter gefetteten Bräter legen. Den zweiten Strudel auf die gleiche Weise herstellen. Beide Strudel mit der restlichen flüssigen Butter besteichen und mit dem Zucker bestreuen.

4 Die Strudel im Ofen auf der mittleren Schiene 10 bis 15 Minuten backen. Dann die Milch in den Bräter gießen und die Topfenstrudel weitere 25 bis 30 Minuten backen. Den Bräter herausnehmen und die Strudel darin etwa 15 Minuten abkühlen lassen. Zum Servieren die Strudel in Stücke schneiden.

Alfons Schuhbeck

»Statt der Rhabarberstücke können Sie auch Heidelbeeren oder Stachelbeeren, gedünstete Apfel- oder Birnenstücke unter die Topfenfüllung geben. Einen einfachen Topfenstrudel bereitet man mit 80 g Rumrosinen (siehe Seite 398, Tipp) anstelle von Früchten.«

MILLIRAHMSTRUDEL

Für die Füllung:

120 g Butter
40 g Puderzucker
abgeriebene Schale von 1 unbehandelten Zitrone und ½ unbehandelten Orange
1 EL Vanillezucker
2 Eigelb
400 g Speisequark (Zimmertemperatur)
300 g saure Sahne (Zimmertemperatur)
2 Eiweiß · 50 g Zucker
Salz · 25 g Mehl
50 g Rumrosinen (siehe Seite 398, Tipp)

Für den Teig:

350 g Strudelteig (siehe Seite 343; ersatzweise Strudelteig aus dem Kühlregal)

Außerdem:

Mehl zum Bestäuben
50 g flüssige Butter zum Bestreichen
Butter für den Bräter

Für die Eiermilch:

250 ml Milch
60 g Crème fraîche
2 Eier · 3 EL Zucker
Mark von 1 Vanilleschote

Für ca. 10 Personen

1 Für die Füllung die Butter mit dem Puderzucker, der Zitronenschale, der Orangenschale und dem Vanillezucker in einer Schüssel aufschlagen. Die Eigelbe unterrühren, den Quark und die saure Sahne nach und nach dazugeben.

2 Die Eiweiße mit einem Drittel vom Zucker und 1 Prise Salz zu einem cremigen Schnee schlagen, dabei den restlichen Zucker einrieseln lassen. Das Mehl über die Buttermasse sieben und mit den abgetropften Rumrosinen vorsichtig unterrühren. Den Eischnee unterheben.

3 Für den Teig den Backofen auf 180 °C vorheizen. Die beiden vorbereiteten Strudelteigkugeln jeweils halbieren. Eine Hälfte mit Mehl bestäuben und auf einem großen bemehlten Küchentuch (etwa 40 x 40 cm) mit dem Nudelholz etwas ausrollen. Den Teig über die Handrücken vorsichtig zu einem hauchdünnen Rechteck ausziehen und sofort mit flüssiger Butter bestreichen.

4 Ein Viertel der Füllung an der Längsseite des Teigs in einem Strang verteilen. Dabei an den Schmalseiten je einen 5 cm breiten Rand frei lassen und diesen nach innen einschlagen. Den Strudel mithilfe des Tuchs aufrollen und mit der Naht nach unten in einen mit Butter gefetteten Bräter oder eine große Auflaufform (ca. 25 x 30 cm) legen. Die anderen drei Strudel auf die gleiche Weise herstellen und in den Bräter legen. Alle vier Strudel mit flüssiger Butter bestreichen und im Ofen auf der mittleren Schiene etwa 15 Minuten backen.

5 In der Zwischenzeit für die Eiermilch die Milch mit der Crème fraîche, den Eiern, dem Zucker und dem Vanillemark in eine Schüssel geben, mit dem Stabmixer verrühren und durch ein Sieb gießen. Die Eiermilch in den Bräter gießen und die Strudel weitere 30 Minuten backen.

6 Den Bräter herausnehmen und die Strudel darin 20 Minuten abkühlen lassen. Zum Servieren die Millirahmstrudel in Stücke schneiden und nach Belieben mit Puderzucker bestäuben.

Alfons Schuhbeck

»Als Beilage zu dem Millirahmstrudel passt das fruchtige Himbeermark (siehe Seite 405) oder Rhabarberkompott (siehe Seite 427).«

Lebkuchenstrudel

Für die Füllung:

2 Äpfel
je 40 g Orangeat- und Zitronatwürfel
4 cl Rum
40 g Mandelblättchen
300 g Elisenlebkuchen (unglasiert, mit oder ohne Oblaten)
150 g saure Sahne
50 ml Milch
50 g Rumrosinen (siehe Seite 398, Tipp)
1 TL Lebkuchengewürz
3 Eiweiß
100 g Zucker

Für den Teig:

350 g Strudelteig (siehe Seite 343, ersatzweise Strudelteig aus dem Kühlregal)

Außerdem:

Mehl zum Bestäuben
50 g flüssige Butter zum Bestreichen
2 EL Lebkuchenbrösel
Butter für das Blech
Puderzucker zum Bestäuben

Für 8–10 Personen

1 Für die Füllung die Äpfel vierteln, schälen, die Kerngehäuse entfernen und das Fruchtfleisch in $1/2$ bis 1 cm große Würfel schneiden. Orangeat und Zitronat in einer Schüssel mit dem Rum vermischen. Die Mischung möglichst klein hacken. Die Mandelblättchen in einer beschichteten Pfanne bei mittlerer Hitze ohne Fett hell rösten.

2 Die Lebkuchen in Würfel schneiden. Die saure Sahne mit der Milch in einer Schüssel glatt rühren. Alle vorbereiteten Zutaten in eine Schüssel geben, die abgetropften Rumrosinen dazugeben, das Lebkuchengewürz darüberstreuen und alles gut miteinander vermischen.

3 Die Eiweiße mit einem Drittel des Zuckers cremig schlagen, nach und nach den restlichen Zucker einrieseln lassen und zu festem Schnee weiterschlagen. Den Eischnee unter die Lebkuchenmasse heben.

4 Für den Teig den Backofen auf 200 °C vorheizen. Eine der beiden vorbereiteten Strudelteigkugeln mit Mehl bestäuben und auf einem großen bemehlten Küchentuch (etwa 40 x 40 cm) mit dem Nudelholz etwas ausrollen. Den Teig über die Handrücken vorsichtig zu einem hauchdünnen Rechteck ausziehen und sofort mit flüssiger Butter bestreichen. Die Hälfte der Lebkuchenbrösel auf dem Teig verteilen.

5 Die Hälfte der Lebkuchenfüllung an der Längsseite des Teiges in einem Strang verteilen. Dabei an den Schmalseiten je einen 5 cm breiten Rand frei lassen und diesen nach innen einschlagen. Den Strudelteig mithilfe des Tuchs einrollen und den Strudel mit der Nahtseite nach unten auf ein mit Butter eingefettetes Backblech setzen. Den zweiten Strudel auf die gleiche Weise vorbereiten. Beide Strudel mit flüssiger Butter bestreichen und im Ofen auf der mittleren Schiene etwa 25 Minuten goldbraun backen.

6 Die Lebkuchenstrudel herausnehmen, auf dem Blech 15 Minuten abkühlen lassen. Die Strudel zum Servieren in Stücke schneiden und mit Puderzucker bestäuben.

Alfons Schuhbeck

»Zu dem Lebkuchenstrudel passt der Rumtopf (siehe Seite 430), die Vanillesahne (siehe Seite 422), die Rumsahne (siehe Seite 422, Tipp), eine Riesling-Sabayon (siehe Seite 407) oder eine Kugel Vanilleeis.«

GEKOCHTER GRIESS-STRUDEL

Für die Füllung:
90 g weiche Butter
Salz
1 TL abgeriebene unbehandelte Zitronenschale
80 g Zucker
3 Eigelb
120 g Hartweizengrieß
150 g saure Sahne
30 g Rosinen
Saft von 1/2 unbehandelten Zitrone
3 Eiweiß

Für den Teig:
350 g Strudelteig (siehe Seite 343, ersatzweise Strudelteig aus dem Kühlregal)
Mehl zum Bestäuben
50 g flüssige Butter zum Bestreichen

Für die Butterbrösel:
120 g Butter
60 g Weißbrotbrösel
2 EL Zucker
1/4–1/2 TL Zimtpulver

Für 8 Personen

1 Für die Füllung die Butter mit 1 Prise Salz, der Zitronenschale und der Hälfte des Zuckers schaumig rühren, nach und nach die Eigelbe hinzufügen. Den Grieß unter Rühren langsam einrieseln lassen. Die saure Sahne mit Zitronensaft sowie den Rosinen unterrühren. Die Eiweiße mit dem restlichen Zucker steif schlagen und vorsichtig mit dem Schneebesen unter die Grießmasse heben.

2 Für den Teig eine der beiden vorbereiteten Strudelteigkugeln mit Mehl bestäuben und auf einem großen bemehlten Küchentuch (etwa 40 x 40 cm) mit dem Nudelholz etwas ausrollen. Den Teig über die Handrücken vorsichtig hauchdünn ausziehen. 2 Teigquadrate à 20 bis 25 cm Seitenlänge daraus schneiden. Jedes Teigstück auf Frischhaltefolie (à 25 x 25 cm) legen und sofort mit flüssiger Butter bestreichen.

3 Je ein Viertel der Grießmasse an der Längsseite auf die untere Hälfte der Teigblätter streichen. Dabei an den Schmalseiten je einen Rand frei lassen und diesen nach innen einschlagen. Von der Längsseite her den Teig mithilfe der Folie zu Rollen formen und in Frischhaltefolie wickeln, dabei die Enden fest zubinden. Die zweite Hälfte Strudelteig mit der restlichen Grießfüllung ebenso verarbeiten.

4 In einem großen Topf reichlich Wasser zum Sieden bringen. Die beiden Strudel hineinlegen und etwa 20 Minuten garen, nach der Hälfte der Garzeit wenden.

5 Für die Butterbrösel die Butter in einer Pfanne zerlassen. Die Weißbrotbrösel, den Zucker und den Zimt hinzufügen und unter ständigem Rühren bei mittlerer Hitze goldbraun rösten.

6 Die fertigen Strudel mit dem Schaumlöffel aus dem Topf heben, aus der Folie wickeln, schräg in große Stücke schneiden und mit den Bröseln bestreut servieren.

Alfons Schuhbeck

»Vorgefertigte Strudelteigblätter aus dem Kühlregal sind meist stabiler als selbst gemachter Strudelteig und deshalb für diesen Strudel besonders gut geeignet.«

Dampfnudeln

Für den Teig:

250 ml Milch
25 g Hefe
30 g Zucker
500 g Mehl
2 Eier
Salz
80 g weiche Butter

Außerdem:

Mehl für die Arbeitsfläche
250 ml Milch
20 g Zucker
3 EL Butter
30 g Butterschmalz

Für 6 Personen

1 Für den Teig die Milch lauwarm erwärmen, die Hefe darin auflösen und 2 TL Zucker hinzufügen. Das Mehl in eine Schüssel geben und in die Mitte eine Mulde drücken. Die Hefemilch hineingeben und mit etwas Mehl verrühren. Den Vorteig zugedeckt an einem warmen Ort 15 Minuten gehen lassen.

2 Die Eier verquirlen und mit 1 Prise Salz, dem restlichen Zucker und der weichen Butter zum Vorteig geben und mit dem Mehl verrühren. Den Hefeteig in der Küchenmaschine oder mit den Knethaken des Handrührgeräts so lange kneten, bis ein glatter und elastischer Teig entstanden ist, der sich ganz leicht vom Schüsselrand löst. Den Hefeteig zugedeckt an einem warmen Ort mindestens 45 Minuten gehen lassen, bis sich das Volumen verdoppelt hat.

3 Den Teig mit den Händen auf der leicht bemehlten Arbeitsfläche kräftig durchkneten und dann Rollen von 4 bis 5 cm Durchmesser formen. Die Rollen in etwa 5 cm große Stücke schneiden und jedes Stück zu einer glatten Kugel formen.

4 Den Backofen auf 180 °C vorheizen. In einem großen niedrigen ofenfesten Topf (etwa 30 cm Durchmesser) die Milch mit dem Zucker erwärmen, Butter und Butterschmalz darin schmelzen und vom Herd nehmen. Die Teigkugeln mit der Nahtseite nach unten nebeneinander in die lauwarme Milch setzen, den Deckel auflegen und die Dampfnudeln 20 Minuten gehen lassen. Den Topf auf den Herd stellen und die Dampfnudeln bei mittlerer Hitze 10 Minuten garen.

5 Den zugedeckten Topf in den Ofen geben und die Dampfnudeln etwa 35 Minuten backen. Den Deckel zwischendurch nicht abnehmen, die Dampfnudeln könnten dabei zusammenfallen. Sollte die Kruste am Boden noch zu hell sein, den Topf noch einmal auf den Herd stellen und bei mittlerer Hitze goldbraun nachbacken. Die Dampfnudeln noch warm und nach Belieben mit Vanillesauce (siehe Seite 414, Tipp) servieren.

Alfons Schuhbeck

»Für Apfel-Dampfnudeln schält und entkernt man 500 g säuerliche Äpfel, schneidet sie in Stücke und gibt sie mit 30 g Butter, 1 TL Vanillezucker, 1 TL Zitronensaft und 1 EL Zimtzucker in den Topf. Die Teigkugeln daraufsetzen und wie beschrieben backen. Dabei bildet sich zwar keine Kruste, dafür kann man die geschmorten Äpfel als Beilage servieren.«

LEBKUCHEN-SCHEITERHAUFEN MIT QUITTEN

250 ml Milch
250 g Sahne
6 Eier
60 g Zucker
1–2 EL Rum
Mark von 1/4 Vanilleschote
1 TL abgeriebene unbehandelte Zitronenschale
Öl für die Form
500 g Elisenlebkuchen (unglasiert, mit oder ohne Oblaten)
2–3 EL Zucker
1/4 TL Zimtpulver
2 große Quitten
1–2 EL Zitronensaft
2 EL Butter

Für 4 Personen

1 Die Milch mit der Sahne, den Eiern, dem Zucker, dem Rum, dem Vanillemark und der Zitronenschale in einen hohen Rührbecher geben und mit dem Stabmixer verquirlen. Die Eiermilch durch ein Sieb in eine Schüssel gießen.

2 Den Backofen auf 170 °C vorheizen. Eine Kastenkuchenform mit Öl einpinseln und mit Backpapier auslegen.

3 Die Elisenlebkuchen so zuschneiden, dass sie gut in die Form passen. Den Zucker mit dem Zimt mischen. Die Quitten vierteln, schälen, entkernen, in 1/2 cm dicke Scheiben schneiden und mit Zitronensaft beträufeln. Die Butter in einer Pfanne zerlassen, den Zimtzucker dazugeben und die Quittenscheiben darin 2 bis 3 Minuten bei milder Hitze auf beiden Seiten braten.

4 Die Elisenlebkuchen abwechselnd mit den Quittenscheiben in die Kuchenform schichten, dabei auch die Lebkuchenreste mit verwerten. Den Scheiterhaufen mit Lebkuchen beginnen und abschließen, zwischendurch immer wieder mit etwas Eiermilch auffüllen.

5 Die Form auf ein Backblech stellen und im Ofen auf der untersten oder mittleren Schiene etwa 1 1/2 Stunden backen. Die Form aus dem Ofen nehmen und 30 Minuten abkühlen lassen. Den Scheiterhaufen stürzen, in Scheiben schneiden und warm servieren.

Alfons Schuhbeck

»Dazu passt eine Riesling-Sabayon (siehe Seite 407), die Rumsahne (siehe Seite 422, Tipp), Vanille-, Mandel- oder Nusseis.«

DUKATENBUCHTELN

Für den Teig:

180 ml Milch · 30 g Hefe
450 g Mehl
75 g Zucker · 3 Eigelb
1 TL Mandellikör (z. B. Amaretto)
1 EL Rum · Salz
Mark von 1 Vanilleschote
je 1 TL abgeriebene unbehandelte Zitronen- und Orangenschale
75 g weiche Butter

Außerdem:

Mehl für die Arbeitsfläche
Butter für die Form
60 g flüssige Butter zum Bestreichen
Puderzucker zum Bestäuben

Für 4–6 Personen

1 Für die Buchteln die Milch lauwarm erwärmen. Die Hefe mit den Fingern zerbröckeln und in der Milch auflösen. Die Hefemilch mit Mehl, Zucker, Eigelben, Mandellikör, Rum, 1 Prise Salz, Vanillemark und der Zitronen- und Orangenschale verkneten. Die Butter hinzufügen und einige Minuten weiterkneten, bis ein geschmeidiger Teig entsteht. Den Hefeteig in einer Schüssel mit Folie bedeckt knapp 30 Minuten an einem warmen Ort gehen lassen.

2 Den Teig nochmals kurz durchkneten und mit etwas Mehl zu einer dicken Rolle formen. Die Rolle in gleichmäßige Scheiben schneiden und die Scheiben zu Kugeln formen. Einen Bräter oder eine Auflaufform (etwa 20 x 30 cm) mit Butter einfetten und die Teigkugeln darin zugedeckt 20 bis 25 Minuten an einem warmen Ort gehen lassen.

3 Den Backofen auf 180 °C vorheizen. Die Dukatenbuchteln vorsichtig mit flüssiger Butter bestreichen und im Ofen auf der untersten Schiene etwa 20 Minuten goldbraun backen.

4 Die Form aus dem Ofen nehmen und die Dukatenbuchteln darin etwas abkühlen lassen. Die Buchteln mit Puderzucker bestäuben und am besten mit dem Holunder-Birnen-Ragout (siehe Seite 426) servieren.

Alfons Schuhbeck

»Knetet man den Hefeteig nach dem Gehen noch einmal durch und lässt ihn ein weiteres Mal gehen, wird er feinporiger und noch aromatischer.«

TOPFENPALATSCHINKEN

Für den Teig:

300 ml Milch · 2 EL Zucker
1 Msp. Vanillemark
je 1/2 TL abgeriebene unbehandelte Zitronen- und Orangenschale
100 g Mehl · 4 Eier
3 EL braune Butter (siehe Seite 46)

Außerdem:

2–3 EL Butter zum Backen
1 EL Butter für die Form

Für die Füllung:

50 g weiche Butter
2 EL Puderzucker · 2 Eigelb
Mark von 1 Vanilleschote
1/2 TL abgeriebene unbehandelte Zitronenschale
300 g Speisequark
150 g Sahne
2 Eiweiß · Salz
60 g Zucker

Für die Eiermilch:

200 ml Milch · 2 Eier
1 EL Zucker · 1 EL Vanillezucker

Für 4 Personen

1 Für die Palatschinken die Milch, den Zucker, das Vanillemark und die Zitronen- und Orangenschale in einer Schüssel verrühren. Das Mehl unterrühren. Zuerst die Eier und dann die braune Butter mit dem Stabmixer untermixen. Den Teig zugedeckt etwa 30 Minuten quellen lassen.

2 Den Palatschinkenteig durch ein Sieb in eine Schüssel gießen. Etwas Butter in einer kleinen Pfanne bei mittlerer Hitze zerlassen und mit einem Schöpflöffel etwas Teig hineingeben. Die Pfanne schwenken und den Palatschinken goldbraun backen, wenden und die andere Seite ebenfalls goldbraun backen. Auf die gleiche Weise aus dem restlichen Teig 7 weitere dünne Palatschinken backen.

3 Für die Topfenfüllung die Butter mit dem gesiebten Puderzucker, den Eigelben, dem Vanillemark und der Zitronenschale in einer Schüssel hellschaumig schlagen. Den Quark mit der Sahne verrühren und unter die Buttermasse rühren. Die Eiweiße mit 1 Prise Salz und einem Drittel des Zuckers cremig schlagen, nach und nach den restlichen Zucker einrieseln lassen und zu festem Schnee weiterschlagen. Den Eischnee unter die Quarkmasse heben.

4 Den Backofen auf 180 °C vorheizen. Die Palatschinken mit der Topfencreme bestreichen, zusammenklappen und die Halbkreise zu Dreiecken zusammenfalten. Eine ofenfeste Form mit der Butter einfetten und die Palatschinkendreiecke dachziegelartig mit den Spitzen nach oben in die Form einschichten.

5 Für die Eiermilch Milch, Eier, Zucker und Vanillezucker mit dem Stabmixer verrühren und über die Palatschinken gießen. Die Palatschinken im Ofen auf der mittleren Schiene 20 bis 25 Minuten goldbraun überbacken.

Alfons Schuhbeck

»Nach Belieben können die Topfenpalatschinken auch eingerollt werden. Zusätzlich können Sie die Füllung noch mit Rumrosinen (siehe Seite 398, Tipp), in Butter gebratenen Apfelwürfeln, Heidelbeeren oder klein geschnittenen Aprikosen variieren.«

Topfentascherl

Für den Teig:

300 g Speisequark
3 EL weiche Butter
2 EL Zucker · Salz
Mark von 1 Vanilleschote
1 Msp. abgeriebene unbehandelte Zitronenschale
1 Eigelb
200 g gekochte Kartoffeln (passiert und ausgekühlt)
3 EL Speisestärke (gesiebt)

Außerdem:

100 g Pflaumenmus (Powidl)
150 g Zimtbrösel (siehe Tipp unten)
Puderzucker zum Bestäuben

Für den Kochsud:

20 g Salz · 80 g Zucker
1 ausgekratzte Vanilleschote
1 kleines Stück Zimtrinde
2 Scheiben Ingwer
je 2 Streifen unbehandelte Orangen- und Zitronenschale

Für 8 Tascherl

1 Für den Teig den Quark in einem feuchten Küchentuch ausdrücken, sodass etwa die Hälfte an Flüssigkeit austritt (ergibt etwa 150 g Topfen). Die Butter mit dem Zucker, 1 Prise Salz, dem Vanillemark und der Zitronenschale in einer Schüssel glatt rühren. Das Eigelb hinzufügen und die Kartoffeln, den Topfen und die Stärke unterrühren.

2 Den Teig in 8 Portionen teilen und mit den Händen zu etwa golfballgroßen Kugeln drehen. Ein Stück Frischhaltefolie (etwa 25 x 25 cm) mit Wasser benetzen. 1 Teigkugel in die Mitte setzen, ein Drittel der Folie darüberschlagen und die Kugel mit dem Handballen zu einem Kreis von 8 bis 10 cm Durchmesser flachdrücken. Die Folie oben abziehen, in die Mitte des Teigkreises 1 TL Powidl setzen und den Teig mithilfe der Folie halbmondförmig darüberklappen. Die Ränder mit den Fingern gut andrücken und die Taschen auf ein mit Frischhaltefolie ausgelegtes Blech legen. Aus den restlichen Teigkugeln und dem Powidl auf die gleiche Weise weitere Teigtaschen formen.

3 Für den Kochsud 3 l Wasser mit dem Salz und dem Zucker in einen Topf geben und aufkochen lassen. Die Vanilleschote, den Zimt, den Ingwer, die Orangen- und Zitronenschale hinzufügen und die Taschen in dem Sud knapp unter dem Siedepunkt 8 bis 10 Minuten gar ziehen lassen.

4 Die Powidltaschen mit dem Schaumlöffel herausheben, etwas abtropfen lassen, in den Zimtbröseln wenden und mit Puderzucker bestäuben.

Alfons Schuhbeck

»Für etwa 150 g Zimtbrösel 80 g Weißbrotbrösel mit 80 g Butter in einer Pfanne bei milder Hitze goldbraun rösten und auf einen Teller geben. Die Brösel mit 2 EL Zucker und 1/2 TL Zimtpulver mischen.«

Topfenknödel

Für die Knödel:

350 g Speisequark (Topfen)
100 g Toastbrot
2 1/2 EL weiche Butter
2 EL Puderzucker
1 Msp. Vanillemark
1 Msp. abgeriebene unbehandelte Zitronenschale · Salz
1 Eigelb · 1 Ei
150 g Zimtbrösel (siehe Seite 355, Tipp)

Für den Kochsud:

20 g Salz · 80 g Zucker
1 ausgekratzte Vanilleschote
2 Scheiben Ingwer · 1/2 Zimtrinde
je 2 Streifen unbehandelte Orangen- und Zitronenschale

Für 4 Personen

1 Für die Knödel ein Sieb mit einem nassen Küchentuch auslegen, den Quark hineingeben und mithilfe des Tuchs so viel Flüssigkeit herausdrücken, dass etwa 200 g abgetropfter Quark übrig bleibt. Das Toastbrot entrinden und im Blitzhacker zu Bröseln zerkleinern.

2 Die Butter mit dem Puderzucker, dem Vanillemark, der Zitronenschale und 1 Prise Salz in einer Schüssel cremig rühren. Das Eigelb und das Ei unterrühren. Den Topfen und die Toastbrotbrösel hinzufügen und alles zu einer glatten Masse verarbeiten. Die Topfenknödelmasse zugedeckt im Kühlschrank 30 Minuten ruhen lassen.

3 Aus der Topfenknödelmasse mit angefeuchteten Händen 8 gleich große Knödel drehen.

4 Für den Kochsud in einem Topf 3 l Wasser mit dem Salz und dem Zucker aufkochen lassen. Die Vanilleschote, den Ingwer, den Zimt und die Zitrusschalen hinzufügen und die Knödel darin knapp unter dem Siedepunkt etwa 12 Minuten garen. Mit dem Schaumlöffel herausheben, auf Küchenpapier abtropfen lassen und in Zimtbröseln wenden.

Topfen-Mohn-Knödel

Topfenknödel (siehe oben)
2 EL Milch
1 TL gehackte Zartbitterkuvertüre
25 g Mohn (gemahlen)
1/2 EL Zucker · 1/2 TL Honig
einige Tropfen Rum
1 Msp. Vanillemark
20 g Weißbrotbrösel

Für 4 Personen

1 Die Topfenknödel wie oben beschrieben zubereiten.

2 Die Milch erwärmen, vom Herd nehmen und die Zartbitterkuvertüre darin schmelzen. Den Mohn mit Zucker, Honig, Rum, Vanillemark und Weißbrotbröseln vermischen. Mit einem Teelöffel 8 kleine Portionen abstechen und auf ein mit Backpapier ausgelegtes Blech setzen. Die Mohnhäufchen 20 Minuten in das Tiefkühlfach geben, bis sie formbar sind.

3 Die kalten Häufchen mit den Händen zu Kugeln drehen und die Topfenknödel beim Formen mit den Mohnkugeln füllen.

Alfons Schuhbeck

»Für Topfen-Nougat-Knödel 80 g Nussnougat mit den Händen zu 8 gleich großen Kugeln drehen und mindestens 10 Minuten kühl stellen. Die Topfenknödel beim Formen mit den Nougatkugeln füllen und wie oben beschrieben fertig stellen.«

Zwetschgenknödel

Für die Knödel:

500 g mehlig kochende Kartoffeln
Salz · 50 g Speisestärke
50 g doppelgriffiges Mehl (Wiener Grießler)
50 g Hartweizengrieß · 1 Ei
4 EL braune Butter (siehe Seite 46)
abgeriebene Schale von 1 unbehandelten Zitrone
Mark von 1/2 Vanilleschote
12 kleine Zwetschgen
12 Würfelzucker
Zwetschgenwasser zum Beträufeln

Für den Kochsud:

20 g Salz · 80 g Zucker
1 ausgekratzte Vanilleschote
2 Scheiben Ingwer
1/2 Zimtrinde
2 Streifen unbehandelte Zitronen- und Orangenschale

Außerdem:

150 g Zimtbrösel (siehe Seite 355, Tipp)
Puderzucker zum Bestäuben

Für 4 Personen

1 Für die Knödel die Kartoffeln in Salzwasser weich kochen, abgießen, pellen und noch warm durch die Kartoffelpresse drücken. Auf einem großen Teller oder einem Backblech ausbreiten, ausdampfen lassen und zugedeckt mehrere Stunden oder über Nacht kühl stellen.

2 Die passierten Kartoffeln mit der Speisestärke, dem Mehl, dem Grieß, dem Ei, der braunen Butter, 1 Prise Salz, der Zitronenschale und dem Vanillemark in einer Schüssel zu einem glatten Teig verrühren.

3 Die Zwetschgen waschen, halb aufschneiden und entsteinen. In jede Frucht statt des Steins 1 Würfelzucker geben und auf jedes Zuckerstückchen einige Tropfen Zwetschgenwasser träufeln.

4 Den Kartoffelteig in 12 gleich große Portionen teilen und leicht flachdrücken. In die Mitte jeder Teigscheibe 1 Zwetschge geben, mit Teig umhüllen und mit angefeuchteten Händen zu glatten Knödeln drehen.

5 Für den Kochsud in einem Topf 3 l Wasser mit dem Salz und dem Zucker aufkochen lassen. Die Vanilleschote, den Ingwer, den Zimt und die Orangen- und Zitronenschale hinzufügen und die Knödel darin 15 Minuten mehr ziehen als kochen lassen. Mit dem Schaumlöffel herausheben, auf Küchenpapier abtropfen lassen, in den Zimtbröseln wälzen und mit Puderzucker bestäuben. Dazu passt Mandelsahne (siehe Tipp unten).

Alfons Schuhbeck

»Für Mandelsahne 200 g Sahne mit 2 EL Puderzucker cremig aufschlagen und 1 TL Mandellikör (z. B. Amaretto) unterrühren.«

Griessknödel

Für den Teig:
500 ml Milch · Salz
2 EL Zucker · 2 EL Vanillezucker
125 g Butter
150 g Hartweizengrieß
2 Eier

Außerdem:
20 g Salz · 80 g Zucker
Mark von 1 Vanilleschote
2 Scheiben Ingwer · 1/2 Zimtrinde
je 2 Streifen unbehandelte Zitronen- und Orangenschale
150 g Zimtbrösel (siehe Seite 355, Tipp)

Für 4 Personen

1 Für die Knödel die Milch mit 1 Prise Salz, Zucker, Vanillezucker und Butter aufkochen lassen. Sobald die Butter geschmolzen ist, den Grieß einrühren und unter weiterem Rühren 2 Minuten dick einkochen lassen. Vom Herd nehmen und die Eier nach und nach unterrühren. Die Grießmasse in eine Schüssel füllen, mit Backpapier oder Frischhaltefolie bedecken und auskühlen lassen.

2 In einem Topf 3 l Wasser mit dem Salz und dem Zucker aufkochen lassen. Vanillemark, Ingwer, Zimt, Zitronen- und Orangenschale hinzufügen. Aus der Grießmasse mit angefeuchteten Händen 12 gleich große Knödel drehen und im siedenden Gewürzsud etwa 12 Minuten garen.

3 Die Knödel mit dem Schaumlöffel herausheben, auf Küchenpapier abtropfen lassen und in den Zimtbröseln wenden.

Rahmschmarren

3 Eier
2 EL Rum
1 TL abgeriebene unbehandelte Zitronenschale
Mark von 1/2 Vanilleschote
250 g saure Sahne
100 g Mehl
50 g Sahne
Salz
70 g Zucker
40 g Butter
2 EL Rumrosinen (siehe Seite 398, Tipp)
Puderzucker zum Bestäuben

Für 4 Personen

1 Zwei Eier trennen. Die Eigelbe, das restliche Ei, den Rum, die Zitronenschale, das Vanillemark und die saure Sahne in einer Schüssel verrühren. Das Mehl hinzufügen und alles zu einer glatten Masse rühren. Die Sahne cremig schlagen und unterheben. Die beiden Eiweiße mit 1 Prise Salz und 1 EL Zucker cremig schlagen, 2 EL Zucker einrieseln lassen und zu einem festen Schnee weiterschlagen. Den Eischnee unter die Sauerrahmmasse heben.

2 Den Backofengrill einschalten. In zwei kleinen ofenfesten Pfannen (24 bis 26 cm Durchmesser) jeweils 1 EL Butter bei milder Hitze zerlassen, die Rahmschmarrenmasse in die Pfannen verteilen und die Unterseite etwa 2 Minuten hell bräunen. Inzwischen die abgetropften Rumrosinen darüberstreuen, dabei darauf achten, dass sie mit etwas Teig bedeckt sind. Den Rahmschmarren in den Pfannen nacheinander unter dem Grill auf der untersten Schiene etwa 3 Minuten goldbraun backen.

3 Die Rahmschmarren mit zwei Gabeln in mundgerechte Stücke zerteilen. Die restliche Butter und den restlichen Zucker hinzufügen und den Rahmschmarren in den Pfannen unter Rühren auf dem Herd etwas karamellisieren lassen. Weitere 2 Minuten unter dem Grill backen. Auf vorgewärmten Tellern anrichten und mit Puderzucker bestäuben.

Karamellisierter Kaiserschmarren

Für den Schmarren:
120 g Mehl
250 ml Milch
4 Eigelb
Mark von 1 Vanilleschote
1 TL abgeriebene unbehandelte Zitronenschale
40 g braune Butter (siehe Seite 46)
4 Eiweiß · Salz
60 g Zucker · 40 g Butter
2–3 EL Rumrosinen (siehe Seite 398, Tipp)
2 EL Mandelblättchen (geröstet)

Außerdem:
2 rote Äpfel
1 EL Butter
1/2–1 EL Zucker
70 ml Dessertwein (z. B. Marsala oder Eiswein)
Puderzucker zum Bestäuben

Für 4 Personen

1 Für den Schmarren das Mehl mit der Milch glatt rühren. Die Eigelbe, das Vanillemark, die Zitronenschale und die braune Butter unterrühren. Die Eiweiße mit 1 Prise Salz cremig schlagen, nach und nach die Hälfte des Zuckers einrieseln lassen und zu einem festen Schnee weiterschlagen. Den Eischnee unter die Eigelbmasse heben.

2 Den Backofengrill einschalten. In zwei kleinen ofenfesten Pfannen (24 bis 26 cm Durchmesser) jeweils 1 TL Butter bei milder Hitze zerlassen. Den Kaiserschmarrenteig in den Pfannen verteilen und die Unterseite etwa 2 Minuten hell bräunen. Die abgetropften Rumrosinen und die Mandelblättchen daraufstreuen und dabei darauf achten, dass sie mit Teig bedeckt sind. Die Kaiserschmarren in den Pfannen nacheinander unter dem Backofengrill auf der untersten Schiene 3 Minuten goldbraun backen.

3 Die Äpfel waschen, vierteln, die Kerngehäuse entfernen und das Fruchtfleisch in Spalten schneiden. In einer Pfanne bei mittlerer Hitze Butter und Zucker schmelzen lassen, die Apfelspalten einlegen und darin etwas andünsten. Den Dessertwein angießen und fast vollständig einköcheln lassen.

4 Die Kaiserschmarren mit zwei Gabeln in mundgerechte Stücke zerteilen. Die Butter mit dem restlichen Zucker hinzufügen und den Kaiserschmarren in den Pfannen unter Rühren auf dem Herd bei mittlerer Hitze etwas karamellisieren lassen. Den Kaiserschmarren auf vorgewärmten Tellern mit den Äpfeln anrichten und mit Puderzucker bestäuben.

Alfons Schuhbeck

»Für einen Apfel-Walnuss-Schmarren 3 Äpfel schälen, halbieren und entkernen. Äpfel in Spalten schneiden und mit Zitronensaft beträufeln. Mit 2 EL Butter und 1 EL Zucker in einer Pfanne bei mittlerer Hitze auf beiden Seiten kurz anbraten, mit Zimtpulver bestäuben und 3 EL gehackte Walnüsse darüberstreuen. Die Apfel-Nuss-Mischung kurz vor dem Anrichten unter den Kaiserschmarren heben.«

Topfenschmarren mit Johannisbeeren

Für den Schmarren:

100 g Mehl
250 ml Milch
Mark von 1 Vanilleschote
1 TL abgeriebene unbehandelte Zitronenschale
4 Eigelb
100 g Speisequark (Topfen)
4 Eiweiß · Salz
70 g Zucker
50 g Butter

Für die Beeren:

150 g Rote Johannisbeeren
1 EL Butter
1 EL Puderzucker
1 Streifen unbehandelte Orangenschale
Puderzucker zum Bestäuben

Für 4 Personen

1 Für den Schmarren das Mehl mit der Milch, dem Vanillemark und der Zitronenschale in einer Schüssel glatt rühren. Die Eigelbe und den Quark unterrühren.

2 Die Eiweiße mit 1 Prise Salz und der Hälfte des Zuckers cremig schlagen und unter die Quarkmasse heben.

3 Den Backofengrill einschalten. In zwei kleine ofenfeste Pfannen (24 bis 26 cm Durchmesser) je 1 TL Butter bei mittlerer Hitze zerlassen. Die Topfenschmarrenmasse in die Pfannen verteilen und die Unterseite hell bräunen. Den Topfenschmarren in den Pfannen nacheinander unter dem Grill auf der untersten Schiene 2 bis 3 Minuten goldbraun backen.

4 Die Pfannen aus dem Ofen nehmen und die Topfenschmarren mit zwei Gabeln in mundgerechte Stücke zerteilen. Die restliche Butter und den restlichen Zucker hinzufügen und die Schmarren in den Pfannen unter Rühren auf dem Herd karamellisieren.

5 Für die Beeren die Johannisbeeren verlesen, waschen, abtropfen lassen und die Beeren von den Stielen zupfen. Die Butter in einer Pfanne zerlassen, den Puderzucker einrühren und die Johannisbeeren mit der Orangenschale kurz darin erhitzen.

6 Den Topfenschmarren auf vorgewärmten Tellern anrichten, die Johannisbeeren darauf verteilen und mit Puderzucker bestäuben.

Alfons Schubbeck

»Topfenschmarren bräunt etwas schneller als Kaiserschmarren, deshalb sollten Sie ihn nur unter Aufsicht backen. So können Sie sicher sein, dass der Schmarren unter dem Grill nicht zu dunkel wird.«

GRIESS-SCHMARREN MIT HEIDELBEEREN

40 g Hartweizengrieß
50 g Heidelbeeren
250 ml Milch
1/2 Vanilleschote
2 Scheiben Ingwer
1/2 Zimtrinde
abgeriebene Schale von
1/4 unbehandelten Zitrone
Saft und abgeriebene Schale von
1/4 unbehandelten Orange
3 Eigelb
60 g Mehl
2 EL Rum
3 Eiweiß · Salz
75 g Zucker
40 g Butter

Für 4 Personen

1 Den Grieß in einer beschichteten Pfanne ohne Fett bei mittlerer Hitze rösten, bis er zu duften beginnt. Vom Herd nehmen und auskühlen lassen. Die Heidelbeeren verlesen, waschen und abtropfen lassen. Von der Vanilleschote das Mark herauskratzen.

2 Die Milch mit Vanillemark und -schote, Ingwer und Zimt aufkochen lassen. Den Grieß einrühren und unter Rühren mit dem Schneebesen etwa 2 Minuten lang dick einkochen lassen. Den Topf vom Herd nehmen, Vanilleschote, Ingwer und Zimt entfernen. Zitronenschale, Orangensaft und -schale mit den Eigelben kräftig unterrühren. Mehl und Rum hinzufügen und unterrühren. Die Eiweiße mit 1 Prise Salz cremig schlagen, nach und nach die Hälfte des Zuckers einrieseln lassen und zu einem festen Schnee weiterschlagen. Den Eischnee unter die Grießmasse heben.

3 Den Backofengrill einschalten. In zwei kleinen ofenfesten Pfannen (24 bis 26 cm Durchmesser) je 1 TL Butter bei milder Hitze zerlassen und die Grießmasse darin verteilen. Etwa 2 bis 3 Minuten hell bräunen und die Heidelbeeren daraufstreuen, dabei darauf achten, dass sie mit etwas Teig bedeckt sind. Den Teig im Ofen auf der untersten Schiene 2 bis 3 Minuten goldbraun backen.

4 Die Grießschmarren mit 2 Gabeln in mundgerechte Stücke zerteilen, die restliche Butter und den restlichen Zucker hinzufügen und die Schmarren unter Rühren auf dem Herd karamellisieren.

Alfons Schuhbeck

»Um die Beschichtung Ihrer Pfannen zu schützen, können Sie den gebackenen Pfannkuchen auf eine Arbeitsfläche oder ein großes Schneidebrett stürzen, dort mit zwei Gabeln in Stücke reißen und zum Karamellisieren wieder zurück in die Pfannen geben.«

APFELKÜCHERL

Für den Teig:
170 ml Milch
3 EL Butter
Salz
100 g Mehl
3 Eier

Außerdem:
400 ml Fett zum Frittieren
80 g Zucker
1/2–1 TL Zimtpulver
3 säuerliche Äpfel (z. B. Boskop oder Braeburn)

Für ca. 18 Stück

1 Für den Teig 70 ml Milch mit 70 ml Wasser, der Butter und 1 Prise Salz in einem kleinen Topf aufkochen. Das gesiebte Mehl unter ständigem Rühren dazugeben und die Masse etwa 1 Minute mit dem Kochlöffel weiterrühren, bis sich der Teig vom Topfboden löst. Den Teig in eine Schüssel geben, die Eier nach und nach unterrühren und die restliche Milch hinzufügen, sodass ein dickflüssiger Teig entsteht.

2 Das Fett in einem Topf oder einer Fritteuse auf 180 °C erhitzen. Es ist heiß genug, wenn an einem ins Fett getauchten Holzlöffelstiel kleine Blasen aufsteigen.

3 Den Zucker und den Zimt mischen. Die Äpfel schälen und das Kerngehäuse mit einem Apfelausstecher herausstechen. Die Äpfel quer in etwa 1 cm dicke Scheiben schneiden. Die Apfelscheiben durch den Teig ziehen, etwas abtropfen lassen und im Fett wenige Minuten goldbraun backen. Die Apfelkücherl mit dem Schaumlöffel herausheben, kurz auf Küchenpapier abtropfen lassen und sofort im Zimtzucker wenden.

Alfons Schuhbeck

»Die Apfelringe können Sie statt mit Brandteig auch mit Wein- oder Bierteig (siehe unten) umhüllen.«

HOLLERKÜCHERL

Für den Teig:
200 g Mehl
300 ml Weißwein oder Bier
2 Eigelb
4 EL braune Butter (siehe Seite 46)
1 Msp. Vanillemark
Zimtpulver
2 Eiweiß · Salz
20 g Zucker

Außerdem:
Fett zum Frittieren
50 g Zucker
1/2 TL Zimtpulver
12 Holunderblütendolden

Für 4 Personen

1 Für den Teig das Mehl mit dem Weißwein in einer Schüssel glatt rühren. Die Eigelbe, die braune Butter, das Vanillemark und 1 Prise Zimt unterrühren.

2 Die Eiweiße mit 1 Prise Salz und dem Zucker steif schlagen und vorsichtig unter den Weinteig heben.

3 Das Fett in einem breiten flachen Topf oder einer Fritteuse auf 180 °C erhitzen. Es ist heiß genug, wenn an einem ins Fett getauchten Holzlöffelstiel kleine Blasen aufsteigen.

4 Den Zucker und den Zimt auf einem Teller vermischen. Die Holunderblütendolden verlesen, in den Teig tauchen, etwas abtropfen lassen und im heißen Fett goldbraun ausbacken. Die Hollerkücherl auf Küchenpapier abtropfen lassen und sofort in Zimtzucker tauchen.

Krapfen

130 ml Milch
20 g Hefe
45 g Zucker
375 g Mehl
2 Eier · 2 Eigelb
Mark von 1/2 Vanilleschote
1/2 TL abgeriebene unbehandelte Zitronenschale
Salz · 1 TL Rum
4 1/2 EL weiche Butter
Mehl für die Arbeitsfläche und zum Fertigstellen
Fett zum Frittieren
Aprikosen- oder Johannisbeerkonfitüre
Puderzucker zum Bestäuben

Für 15–18 Stück

1 Die Milch in einem kleinen Topf lauwarm (höchstens 40 °C) erhitzen. Die Hefe mit den Fingern zerbröckeln, in der Milch auflösen und 1 Prise Zucker dazugeben. Die Hefemilch in einer Schüssel mit etwa 150 g Mehl verrühren. Den Vorteig mit Frischhaltefolie bedeckt an einem warmen Ort 20 Minuten gehen lassen.

2 Den Vorteig mit dem restlichen Mehl und Zucker, den Eiern, den Eigelben, dem Vanillemark, der Zitronenschale, 1 Prise Salz und dem Rum in die Rührschüssel der Küchenmaschine geben und verkneten. Nach und nach die Butter unterkneten und 5 bis 10 Minuten weiterkneten, bis ein glatter Teig entstanden ist, der sich vom Schüsselrand löst. Den Teig mit Frischhaltefolie zudecken und bei Zimmertemperatur etwa 25 Minuten gehen lassen.

3 Den Teig nochmals durchkneten und weitere 15 Minuten gehen lassen. Den Teig in 15 bis 18 gleich große Portionen (à etwa 40 g) teilen und auf der leicht bemehlten Arbeitsfläche mit der Hand zu glatten Kugeln drehen. Die Kugeln mit der Naht nach unten in 5 cm Abstand auf ein bemehltes Tuch legen, dabei etwas flachdrücken und leicht mit Mehl bestäuben. Mit einem Tuch zudecken und 1 Stunde gehen lassen, bis sich ihr Volumen um drei Viertel vergrößert hat. Das Frittierfett in einem großen flachen Topf oder der Fritteuse auf 160 °C erhitzen.

4 Die Kugeln mit der glatten Seite nach unten in das heiße Fett geben und zugedeckt 2 Minuten darin frittieren. Die Krapfen mithilfe von zwei Holzkochlöffelstielen umdrehen. Die Unterseite der Krapfen hell bräunen, nochmals wenden und beide Seiten jeweils noch etwas nachbacken. Die Krapfen kurz untertauchen, mit dem Schaumlöffel herausheben und auf Küchenpapier abtropfen lassen.

5 Die Krapfen mithilfe einer Krapfentülle (lange schmale Lochtülle) mit Aprikosen- oder Johannisbeerkonfitüre füllen und auf der Oberseite mit Puderzucker bestäuben.

Alfons Schuhbeck

»In die Krapfen passen auch andere Konfitüren, etwa Hagebutte oder Himbeere. Statt sie mit Puderzucker zu bestäuben, können Sie sie auch mit Zuckerglasur überziehen.«

Auszogne

Für den Teig:
130 ml Milch
20 g Hefe
375 g Mehl
40 g Zucker
3 Eier · 2 Eigelb
Mark von 1/2 Vanilleschote
1/2 TL abgeriebene unbehandelte Zitronenschale
Salz
3 EL weiche Butter

Außerdem:
Mehl zum Formen
Öl für das Blech, zum Bestreichen und für die Hände
Fett zum Frittieren
Puderzucker zum Bestäuben

Für 12 Stück

1 Für den Teig die Milch lauwarm erwärmen. Die Hefe mit den Fingern zerbröckeln und in der Milch auflösen. Die Hefemilch mit etwa 150 g Mehl vermischen und mit Frischhaltefolie zugedeckt an einem warmen Ort 20 Minuten gehen lassen.

2 Den Vorteig mit dem restlichen Mehl, dem Zucker, den Eiern, den Eigelben, dem Vanillemark, der Zitronenschale und 1 Prise Salz in der Küchenmaschine oder mit den Knethacken des Handrührgeräts verkneten. Die Butter nach und nach unterkneten und 5 bis 10 Minuten weiterkneten, bis ein glatter Teig entstanden ist, der sich vom Schüsselrand löst. Den Hefeteig mit Frischhaltefolie zugedeckt bei Zimmertemperatur etwa 25 Minuten gehen lassen.

3 Aus dem Teig mit etwas Mehl 12 gleich große glatte Kugeln formen. Die Kugeln auf ein geöltes Backblech setzen und mit etwas Öl bestreichen. Mit Frischhaltefolie bedecken und nochmals an einem warmen Ort 15 bis 20 Minuten gehen lassen, bis sich das Volumen verdoppelt hat.

4 Das Fett in einem großen flachen Topf oder einer Fritteuse auf 160 °C erhitzen. Die Teigkugeln mit leicht geölten Händen vorsichtig so ausziehen, dass ein flacher Fladen mit breitem, dickem Rand und dünnem Mittelteil entsteht. Die Auszognen in das Fett geben und auf beiden Seiten goldbraun backen. Mit dem Schaumlöffel herausheben und auf Küchenpapier abtropfen lassen. Vor dem Servieren mit Puderzucker bestäuben.

Arme Ritter

1/2 Hefezopf vom Vortag (ersatzweise 3 Rosinenbrötchen)
100 g Powidl (Pflaumenmus)
150 g Zucker
1/4–1/2 TL Zimtpulver
Nelkenpulver
gemahlener Kardamom
3 Eier
150 ml Milch
Mark von 1/2 Vanilleschote
Butterschmalz zum Ausbacken

Für 4 Personen

1 Den Hefezopf in etwa 1/2 cm dicke Scheiben schneiden und die Hälfte der Scheiben komplett mit Powidl bestreichen. Die bestrichenen Scheiben mit den restlichen Scheiben bedecken.

2 Den Zucker mit Zimt, je 1 Prise Nelken und Kardamom in einem tiefen Teller vermischen.

3 Die Eier mit der Milch und dem Vanillemark verquirlen. Das Butterschmalz in einer Pfanne erhitzen. Die gefüllten Hefezopfscheiben kurz in die Eiermilch tauchen und im heißen Butterschmalz bei milder Hitze auf beiden Seiten goldbraun ausbacken. Die Armen Ritter auf Küchenpapier abtropfen lassen und noch heiß im Gewürzzucker wenden. Auf Tellern oder einer Platte anrichten.

MÜRBETEIG (GRUNDREZEPT)

175 g weiche Butter
75 g Puderzucker
Mark von 1/2 Vanilleschote
abgeriebene Schale von 1/2 unbehandelten Zitrone
Salz · 2 Eigelb
240 g Mehl

Für ca. 500 g

1 Die Butter, den Puderzucker, das Vanillemark, die Zitronenschale und 1 Prise Salz in einer Schüssel mit den Knethaken des Handrührgeräts verkneten oder mit einer Teigkarte zu einer glatten Masse verarbeiten. Die Eigelbe nacheinander dazugeben, die Masse dabei aber nicht schaumig schlagen.

2 Zuletzt das Mehl hinzufügen und nur so lange kneten, bis der Mürbeteig glatt ist. Zu einem flachen Ziegel formen und in Frischhaltefolie wickeln und mindestens 30 Minuten in den Kühlschrank legen.

3 Den gekühlten Teig je nach Rezept weiterverarbeiten.

Alfons Schuhbeck

»Mürbeteig können Sie gut einfrieren. Und im Kühlschrank hält er sich in Frischhaltefolie verpackt 1 Woche.«

KÄSE-APRIKOSEN-SCHNITTEN

Für den Teig:
750 g Mürbeteig (siehe Seite 366)

Für den Belag:
1 kg Schichtkäse oder Speisequark
200 g Zucker
1/2 TL abgeriebene unbehandelte Zitronenschale
1 EL Vanillezucker · Salz
3 Eier
160 g Sahne
30 g Speisestärke
100 g Mandelstifte
1 kg Aprikosen
250 g Aprikosenkonfitüre

Außerdem:
Mehl für die Arbeitsfläche
Fett für das Blech

Für 20–25 Stück

1 Den Mürbeteig zubereiten und in Frischhaltefolie gewickelt mindestens 30 Minuten kühl stellen.

2 Für den Belag den Schichtkäse mit dem Zucker, der Zitronenschale, dem Vanillezucker und 1 Prise Salz verrühren. Eier und Sahne hinzufügen, mit der Speisestärke vermischen und mit den Mandelstiften unter die Quarkcreme rühren.

3 Die Aprikosen waschen und halbieren, entsteinen und in Spalten schneiden. Den Backofen auf 200 °C vorheizen.

4 Den Mürbeteig nochmals kurz durchkneten, auf der leicht bemehlten Arbeitsfläche etwas größer als das Backblech ausrollen und das gefettete Blech damit auslegen. Den Teig mit einer Gabel mehrmals einstechen. Die Quarkmasse gleichmäßig darauf verteilen und mit den Aprikosen belegen. Den Käse-Aprikosen-Kuchen im Ofen auf der untersten Schiene etwa 50 Minuten backen.

5 Die Aprikosenkonfitüre in einem kleinen Topf erhitzen und mit dem Stabmixer pürieren. Den Kuchen mit der Konfitüre bestreichen und in Rechtecke schneiden.

MANDEL-BIRNEN-KUCHEN

Für den Teig:

500 g Mürbeteig (siehe Seite 366)

Außerdem:

Mehl für die Arbeitsfläche
Butter für die Form
Hülsenfrüchte zum Blindbacken

Für den Belag:

5 EL Aprikosenkonfitüre
400 g Birnenhälften (aus der Dose)
75 g Zartbitterkuvertüre
3 Eier
125 g Marzipanrohmasse
125 g weiche Butter
125 g Zucker
Mark von 1 Vanilleschote
Salz
75 g Mehl
1 TL Backpulver
1 EL Mandelblättchen (geröstet)

Für 1 Springform (28 cm Durchmesser)

1 Den Mürbeteig zubereiten und in Frischhaltefolie gewickelt mindestens 30 Minuten kühl stellen.

2 Den Backofen auf 200 °C vorheizen. Den Mürbeteig nochmals kurz durchkneten, dann auf der bemehlten Arbeitsfläche 3 bis 4 mm dick ausrollen. Eine Springform mit Butter einfetten und mit dem Teig auslegen, dabei einen halbhohen Rand formen. Den Teigboden mit einer Gabel mehrmals einstechen. Boden und Rand mit Backpapier auslegen und die Form bis zum Teigrand mit getrockneten Hülsenfrüchten füllen. Den Teig im Ofen auf der mittleren Schiene etwa 20 Minuten backen, bis er leicht vorgebacken ist. Herausnehmen, das Backpapier mit den Hülsenfrüchten entfernen. Die Backofentemperatur auf 180 °C herunterschalten.

3 Für den Belag inzwischen die Aprikosenkonfitüre mit dem Stabmixer pürieren. Die Hälfte der Konfitüre in einem kleinen Topf leicht erwärmen und den noch heißen Mürbeteig damit bestreichen. Die Birnen in ein Sieb abgießen und abtropfen lassen. Die Kuvertüre fein hacken.

4 Ein Ei trennen. Das Eiweiß mit dem Marzipan in einer Schüssel glatt rühren. Die Butter mit dem Zucker, dem Vanillemark und 1 Prise Salz in einer Schüssel verrühren, das Eigelb hinzufügen und hellschaumig aufschlagen. Die Marzipanmasse dazugeben und nacheinander die restlichen Eier unterrühren. Das Mehl mit dem Backpulver über die Masse sieben und mit der Kuvertüre locker unterheben.

5 Den Marzipanteig auf den Mürbeteig geben und glatt streichen. Die Birnenhälften nebeneinander mit der Wölbung nach oben auf den Kuchen setzen und gleichmäßig in den Teig drücken. Den Kuchen im Ofen auf der mittleren Schiene etwa 50 Minuten backen.

6 Den noch heißen Kuchen mit der restlichen Aprikosenkonfitüre glasieren und mit den Mandelblättchen bestreuen. Den Kuchen in der Form abkühlen lassen, dann herausnehmen und in Stücke schneiden.

Alfons Schuhbeck

»Sehr dekorativ sieht es aus, wenn Sie die Birnenhälften in Spalten schneiden und fächerförmig auf den Teig legen. Nach Belieben können Sie den Kuchen statt mit Birnen mit Heidelbeeren oder Rhabarberstückchen backen.«

ZWETSCHGENDATSCHI MIT STREUSELN

Für den Teig:

125 ml Milch · 20 g Hefe
300 g Mehl
50 g Zucker · 2 Eigelb
1 EL Mandellikör (z. B. Amaretto)
Salz · 1 Msp. Vanillemark
1 Msp. abgeriebene unbehandelte Zitronenschale
50 g weiche Butter

Außerdem:

flüssige Butter und Mehl für das Blech
Mehl für die Arbeitsfläche

Für den Belag:

2 kg Zwetschgen
50 g Biskuitbrösel (z. B. zerstoßene Löffelbiskuits)
50 g Zucker
1/2 TL Zimtpulver

Für die Streusel:

125 g Mehl · 90 g Zucker
1 EL Vanillezucker
100 g flüssige Butter
Salz · Zimtpulver
75 g Mandelblättchen

Für 1 Backblech

1 Für den Hefeteig die Milch in einem kleinen Topf lauwarm (etwa 30 °C) erhitzen. Die Hefe mit den Fingern zerbröckeln und in der Milch auflösen. Die Hefemilch mit dem Mehl, dem Zucker, den Eigelben, dem Mandellikör, 1 Prise Salz, dem Vanillemark und der Zitronenschale mit den Händen oder in der Küchenmaschine zu einem Teig verkneten. Die Butter hinzufügen und den Teig einige Minuten weiterkneten, bis er geschmeidig ist.

2 Den Teig zu einer Kugel formen und in einer Schüssel mit Frischhaltefolie bedeckt etwa 30 Minuten an einem warmen Ort gehen lassen.

3 Ein Backblech mit flüssiger Butter bestreichen und mit Mehl bestäuben. Den Teig auf der bemehlten Arbeitsfläche dünn ausrollen und das Blech damit auslegen. Den Teig mit einer Gabel mehrmals einstechen.

4 Für den Belag die Zwetschgen waschen, halbieren, entsteinen und jede Zwetschgenhälfte längs etwa bis zur Mitte einschneiden. Den Teig mit den Biskuitbröseln bestreuen und dicht mit den Zwetschgenhälften belegen. Den Zucker und den Zimt in einer kleinen Schüssel vermischen und über die Zwetschgen streuen.

5 Für die Streusel das Mehl mit dem Zucker, dem Vanillezucker, der flüssigen Butter und je 1 Prise Salz und Zimt mit den Fingern zu Krümeln verreiben. Die Mandelblättchen locker daruntermischen und die Streusel gleichmäßig auf dem Zwetschgendatschi verteilen. Den Kuchen nochmals 20 Minuten gehen lassen.

6 Den Backofen auf 175 °C vorheizen. Den Zwetschgendatschi im Ofen auf der mittleren Schiene 30 bis 40 Minuten goldbraun backen. Herausnehmen, auskühlen lassen und den Kuchen in Stücke schneiden. Den Datschi nach Belieben mit einem Klecks Schlagsahne servieren.

Alfons Schuhbeck

»Statt Hefeteig können Sie für den Zwetschgendatschi auch 750 g Mürbeteig verwenden. Er wird dafür auf Blechgröße ausgerollt, auf das gebutterte Backblech gelegt, mit einer Gabel mehrmals eingestochen und im auf 175 °C vorgeheizten Ofen 8 bis 10 Minuten hell vorgebacken. Dann wie oben mit Zwetschgen belegen. Frühzwetschgen geben beim Backen viel Saft ab, Spätzwetschgen bleiben dagegen relativ fest.«

GEDECKTER APFELKUCHEN

Für den Teig:

750 g Mürbeteig (siehe Seite 366)

Für die Füllung:

1 kg Äpfel
2 EL Butter
3 EL Zucker
1 EL Vanillezucker
1/2 TL Zimtpulver
1/2 TL abgeriebene unbehandelte Zitronenschale
1 EL Zitronensaft
50 g Mandelstifte
50 g Rosinen

Außerdem:

Mehl für die Arbeitsfläche
Butter für die Form
4 EL Biskuitbrösel (z. B. zerstoßene Löffelbiskuits oder heller Biskuitboden)
1 kleines Ei · 2 EL Sahne

Für 1 Springform (26 cm Durchmesser)

1 Den Mürbeteig zubereiten und in Frischhaltefolie gewickelt mindestens 30 Minuten kühl stellen.

2 Für die Füllung die Äpfel schälen, vierteln, entkernen und in 1 bis 1,5 cm große Würfel schneiden. Die Apfelwürfel in einer tiefen Pfanne mit der Butter, dem Zucker, dem Vanillezucker, dem Zimt und der Zitronenschale etwa 10 Minuten andünsten. Den Zitronensaft, die Mandelstifte und die Rosinen hinzufügen und alles auf einem Sieb abtropfen und auskühlen lassen.

3 Den Backofen auf 180 °C vorheizen. Den Mürbeteig nochmals kurz durchkneten. Etwa ein Drittel des Teigs auf der bemehlten Arbeitsfläche 3 bis 4 mm dick ausrollen und einen Kreis in der Größe der Springform ausschneiden. Den Teigkreis auf Backpapier legen, mit einer Gabel einstechen und in das Tiefkühlfach geben. Die Springform mit Butter einfetten. Den restlichen Teig ebenfalls 3 bis 4 mm dick ausrollen, die Springform damit auslegen, dabei einen Rand formen. Den Mürbeteigboden mit den Biskuitbröseln bestreuen.

4 Das Ei mit der Sahne verquirlen. Die Äpfel auf dem Teigboden verteilen, den überstehenden Teigrand über die Äpfel klappen und mit dem verquirlten Ei bestreichen. Den Teigkreis aus dem Tiefkühlfach nehmen und mithilfe des Backpapiers auf die Apfelfüllung legen, den Rand leicht andrücken. Mit dem restlichen Ei bestreichen und im vorgeheizten Ofen auf der untersten Schiene etwa 1 Stunde goldbraun backen.

Alfons Schuhbeck

»Die Füllung können Sie mit Birnen variieren: Ersetzen Sie dafür die Hälfte der Äpfel durch Birnen. Der Kuchen schmeckt am besten noch lauwarm und mit halb steif geschlagener Sahne. Ich streue gerne noch 1 Prise Zimt auf die Sahne.«

Schokoladenkuchen

Für den Teig:

180 g geriebene Haselnüsse
150 g Zartbitterkuvertüre
150 g weiche Butter
70 g Puderzucker
1 EL Vanillezucker
8 Eigelb
100 g Biskuitbrösel (z. B. zerstoßene Löffelbiskuits oder heller Biskuitboden)
1 TL Backpulver
8 Eiweiß · Salz

Außerdem:

Butter für die Form

Für die Glasur:

150 g Zartbitterkuvertüre
80 ml Kondensmilch
1 EL Honig

Für 1 Kastenkuchenform (30 cm Länge)

1 Den Backofen auf 175 °C vorheizen. Für den Teig die Haselnüsse auf einem Backblech verteilen und im Ofen auf der mittleren Schiene 5 bis 10 Minuten goldbraun rösten, dabei öfter durchrühren. Die Nüsse herausnehmen und abkühlen lassen. Den Backofen nicht ausschalten.

2 Die Kuvertüre grob hacken und in einer Metallschüssel im heißen Wasserbad unter Rühren schmelzen lassen.

3 Die Butter mit 30 g Puderzucker und dem Vanillezucker in einer Schüssel mit dem Handrührgerät cremig rühren. Nach und nach die Eigelbe unterrühren und die Masse hellschaumig aufschlagen. Die flüssige Kuvertüre unter Rühren hinzufügen.

4 Die gerösteten Haselnüsse in einer Schüssel mit den Bröseln und dem Backpulver vermischen. Die Eiweiße mit 1 Prise Salz cremig schlagen, nach und nach den restlichen Puderzucker einrieseln lassen und zu einem festen Schnee weiterschlagen. Den Eischnee mit der Nussmischung abwechselnd unter die Schokoladenmasse heben.

5 Die Kastenkuchenform mit Butter einfetten und mit Backpapier auslegen. Die Schokoladenmasse hineingeben und im Ofen auf der untersten Schiene 40 bis 45 Minuten backen. Den Kuchen herausnehmen, 10 Minuten in der Form abkühlen lassen, vorsichtig auf ein Kuchengitter stürzen und vollständig auskühlen lassen.

6 Für die Glasur die Kuvertüre fein hacken, mit der Kondensmilch und dem Honig in einer Metallschüssel im heißen Wasserbad unter Rühren schmelzen lassen. Die Schokomasse mit einem Pinsel auf dem Kuchen verteilen und fest werden lassen. Zum Servieren den Kuchen in Stücke schneiden, dabei das Messer öfter mit heißem Wasser anfeuchten.

Alfons Schuhbeck

»Die Schokokuchenmasse können Sie auch als Blechkuchen backen. Eine feinsäuerliche Note bekommt der Kuchen, wenn Sie ihn mit Aprikosenkonfitüre bestreichen und dann erst mit Schokoladenglasur überziehen.«

Marmorkuchen

200 g weiche Butter
150 g Puderzucker
1 EL Vanillezucker
1/2 TL abgeriebene unbehandelte Zitronenschale
6 Eier
2 EL Rum
200 g Mehl
1 TL Backpulver
100 g geschälte gemahlene Mandeln
1 1/2 EL Kakaopulver
70 g Zartbitterkuvertüre
Salz
150 g Zucker
weiche Butter und Mehl für die Form
Puderzucker zum Bestäuben

Für 1 Gugelhupfform (2 l Inhalt)

1 Die Butter mit dem Puderzucker, dem Vanillezucker und der Zitronenschale in einer Schüssel schaumig rühren. Die Eier trennen. Die Eigelbe nach und nach unter die Buttermasse rühren. Den Rum hinzufügen und die Masse hellschaumig aufschlagen.

2 Das Mehl mit dem Backpulver in eine Schüssel sieben. Die Mandeln hinzufügen und untermischen. Den Kakao in eine weitere Schüssel sieben. Die Kuvertüre fein reiben und mit dem Kakao vermischen.

3 Die Eiweiße mit 1 Prise Salz und einem Drittel des Zuckers cremig schlagen, nach und nach den restlichen Zucker einrieseln lassen und zu einem festen Schnee weiterschlagen. Den Eischnee abwechselnd mit der Mehlmischung unter die Buttermasse heben. Den Backofen auf 175 °C vorheizen.

4 Die Gugelhupfform mit Butter einfetten und mit Mehl bestäuben. Etwas mehr als die Hälfte des Teigs in die Form füllen. Die Kakao-Kuvertüre-Mischung unter den restlichen Teig rühren und den Schokoladenteig auf dem hellen Teig in der Form verteilen. Eine Gabel spiralförmig durch beide Teigschichten ziehen, sodass eine Marmorierung entsteht.

5 Den Marmorkuchen im Ofen auf der untersten Schiene etwa 70 Minuten backen. Den Kuchen herausnehmen, 10 Minuten in der Form abkühlen lassen und vorsichtig stürzen. Den Marmorkuchen vollständig auskühlen lassen und zum Servieren mit Puderzucker bestäuben.

Alfons Schuhbeck

»Achten Sie darauf, dass die ganze Form vollständig mit Butter eingefettet ist, damit sich der Kuchen später gut aus der Form stürzen lässt. Ich verwende immer weiche Butter, sie haftet besser an der Form.«

KIRSCH-NUSS-KUCHEN

Für den Teig:

140 g weiche Butter
130 g Zucker
1 EL Vanillezucker
4 Eigelb
350 g Sauerkirschen (aus dem Glas)
80 g Zartbitterkuvertüre
50 g Weißbrotbrösel
150 g geriebene Haselnüsse
5 Eiweiß · Salz

Außerdem:

weiche Butter und Mehl für die Form
Puderzucker zum Bestäuben

Für 1 Springform (26 cm Durchmesser)

1 Für den Kuchen die weiche Butter mit der Hälfte des Zuckers und dem Vanillezucker cremig rühren. Nach und nach die Eigelbe unterrühren und die Masse hellschaumig aufschlagen. Die Kirschen in ein Sieb abgießen und abtropfen lassen.

2 Den Backofen auf 175 °C vorheizen. Die Kuvertüre fein hacken und mit den Weißbrotbröseln und den Nüssen vermischen.

3 Die Eiweiße mit 1 Prise Salz cremig schlagen, nach und nach den restlichen Zucker einrieseln lassen und zu einem festen Schnee weiterschlagen. Den Eischnee mit der Nussmischung unter die Eigelbmasse heben.

4 Die Springform mit Butter einfetten und mit Mehl ausstreuen. Den Teig in die Form geben, glatt streichen, die Kirschen darauf verteilen und ganz leicht in den Teig drücken.

5 Den Kirschkuchen im Ofen auf der untersten Schiene 40 bis 50 Minuten backen. Den Kuchen herausnehmen, 10 Minuten abkühlen lassen und aus der Form nehmen. Den Kirsch-Nuss-Kuchen auf einem Kuchengitter vollständig abkühlen lassen und mit Puderzucker bestäuben.

LAUWARMER MOHNKUCHEN

150 g gemahlene Haselnüsse
150 g weiche Butter
150 g Zucker
1/2 TL abgeriebene unbehandelte Zitronenschale
5 Eier
150 g gemahlener Mohn
1 TL Backpulver
Salz
Öl für die Form
Puderzucker zum Bestäuben

Für 1 Kastenkuchenform (30 cm Länge)

1 Den Backofen auf 180 °C vorheizen. Die Haselnüsse auf einem Backblech verteilen und im Ofen auf der mittleren Schiene 5 bis 10 Minuten goldbraun rösten, dabei öfter durchrühren. Die Nüsse herausnehmen und abkühlen lassen. Den Backofen nicht ausschalten.

2 Die Butter mit der Hälfte des Zuckers und der Zitronenschale in einer Schüssel cremig schlagen. Die Eier trennen. Nach und nach die Eigelbe unter die Buttermasse rühren. Den Mohn, die gerösteten Haselnüsse und das Backpulver in einer Schüssel mischen.

3 Die Eiweiße mit 1 Prise Salz und 2 EL Zucker cremig schlagen, nach und nach den restlichen Zucker einrieseln lassen und zu einem festen Schnee weiterschlagen. Den Eischnee mit der Mohnmischung unter die Buttermasse heben.

4 Die Kastenkuchenform mit Öl einfetten und mit Backpapier auslegen. Die Mohnmasse in die Form füllen und glatt streichen. Den Kuchen im Ofen auf der untersten Schiene 45 bis 50 Minuten backen. Den Kuchen herausnehmen, 10 Minuten abkühlen lassen, stürzen und lauwarm auskühlen lassen. Den lauwarmen Mohnkuchen mit Puderzucker bestäuben und zum Servieren in Scheiben schneiden.

HEFEGUGELHUPF

Für den Teig:

2–3 EL Rosinen · 2 EL Rum
300 g Mehl
125 ml Milch · 15 g Hefe
50 g Zucker
120 g weiche Butter
1 gestr. TL Salz
1 Msp. Vanillemark
1 TL abgeriebene unbehandelte Zitronenschale
3 Eigelb
40 g Mandelstifte

Außerdem:

120 g flüssige Butter für die Form
70 g Mandelblättchen für die Form
Mehl zum Bearbeiten des Teiges
Puderzucker zum Bestäuben

Für 1 Gugelhupfform (2 l Inhalt)

1 Für den Gugelhupf die Rosinen mit dem Rum in einem Schälchen vermischen. Das Mehl in eine Schüssel sieben und in die Mitte eine Mulde drücken. Die Milch lauwarm erhitzen. Die Hefe mit den Fingern zerbröckeln und in der Milch auflösen. Die Hefemilch in die Mehlmulde gießen, mit 1 TL Zucker bestreuen und mit etwas Mehl verrühren. Den Vorteig mit Frischhaltefolie bedeckt an einem warmen Ort etwa 15 Minuten gehen lassen.

2 Die Butter mit dem restlichen Zucker, dem Salz, dem Vanillemark und der abgeriebenen Zitronenschale cremig rühren. Die Eigelbe dazugeben und weiterschlagen, bis die Masse hellschaumig ist. Die Buttermasse zum Mehl geben. Den Hefeteig in der Küchenmaschine oder mit den Knethaken des Handrührgeräts so lange kneten, bis ein glatter und elastischer Teig entstanden ist, der sich vom Schüsselrand löst. Die Rosinen abgießen, mit den Mandelstiften kurz unterkneten und den Teig zugedeckt an einem warmen Ort etwa 20 Minuten gehen lassen.

3 Die Gugelhupfform mit 2 EL flüssiger Butter einpinseln und mit den Mandelblättchen ausstreuen. Den Teig kurz durchkneten, mit etwas Mehl zu einer Kugel formen, in die Mitte ein Loch drücken und in die Gugelhupfform legen. Den Teig zugedeckt an einem warmen Ort nochmals 30 bis 40 Minuten gehen lassen. Den Backofen auf 175 °C vorheizen.

4 Den Gugelhupf im Ofen auf der untersten Schiene etwa 50 Minuten backen. Den Kuchen herausnehmen, kurz abkühlen lassen und vorsichtig aus der Form lösen. Den Gugelhupf mit der restlichen flüssigen Butter bepinseln und auf einem Kuchengitter abkühlen lassen. Zum Servieren mit Puderzucker bestäuben.

Alfons Schuhbeck

»Wunderbar saftig und aromatisch wird der Hefegugelhupf, wenn Sie ihn direkt nach dem Stürzen, solange er noch warm ist, mit Rumläuterzucker tränken. Dafür 50 g Zucker mit 50 ml Wasser aufkochen, vom Herd nehmen und 2 bis 3 EL Rum unterrühren. Den Gugelhupf mit der Mischung beträufeln, bis er alles aufgesaugt hat.«

GLÜHWEINGUGELHUPF

Für den Teig:

125 ml Rotwein
1 TL Zimtrinde
je 1 Streifen unbehandelte Zitronen- und Orangenschale
220 g Zucker
100 g Zartbitterkuvertüre
250 g weiche Butter
5 Eigelb
250 g Mehl
1 TL Backpulver
Zimtpulver
5 Eiweiß · Salz

Außerdem:

flüssige Butter und Mehl für die Form
Puderzucker zum Bestäuben

Für 1 Gugelhupfform (2 l Inhalt)

1 Den Rotwein mit der zerbröselten Zimtrinde, der Zitronen- und Orangenschale und 1 EL Zucker in einem Topf erhitzen, aber nicht kochen lassen. Vom Herd nehmen, durch ein Sieb gießen und auskühlen lassen. Die Kuvertüre fein reiben.

2 Die Butter mit 100 g Zucker cremig schlagen, nach und nach die Eigelbe dazugeben und weiterschlagen, bis die Masse hellschaumig ist. Das Mehl mit dem Backpulver in eine Schüssel sieben und mit der Schokolade und 1 Prise Zimt mischen. Den Backofen auf 175 °C vorheizen.

3 Die Eiweiße mit 1 Prise Salz und 2 EL Zucker cremig schlagen, den restlichen Zucker einrieseln lassen und zu einem festen Schnee weiterschlagen. Die Hälfte der Mehlmischung mit dem Rotwein in die Buttermasse rühren. Die restliche Mehlmischung und den Eischnee unterheben.

4 Die Gugelhupfform mit Butter einfetten und mit Mehl bestäuben. Den Teig in die Form füllen und im Ofen auf der untersten Schiene 50 bis 60 Minuten backen. Den Kuchen herausnehmen, kurz in der Form abkühlen lassen und vorsichtig stürzen. Den Gugelhupf auf einem Kuchengitter abkühlen lassen. Mit Puderzucker bestäubt servieren.

Alfons Schuhbeck

»Damit der Kuchen beim Backen schön aufgeht, sollte der Glühwein unbedingt auskühlen, bevor er unter die Kuchenmasse gerührt wird.
Nach Belieben kann die Masse auch in kleinen Gugelhupfförmchen oder in Muffinformen gebacken werden.
Die Backzeit verringert sich dann auf 20 bis 30 Minuten.
Für Rotweinkuchen statt des Glühweins einfach Rotwein hinzufügen.«

Hefezopf

Für den Teig:

150 ml Milch · 20 g Hefe
300 g Mehl
50 g Zucker · 2 Eigelb
1 EL Mandellikör (z.B. Amaretto)
Salz · 1 Msp. Vanillemark
1 Msp. abgeriebene unbehandelte Zitronenschale
50 g weiche Butter
2 EL Rosinen · 1 EL Rum

Außerdem:

flüssige Butter und Mehl für das Blech
1 Ei

Für die Glasur:

50 g Puderzucker
1 TL Rum
1 EL Mandelblättchen

Für ca. 500 g

1 Für den Teig die Milch lauwarm erwärmen und in eine Schüssel geben. Die Hefe mit den Fingern zerbröckeln und in der Milch auflösen. Mehl, Zucker, Eigelbe, Mandellikör, 1 Prise Salz, Vanillemark und Zitronenschale dazugeben und mit den Knethaken des Handrührgeräts oder der Küchenmaschine zu einem Teig verkneten. Die Butter hinzufügen und den Hefeteig so lange kneten, bis ein glatter, elastischer Teig entstanden ist, der sich vom Schüsselrand löst.

2 Den Hefeteig zugedeckt an einem warmen Ort knapp 30 Minuten gehen lassen, bis sich das Volumen verdoppelt hat. Die Rosinen mit dem Rum in einem Schälchen mischen. Den Teig kurz durchkneten und weitere 30 Minuten zugedeckt gehen lassen.

3 Den Backofen auf 180 °C vorheizen. Ein Backblech mit flüssiger Butter bestreichen und mit Mehl bestäuben.

4 Die Rosinen abgießen und in den Teig geben. Den Teig nochmals kurz durchkneten, in drei Portionen teilen und diese jeweils zu Strängen formen. Aus den drei Teigsträngen einen Zopf flechten. Den Zopf auf das Backblech setzen und an einem warmen Ort zugedeckt nochmals 20 Minuten gehen lassen.

5 Das Ei verquirlen, den Hefezopf damit bestreichen und im Ofen auf der mittleren Schiene 25 bis 30 Minuten goldbraun backen. Den Zopf herausnehmen und vollständig abkühlen lassen.

6 Für die Glasur den Puderzucker mit 1 EL Wasser und dem Rum verrühren. Die Mandelblättchen in einer Pfanne ohne Fett goldbraun rösten. Den ausgekühlten Hefezopf mit der Puderzuckerglasur bestreichen und mit den gerösteten Mandelblättchen bestreuen.

Alfons Schubbeck

»Die Rumrosinen schmecken noch aromatischer, wenn sie 1 bis 2 Tage im Rum ziehen. Ich knete sie immer erst zum Schluss unter den Hefeteig, damit sie ganz bleiben und den Teig nicht verfärben.«

Osterbrot

Für den Teig:

30 g Orangeatwürfel · 3 EL Rum
80 g Rosinen
250 g Mehl
75 ml Milch · 20 g Hefe
3 Eigelb
2 EL Zucker
Mark von 1/2 Vanilleschote · Salz
1 Msp. abgeriebene unbehandelte Zitronenschale
75 g weiche Butter
Mehl zum Verarbeiten
flüssige Butter zum Bestreichen

Für die Glasur:

80 g Aprikosenkonfitüre
50 g Puderzucker
1 EL Zitronensaft

Für ca. 500 g

1 Das Orangeat mit 1 TL Rum vermischen und fein hacken. Die Rosinen mit dem restlichen Rum in ein Schälchen geben.

2 Das Mehl in eine Schüssel geben und in die Mitte eine Mulde drücken. Die Milch in einem kleinen Topf lauwarm erhitzen. Die Hefe mit den Fingern zerbröckeln und in der Milch auflösen. Die Hefemilch in die Mehlmulde geben, mit etwas Mehl zu einer zähen Masse verrühren und ein wenig Mehl darüberstäuben. Den Vorteig zugedeckt an einem warmen Ort etwa 15 Minuten gehen lassen, bis sich an der Oberfläche leichte Risse bilden.

3 Inzwischen die Eigelbe mit dem Zucker, dem Vanillemark, 1 Prise Salz und der Zitronenschale in einer Schüssel hellschaumig aufschlagen. Die Butter in einer zweiten Schüssel ebenfalls cremig schlagen.

4 Den Eierschaum zum Vorteig in die Schüssel geben und kurz mischen. Die Butter hinzufügen und alles mit den Knethaken des Handrührgeräts oder in der Küchenmaschine zu einem glatten, geschmeidigen Teig verkneten. Die Rumrosinen abtropfen lassen und mit dem Orangeat rasch unter den Hefeteig kneten. Den Teig zugedeckt etwa 20 Minuten gehen lassen.

5 Den Hefeteig mit etwas Mehl zu einem runden Laib kneten und mit der Naht nach unten auf ein mit Backpapier ausgelegtes Backblech setzen. Die Teigkugel mit Butter bestreichen, rautenförmig einschneiden und mit einem Küchentuch bedeckt an einem warmen Ort 20 bis 30 Minuten gehen lassen.

6 Den Backofen auf 170 °C vorheizen. Das Osterbrot im Ofen auf der mittleren Schiene 30 bis 40 Minuten hellbraun backen. Herausnehmen und auskühlen lassen.

7 Die Aprikosenkonfitüre mit 2 EL Wasser aufkochen, mit dem Stabmixer pürieren und das Osterbrot damit bestreichen. Den Puderzucker in eine kleine Schüssel sieben und mit dem Zitronensaft und 1 bis 2 EL Wasser glatt rühren. Das Osterbrot mit dem Guss bestreichen.

Alfons Schuhbeck

»Damit sich das Orangeat besser hacken lässt, mische ich es vorher mit etwas Rum – so klebt es nicht am Messer.«

KLETZENBROT

300 g getrocknete Birnen (Kletzen)
100 g getrocknete Feigen
300 g getrocknete Zwetschgen (entsteint)
150 g getrocknete Datteln (entsteint)
150 g getrocknete Aprikosen (entsteint)
250 g Rosinen
50 g Orangeatwürfel
20 g Zitronatwürfel
1 TL Zimtpulver
1 Prise gemahlener Sternanis
1/2 TL Nelkenpulver · 8 cl Rum
8 cl Zwetschgenwasser
200 g Haselnüsse
1 kg Mischbrotteig (halb Sauerteig und halb Hefeteig, vom Bäcker)
Mehl zum Formen

Für ca. 2,5 kg

1 Am Vortag die getrockneten Birnen in einen Topf mit kaltem Wasser geben und über Nacht darin einweichen.

2 Am nächsten Tag die Birnen mit dem Einweichwasser in dem Topf etwa 10 Minuten weich kochen. Die Birnen in ein Sieb abgießen, abtropfen lassen und in grobe Würfel schneiden. Feigen, Zwetschgen, Datteln und Aprikosen ebenfalls in Würfel schneiden. Alles mit den Birnen, den Rosinen, dem Orangeat, dem Zitronat, dem Zimt, 1 Prise Sternanis, den Nelken, dem Rum und dem Zwetschgenwasser in einer Schüssel gut vermischen und die Früchte-Gewürz-Mischung zugedeckt bei Zimmertemperatur 1/2 Tag ziehen lassen.

3 Die Haselnüsse fein hacken. Die Früchte-Gewürz-Mischung mit den Haselnüssen und dem Brotteig verkneten und mit etwas Mehl zu zwei oder drei ovalen Broten formen. Die Kletzenbrote auf ein mit Backpapier ausgelegtes Backblech setzen und 30 Minuten an einem warmen Ort gehen lassen. Den Backofen auf 180 °C vorheizen.

4 Die Kletzenbrote im Ofen auf der mittleren Schiene je nach Größe 70 bis 90 Minuten backen, dabei alle 10 Minuten mit Wasser bepinseln. Die Brote herausnehmen und auf dem Blech abkühlen lassen. Die Kletzenbrote in Alufolie gewickelt mehrere Tage durchziehen lassen.

Alfons Schubbeck

»Das Kletzenbrot ist fertig, wenn es beim Klopfen auf die Unterseite hohl klingt.
Durch das Bepinseln mit Wasser erhält das Brot eine schöne Kruste.
Kletzenbrot schmeckt ausgezeichnet zu Käse oder einfach nur mit Butter bestrichen.«

Christstollen mit Marzipan

Für die Früchtemischung:

100 g Mandeln (gehackt und geröstet) · 250 g Korinthen
250 g Rosinen
50 g Zitronatwürfel (fein gehackt)
100 g Orangeatwürfel (fein gehackt) · 120 ml Rum
2 Tropfen Bittermandelaroma
Mark von 1 Vanilleschote
abgeriebene Schale von je 1/2 unbehandelten Zitrone und Orange

Für den Teig:

150 ml Milch · 90 g Hefe
80 g Honig
520 g Mehl (Type 405)
300 g Mehl (Type 550)
2 Eier · 2 Eigelb
400 g weiche Butter
Mehl zum Bestäuben · 6 g Salz

Für die Füllung:

200 g Marzipanrohmasse
30 g Puderzucker

Außerdem:

Butter und Mehl für die Form
250 g flüssiges Butterschmalz
300 g Vanillezucker

Für 2 Stollen à ca. 1,3 kg

1 Am Vortag für die Früchtemischung Mandeln, Korinthen, Rosinen, Zitronat, Orangeat, Rum, Bittermandelaroma, Vanillemark, abgeriebene Zitronen- und Orangenschale in einer Schüssel vermischen und mit Frischhaltefolie bedeckt bei Zimmertemperatur ziehen lassen.

2 Für den Teig am nächsten Tag die Milch lauwarm erwärmen. Die Hefe mit den Fingern zerbröckeln und in der Milch auflösen. Die Hefemilch mit dem Honig und 200 g Mehl (Type 405) zu einem zähen Teig vermischen. Zugedeckt an einem warmen Ort etwa 15 Minuten gehen lassen.

3 Das restliche Mehl, Eier, Eigelbe und 100 g Butter zum Vorteig geben und mit den Knethaken des Handrührgeräts oder der Küchenmaschine verkneten. Die restliche Butter nach und nach unter den Teig kneten. Den Hefeteig so lange kneten, bis er geschmeidig ist und Blasen wirft. Den Teig mit Mehl bestäuben und mit Frischhaltefolie abdecken. Bei Zimmertemperatur etwa 1 Stunde gehen lassen, bis sich sein Volumen verdoppelt hat. Die eingeweichten Früchte, Mandeln und Salz kurz unterkneten.

4 Zwei Stollenformen mit Butter einfetten und mit Mehl bestäuben. Den Backofen auf 220 °C vorheizen. Den Teig zu zwei dicken ovalen Fladen formen. Das Marzipan mit dem Puderzucker verkneten, zu zwei Rollen in der Länge der Teigfladen formen und in die Mitte der Stollen legen. Den Teig über dem Marzipan einschlagen und einrollen. Den Stollenteig mit der Nahtseite nach oben in die Form legen und die Form schließen. Die Stollen weitere 15 Minuten gehen lassen.

5 Die Stollen auf die mittlere Schiene in den Ofen geben, die Temperatur auf 175 °C herunterschalten und die Stollen 50 bis 60 Minuten backen. Die Christstollen aus der Form nehmen, leicht abkühlen lassen und noch warm rundherum mit Butterschmalz bestreichen. Mit Vanillezucker bestreuen, vollständig abkühlen lassen. In Alufolie wickeln und im Kühlschrank mindestens 1 Woche durchziehen lassen.

Alfons Schuhbeck

»Vanillezucker können Sie leicht selbst herstellen: 300 g Zucker mit 2 ausgekratzten Vanilleschoten in einem Schraubglas 1 bis 2 Wochen ziehen lassen. Besonders fein wird der Stollen, wenn Sie zum Vorteig noch 1/4 geriebene Tonkabohne (aus der Apotheke) geben. Das typische Stollengewürz wird wie Muskatnuss gerieben. In Stollenformen wird das Gebäck saftiger, es kann aber auch auf einem Backblech gebacken werden. Die geformten Stollen mit der Naht nach oben auf das Blech legen.«

Elisenlebkuchen

Für den Teig:

1/2 TL Hirschhornsalz · 3 TL Rum
30 g Zitronatwürfel
40 g Orangeatwürfel
200 g geriebene Mandeln
50 g geriebene Haselnüsse
40 g Mehl · Salz
1 TL Lebkuchengewürz
4 Eiweiß · 190 g Zucker
130 g Marzipanrohmasse

Außerdem:

20 Oblaten (9 cm Durchmesser)
150 g geschälte Mandeln oder andere geschälte Nüsse

Für die Glasur:

1 Eiweiß · 100 g Puderzucker
1 EL Zitronensaft

Für 20 Stück

1 Das Hirschhornsalz mit 2 TL Rum in einem Schälchen verrühren. Zitronat und Orangeat mit dem restlichen Rum mischen und sehr fein hacken. Mit den Mandeln und Haselnüssen, dem Mehl, 1 Prise Salz und dem Lebkuchengewürz mischen.

2 Die Eiweiße mit einem Drittel des Zuckers cremig schlagen, nach und nach den restlichen Zucker einrieseln lassen und zu festem Schnee weiterschlagen. Das Marzipan mit etwas Eischnee glatt rühren. Das aufgelöste Hirschhornsalz unterrühren und die Nussmischung abwechselnd mit dem Eischnee unter die Marzipanmasse heben.

3 Den Teig kuppelförmig auf die Oblaten streichen. Mit Mandeln oder anderen Nüssen belegen und auf mit Backpapier ausgelegte Backbleche setzen. Die Lebkuchen 1/2 Tag an einem trockenen Ort ruhen lassen.

4 Den Backofen auf 170 °C vorheizen. Die Lebkuchen im Ofen auf der mittleren Schiene etwa 30 Minuten backen. Herausnehmen und lauwarm abkühlen lassen.

5 Für die Glasur das Eiweiß mit dem gesiebten Puderzucker und dem Zitronensaft glatt rühren. Die lauwarmen Lebkuchen damit bestreichen.

Alfons Schuhbeck

»Die Lebkuchen werden noch schöner, wenn der Teig 2 bis 3 Tage im Kühlschrank ruhen kann und erst dann auf die Oblaten gestrichen wird.
Nach Belieben können Sie die Elisenlebkuchen auch mit Schokoladenglasur bestreichen.«

FRÜCHTENOUGAT

Für den Nougat:

Öl für die Form
400 g dunkler Nougat
150 g Zartbitterkuvertüre
90 g Mandelblättchen
140 g kandierte Kirschen
1 EL Orangenlikör (z. B. Grand Marnier)
50 g Pistazien

Für die Schokoladenglasur:

200 g Vollmilchkuvertüre
50 g helle Kuchenglasur

Für ca. 60 Stück

1 Für den Früchtenougat eine Kastenkuchenform mit Öl einpinseln und mit Frischhaltefolie auslegen. Den Nougat und die Zartbitterkuvertüre in kleine Stücke schneiden und in einer Metallschüssel im heißen Wasserbad schmelzen lassen. Die Mandelblättchen in einer beschichteten Pfanne ohne Fett goldbraun rösten.

2 Die kandierten Kirschen mit Orangenlikör beträufeln und vierteln. Mit den Pistazien und den Mandelblättchen mischen, unter die Nougatmischung rühren und in die Kastenform füllen. Den Früchtenougat im Kühlschrank mindestens 2 Stunden fest werden lassen.

3 Den Früchtenougat mithilfe der Folie aus der Form stürzen, 1/2 cm breite Scheiben abschneiden und diese dann in Würfel schneiden.

4 Für die Schokoladenglasur die Vollmilchkuvertüre und die Kuchenglasur in kleine Stücke schneiden und in einer Schüssel im lauwarmen Wasserbad schmelzen lassen. Die Nougatwürfel mit einer Gabel bis zur Hälfte in die Glasur tauchen, abtropfen lassen und auf ein mit Backpapier ausgelegtes Backblech setzen. Die Schokoglasur fest werden lassen.

SCHOKOLADEN-ORANGEN-BUSSERL

Für die Marmelade:

1 unbehandelte Orange
50 g Zucker
150 ml Orangensaft
1 cl Orangenlikör (z. B. Grand Marnier)

Für die Busserl:

40 g Zartbitterkuvertüre
50 g geriebene geschälte Mandeln
125 g Eiweiß (ca. 4 Eiweiß)
125 g Zucker
1 TL Honig
50 g Mehl
2 EL Kakaopulver
75 g braune Butter (siehe Seite 46)

Für ca. 60 Stück

1 Für die Marmelade die Orange heiß waschen, trocken reiben und mit der Schale in kleine Stücke schneiden. Die Orangenstücke mit Zucker, Orangensaft und -likör in einen Topf geben und etwa 30 Minuten köcheln lassen, bis die Orangenstücke weich sind. Die Marmelade mit dem Stabmixer fein pürieren und auskühlen lassen.

2 Für die Busserl den Backofen auf 190 °C vorheizen. Die Zartbitterkuvertüre fein hacken. Die Mandeln auf einem Backblech verteilen und im Ofen goldbraun rösten, dabei öfter durchrühren. Herausnehmen und auskühlen lassen. Den Backofen nicht ausschalten. Die Eiweiße mit einem Drittel des Zuckers cremig schlagen, nach und nach den restlichen Zucker einrieseln lassen und zu einem festen Schnee weiterschlagen. Den Honig unterrühren. Die Mandeln mit Mehl, Kakao und Kuvertüre mischen und unter den Eischnee heben. Zuletzt die braune Butter untermischen.

3 Die Mandelmasse in einen Spritzbeutel füllen und in kleine Papierbackförmchen (à 10 ml Inhalt) etwa drei Viertel hoch einfüllen. Die Orangenmarmelade in einen Spritzbeutel mit dünner Lochtülle füllen und in die Mitte der Busserl jeweils einen Tupfen Marmelade setzen. Die Busserl im Ofen 12 bis 15 Minuten backen und auf einem Gitter abkühlen lassen.

Walnuss-Marzipan-Konfekt

Für den Krokant:

2 EL Puderzucker
1 geh. EL Walnusskerne (grob gehackt)

Für das Konfekt:

400 g Marzipanrohmasse
100 g Puderzucker
35 ml Rum oder Weinbrand
80 g helle Kuchenglasur
50 g Pistazien

Für ca. 60 Stück

1 Für den Krokant den Puderzucker in einer Pfanne hell karamellisieren und die Walnüsse unterrühren. Den Krokant auf Backpapier verteilen, abkühlen lassen und anschließend mit einem großen Messer fein hacken.

2 Für das Konfekt 250 g Marzipanrohmasse mit dem Puderzucker verkneten und mit dem Nudelholz zu einem etwa 3 mm dünnen Rechteck (30 x 15 cm) ausrollen.

3 Das restliche Marzipan mit dem Walnusskrokant und dem Rum vermischen und gleichmäßig auf die Marzipanplatte streichen. Die Platte längs halbieren, das Marzipan von der Schnittkante her zu einer 2 bis 3 cm dicken Roulade aufrollen und diese dritteln. Die andere Hälfte der Marzipanplatte ebenfalls aufrollen und dritteln.

4 Die Kuchenglasur grob zerkleinern und in einer Metallschüssel unter Rühren im heißen Wasserbad schmelzen lassen. Die Pistazien fein hacken und auf einen flachen Teller geben. Die Marzipanstangen auf einer Seite mit der Kuchenglasur bepinseln und die bestrichene Seite in die Pistazien legen. Die restliche Oberfläche ebenfalls mit Kuchenglasur bepinseln und so in den Pistazien drehen, dass die Rollen rundherum mit Pistazien bedeckt sind.

5 Die Konfektrollen 1 Stunde trocknen lassen, kühl und luftdicht verschlossen aufbewahren und bei Bedarf in 1 cm dicke Scheiben schneiden.

Alfons Schuhbeck

»Statt Walnüssen verwende ich bei diesem Rezept nach Belieben auch andere Nüsse für den Krokant. Den Bräunungsvorgang beim Karamellisieren können Sie am besten kontrollieren, wenn Sie den Puderzucker in die kalte Pfanne sieben und ihn ohne umzurühren schmelzen lassen. Erst dann die Nüsse hinzufügen und den Krokant sofort auf Backpapier verteilen. Größere Mengen Krokant bereite ich wie im Kapitel Desserts beschrieben zu (siehe Seite 412, Krokant-Parfait).«

STERNTALER

Für den Mürbeteig:

120 g Butter
60 g Puderzucker
Nelken- und Zimtpulver
gemahlener Kardamom, Pfeffer und Piment
Vanillemark
Salz
1 Eigelb
180 g Mehl
Butter für das Blech
Mehl zum Ausrollen

Für die Marzipansterne:

150 g Marzipanrohmasse
30 g Puderzucker
Puderzucker zum Ausrollen
1 TL Rum

Außerdem:

80 g Zartbitterkuvertüre
40 g dunkle Kuchenglasur
2 EL Johannisbeerkonfitüre
ca. 50 g Pistazien

Für ca. 60 Stück

1 Für den Mürbeteig die Butter mit Puderzucker und je 1 Prise der Gewürze mithilfe einer Teigkarte vermischen und das Eigelb dazugeben. Das Mehl mit der Gewürzbutter verkrümeln und anschließend zügig verkneten. Den Teig zu einem flachen Ziegel formen und in Frischhaltefolie gewickelt mindestens 30 Minuten kühl stellen.

2 Für die Marzipansterne das Marzipan mit dem Puderzucker und dem Rum verkneten. Den Backofen auf 190 °C vorheizen.

3 Den Mürbeteig nochmals kurz durchkneten, auf der mit Mehl bestäubten Arbeitsfläche 3 mm dick ausrollen und etwa 60 Kreise à 4 cm Durchmesser ausstechen. Die Teigkreise auf ein mit Butter eingefettetes Backblech legen und im Ofen auf der mittleren Schiene 8 bis 10 Minuten goldbraun backen.

4 In der Zwischenzeit die Marzipanmasse mit etwas Puderzucker zwischen zwei Lagen Frischhaltefolie dünn ausrollen und etwa 60 Sterne ausstechen, die den gleichen Durchmesser wie die Mürbeteigkreise haben.

5 Die Mürbeteigtaler aus dem Ofen nehmen und auf einem Kuchengitter abkühlen lassen. Die Zartbitterkuvertüre und die Kuchenglasur hacken und in eine Metallschüssel geben. Im heißen Wasserbad unter Rühren schmelzen lassen.

6 Auf die Mürbeteigtaler mit einem Teelöffel je 1 Tropfen Johannisbeerkonfitüre geben. Je 1 Marzipanstern auf die Mürbeteigtaler setzen, die Schokoladenglasur mit einem kleinen Pinsel auf den Stern pinseln und in die Mitte jedes Sterns 1 Pistazie setzen.

Alfons Schuhbeck

»Die Marzipansterne können Sie auch mit heller Kuchenglasur bestreichen und die Pistazien durch kandierte Veilchen, kandierte Kirschen oder andere kandierte Früchte oder Nüsse ersetzen.«

Vanillekipferl

250 g weiche Butter
100 g Puderzucker
Salz
Mark von 1 Vanilleschote
1 Ei
300 g Mehl
150 g geriebene Mandeln
50 g Zucker
2 EL Vanillezucker

Für ca. 80 Stück

1 Die Butter mit dem Puderzucker, 1 Prise Salz und dem Vanillemark in einer Schüssel mit den Knethaken des Handrührgeräts oder mit einer Teigkarte zu einer glatten Masse verarbeiten. Das Ei dazugeben und mit der Teigkarte oder einem Gummischaber unterrühren.

2 Das Mehl über die Butter-Ei-Masse sieben, die Mandeln darüberstreuen und den Teig mit den Fingern zu Krümeln verarbeiten. Dann rasch zu einem glatten Mürbeteig kneten. Den Teig zu 1 1/2 cm dicken Rollen formen, in Frischhaltefolie wickeln und 30 Minuten kühl stellen.

3 Den Backofen auf 175 °C vorheizen. Von den Teigrollen Scheiben schneiden und mit den Händen daraus kleine Kipferl formen. Die Kipferl auf mit Backpapier ausgelegte Backbleche setzen und im Ofen auf der untersten Schiene 12 bis 15 Minuten hell backen.

4 Den Zucker mit dem Vanillezucker auf einem flachen Teller mischen. Die Kipferl aus dem Ofen nehmen, möglichst heiß in der Zuckermischung wenden und vollständig abkühlen lassen. Die Vanillekipferl gut verschlossen (am besten in einer Blechdose) kühl und trocken aufbewahren, so halten sie sich mehrere Wochen frisch.

Für Zimtkipferl die Kipferl wie in Schritt 1 bis 3 zubereiten. Auf einem flachen Teller 50 g Zucker mit 1/2 bis 1 TL Zimtpulver oder nach Belieben mit Lebkuchengewürz mischen. Die Kipferl aus dem Ofen nehmen und noch möglichst heiß in der Zimt-Zucker-Mischung wenden und vollständig abkühlen lassen.

Alfons Schuhbeck

»Sie können die Mandeln auch durch geriebene Walnüsse ersetzen.
Die Vanille- und die Zimtkipferl lagern Sie am besten gut verschlossen in einer Blechdose an einem trockenen und kühlen Ort.«

BUTTERWAFFELN

150 g Butter
15 g Marzipanrohmasse
50 g Puderzucker
1 Msp. abgeriebene unbehandelte Zitronenschale
Salz · 1 Eigelb
180 g Mehl
Mehl für die Arbeitsfläche
100 g warme braune Butter (siehe Seite 46)
50 g Zucker
½ TL Lebkuchengewürz

Für ca. 60 Stück

1 Von der Butter 20 g abwiegen und mit dem Marzipan in einer Schüssel mithilfe einer Gabel zu einer glatten Masse verarbeiten. Die restliche Butter, den Puderzucker, die Zitronenschale und 1 Prise Salz dazugeben und mit den Knethaken des Handrührgeräts oder mit einer Teigkarte zu einer glatten Masse verarbeiten. Das Eigelb und das Mehl hinzufügen und alles zu einem glatten Teig verkneten. Den Mürbeteig in Frischhaltefolie wickeln und mindestens 30 Minuten kühl stellen.

2 Den Backofen auf 200 °C vorheizen. Den Mürbeteig auf der bemehlten Arbeitsfläche mit dem Nudelholz 2 mm dick ausrollen und mit einem gezackten Teigrädchen in 4 cm große Quadrate schneiden. Die Teigquadrate auf ein mit Backpapier ausgelegtes Backblech setzen und im Ofen auf der untersten Schiene etwa 7 Minuten goldbraun backen.

3 Die Waffeln herausnehmen und sofort mit der braunen Butter bestreichen. Den Zucker und das Lebkuchengewürz auf einem flachen Teller mischen und die Butterwaffeln damit bestreuen.

HUSARENKRAPFERL

100 g Butter
50 g Puderzucker
Mark von ½ Vanilleschote
Salz · 1 Eigelb
150 g Mehl
50 g geriebene Haselnüsse
Mehl für die Arbeitsfläche
Butter für das Blech
Puderzucker zum Bestäuben
100 g Rote Johannisbeerkonfitüre

Für ca. 60 Stück

1 Die Butter mit dem Puderzucker, dem Vanillemark und 1 Prise Salz in einer Schüssel mit den Knethaken des Handrührgeräts oder mit einer Teigkarte zu einer glatten Masse verarbeiten. Das Eigelb unterrühren. Zum Schluss das Mehl und die Haselnüsse unterkneten. Den Teig in Frischhaltefolie wickeln und 30 Minuten kühl stellen.

2 Den Backofen auf 200 °C vorheizen. Den Teig auf der bemehlten Arbeitsfläche zu 1 ½ cm dicken Rollen formen. Von den Teigrollen kleine Portionen abnehmen und mit den Händen zu Kugeln formen. In die Mitte jeder Teigkugel mit einem Kochlöffelstiel oder dem kleinen Finger eine Vertiefung drücken.

3 Die Plätzchen mit der Vertiefung nach oben auf ein eingefettetes Backblech legen und im Ofen auf der mittleren Schiene 12 bis 15 Minuten goldbraun backen. Herausnehmen und etwas abkühlen lassen, dann mit Puderzucker bestäuben.

4 Die Johannisbeerkonfitüre in einem kleinen Topf etwas einköcheln lassen. Mit einem Teelöffel jeweils etwas Konfitüre in die Vertiefungen der noch warmen Plätzchen füllen.

BÄRENTATZEN

150 g Butter
60 g Puderzucker
Salz
1 Msp. abgeriebene unbehandelte Orangenschale
Mark von 1/2 Vanilleschote
2 Eier
200 g Marzipanrohmasse
200 g Mehl
2 EL Kakaopulver
Butter für das Backblech
50 g Rote Johannisbeerkonfitüre
100 g dunkle Kuchenglasur

Für ca. 50 Stück

1 Die Butter in einer Schüssel mit dem Puderzucker, 1 Prise Salz, der Orangenschale und dem Vanillemark schaumig schlagen. Die Eier trennen und die Eigelbe nach und nach unter die Buttermasse rühren. Das Marzipan mit den Eiweißen glatt rühren und ebenfalls unter die Buttermasse rühren. Das Mehl und den Kakao darübersieben und untermischen.

2 Den Backofen auf 190 °C vorheizen. Den Teig in einen Spritzbeutel mit mittlerer Sterntülle füllen und auf ein eingefettetes Backblech kleine Bärentatzen aufspritzen. Die Plätzchen im Ofen auf der untersten Schiene etwa 8 Minuten backen.

3 Die Bärentatzen aus dem Ofen nehmen und auf einem Kuchengitter abkühlen lassen. Die Hälfte der Plätzchen auf der Unterseite mit Johannisbeerkonfitüre bestreichen und mit je 1 der restlichen Bärentatzen zusammensetzen.

4 Die Kuchenglasur grob zerkleinern und in einer Metallschüssel im heißen Wasserbad unter Rühren schmelzen lassen. Die Bärentatzen bis zu etwa einem Drittel in die Kuchenglasur tauchen und auf Backpapier setzen, bis die Glasur fest geworden ist.

KOKOSMAKRONEN

100 g Kokosraspel
150 g Zucker
3 Eiweiß
15 g Orangeatwürfel · Salz
150 g dunkle Kuchenglasur

Für ca. 25 Stück

1 Die Kokosraspel, den Zucker, die Eiweiße, das Orangeat und 1 Prise Salz in einer Metallschüssel mischen. Die Kokosmasse in der Schüssel im heißen Wasserbad unter ständigem Rühren auf 60 °C erhitzen. Die Schüssel aus dem Wasserbad nehmen und die Kokosmasse vollständig abkühlen lassen.

2 Den Backofen auf 190 °C vorheizen. Die Kokosmasse in einen Spritzbeutel mit mittlerer Sterntülle füllen und auf ein mit Backpapier ausgelegtes Backblech als kleine Häufchen aufspritzen.

3 Die Makronen im Ofen auf der untersten Schiene etwa 8 Minuten backen, bis der Boden zu bräunen beginnt. Die Makronen aus dem Ofen nehmen und auf einem Kuchengitter abkühlen lassen.

4 Die Kuchenglasur grob zerkleinern und in einer Metallschüssel im heißen Wasserbad unter Rühren schmelzen lassen. Die Kokosmakronen mit dem Boden 1/2 cm tief in die Glasur tauchen und auf Backpapier setzen, bis die Glasur fest geworden ist.

SCHOKOLADENBROT

Für das Schokoladenbrot:

250 g Butter
250 g Zucker
6 Eier
250 g geriebene Zartbitterschokolade
250 g fein geriebene Mandeln
100 g Mehl
150 g Aprikosenkonfitüre

Für die Glasur:

150 g Zartbitterkuvertüre
80 ml Kondensmilch
1 EL Honig

Für 1 Backblech

1 Für das Schokoladenbrot den Backofen auf 160 °C vorheizen. Die Butter mit der Hälfte des Zuckers in einer Schüssel mit dem Handrührgerät cremig rühren. Die Eier trennen und die Eigelbe nach und nach unter die Buttermasse rühren.

2 Die Eiweiße mit 3 EL Zucker cremig schlagen, nach und nach den restlichen Zucker einrieseln lassen und zu einem festen Eischnee weiterschlagen. Die Schokolade, die Mandeln und das Mehl mischen und unter die Buttermasse heben. Den Eischnee ebenfalls unterheben.

3 Den Teig auf ein mit Backpapier ausgelegtes Backblech verteilen und glatt streichen. Im Ofen auf der untersten Schiene 40 bis 45 Minuten hellbraun backen. Den Blechkuchen herausnehmen und vollständig abkühlen lassen, dann mit der Aprikosenkonfitüre bestreichen.

4 Für die Glasur die Zartbitterkuvertüre fein hacken, mit der Kondensmilch und dem Honig in einer Metallschüssel im heißen Wasserbad unter Rühren schmelzen lassen. Die Glasur mit einem Pinsel auf das Schokoladenbrot streichen und fest werden lassen. Zum Servieren den Blechkuchen in Quadrate schneiden, dabei das Messer zwischendurch öfter in heißes Wasser tauchen.

Für Weihnachts-Schokoladenbrot die Buttermasse wie oben zubereiten und zusätzlich 1 TL Orangeatwürfel, 1/2 TL Lebkuchengewürz und 5 EL Rumrosinen unterrühren. Dann das Schokoladenbrot wie oben beschrieben fertig stellen.

Alfons Schuhbeck

»Die Schokoladenquadrate können Sie kurz nach dem Glasieren noch mit kandierten Veilchen, Haselnusskernen oder Pistazien garnieren.«

Aber sicher!

Desserts

VERFÜHRUNG DER SÜSSEN ART

Kann denn Süßes Sünde sein? Nur Asketen würden das bejahen. Für alle anderen sind zarte Cremes, erfrischende Sorbets, Eisspezialitäten und frische Früchtekreationen ein absolutes Muss zum Abschluss eines Menüs. Eine verlockende Verführung, der man sich allzu gern hingibt!

KARAMELLISIERTE RAHMCREME

1 Vanilleschote
180 g Sahne
180 ml Milch
3 EL Zucker
4 Eigelb
1–2 EL brauner Zucker zum Karamellisieren

Für 4 Personen

1 Für die Rahmcreme die Vanilleschote längs aufschneiden und das Mark herauskratzen. Die Sahne mit der Milch, der Hälfte des Zuckers, dem Vanillemark und der -schote in einem Topf aufkochen lassen. Die Vanillesahne vom Herd nehmen und zugedeckt etwa 15 Minuten ziehen lassen. Die Vanilleschote wieder entfernen.

2 Den Backofen auf 150 °C vorheizen. Die Eigelbe in einer Schüssel mit dem restlichen Zucker gut verrühren, aber nicht schaumig schlagen. Die noch heiße Vanillesahne langsam unter die Eigelbmasse rühren. Die Vanillemilch durch ein feines Sieb gießen und in ofenfeste Portionsförmchen (à etwa 100 ml Inhalt) füllen.

3 Die Schälchen in ein tiefes Backblech stellen und so viel heißes Wasser angießen, dass die Förmchen zu einem Drittel im Wasser stehen. Die Creme im Ofen auf der mittleren Schiene 40 bis 50 Minuten stocken lassen. Nach spätestens 30 Minuten Garzeit zum ersten Mal die Konsistenz der Creme prüfen und bei Bedarf früher aus dem Ofen nehmen. Die Förmchen aus dem Wasserbad nehmen und die Creme mindestens 4 Stunden (am besten über Nacht) kühl stellen.

4 Kurz vor dem Servieren den Backofengrill einschalten. Die Creme in den Schälchen gleichmäßig mit braunem Zucker bestreuen und sofort unter dem Grill auf der obersten Schiene goldbraun karamellisieren.

Alfons Schubbeck

»Die Konsistenz der Creme prüfen Sie am besten mit den Fingern – die Creme sollte gestockt und bei leichtem Schütteln der Förmchen nicht mehr flüssig sein. Damit die Oberfläche schön glatt wird, achte ich beim Einfüllen der Eiermilch in die Schälchen darauf, dass keine Blasen entstehen.«

SCHUHBECKS BAYERISCHE CREME

2 Blatt weiße Gelatine
300 g Sahne
3 Eigelb
50 g Puderzucker
Mark von 2 Vanilleschoten
1 EL Kirschwasser

Für 4 Personen

1 Die Gelatine in kaltem Wasser einweichen. Die Sahne in einem hohen Rührbecher mit dem Handrührgerät halb steif schlagen. Die Eigelbe mit dem Puderzucker und dem Vanillemark in eine Schüssel geben und mit dem Schneebesen zu einer hellschaumigen Masse aufschlagen.

2 Das Kirschwasser in einem kleinen Topf erhitzen und vom Herd nehmen. Die Gelatine gut ausdrücken, in dem Kirschwasser unter Rühren auflösen und unter die Eigelbmasse rühren. Ein Drittel der geschlagenen Sahne mit dem Schneebesen unter die Creme mischen, die restliche Sahne vorsichtig unterheben.

3 Die Bayerische Creme in Portionsförmchen (à 120 ml Inhalt) füllen und zugedeckt etwa 2 Stunden im Kühlschrank fest werden lassen.

4 Zum Anrichten die Förmchen nach Belieben 7 bis 8 Sekunden bis unter den Rand in heißes Wasser tauchen und die Creme auf Dessertteller stürzen. Dazu passen Himbeer- und Erdbeermark (siehe Seite 405).

Für eine Krokantcreme die Bayerische Creme wie oben zubereiten, dabei das Kirschwasser durch Mandellikör (z. B. Amaretto) ersetzen. Vor dem Kühlen Krokantsplitter (siehe Seite 412, Krokant-Parfait) unter die Creme rühren.

Alfons Schuhbeck

»Die Creme lässt sich einfach stürzen, wenn Sie die Förmchen vorher in heißes Wasser tauchen. Dafür in einem kleinen Topf Wasser zum Sieden bringen, die Förmchen bis knapp unter den Rand eintauchen (Porzellanförmchen etwa 8 Sekunden, Förmchen aus Metall nur ganz kurz) und die Creme auf Dessertteller stürzen.«

PANNA COTTA

4 Blatt weiße Gelatine
1 Vanilleschote
200 ml Milch
400 g Sahne
50 g Zucker

Für 4 Personen

1 Die Gelatine in kaltem Wasser einweichen. Die Vanilleschote längs aufschneiden. Die Milch mit der Hälfte der Sahne, der Vanilleschote und dem Zucker in einem Topf aufkochen und kurz köcheln lassen. Die Vanillesahne durch ein Sieb in eine Schüssel gießen.

2 Die Gelatine gut ausdrücken, unter Rühren in der heißen Vanillesahne auflösen und abkühlen lassen, bis die Masse zu gelieren beginnt.

3 Die restliche Sahne halb steif schlagen und unter die gelierende Creme heben. Die Panna cotta in Portionsförmchen (à 120 ml Inhalt) füllen und zugedeckt mindestens 2 Stunden im Kühlschrank fest werden lassen. Dazu passen das Himbeer- und das Erdbeermark (siehe Seite 405).

GEEISTES VOM KAFFEE

Für die Kaffeesahne:

1 EL Kaffeebohnen
50 g Sahne
1 TL Zucker

Für das Kaffee-Eis:

50 ml starker Kaffee (z. B. Espresso)
50 g Zucker
2 Eigelb
1 EL Rum
100 g Sahne

Außerdem:

gemahlener Kardamom

Für 4 Personen

1 Am Vortag für die Kaffeesahne die Kaffeebohnen in einer beschichteten Pfanne ohne Fett bei milder Hitze anrösten, bis sie zu duften beginnen. In eine Schüssel geben und die Sahne mit dem Zucker unterrühren. Die Kaffeesahne zugedeckt 1 Tag im Kühlschrank ziehen lassen.

2 Für das Kaffee-Eis den Kaffee und die Hälfte des Zuckers in einen Topf geben und aufkochen lassen, bis sich der Zucker aufgelöst hat.

3 Die Eigelbe mit dem restlichen Zucker in einer Metallschüssel schaumig schlagen. Den Kaffee langsam unter die Eigelbe rühren und im heißen Wasserbad feinschaumig aufschlagen, die Eigelbmasse dabei auf höchstens 80 °C erhitzen. Im eiskalten Wasserbad oder in der Küchenmaschine kalt schlagen. Den Rum hinzufügen. Die Sahne halb steif schlagen und unter den Kaffeeschaum heben.

4 Den Kaffeeschaum in Kaffeetassen füllen, dabei etwa $1\,^{1}/_{2}$ cm bis zum Tassenrand frei lassen. Im Tiefkühlfach etwa 2 Stunden gefrieren lassen.

5 Zum Anrichten die Kaffeesahne durch ein Sieb in eine Schüssel gießen und halb steif schlagen. Die Kaffeesahne als Häubchen auf das gefrorene Kaffee-Eis geben und mit je 1 Prise Kardamom bestäuben. Vor dem Servieren nach Belieben 20 bis 30 Minuten in den Kühlschrank stellen, damit das Geeiste vom Kaffee die richtige Temperatur erhält.

GRIESSFLAMMERIE

2 Eigelb
4 EL Zucker
3 Blatt weiße Gelatine
1/2 Vanilleschote
250 ml Milch
je 1 Msp. abgeriebene unbehandelte Zitronen- und Orangenschale
1 Msp. Ingwer (gerieben)
40 g Hartweizen- oder Weichweizengrieß
1 TL Rum
1 EL Orangenlikör (z. B. Grand Marnier)
1 Eiweiß · Salz
200 g Sahne

Für 4 Personen

1 Die Eigelbe mit 1 EL Zucker in einer Schüssel hellschaumig schlagen. Die Gelatine in kaltem Wasser einweichen.

2 Die Vanilleschote längs aufschneiden. Die Milch mit 2 EL Zucker, der Zitronen- und Orangenschale, der Vanilleschote und dem Ingwer in einem Topf aufkochen. Den Grieß unter Rühren einrieseln lassen. Unter ständigem Rühren bei milder Hitze 3 bis 5 Minuten zu einem Grießbrei kochen. Vom Herd nehmen und die Vanilleschote wieder entfernen.

3 Den Grießbrei nach und nach unter die Eigelbmasse rühren. Die Gelatine gut ausdrücken und in der warmen Grießmasse auflösen. Den Rum und den Orangenlikör unterrühren und die Masse auf Zimmertemperatur abkühlen lassen.

4 Das Eiweiß mit 1 Prise Salz und dem restlichen Zucker zu einem cremigen Schnee schlagen. Die Sahne halb steif schlagen. Den Eischnee mit der Sahne locker mischen und unter die Grießmasse heben.

5 Die Grießmasse in Portionsförmchen (à 120 ml Inhalt) füllen und zugedeckt 2 Stunden in den Kühlschrank stellen.

6 Zum Anrichten die Schälchen 7 bis 8 Sekunden bis unter den Rand in heißes Wasser tauchen und die Grießflammerie auf Dessertteller stürzen. Nach Belieben mit weißen Schokoröllchen und Zitronenmelisseblättern garnieren. Zu Grießflammmerie passt der Aprikosenröster (siehe Seite 428).

Alfons Schuhbeck

»Ingwer enthält Enzyme, die das Gelieren von Gerichten mit Gelatine verhindern. Weil diese Enzyme durch Hitze zerstört werden, sollten Sie den Ingwer mit der Flüssigkeit aufkochen.«

Bratapfel-Mousse mit Apfelspalten und Preiselbeeren

Für die Mousse:
1 Apfel (250–300 g; z. B. Boskop, Braeburn)
60 ml Apfelsaft
1 TL Mandelblättchen
20 g Marzipanrohmasse
Zimtpulver
1 Msp. abgeriebene unbehandelte Orangenschale
1 Spritzer Rum
1 TL Rumrosinen (siehe Tipp unten)
1 EL weiche Butter
4 Blatt weiße Gelatine
2 Eigelb
1 EL Puderzucker
1–2 TL Zitronensaft
3 Eiweiß
2 EL Zucker
150 g Sahne

Für die Apfelspalten:
2 rote Äpfel
2 TL Puderzucker
1 EL Butter
1 EL Preiselbeerkompott

Für 6 Personen

1 Für die Mousse den Backofen auf 175 °C vorheizen. Den Apfel waschen und das Kerngehäuse mit einem Apfelausstecher entfernen. Den Apfel in eine kleine ofenfeste Form setzen und den Apfelsaft angießen.

2 Die Mandelblättchen in einer beschichteten Pfanne ohne Fett bei milder Hitze anrösten. Mit dem Marzipan, 1 Prise Zimt, der Orangenschale, dem Rum und den Rumrosinen in einer kleinen Schüssel vermischen. Den Apfel mit der Mandelmischung füllen und rundherum mit Butter bestreichen. Im Ofen auf der mittleren Schiene etwa 40 Minuten weich garen.

3 Die Gelatine in kaltem Wasser einweichen. Den Bratapfel aus dem Ofen nehmen und mit der Füllung grob zerkleinern. Mit 2 EL Schmorflüssigkeit in einen hohen Rührbecher geben und mit dem Stabmixer pürieren (ergibt etwa 200 g Bratapfelpüree). Die Gelatine gut ausdrücken und unter Rühren im warmen Bratapfelpüree auflösen.

4 Die Eigelbe in eine Schüssel geben, den Puderzucker darübersieben und hellschaumig aufschlagen. Das Bratapfelpüree und den Zitronensaft unter den Eigelbschaum rühren und lauwarm abkühlen lassen.

5 Die Eiweiße mit dem Zucker zu einem cremigen Schnee schlagen. Die Sahne halb steif schlagen. Den Eischnee und die Sahne locker mischen und unter die Bratapfelcreme heben. Die Bratapfelmousse in Portionsförmchen (à 120 ml Inhalt) füllen und zugedeckt 2 Stunden kühl stellen.

6 Für die Apfelspalten die Äpfel waschen, vierteln, die Kerngehäuse entfernen und das Fruchtfleisch in schmale Spalten schneiden. In einer Pfanne den Puderzucker hell karamellisieren und die Apfelspalten darin von beiden Seiten 2 bis 3 Minuten anbraten. Die Butter und das Preiselbeerkompott unterrühren. Die Förmchen in heißes Wasser tauchen, die Mousse auf Dessertteller stürzen und mit den Apfelspalten garnieren.

Alfons Schuhbeck

»Für Rumrosinen 100 ml Wasser in einem Topf zum Kochen bringen. Vom Herd nehmen und 1/2 TL schwarze Teeblätter dazugeben. Zugedeckt etwa 5 Minuten ziehen lassen. Den Tee noch heiß durch ein Sieb in eine Schüssel gießen und 3 EL Rum hinzufügen. 50 g Rosinen dazugeben und mindestens 2 Stunden in der Rum-Tee-Mischung ziehen lassen. Die Rumrosinen vor dem Gebrauch abtropfen lassen.«

Weisse Schoko-Mousse-Terrine mit Mohnkuchen und Glühweinbirnen

Für die Birnen:

4 reife feste Birnen
1 EL Puderzucker
100 ml Portwein
250 ml kräftiger Rotwein
250 ml Schwarzer Johannisbeersaft
100 g Zucker
1 aufgeschlitzte Vanilleschote
1/2 Zimtrinde
1 Gewürznelke
1 Scheibe Ingwer
2 dünne Streifen unbehandelte Orangenschalen
1 geh. EL Speisestärke
4 cl Cassislikör (Schwarzer Johannisbeerlikör)

Für den Mohnkuchen:

60 g weiche Butter
60 g Zucker
1 Msp. abgeriebene unbehandelte Zitronenschale
2 Eigelb
60 g gemahlener Mohn
60 g gemahlene Haselnüsse
1 Msp. Backpulver
2 Eiweiß · Salz

Für die Mousse:

2 Blatt weiße Gelatine
140 g weiße Kuvertüre
260 g Sahne
2 Eigelb
1 TL Zucker
3 EL Orangenlikör (z. B. Grand Marnier)

Für 1 Kastenform (20 cm)

1 Am Vortag die Birnen halbieren, schälen und die Kerngehäuse entfernen. Den Puderzucker in einem Topf karamellisieren lassen und mit Portwein und Rotwein ablöschen. Den Johannisbeersaft und den Zucker unterrühren. Vanilleschote, Zimt, Nelke, Ingwer und Orangenschalen hinzufügen und den Rotwein-Gewürz-Sud aufkochen lassen. Die Birnenhälften dazugeben und darin knapp unter dem Siedepunkt je nach Reifegrad 10 bis 15 Minuten nicht zu weich ziehen lassen.

2 Die Birnen aus dem Sud nehmen. Die Stärke mit etwas kaltem Wasser glatt rühren. Den Rotweinsud nochmals aufkochen, die Stärke einrühren und etwa 2 Minuten kochen lassen. Durch ein Sieb gießen, den Likör hinzufügen und die Birnen wieder dazugeben. Den Glühweinsud mit einem Blatt Backpapier direkt bedecken. Die Birnen 1 Tag darin ziehen lassen.

3 Am nächsten Tag für den Mohnkuchen die Butter mit der Hälfte des Zuckers und der Zitronenschale in einer Schüssel hellschaumig schlagen. Die Eigelbe nacheinander unterrühren. Den Backofen auf 180 °C vorheizen. Den Mohn, die Nüsse und das Backpulver mischen. Die Eiweiße mit 1 Prise Salz cremig schlagen, nach und nach den restlichen Zucker einrieseln lassen und zu einem festen Schnee weiterschlagen. Den Eischnee abwechselnd mit der Mohnmischung unter die Buttermasse heben.

4 Die Mohnmasse auf einem Drittel von einem mit Backpapier ausgelegten Backblech verteilen, glatt streichen. Im Ofen auf der untersten Schiene 15 Minuten backen. Herausnehmen, abkühlen lassen und auf die Arbeitsfläche stürzen. Das Papier abziehen und aus dem Kuchen 2 Streifen in der Größe der Kastenform ausschneiden, Reste anderweitig verwenden.

5 Für die Mousse die Gelatine in kaltem Wasser einweichen. Die Kuvertüre fein hacken und mit 50 g Sahne in einer Metallschüssel im heißen Wasserbad unter Rühren schmelzen lassen. Die Eigelbe mit dem Zucker hellschaumig schlagen und die Kuvertüre unterrühren.

6 Den Orangenlikör in einem Topf erwärmen und vom Herd nehmen. Die Gelatine gut ausdrücken und in dem Likör auflösen, dann unter die Schokoladenmasse rühren. Die restliche Sahne halb steif schlagen, ein Drittel unter die Schokomasse rühren, den Rest vorsichtig unterheben.

7 Die Hälfte der weißen Schokoladenmousse in der mit Frischhaltefolie ausgelegten Kastenform verteilen. Einen Mohnkuchenstreifen darauflegen, die restliche Schokomousse darauf verteilen, mit dem zweiten Kuchenstreifen abschließen und etwas andrücken. Die Terrine mit Frischhaltefolie bedecken und mindestens 1/2 Tag kühl stellen.

8 Die Folie entfernen, Terrine stürzen und in etwa 1 1/2 cm dicke Scheiben schneiden. Die Birnen in Spalten schneiden und dazuservieren.

Weisse Schokoladen-Mousse

2 Blatt weiße Gelatine
200 g weiße Kuvertüre
380 g Sahne
3 Eigelb
1 TL Zucker
3 EL Kirschwasser

Für 4 Personen

1 Die Gelatine in kaltem Wasser einweichen. Die Kuvertüre fein hacken, mit 80 g Sahne in eine Metallschüssel geben und im heißen Wasserbad unter Rühren schmelzen lassen.

2 Die Eigelbe mit dem Zucker in einer Schüssel mit dem Schneebesen hellschaumig aufschlagen. Die geschmolzene Kuvertüre-Sahne-Mischung unterrühren. Das Kirschwasser in einem kleinen Topf erhitzen und vom Herd nehmen. Die Gelatine gut ausdrücken, unter Rühren im Kirschwasser auflösen und unter die Schokoladencreme rühren. Abkühlen lassen.

3 Die restliche Sahne halb steif schlagen. Ein Drittel mit dem Schneebesen unter die Schokocreme rühren, die restlichen zwei Drittel Sahne vorsichtig unterheben. Die weiße Schokomousse in eine Schüssel füllen und zugedeckt etwa 2 Stunden kühl stellen.

4 Zum Servieren mit dem Eisportionierer oder einem Esslöffel Kugeln oder Nocken von der Mousse abstechen, Portionierer oder Löffel dabei öfter in heißes Wasser tauchen. Mit eingelegten Kirschen (siehe Seite 424) oder Himbeermark (siehe Seite 405) auf Desserttellern anrichten.

Dunkle Schokoladen-Mousse

180 g Zartbitterkuvertüre
1 kleines Ei
1 Eigelb
1–2 TL Rum
1–2 TL Weinbrand
400 g Sahne

Für 4 Personen

1 Die Kuvertüre grob hacken und in einer Metallschüssel im heißen Wasserbad unter Rühren schmelzen lassen.

2 Das Ei und das Eigelb in einer Metallschüssel im heißen Wasserbad hellschaumig aufschlagen. Die Kuvertüre unterrühren. Den Rum und den Weinbrand unterrühren und die Masse lauwarm abkühlen lassen.

3 Die Sahne halb steif schlagen und unter die Schokocreme heben. Die Mousse in eine Schüssel füllen und zugedeckt 2 Stunden kühl stellen.

Alfons Schuhbeck

»Für Schokomousse aus Vollmilchschokolade nehmen Sie 50 g Vollmilchkuvertüre und 130 g Zartbitterkuvertüre. Den Rum können Sie durch Birnengeist ersetzen. Für guten Halt 2 weiße Gelatineblätter einweichen, ausdrücken und im warmen Birnengeist auflösen, bevor Sie ihn unter die Schokoladenmasse rühren.«

Pralinen-Mousse

85 g Zartbitterkuvertüre
100 g Nougat
2 Blatt weiße Gelatine
1 Eigelb
2 EL Zucker
1 EL Rum
1 EL Orangenlikör (z. B. Grand Marnier)
1 Eiweiß
300 g Sahne

Für 4 Personen

1 Die Kuvertüre fein hacken. Das Nougat in Stücke schneiden, mit der Kuvertüre in eine Metallschüssel geben und im heißen Wasserbad unter Rühren schmelzen lassen.

2 Die Gelatine in kaltem Wasser einweichen. Das Eigelb mit $^1/_2$ TL Zucker in einer Metallschüssel im heißen Wasserbad hellschaumig aufschlagen. Die Kuvertüre-Nougat-Mischung unter die Eigelbmasse rühren. Den Rum und den Orangenlikör in einem kleinen Topf erwärmen und vom Herd nehmen. Die Gelatine gut ausdrücken, unter Rühren in dem Likör auflösen und sofort unter die Schokoladenmasse rühren. Die Schokoladenmasse auf Zimmertemperatur abkühlen lassen.

3 Das Eiweiß mit dem restlichen Zucker zu einem cremigen Schnee schlagen. Die Sahne halb steif schlagen. Den Eischnee und die Sahne locker mischen und vorsichtig unter die Schokoladenmasse heben.

4 Die Mousse in eine Schüssel füllen und zugedeckt mindestens 2 Stunden kühl stellen. Zum Servieren mit einem Esslöffel Nocken von der Mousse abstechen, den Löffel dabei öfter in heißes Wasser tauchen.

Erdbeer-Topfen-Schaum

200 g Erdbeeren
125 g Speisequark (Topfen)
90 g Zucker
1 EL Zitronensaft
Mark von $^1/_2$ Vanilleschote
2 Eiweiß · Salz
250 g Sahne

Für 4 Personen

1 Die Erdbeeren waschen und putzen. In einen hohen Rührbecher geben und mit dem Stabmixer pürieren. Das Erdbeerpüree durch ein Sieb in eine Schüssel streichen (ergibt etwa 130 g Erdbeermark).

2 Den Quark mit 2 bis 3 EL Zucker, dem Zitronensaft, dem Vanillemark und dem Erdbeermark in einer Schüssel verrühren.

3 Die Eiweiße mit 1 Prise Salz und einem Drittel des restlichen Zuckers cremig schlagen, nach und nach den restlichen Zucker einrieseln lassen und zu einem festen Schnee weiterschlagen. Die Sahne halb steif schlagen. Den Eischnee und die Sahne locker miteinander vermischen und vorsichtig unter die Quarkmasse heben.

4 Ein Sieb in eine Schüssel hängen und mit einem Küchentuch auslegen. Den Topfenschaum in das Sieb geben, mit den überhängenden Tuchenden bedecken und in den Kühlschrank stellen. Den Topfenschaum 3 bis 4 Stunden abtropfen lassen.

5 Den Erdbeer-Topfen-Schaum in eine Schüssel füllen oder auf Portionsförmchen verteilen und sofort servieren.

MANGOCREME MIT ERDBEEREN

Für die Creme:

1 große reife Mango
1/2 Zitrone
2 EL Zucker
400 g Sahne
Cayennepfeffer
1–2 cl Orangenlikör
(z. B. Grand Marnier)

Außerdem:

80 g Erdbeeren

Für 4 Personen

1 Für die Creme das Mangofruchtfleisch in großen Stücken vom Stein schneiden. Die Mangostücke schälen und klein schneiden.

2 Die Zitronenhälfte auspressen. Die Mangostücke, den Zitronensaft und den Zucker in einen hohen Rührbecher geben und mit dem Stabmixer pürieren (ergibt etwa 350 g Mangopüree).

3 Die Sahne in einem hohen Rührbecher mit dem Handrührgerät steif schlagen. Die geschlagene Sahne in eine Schüssel füllen. Das Mangopüree unter die Sahne heben. Die Mangocreme mit 1 Prise Cayennepfeffer und dem Orangenlikör verfeinern und in kleine Dessertschalen füllen.

4 Die Erdbeeren waschen, putzen und in Scheiben oder Viertel schneiden. Die Mangocreme mit den Erdbeeren garnieren. Nach Belieben mit kleinen Mangowürfeln und mit Puderzucker bestäubt servieren.

Für eine Mangocreme mit Kokos das Mangopüree wie in Schritt 1 und 2 beschrieben vorbereiten. 5 Blatt weiße Gelatine in kaltem Wasser einweichen. Das Fruchtpüree in einer großen Schüssel mit 150 ml Kokosmilch (aus der Dose) verrühren. Von der Mango-Kokos-Creme 5 EL abnehmen und in einem kleinen Topf erwärmen. Die Gelatine gut ausdrücken, unter Rühren darin auflösen und unter die restliche Mango-Kokos-Creme mischen. In einem hohen Rührbecher 400 g Sahne steif schlagen und unter die Mango-Kokos-Creme heben. Die Creme mit 1 Prise Cayennepfeffer und 1 bis 2 cl Orangenlikör (z. B. Grand Marnier) verfeinern. Zum Servieren die Mangocreme mit Kokos auf Dessertschalen verteilen und mit 2 bis 3 EL angerösteten Kokosraspeln bestreuen.

Alfons Schuhbeck

»Mangocreme lässt sich gut vorbereiten: Das Mangomark zubereiten, die Sahne steif schlagen und beides separat zugedeckt kühl stellen. Kurz vor dem Servieren die Creme wie oben beschrieben fertig stellen. Mangocreme verwende ich auch gerne als Fruchtsahne, z. B. auf Eisdesserts oder zu Fruchtsalat.«

ZITRONENSCHAUMCREME

Für die Creme:

3 Blatt weiße Gelatine
3 Eier
75 ml Sekt
60 ml Zitronensaft
110 g Zucker
120 g Sahne

Außerdem:

150 g Himbeeren

Für 4 Personen

1 Für die Creme die Gelatine in kaltem Wasser einweichen. Die Eier trennen. Den Sekt mit dem Zitronensaft, 60 g Zucker und den Eigelben in einem Topf aufkochen lassen und vom Herd nehmen. Die Gelatine gut ausdrücken und unter Rühren in der heißen Zitronencreme auflösen und abkühlen lassen.

2 Die Eiweiße mit einem Drittel des restlichen Zuckers cremig schlagen, nach und nach den restlichen Zucker einrieseln lassen und zu festem Schnee weiterschlagen. Die Sahne steif schlagen. Den Eischnee und die Sahne locker mischen und unter die abgekühlte Zitronencreme heben.

3 Die Himbeeren verlesen und waschen, einige schöne Exemplare zum Garnieren beiseite legen. Die restlichen Beeren auf Gläser verteilen, die Zitronenschaumcreme darübergeben und 2 Stunden kühl stellen.

4 Die Zitronenschaumcreme vor dem Servieren mit den beiseite gelegten Himbeeren garnieren.

SAUERRAHM-MOUSSE

3 Blatt weiße Gelatine
380 g Sahne
180 g saure Sahne
Saft von 2 Zitronen
1 EL Puderzucker (gesiebt)
1 TL Orangenlikör (z. B. Grand Marnier)
1 EL Wodka
1 Eiweiß · 1 EL Zucker

Für 6 Personen

1 Die Gelatine in kaltem Wasser einweichen. 180 g Sahne mit der sauren Sahne, dem Zitronensaft und dem Puderzucker in einer Schüssel verrühren.

2 Den Orangenlikör und den Wodka in einem kleinen Topf erwärmen und vom Herd nehmen. Die Gelatine gut ausdrücken, unter Rühren darin auflösen und unter die Sauerrahmmasse rühren.

3 Das Eiweiß mit dem Zucker zu einem cremigen Schnee schlagen. Die restliche Sahne halb steif schlagen. Den Eischnee und die Sahne locker mischen und unter die Sauerrahmmasse heben. Die Sauerrahmmousse in Portionsförmchen (à 120 ml Inhalt) füllen und zugedeckt 2 Stunden in den Kühlschrank stellen.

Alfons Schuhbeck

»Für Sauerrahmsauce 200 g saure Sahne mit 6 EL Milch in einer Schüssel glatt rühren. Anschließend 1 EL Puderzucker und 1 bis 2 TL Zitronensaft unterrühren. Für Sauerrahmschaum noch 6 EL Mineralwasser zufügen und mit dem Stabmixer schaumig mixen.«

Mangomark

1 große reife Mango (ca. 500 g)
1/2 Zitrone
2 EL Zucker

Für ca. 350 g

Das Mangofruchtfleisch vom faserigen Stein schneiden. Die Mangostücke schälen und klein schneiden. Die Zitronenhälfte auspressen. Die Mangostücke, den Zitronensaft und den Zucker in einen hohen Rührbecher geben und mit dem Stabmixer pürieren.

Erdbeermark

250 g Erdbeeren
1 TL Zitronensaft
2 EL Zucker

Für ca. 200 g

Die Erdbeeren waschen und putzen. Die Früchte je nach Größe halbieren oder vierteln. Die Erdbeeren, den Zitronensaft und den Zucker in einen hohen Rührbecher geben und mit dem Stabmixer glatt pürieren. Das Erdbeerpüree durch ein Sieb in eine Schüssel streichen.

Himbeermark

250 g Himbeeren
1 TL Zitronensaft
2 EL Zucker

Für ca. 200 g

Die Himbeeren verlesen und waschen. Die Früchte mit dem Zitronensaft und dem Zucker in einen hohen Rührbecher geben und mit dem Stabmixer pürieren. Das Himbeermark durch ein Sieb in eine Schüssel streichen.

Alfons Schuhbeck

»Mangomark schmeckt nur dann richtig aromatisch, wenn Sie vollreife Früchte verwenden. Sie sollten bei leichtem Druck auf die Schale nachgeben. Außerhalb der Saison eignen sich für das Himbeermark auch aufgetaute Tiefkühlbeeren. Alle Fruchtmark-Variationen können Sie sehr gut auf Vorrat zubereiten und einfrieren. Am besten in kleinen Portionen verpacken und vor dem Gebrauch im Kühlschrank auftauen lassen.«

Champagner-Mousse mit kandierten Orangen

Für die Orangen:

1 unbehandelte kleine Orange (kernlos)
200 ml Orangensaft
50 g Zucker

Für die Mousse:

2 Blatt weiße Gelatine
75 g Eigelb (3–4 Eigelb)
190 ml Champagner (ersatzweise Prosecco oder Sekt)
95 g Zucker
3 EL Zitronensaft
1 Eiweiß
Salz
100 g Sahne

Für 4 Personen

1 Für die Orangen die Orange heiß waschen und trocken reiben. Mit der Brotschneidemaschine oder einem scharfen Messer in möglichst dünne Scheiben schneiden.

2 Den Orangensaft und den Zucker in einer großen Pfanne verrühren und die Orangenscheiben darin nebeneinander verteilen. Die Saft-Zucker-Mischung bei milder Hitze etwa 15 Minuten einköcheln lassen, bis die Orangenscheiben glasig sind und die Flüssigkeit fast vollständig verkocht ist. Vom Herd nehmen und zugedeckt abkühlen lassen.

3 Für die Mousse die Gelatine in kaltem Wasser einweichen. Die Eigelbe mit 160 ml Champagner, 75 g Zucker und dem Zitronensaft in einer Metallschüssel im heißen Wasserbad hellschaumig aufschlagen. Einen kleinen Teil der Creme abnehmen. Die Gelatine gut ausdrücken, unter Rühren darin auflösen und diese Gelatinecreme unter die restliche Creme rühren. Die Creme im eiskalten Wasserbad kalt rühren.

4 Das Eiweiß mit 1 Prise Salz und den restlichen 20 g Zucker zu einem cremigen Schnee schlagen. Die Sahne halb steif schlagen. Eischnee mit der Sahne locker mischen und unter die abgekühlte Creme heben, den restlichen Champagner unterrühren.

5 Die kandierten Orangen etwas abtropfen lassen und auf vier Gläser verteilen. Die Champagnermousse in die Gläser füllen und bis zum Servieren kühl stellen. Zum Anrichten die Mousse nach Belieben mit Granatapfelkernen und Minze garnieren.

Alfons Schuhbeck

»Den Champagner können Sie auch durch Prosecco oder Sekt ersetzen. Falls kandierte Orangenscheiben übrig bleiben, pürieren Sie sie mit dem Stabmixer oder im Küchenmixer, und schon haben Sie eine feine Orangenmarmelade.«

KALTE RIESLING-SABAYON

1/2 Blatt weiße Gelatine
4 Eigelb
120 ml Riesling (ersatzweise anderer trockener Weißwein)
60 g Zucker
1 EL Zitronensaft
4 EL geschlagene Sahne

Für 4 Personen

1 Die Gelatine in kaltem Wasser einweichen. Die Eigelbe mit dem Riesling, dem Zucker und dem Zitronensaft in einer Metallschüssel im heißen Wasserbad mit einem Schneebesen feinschaumig aufschlagen, dabei die Masse höchstens auf 75 °C erhitzen.

2 Die Gelatine gut ausdrücken und unter Rühren in der warmen Schaummasse auflösen. Die Masse im eiskalten Wasserbad kalt schlagen und die geschlagene Sahne unterheben. Die kalte Rieslingsabayon auf Gläser verteilen und nach Belieben mit frischen Beeren oder anderen Früchten servieren.

Alfons Schubbeck

»Wenn Sie die Sabayon warm servieren wollen, bereiten Sie sie ohne Gelatine und Sahne zu. Die warme Schaummasse sofort nach dem Aufschlagen servieren.«

GELIERTE HOLUNDERBLÜTENSUPPE

3 1/2 Blatt weiße Gelatine
60 g Zucker
1/2 Orange
250 ml Holunderblütensirup (aus dem Reformhaus oder Feinkostladen)
250 ml Sekt
1 EL Holunderblütenlikör (ersatzweise Orangenlikör, z. B. Grand Marnier)

Für 4 Personen

1 Die Gelatine im kalten Wasser einweichen. Den Zucker mit 60 ml Wasser in einem kleinen Topf aufkochen lassen und vom Herd nehmen. Die Gelatine gut ausdrücken und im Zuckersirup auflösen.

2 Die Orange auspressen und den Saft durch ein kleines Sieb in den Zuckersirup gießen. Den Holunderblütensirup und den Sekt hinzufügen und alles gut verrühren.

3 Die Holunderblütensuppe mit dem Holunderblütenlikör abschmecken, in Schälchen oder tiefe Teller verteilen und etwa 1 Stunde im Kühlschrank fest werden lassen. Zum Anrichten nach Belieben mit Minze oder Melisseblättern garnieren. Nach Belieben verschiedene geviertelte Früchte, wie z. B. Erdbeeren, Himbeeren, Brombeeren und Pfirsiche, zur Holunderblütensuppe servieren.

HOLUNDERBLÜTEN-SORBET

120 g Holunderblüten
(frisch gezupft, ohne Stiele)
300 ml trockener Weißwein
200 ml Sekt
220 g Zucker
1 Gewürznelke
Saft von 2 Zitronen

Für 4 Personen

1 Am Vortag die Holunderblüten gründlich verlesen und in einen großen Krug füllen.

2 Den Weißwein mit 200 ml Wasser, dem Sekt, dem Zucker, der Nelke und dem Zitronensaft in einem Topf aufkochen und köcheln lassen, bis sich der Zucker aufgelöst hat. Den Weinsirup etwas abkühlen lassen.

3 Den Sirup noch warm auf die Blüten in den Krug gießen und die Mischung mit Küchenpapier bedecken, das Papier sollte dabei auf der Flüssigkeit liegen. Den Holunderblütensud mindestens 1 Tag im Kühlschrank ziehen lassen.

4 Den Holunderblütensud aus dem Kühlschrank nehmen und durch ein feines Sieb in eine Schüssel gießen. Den Sud in der Eismaschine cremig gefrieren lassen. Anschließend in eine gefrierfeste eisgekühlte Schüssel füllen oder auf gefrierfeste Gläser verteilen und bis zum Servieren zugedeckt in das Tiefkühlfach stellen.

5 Das Holunderblütensorbet nach Belieben mit gefrorenen Holunderblütendolden und Waffelröllchen servieren. Das Sorbet hält sich etwa 1 Tag im Tiefkühlfach.

Für Erdbeeren in Holunderblütengelee einige Erdbeeren waschen, putzen, vierteln oder achteln und auf Gläser verteilen. 400 ml Holunderblütensud leicht erwärmen. 3 Blatt weiße Gelatine einweichen, gut ausdrücken, im Holunderblütensud auflösen und noch lauwarm auf die Erdbeeren gießen.

Alfons Schuhbeck

»Ich gebe gerne ein wenig Holunderblütensorbet in Sektgläser und fülle mit Schaumwein auf – fertig ist ein erfrischender sommerlicher Aperitif. Den Holunderblütensud können Sie auch zum Marinieren von Obstsalaten oder als Tortengussgrundlage für Himbeerkuchen verwenden.«

Himbeer-Sorbet

1 kg Himbeeren (sehr reif)
2 EL Zitronensaft
300 g Zucker
4 EL Himbeergeist

Für 4–6 Personen

1 Die Himbeeren verlesen, waschen und in einen hohen Rührbecher geben. Den Zitronensaft, Zucker, Himbeergeist und 200 ml Wasser hinzufügen und alles mit dem Stabmixer fein pürieren.

2 Das Himbeerpüree durch ein Sieb in eine Schüssel streichen. Das Himbeermark in der Eismaschine gefrieren lassen. In eine gefrierfeste eisgekühlte Schüssel füllen und bis zum Servieren in das Tiefkühlfach stellen.

Alfons Schuhbeck

»Mit frischen, ganz reifen Himbeeren schmeckt das Sorbet natürlich am besten, Sie können aber auch aufgetaute Tiefkühlbeeren verwenden. Auf die gleiche Weise bereite ich Erdbeersorbet oder andere Beerensorbets zu. Die Zuckermenge passe ich dem Säuregehalt der jeweiligen Früchte an.«

Zitronen-Sorbet

350 g Zucker
4 Zitronen
(davon 2 unbehandelt)
60 ml trockener Weißwein
125 ml Sekt
3 EL Wodka

Für 4–6 Personen

1 Den Zucker mit 600 ml Wasser in einem Topf zum Kochen bringen. Die beiden unbehandelten Zitronen heiß waschen, trocken reiben und die Schale in Zesten abziehen. Alle Zitronen halbieren und auspressen. Den Topf vom Herd nehmen und die Zitronenzesten hinzufügen. Den Zuckersirup abkühlen lassen und durch ein Sieb in eine Schüssel gießen.

2 Den Weißwein, den Sekt, den Zitronensaft und den Wodka unter den Zitronensirup rühren. Die Masse in einer Eismaschine gefrieren lassen. In eine gefrierfeste eisgekühlte Schüssel füllen und mit Backpapier bedecken, das Papier sollte dabei auf der Eismasse liegen. Das Sorbet bis zum Servieren in das Tiefkühlfach stellen.

Alfons Schuhbeck

»Für Eis und Sorbet sollten Sie immer eisgekühlte Gefäße verwenden, damit das Eis nach dem Einfüllen nicht wieder antaut, sondern gleich weiterfriert und so seine Konsistenz erhalten bleibt.«

ZWETSCHGEN-SORBET

1 Rezept Zwetschgenröster (siehe Seite 428; sehr weich gegart)
2 EL Rum
50 g Zucker

Für 4–6 Personen

1 Den Zwetschgenröster mit 300 ml Wasser, dem Rum und dem Zucker in einen hohen Rührbecher geben und mit dem Stabmixer pürieren.

2 Das Zwetschgenpüree in der Eismaschine cremig gefrieren lassen. In eine gefrierfeste eisgekühlte Schüssel füllen und mit Backpapier bedecken, das Papier sollte dabei auf der Eismasse liegen. Bis zum Servieren in das Tiefkühlfach stellen.

Für Aprikosensorbet den Aprikosenröster (siehe Seite 428) mit 300 ml Wasser, 2 EL Marillenbrand und 50 g Zucker in einen hohen Rührbecher geben und mit dem Stabmixer pürieren. Das Sorbet wie in Schritt 2 beschrieben fertig stellen.

Alfons Schuhbeck

»Wer ein glattes Sorbet ohne Stückchen möchte, streicht das Fruchtpüree vor dem Gefrieren durch ein Sieb.«

RUMTOPF-PARFAIT

250 g Rumtopffrüchte (abgetropft; siehe Rezept Rumtopf Seite 430)
100 g Zucker
4 EL Rumtopfflüssigkeit
400 g Sahne
4 Eigelb · 1 Ei
1 TL abgeriebene unbehandelte Orangenschale
Öl für die Form

Für 1 Kastenkuchenform (30 cm Länge)

1 Am Vortag die Rumtopffrüchte grob hacken. Den Zucker mit der Rumtopfflüssigkeit in einem kleinen Topf verrühren, aufkochen und siruparig einkochen lassen.

2 Die Sahne steif schlagen. Die Eigelbe mit dem Ei und der Orangenschale in einer Metallschüssel 1 bis 2 Minuten verrühren, dabei nach und nach den Zuckersirup dazugießen. Die Eigelbmasse im heißen Wasserbad zu einem cremigen Schaum aufschlagen, dabei höchstens auf 75 °C erhitzen. Den Eierschaum im eiskalten Wasserbad kalt schlagen. Die Rumtopffrüchte unterrühren und die Sahne unterheben.

3 Die Kastenkuchenform mit Öl einpinseln und mit Frischhaltefolie auslegen. Die Parfaitmasse darin verteilen, glatt streichen und mit Frischhaltefolie bedeckt 1 Tag im Tiefkühlfach gefrieren lassen.

4 Am nächsten Tag das Rumtopf-Parfait herausnehmen, mithilfe der Folie vorsichtig aus der Form stürzen, Folie entfernen und das Parfait zum Servieren in Scheiben schneiden.

KROKANT-PARFAIT

Für den Krokant:

4 EL Zucker
3 EL Mandelblättchen (geröstet)

Für das Parfait:

4 Eigelb
2 Eier
50 g Zucker
½ TL abgeriebene unbehandelte Orangenschale
Mark von 1 Vanilleschote
400 g Sahne
4 cl Orangenlikör (z. B. Grand Marnier)
Öl für die Form

Für 1 Kastenkuchenform (30 cm Länge)

1 Am Vortag für den Krokant den Zucker in einer Pfanne bei milder Hitze hell karamellisieren lassen und sofort die Mandeln unterrühren. Ein Schneidebrett mit Backpapier belegen, die Krokantmasse daraufgeben und mit einem zweiten Stück Backpapier bedecken. Die Masse mit dem Nudelholz möglichst dünn ausrollen und erstarren lassen. Den Krokant mit einem breiten Messer fein zerstoßen.

2 Für das Parfait die Eigelbe, die Eier, 2 EL Zucker, die Orangenschale und das Vanillemark in einer Metallschüssel hellschaumig aufschlagen.

3 Den restlichen Zucker mit 4 EL Wasser in einem Topf sirupartig einköcheln lassen. Den Sirup unter den Eierschaum rühren und im heißen Wasserbad zu einer dickschaumigen Creme aufschlagen, die Creme dabei höchstens auf 80 °C erhitzen. Die Creme im eiskalten Wasserbad oder in der Küchenmaschine kalt schlagen. Die Sahne steif schlagen und mit dem Krokant unter die Creme heben. Mit Orangenlikör oder nach Belieben mit Mandellikör abschmecken.

4 Die Kastenkuchenform mit Öl einpinseln und mit Frischhaltefolie oder Backpapier auslegen. Die Parfaitmasse darin verteilen, glatt streichen und mit Backpapier bedeckt im Tiefkühlfach 1 Tag gefrieren lassen. Das Parfait mithilfe der Folie oder des Papiers vorsichtig aus der Form stürzen, Folie oder Papier entfernen und das Parfait in Scheiben schneiden.

WALNUSS-HONIG-PARFAIT

100 g Walnusskerne oder andere Nüsse
3 EL Puderzucker
4 Eigelb · 1 Ei
150 g Honig
Mark von 1 Vanilleschote
400 g Sahne
Öl für die Form

Für 1 Kastenkuchenform (30 cm Länge)

1 Die Walnüsse grob hacken und in einer beschichteten Pfanne ohne Fett erhitzen. Mit dem Puderzucker bestäuben und leicht karamellisieren lassen. Auf einen Teller geben und abkühlen lassen.

2 Die Eigelbe, das Ei, den Honig und das Vanillemark in einer Metallschüssel im heißen Wasserbad dickschaumig aufschlagen. Die Masse im eiskalten Wasserbad kalt schlagen. Die Sahne halb steif schlagen und mit den karamellisierten Walnüssen unter den Eierschaum heben.

3 Die Kastenkuchenform mit Öl einpinseln und mit Frischhaltefolie oder Backpapier auslegen, die Parfaitmasse darin verteilen, glatt streichen und mit Backpapier bedeckt 1 Tag im Tiefkühlfach gefrieren lassen. Das Parfait mithilfe der Folie oder des Papiers vorsichtig aus der Form stürzen, Folie oder Papier entfernen und das Parfait vor dem Servieren in Scheiben schneiden.

GEEISTER KAISERSCHMARREN

Für das Parfait:

2 Eigelb · 1 Ei
60 g Zucker
Mark von 1 Vanilleschote
1 Msp. abgeriebene unbehandelte Zitronenschale
200 g Sahne
40 g Rumrosinen (siehe Seite 398, Tipp)
Öl für die Form

Für die Glasur:

100 g Vollmilchschokolade
3 EL Öl

Außerdem:

1 EL Mandelblättchen

Für 4 Personen

1 Für das Parfait die Eigelbe und das Ei mit einem Drittel des Zuckers, dem Vanillemark und der Zitronenschale in einer Metallschüssel hellschaumig aufschlagen.

2 Den restlichen Zucker in einem kleinen Topf mit 2 1/2 EL Wasser bei milder Hitze 1 Minute köcheln lassen. Diesen Zuckersirup unter den Eierschaum rühren und im heißen Wasserbad feinschaumig aufschlagen, dabei die Masse höchstens auf 85 °C erhitzen. Den Eierschaum im eiskalten Wasserbad oder in der Küchenmaschine kalt schlagen.

3 Die Sahne halb steif schlagen und mit den Rumrosinen unter den kalten Eierschaum heben. Eine ofenfeste Form mit Öl einpinseln und mit Backpapier auslegen. Die Parfaitmasse knapp 1 cm hoch darin verteilen, glatt streichen und 2 bis 3 Stunden im Tiefkühlfach gefrieren lassen.

4 Für die Glasur die Vollmilchschokolade grob hacken und in einer Metallschüssel im heißen Wasserbad unter Rühren schmelzen lassen. Das Öl unterrühren. Das Parfait aus dem Tiefkühlfach nehmen und die geschmolzene Schokolade dünn mit einem Pinsel aufstreichen. Das Geeiste nochmals 10 Minuten in das Tiefkühlfach stellen.

5 Zum Anrichten die Mandelblättchen in einer beschichteten Pfanne ohne Fett anrösten und abkühlen lassen. Das Parfait wie einen Kaiserschmarren in grobe Stücke zerteilen, auf vorgekühlte Teller geben und mit den gerösteten Mandelblättchen bestreuen.

Alfons Schuhbeck

»Den geeisten Kaiserschmarren am besten mit den Fingern in Stücke teilen. Aus hygienischen Gründen bieten sich dafür Einweghandschuhe an. Der geeiste Kaiserschmarren hält sich gut verpackt etwa 2 Tage im Tiefkühlfach. Dieses Dessert können Sie rund ums Jahr servieren, denn dazu passen Früchte jeder Saison – ob Kirschen, Beeren oder Aprikosenröster, Holunderkompott oder eingelegte Quitten.«

VANILLEEIS

2 Vanilleschoten
500 ml Milch
500 g Sahne
180 g Zucker
6 Eigelb
4 Eier
Salz

Für ca. 1 l

1 Die Vanilleschoten längs aufschneiden und das Mark herauskratzen. Die Milch, die Sahne, das Vanillemark und die -schoten sowie die Hälfte des Zuckers in einem Topf aufkochen lassen.

2 Die Eigelbe, die Eier und den restlichen Zucker mit 1 Prise Salz in einer Metallschüssel mit dem Schneebesen hellschaumig aufschlagen. Nach und nach die kochend heiße Vanillemilch unter Rühren hinzufügen. Die Vanillemilch 5 bis 10 Minuten im heißen Wasserbad erhitzen, dabei mit einem flexiblen Teigschaber ruhig, aber beständig von der Schüsselwand wegrühren. Die Vanillemilch höchstens auf 80 °C erhitzen.

3 Die Vanillecreme sofort durch ein Sieb gießen. Abkühlen lassen, dabei gelegentlich umrühren. Vanillecreme in der Eismaschine zu einem cremigen Eis gefrieren lassen. Das Vanilleeis in eine gefrierfeste eisgekühlte Schüssel füllen, direkt mit Backpapier bedecken und bis zum Servieren in das Tiefkühlfach stellen.

Für Nougateis (ergibt ca. 1,3 l) die Vanilleeismasse wie in Schritt 1 und 2 beschrieben zubereiten und durch ein Sieb in eine Schüssel gießen. 120 g Zartbitterkuvertüre fein hacken, 120 g Nougat in Stücke schneiden und beides in einer Metallschüssel im heißen Wasserbad unter Rühren schmelzen. 3 EL Orangenlikör (z. B. Grand Marnier), 2 EL Mandellikör (z. B. Amaretto) und 3 EL Cognac unter die Kuvertüre-Nougat-Masse rühren. Zu der warmen Vanillecreme geben und mit dem Stabmixer kurz durchrühren. Das Nougateis abkühlen lassen, dabei gelegentlich umrühren und in der Eismaschine zu einem cremigen Eis gefrieren lassen. Das Nougateis in eine gefrierfeste eisgekühlte Schüssel füllen, direkt mit Backpapier bedecken und bis zum Servieren in das Tiefkühlfach stellen.

Alfons Schuhbeck

»Für besonders cremiges Eis schlage ich die Eiermilch im Wasserbad schaumig (ähnlich wie eine Sabayon), statt sie zu rühren.
Für eine Vanillesauce verringern Sie einfach die Zuckermenge auf 100 g und lassen die Vanillecreme nicht gefrieren. Vanillesauce schmeckt ebenfalls am besten gut gekühlt. Sehr fein wird sie, wenn Sie etwas halb steif geschlagene Sahne und ein paar Tropfen Rum unter die abgekühlte Masse heben.«

SCHOKOLADENEIS

1/2 Vanilleschote
400 ml Milch
400 g Sahne
150 g Zucker
100 g Zartbitterkuvertüre
5 Eigelb
3 Eier · Salz
2 1/2 EL Kakaopulver

Für ca. 1 l

1 Die Vanilleschote längs aufschneiden und das Mark herauskratzen. Die Milch, die Sahne, die Hälfte des Zuckers, das Vanillemark und die -schote in einem Topf aufkochen lassen. Kuvertüre grob hacken und in einer Metallschüssel im heißen Wasserbad unter Rühren schmelzen lassen.

2 Die Eigelbe, die Eier, den restlichen Zucker und 1 Prise Salz in einer Metallschüssel mit dem Schneebesen hellschaumig aufschlagen. Nach und nach die kochend heiße Vanillemilch unter Rühren hinzufügen. Die Eiermilch 5 bis 10 Minuten im heißen Wasserbad erhitzen, dabei mit einem flexiblen Teigschaber ruhig, aber beständig von der Schüsselwand wegrühren. Die Vanillemilch dabei höchstens auf 80 °C erhitzen.

3 Die Vanillecreme durch ein Sieb in eine Schüssel gießen und die geschmolzene Kuvertüre unterrühren. Das Kakaopulver darübersieben und ebenfalls unterrühren. Die Schokoladencreme mit dem Stabmixer zu einer homogenen Masse verrühren.

4 Die Schokoladencreme abkühlen lassen und in der Eismaschine cremig gefrieren lassen. Das Schokoladeneis in eine gefrierfeste eisgekühlte Schüssel füllen, direkt mit Backpapier bedecken und bis zum Servieren in das Tiefkühlfach stellen.

MANDELHIPPEN

evtl. Butter und Mehl für das Blech
3 EL Puderzucker
3 EL Mehl
1 Eiweiß
3 EL flüssige Butter
Zimtpulver
4 TL Mandelblättchen

Für 4 Personen

1 Den Backofen auf 200 °C vorheizen. Ein Backblech mit Dauerbackfolie belegen oder mit Butter einfetten und mit Mehl bestäuben. Puderzucker, Mehl, Eiweiß, Butter und 1 Prise Zimt in einer Schüssel verrühren. Den Teig in 4 Portionen teilen und mit großem Abstand auf die Backfolie setzen. Mit einer Palette oder einem Löffelrücken zu etwa 2 mm dicken Kreisen à 10 cm Durchmesser glatt streichen, Palette oder Löffel dabei öfter in Wasser tauchen. Die Teigkreise mit den Mandeln bestreuen und im Ofen auf der mittleren Schiene etwa 5 Minuten hellbraun backen.

2 Die Hippenblätter herausnehmen, kurz abkühlen lassen und möglichst heiß in Kaffeetassen drücken. Die Hippen abkühlen lassen, vorsichtig aus der Tasse nehmen und trocken aufbewahren. Hippen passen zu Eis, Saucen und Roter Grütze (siehe Seite 422).

KIRSCH-TARTE

Für den Teig:

200 g Blätterteig (aus dem Kühlregal)
Mehl für die Arbeitsfläche

Für den Belag:

300 g Kirschen
60 g Marzipanrohmasse
1 Eiweiß · 1 EL weiche Butter
1 EL gemahlene Mandeln
1 TL Rum

Für die Glasur:

70 g Kirschgelee
1 Msp. abgeriebene unbehandelte Orangenschale
1 Msp. Vanillemark
1 EL Kirschwasser

Für 4 Personen

1 Den Blätterteig auf der bemehlten Arbeitsfläche 2 bis 3 mm dick ausrollen und etwa 30 Minuten im Kühlschrank ruhen lassen.

2 Den Teig aus dem Kühlschrank nehmen und mit einem runden Ausstecher oder kleinen Tellern daraus 4 Kreise à 12 bis 14 cm Durchmesser ausstechen oder ausschneiden. Die Teigkreise bis zur Weiterverwendung in den Kühlschrank legen.

3 Für den Belag die Kirschen waschen, halbieren und entsteinen. Das Marzipan mit dem Eiweiß in einer Schüssel glatt rühren. Butter, Mandeln und Rum unterrühren. Den Backofen auf 200 bis 220 °C vorheizen.

4 Die Blätterteigböden auf ein mit Backpapier ausgelegtes Blech legen und dünn mit der Marzipanmasse bestreichen, dabei jeweils einen Rand von etwa 2 1/2 cm frei lassen. Die Kirschhälften mit der Haut nach oben auf die Marzipanschicht legen. Die Tartes im Ofen auf der untersten Schiene 15 bis 20 Minuten backen, bis die Unterseite goldbraun ist.

5 Für die Glasur das Kirschgelee in einem kleinen Topf erhitzen, die Orangenschale und das Vanillemark hinzufügen. Vom Herd nehmen und das Kirschwasser unterrühren.

6 Die Tartes aus dem Ofen nehmen und die Kirschen dünn mit der Glasur bestreichen. Die heißen Kirsch-Tartes auf Desserteller geben und nach Belieben mit Zucker oder Puderzucker bestäuben und je 1 Kugel Vanilleeis daraufsetzen.

Alfons Schuhbeck

»Lassen Sie den Blätterteigrand frei, damit er beim Backen möglichst schnell aufgeht und der austretende Kirschsaft nicht über den Rand läuft. Sie sollten auf den Rand auch keine Marzipanmasse streichen, da sie dort verbrennt. Die Tartes können Sie genauso gut mit anderen Früchten, wie Heidelbeeren, Zwetschgen-, Aprikosen- oder Pfirsichspalten oder auch Apfel- oder Birnenscheiben, belegen.«

TOPFENCREME-PALATSCHINKEN MIT ROTWEINZWETSCHGEN

Für die Palatschinken:

100 ml Milch · 50 g Sahne
1 EL Zucker · 1 Msp. Vanillemark
je 1 Msp. abgeriebene unbehandelte Zitronen- und Orangenschale
50 g Mehl · 2 Eier
2 EL braune Butter
(siehe Seite 46)
Butter zum Ausbacken

Für die Creme:

2 Blatt weiße Gelatine · 2 Eigelb
2 $^{1}/_{2}$ EL Zucker · Salz
Mark von $^{1}/_{4}$ Vanilleschote
150 g Speisequark (Topfen)
1 TL Zitronensaft
1–2 EL Orangensaft
abgeriebene Schale von je $^{1}/_{4}$ unbehandelten Zitrone und Orange
200 g Sahne

Für die Zwetschgen:

400 g Zwetschgen · 1–2 EL Zucker
8 EL kräftiger Rotwein
5 EL Portwein
$^{1}/_{2}$ ausgekratzte Vanilleschote
1 Splitter Zimtrinde
1 Streifen unbehandelte Orangenschale
1 Scheibe Ingwer
1 EL kalte Butter

Für 4 Personen

1 Für die Palatschinken die Milch, die Sahne, den Zucker, das Vanillemark und die Zitronen- und Orangenschale in einer Schüssel verrühren. Das Mehl unterrühren, mit dem Stabmixer zuerst die Eier und dann die Butter untermixen. Den Teig etwa 30 Minuten quellen lassen.

2 Etwas Butter in einer kleinen Pfanne zerlassen und ein Viertel des Teigs mit einem Schöpflöffel hineingeben. Die Pfanne schwenken, damit sich der Teig verteilt, und den Palatschinken goldbraun backen. Wenden und die andere Seite ebenfalls goldbraun backen. Den Palatschinken auf ein Stück Frischhaltefolie gleiten lassen und beiseite legen. Aus dem restlichen Teig weitere 3 dünne Palatschinken backen und ebenfalls auf Frischhaltefolie beiseite legen.

3 Für die Creme die Gelatine in kaltem Wasser einweichen. Die Eigelbe mit 1 EL Zucker, 1 Prise Salz und dem Vanillemark in einer Metallschüssel im heißen Wasserbad mit dem Schneebesen hellschaumig aufschlagen. Die Gelatine gut ausdrücken und unter ständigem Rühren in dem warmen Eierschaum auflösen.

4 Den Eierschaum vom Herd nehmen. Den Quark, den Zitronen- und Orangensaft, die Zitronen- und Orangenschale sowie den restlichen Zucker unterrühren. Die Sahne halb steif schlagen und unter die Topfencreme heben.

5 Die Creme in einen Spritzbeutel mit großer Lochtülle füllen. Auf das untere Drittel der Palatschinken je einen 4 cm breiten Streifen Topfencreme spritzen und die Palatschinken mithilfe der Folie einrollen. Die Palatschinkenrollen in Alufolie wickeln und die überstehenden Enden der Folie fest zusammendrehen. Die gefüllten Palatschinken etwa 1 Stunde in den Kühlschrank stellen. Die Topfencreme-Palatschinken zum Servieren aus der Folie wickeln und schräg halbieren.

6 Für die Zwetschgen die Früchte waschen, vierteln und entsteinen. Den Zucker in einer Pfanne hell karamellisieren. Mit dem Rotwein und dem Portwein ablöschen und auf die Hälfte einköcheln lassen. Die Vanilleschote, den Zimt, die Orangenschale und den Ingwer dazugeben. Die Butter unterrühren. Die Zwetschgenviertel dazugeben und je nach Reifegrad der Früchte 2 bis 5 Minuten darin garen. Die ganzen Gewürze zum Schluss entfernen. Die Topfencreme-Palatschinken mit den Rotweinzwetschgen servieren.

KARAMELLISIERTER APFELDATSCHI

Für den Karamell:

80 g Zucker
1–2 TL Zitronensaft

Für den Datschi:

50 g Zucker
½–1 TL Zimtpulver
400 g Blätterteig (aus dem Kühlregal)
3 Äpfel

Für 4 Personen

1 Für den Karamell den Zucker mit 50 ml Wasser in einem kleinen Topf verrühren und sanft köcheln lassen, bis ein goldbrauner Karamell entstanden ist. Vom Herd nehmen und mit 2 bis 3 EL Wasser und dem Zitronensaft ablöschen. Den flüssigen Karamell auf 4 flache Tarteförmchen (à 10 bis 12 cm Durchmesser) verteilen.

2 Für den Datschi den Backofen auf 200 °C vorheizen. Den Zucker und den Zimt mischen. Den Blätterteig mit der Zimt-Zucker-Mischung etwa 2 mm dick ausrollen und aus dem Teig mit einem Ausstecher oder kleinen Tellern 4 Kreise à 15 cm Durchmesser ausstechen oder -schneiden.

3 Die Äpfel vierteln, schälen, das Kerngehäuse entfernen und das Fruchtfleisch in Spalten schneiden. Die Apfelspalten dicht nebeneinander auf den Karamell in die Förmchen schichten. Die Blätterteigkreise auf die Förmchen legen, die Ränder sollten 2 cm überstehen. Die Datschi im Ofen auf der mittleren Schiene etwa 15 Minuten goldbraun backen.

4 Die karamellisierten Apfeldatschi auf Dessertteller stürzen und nach Belieben mit der Rumsahne (siehe Seite 422, Tipp) und dem Himbeermark (siehe Seite 405) servieren.

LAUWARMER PRALINENKUCHEN

85 g Butter
85 g Zartbitterkuvertüre (mindestens 60 % Kakaoanteil)
105 g Zucker
3 Eier
45 g Mehl
weiche Butter und Zucker für die Förmchen
4 Rumtrüffel, Himbeertrüffel, Weinbrandpralinen, weiße Champagnertrüffel o. ä.

Für 4 Personen

1 Die Kuvertüre klein hacken und mit der Butter in Stückchen im Wasserbad bei milder Hitze (50 °C) erwärmen. Inzwischen den Zucker mit den Eiern und dem Mehl in einen Rührbecher geben und mit dem Stabmixer vermischen. Die warme Schokoladen-Buttermischung langsam einfließen lassen und alles 2 Minuten mixen. Die Masse durch ein Sieb in eine Schüssel streichen und zugedeckt über Nacht kühl stellen.

2 Am nächsten Tag den Backofen auf 220 °C vorheizen. 4 Souffléförmchen (à 100 bis 120 ml Inhalt) mit der weichen Butter einfetten und mit dem Zucker gleichmäßig bestreuen. Die Schokoladenmasse in einen Spritzbeutel mit Lochtülle füllen. So viel Schokoladenmasse in die Förmchen spritzen, dass der Boden bedeckt ist. In die Mitte jeweils 1 Trüffel setzen. Die restliche Schokoladenmasse darüber spritzen und dabei darauf achten, dass die Trüffel mit der Masse bedeckt sind und die Förmchen etwa zu drei Vierteln gefüllt sind.

3 Die Förmchen auf das Ofengitter stellen und die Kuchen im Ofen auf der mittleren Schiene etwa 15 Minuten backen. Herausnehmen und auf Dessertteller stürzen, dabei falls nötig, die Kuchen mit einem spitzen Messer vom Rand lösen.

ORANGENSAUCE

1 l Orangensaft (frisch gepresst)
90 g Zucker
4 Streifen unbehandelte Orangenschale
2 EL Speisestärke

Für ca. 600 ml

1 Etwa 750 ml vom Orangensaft abmessen und mit dem Zucker in einem Topf zum Kochen bringen. Die Saft-Zucker-Mischung 10 bis 15 Minuten auf etwa 400 ml einkochen lassen. Kurz vor Ende der Garzeit die Orangenschalen hinzufügen.

2 Den restlichen Orangensaft, bis auf einige Esslöffel, zu der Sauce geben und die Orangenschalen wieder entfernen.

3 Die Speisestärke mit dem restlichen Orangensaft glatt rühren. In die Sauce geben und darin 1 bis 2 Minuten köcheln lassen. Den Topf vom Herd nehmen, die Sauce durch ein Sieb in eine Schüssel gießen und kühl stellen. Die Orangensauce passt zu der Pralinen-Mousse (siehe Seite 401).

Alfons Schuhbeck

»Ein winterliches Aroma bekommt die Sauce durch Gewürze wie Zimtrinde, Sternanis, Koriander und Vanilleschote, die man 5 Minuten in der Sauce ziehen lässt.«

QUITTENSAUCE

20 g Pektin (aus der Apotheke)
100 g Zucker
600 ml Quittensaft (aus dem Bioladen)

Für ca. 700 ml

1 Das Pektin mit dem Zucker vermischen. Den Quittensaft in einem Topf aufkochen, die Pektin-Zucker-Mischung unterrühren und bei mittlerer Hitze 2 Minuten köcheln lassen.

2 Die Sauce direkt mit Backpapier bedecken und abkühlen lassen.

Alfons Schuhbeck

»Auf diese Weise können Sie jeden Fruchtsaft zu einer Sauce verarbeiten. Die Zuckermenge sollten Sie dabei dem Säuregehalt des Saftes anpassen. Nach dem Kochen gebe ich auch mal Gewürze wie Zimt, Vanille, Ingwer, Sternanis, Kardamom, Orangen- und Zitronenschale in die Sauce und entferne sie nach dem Abkühlen wieder. Wenn Sie zum Binden der Sauce gerade kein Pektin zur Hand haben, können Sie 1 EL Speisestärke nehmen, die Sie vor dem Kochen in wenig kaltem Wasser glatt rühren.«

PUNSCHSAUCE

1 TL Speisestärke
100 ml kräftiger Rotwein
30 ml Orangensaft
40 ml Kirschsaft
40 ml Portwein · 2 EL Zucker
1/4 Zimtrinde · 1 Gewürznelke
1/4 Vanilleschote
je 1 Streifen unbehandelte Zitronen- und Orangenschale
1 TL Honig
je 1 cl Kirschwasser und Rum

Für 4 Personen

1 Die Speisestärke mit 2 EL Rotwein glatt rühren. Den restlichen Rotwein, den Orangensaft, den Kirschsaft, den Portwein und den Zucker in einem Topf verrühren. Den Zimt, die Nelke und die aufgeschnittene Vanilleschote dazugeben und die Punschmischung aufkochen lassen.

2 Die Speisestärke unter Rühren hinzufügen und die Mischung weitere 2 Minuten köcheln lassen. Den Topf vom Herd nehmen, die Zitronen- und Orangenschale dazugeben und den Honig unterrühren. Die Sauce abkühlen lassen.

3 Die Punschsauce durch ein Sieb in eine Schüssel gießen und mit dem Kirschwasser und dem Rum abschmecken. Die Punschsauce passt gut zu Pralinen-Mousse (siehe Seite 401), dunkler Schoko-Mousse (siehe Seite 400) und dem Lebkuchen-Scheiterhaufen mit Quitten (siehe Seite 351).

KARAMELLSAUCE

80 g Zucker
300 g Sahne

Für 4 Personen

1 Einen Topf bei milder Hitze erwärmen. Den Zucker nach und nach einstreuen und immer sofort schmelzen lassen. Inzwischen 200 g Sahne in einem anderen Topf erwärmen.

2 Den Topf mit dem Karamell vom Herd nehmen und die warme Sahne nach und nach unterrühren, bis sich der Karamell gelöst hat.

3 Die Karamellsauce zugedeckt im Kühlschrank abkühlen lassen. Die restliche Sahne halb steif schlagen und unter die abgekühlte Karamellsauce rühren. Die Sauce passt gut zu Apfelstrudel (siehe Seite 343) und zu einer Birnen-Tarte (siehe Seite 416, Rezept und Tipp).

Alfons Schuhbeck

»Sehr gut schmeckt die Karamellsauce auch warm. Servieren Sie sie dann gleich nach dem Aufgießen mit der Sahne.«

ROTE GRÜTZE MIT VANILLESAHNE

Für die Rote Grütze:

2 TL Speisestärke
150 ml schwarzer Johannisbeersaft
100 ml Kirschsaft
2 EL Zucker
1/2 Vanilleschote
1 Splitter Zimtrinde
1 Scheibe Ingwer
1 Streifen unbehandelte Orangenschale
4 cl Cassislikör (schwarzer Johannisbeerlikör)
500 g gemischte Beeren (Rote und Schwarze Johannisbeeren, Heidelbeeren, Himbeeren, Stachelbeeren, Erdbeeren)

Für die Vanillesahne:

1/2 Vanilleschote
200 g Sahne · 2 EL Puderzucker

Für 4 Personen

1 Für die Grütze die Speisestärke mit 3 EL Johannisbeersaft glatt rühren. Den restlichen Johannisbeersaft mit dem Kirschsaft und dem Zucker in einem Topf aufkochen lassen. Die angerührte Speisestärke unterrühren und bei milder Hitze 2 Minuten sanft köcheln lassen.

2 Den Topf mit der Saftmischung vom Herd nehmen. Die Vanilleschote, den Zimt, den Ingwer und die Orangenschale in den Saft geben und den Cassislikör unterrühren. Die Gewürze 10 Minuten ziehen lassen.

3 Die Roten und Schwarzen Johannisbeeren, die Heidelbeeren, die Himbeeren und Stachelbeeren verlesen und waschen. Die Erdbeeren waschen, putzen und je nach Größe vierteln oder achteln.

4 Die Saftmischung durch ein Sieb in eine Schüssel gießen. Die Beeren dazugeben und die Grütze 20 Minuten ziehen lassen.

5 Für die Vanillesahne die Vanilleschote längs aufschneiden und das Mark herauskratzen. Die Sahne mit dem Puderzucker halb steif schlagen, dabei das Vanillemark unterrühren.

6 Die Rote Grütze mit der Vanillesahne servieren und nach Belieben mit in Zucker getauchten Beeren garnieren.

Alfons Schuhbeck

»Entsteinte Kirschen passen auch sehr gut in die Beerenmischung. Außerhalb der Saison können Sie natürlich auf Tiefkühlbeeren zurückgreifen – dann die kochend heiße Saftmischung über die gefrorenen Beeren gießen und die Gewürze nach 20 Minuten entfernen.
Die Vanillesahne lässt sich vielfältig variieren: Für Rumsahne ersetzen Sie das Vanillemark durch 1 TL Rum. Für Orangensahne rühren Sie statt des Vanillemarks etwas Orangenlikör (z. B. Grand Marnier) und 1 Msp. abgeriebene unbehandelte Orangenschale unter die Sahne.«

Eingelegte Beeren in Rotwein

125 g Zucker · 2 EL Zitronensaft
5 EL Orangensaft
je 125 ml kräftiger Rotwein und Portwein
1 Zimtrinde · 2 Zacken Sternanis
Mark von 1 Vanilleschote
je 2 Streifen unbehandelte Zitronen- und Orangenschale
2 TL Speisestärke
je 125 g Erdbeeren, Rote und Schwarze Johannisbeeren, Himbeeren, Brombeeren
60 g Heidelbeeren
35 ml Cassislikör (schwarzer Johannisbeerlikör)
50 ml Orangenlikör (z. B. Grand Marnier)

Für 4 Personen

1 Für den Sud den Zucker und 60 ml Wasser in einen Topf geben und bei milder Hitze etwa 5 Minuten köcheln lassen, bis ein heller Karamell entstanden ist. Den Karamell mit dem Zitronen- und Orangensaft ablöschen. Den Rotwein und den Portwein angießen und den Sud langsam aufkochen lassen.

2 Den Zimt, den Sternanis, das Vanillemark und die Zitronen- und Orangenschale dazugeben und den Sud sanft köcheln lassen, bis sich der Karamell vollständig gelöst hat.

3 Die Speisestärke mit wenig kaltem Wasser glatt rühren, in den Rotweinsud rühren und bei milder Hitze 2 Minuten köcheln lassen.

4 Die Erdbeeren waschen, putzen und je nach Größe halbieren oder vierteln. Die anderen Beeren waschen, putzen und verlesen. Alle Beeren in eine Schüssel geben.

5 Den Rotweinsud durch ein Sieb über die Beeren gießen. Den Cassis- und den Orangenlikör darüberträufeln, die eingelegten Beeren bei Zimmertemperatur vollständig abkühlen lassen und servieren.

Eingelegte Kirschen

500 g Kirschen
1 TL Puderzucker
180 ml kräftiger Rotwein
70 ml Portwein
1 schwach geh. TL Speisestärke
250 ml Kirschsaft · 3 EL Zucker
1 Splitter Zimtrinde
1 Gewürznelke
1 Streifen unbehandelte Zitronenschale
1 TL Honig · 2 cl Kirschwasser

Für 4 Personen

1 Die Kirschen waschen und entsteinen. Den Puderzucker in einem Topf bei milder Hitze hell karamellisieren lassen. Mit dem Rotwein und dem Portwein ablöschen und die Mischung auf die Hälfte einkocheln lassen.

2 Die Speisestärke mit wenig Kirschsaft glatt rühren. Den restlichen Kirschsaft, Zucker, Zimt, Nelke und Zitronenschale hinzufügen und alles einmal aufkochen lassen. Die Speisestärke unter Rühren hinzufügen und den Rotweinsud weitere 2 Minuten köcheln lassen.

3 Den Sud durch ein Sieb in einen Topf gießen und die Kirschen hinzufügen. Nochmals aufkochen lassen, vom Herd nehmen und mit dem Honig und dem Kirschwasser abschmecken und vollständig abkühlen lassen. Die eingelegten Kirschen sind im Kühlschrank etwa 3 Tage haltbar.

Alfons Schuhbeck

»Besonders knackig bleiben die Kirschen, wenn sie nicht mehr aufgekocht, sondern nur mit dem heißen Sud übergossen werden.«

Eingelegte Stachelbeeren

375 ml trockener Weißwein
100 g Zucker
1/2 Zimtrinde
Saft und Schale von
1/2 unbehandelten Zitrone
400 g Stachelbeeren
2 TL Speisestärke
2 EL Sherry (medium)

Für 4 Personen

1 Den Weißwein, den Zucker, den Zimt, den Zitronensaft und die Zitronenschale in einem Topf aufkochen und kochen lassen, bis sich der Zucker aufgelöst hat.

2 Inzwischen die Stachelbeeren putzen und waschen. In den Gewürzsud geben und die Beeren darin knapp unter dem Siedepunkt 1 bis 2 Minuten weich ziehen lassen.

3 Die Stachelbeeren mit dem Schaumlöffel herausheben und beiseite legen. Die ganzen Gewürze aus dem Sud entfernen. Die Speisestärke mit dem Sherry glatt rühren, in den Sud geben und unter Rühren 1 Minute sanft köcheln lassen. Den Topf vom Herd nehmen und die Stachelbeeren wieder dazugeben.

Gratinierte Himbeeren

2 Eigelb
2–3 EL Puderzucker
1 Msp. abgeriebene unbehandelte Zitronenschale
2 EL Magerquark
2 Eiweiß · Salz
2 EL Zucker
3–4 EL Sahne (geschlagen)
500 g Himbeeren
Puderzucker zum Bestäuben

Für 4 Personen

1 Die Eigelbe mit dem Puderzucker und der Zitronenschale in einer Schüssel hellschaumig aufschlagen. Den Quark unterrühren.

2 Die Eiweiße mit 1 Prise Salz und dem Zucker zu einem cremigen Schnee schlagen. Den Eischnee mit der Sahne locker mischen und unter die Eigelbmasse heben. Den Backofengrill einschalten.

3 Die Himbeeren verlesen, waschen und abtropfen lassen. Die Beeren auf ofenfeste tiefe Teller oder Schüsseln verteilen. Die Eiersahne darüber verteilen und unter dem Backofengrill auf der unteren Schiene etwa 3 Minuten goldbraun gratinieren.

4 Die gratinierten Himbeeren mit Puderzucker bestäuben und nach Belieben je 1 Kugel Mandel- oder Krokanteis daraufsetzen.

HOLUNDER-BIRNEN-RAGOUT

200 g Holunderbeeren
1 EL Speisestärke
300 ml kräftiger Rotwein
60 g Zucker
1/2 Vanilleschote
je 1 Streifen unbehandelte Zitronen- und Orangenschale
2 cm Zimtrinde
2 Birnen (ca. 350 g)
1 TL Zitronensaft

Für 4 Personen

1 Die Holunderbeeren verlesen und waschen. Die Speisestärke mit 2 EL Rotwein glatt rühren. Die Hälfte des Zuckers in einem Topf karamellisieren lassen. Den Karamell mit dem restlichen Rotwein ablöschen und den Rotweinsud auf zwei Drittel einköcheln lassen.

2 Die angerührte Speisestärke unter den Rotweinsud rühren und den Sud bei milder Hitze 2 bis 3 Minuten köcheln lassen. Die Vanilleschote längs aufschneiden, mit der Zitronen- und Orangenschale, den Zimt und die Holunderbeeren in den Topf geben und das Ragout knapp unter dem Siedepunkt 5 Minuten ziehen lassen.

3 Inzwischen die Birnen vierteln, schälen, die Kerngehäuse entfernen und das Fruchtfleisch in dünne Spalten schneiden. Die Birnenspalten in das Holunderragout geben und bei milder Hitze 3 Minuten mitdünsten.

4 Das Holunder-Birnen-Ragout vom Herd nehmen, mit dem Zitronensaft abschmecken und etwas abkühlen lassen. Die ganzen Gewürze entfernen. Das Ragout passt gut zu Dukatenbuchteln (siehe Seite 352).

QUITTENRAGOUT

80 g Zucker
1 EL Zitronensaft
4 EL Orangensaft
150 ml trockener Weißwein
50 ml weißer Portwein
150 ml Prosecco oder Sekt
1/4 Zimtrinde
Mark von 1/4 Vanilleschote
je 1 Streifen unbehandelte Zitronen- und Orangenschale
2 große Quitten
1 geh. EL Speisestärke (20 g)

Für 4 Personen

1 Den Zucker in einem Topf bei mittlerer Hitze goldbraun karamellisieren lassen. Mit Zitronen- und Orangensaft ablöschen. Weißwein, Portwein und Prosecco oder Sekt, Zimtrinde, Vanillemark, Zitronen- und Orangenschale hinzufügen. Einige Minuten bei milder Hitze köcheln lassen, bis sich der Karamell gelöst hat, und vom Herd nehmen.

2 Die Quitten schälen, vierteln, das Kerngehäuse entfernen und das Fruchtfleisch in etwa 1 cm große Würfel schneiden. Die Quitten in den Karamellsud geben und bei milder Hitze etwa 15 Minuten weich köcheln lassen. Durch ein Sieb in einen Topf gießen und die ganzen Gewürze wieder entfernen.

3 Den Quitten-Karamell-Sud aufkochen lassen. Die Speisestärke mit wenig kaltem Wasser glatt rühren. Unter Rühren zum Sud geben und bei milder Hitze 2 Minuten köcheln lassen. Die Quitten wieder dazugeben und unterrühren. Das Quittenragout abkühlen lassen. Es passt zu Kaiserschmarren (siehe Seite 359), Rahmschmarren (siehe Seite 358) und Dukatenbuchteln (siehe Seite 352).

ORANGENRAGOUT

3 Orangen
Saft von 4 Orangen
1 TL Puderzucker
1 Msp. Vanillemark
1 Streifen unbehandelte Orangenschale
2 EL Zucker
40 g kalte Butter
2 EL Orangenlikör (z. B. Grand Marnier)

Für 4 Personen

1 Die Orangen mit einem scharfen Messer so großzügig schälen, dass auch die weiße Haut mit entfernt wird. Die Fruchtfilets aus den Trennhäuten schneiden, dabei den austretenden Saft auffangen und zum ausgepressten Orangensaft geben.

2 Den Puderzucker in einem Topf hell karamellisieren lassen. Mit dem Orangensaft ablöschen. Das Vanillemark, die Orangenschale und den Zucker hinzufügen und die Flüssigkeit bei milder Hitze auf zwei Drittel einkochen lassen.

3 Die Orangenfilets dazugeben und den Topf vom Herd nehmen. Nach und nach die Butter in Stückchen unterrühren. Die Orangenschale entfernen und das Ragout mit dem Orangenlikör abschmecken. Das Ragout nach Belieben zum Servieren mit 1 EL Pistazienkernen bestreuen.

RHABARBERKOMPOTT

Für die Fruchtmischung:

600 g junger Rhabarber
2 EL Himbeeren
5 Erdbeeren

Für den Sud:

200 g Zucker
2 Scheiben Ingwer
je 2 Streifen unbehandelte Zitronen- und Orangenschale
2 Splitter Zimtrinde
1 aufgeschlitzte Vanilleschote
1 Sternanis

Außerdem:

1–2 TL Speisestärke
Puderzucker
Zitronensaft
4 Feigen

Für 4 Personen

1 Für die Fruchtmischung den Rhabarber waschen und putzen. Die Rhabarberstangen quer in etwa 1 cm breite Stücke schneiden und in eine ofenfeste Form legen. Die Himbeeren verlesen und waschen. Die Erdbeeren waschen, putzen und halbieren. Die Beeren auf dem Rhabarber verteilen. Den Backofen auf 180 °C vorheizen.

2 Für den Sud den Zucker in einem Topf mit 75 ml Wasser und den Gewürzen einige Minuten sirupartig einkochen lassen. Den Sirup über die Rhabarbermischung gießen, einen Deckel auflegen oder mit Alufolie verschließen und im Ofen auf der mittleren Schiene etwa 25 Minuten garen.

3 Den Rhabarber aus dem Ofen holen, den Deckel abnehmen und den Rhabarber etwas abkühlen lassen. Die Flüssigkeit vorsichtig durch ein Sieb in einen Topf gießen. Himbeeren und Erdbeeren aus dem Rhabarber nehmen und durch das Sieb zum Sud in den Topf streichen. Die Gewürze aus dem Rhabarber entfernen.

4 Die Speisestärke mit wenig kaltem Wasser glatt rühren. Rhabarbersud aufkochen lassen, die Stärke unter Rühren hinzufügen und bei milder Hitze 2 Minuten köcheln lassen. Den Sud über den Rhabarber gießen und mit Puderzucker und Zitronensaft abschmecken. Die Feigen waschen, putzen, in schmale Spalten schneiden und unter das Kompott mischen.

Aprikosenröster

1 kg Aprikosen
150 g Zucker
Saft von 1 Zitrone
1 Zimtrinde
1/2 Vanilleschote

Für 4 Personen

1 Die Aprikosen waschen, halbieren, entsteinen und die Hälften nochmals halbieren. Die Aprikosenviertel zugedeckt mit Zucker, Zitronensaft, Zimt und Vanilleschote mischen, auf einem Backblech verteilen und 30 Minuten ziehen lassen. Den Backofen auf 180 °C vorheizen.

2 Die Aprikosen im Ofen auf der mittleren Schiene 12 bis 15 Minuten weich garen, dabei öfter durchrühren. Den Aprikosenröster aus dem Ofen nehmen und lauwarm abkühlen lassen. Den Zimt und die Vanilleschote entfernen.

Zwetschgenröster

500 g Zwetschgen
ca. 70 g Zucker
Saft von 1/2 Zitrone
1/2 Zimtrinde
1/2 Vanilleschote
50 ml kräftiger Rotwein
30 ml Portwein
1 TL Speisestärke

Für 4 Personen

1 Den Backofen auf 180 °C vorheizen. Die Zwetschgen waschen, halbieren und entsteinen. Die Hälften nochmals halbieren. Die Zwetschgenviertel in einer ofenfesten Form mit Zucker, Zitronensaft, Zimt und Vanilleschote mischen. Den Rotwein und den Portwein dazugießen.

2 Die Zwetschgen im Ofen auf der mittleren Schiene 15 bis 20 Minuten nicht zu weich garen, dabei öfter durchrühren. Den Zwetschgenröster aus dem Ofen nehmen und den Zimt und die Vanilleschote entfernen. Den Weinsud durch ein Sieb in einen kleinen Topf gießen. Die Zwetschgenviertel wieder in die Form geben.

3 Die Speisestärke mit wenig kaltem Wasser glatt rühren. Den Weinsud aufkochen lassen, die Stärke unterrühren und 2 Minuten sanft köcheln lassen. Den Sud auf die Zwetschgen gießen und den Zwetschgenröster zugedeckt mehrere Stunden ziehen lassen.

Alfons Schuhbeck

»Je reifer und somit süßer die Früchte sind, desto weniger Zucker benötigen Sie für den Röster. Für einen Zwetschgenröster ohne Alkohol die Zwetschgen wie oben vorbereiten. 60 g Zucker mit 1/2 TL Zimtpulver mischen, die Zwetschgenviertel damit bestreuen und 20 Minuten ziehen lassen. Den Zwetschgenröster auf einem Backblech im auf 180 °C vorgeheizten Backofen 15 bis 20 Minuten garen, dabei öfter durchrühren.«

WINTERFRÜCHTE IM STRUDELTEIG

Für den Teig:

2 Strudelteigblätter
(Fertigprodukt; aus dem Kühlregal)
50 g flüssige Butter
Puderzucker zum Bestäuben

Für die Früchte:

2 Mandarinen
2 EL Mandeln
4 Orangen
1 TL Speisestärke (5 g)
1 Msp. Vanillemark
1 Splitter Zimtrinde
1 Zacken Sternanis
ca. 2 EL Honig (je nach Süße der Früchte)
1 EL Pistazienkerne
1 TL Orangenlikör
(z. B. Grand Marnier)

Für 4 Personen

1 Für den Teig den Backofen auf 180 °C vorheizen. Die Strudelteigblätter in 10 x 10 cm große Quadrate schneiden, dünn mit etwas Butter bepinseln und mit Puderzucker bestäuben. Vier ofenfeste Portionsförmchen (à etwa 100 ml Inhalt) mit Butter einpinseln.

2 Die Teigquadrate vorsichtig in die Förmchen drücken und im Ofen auf der mittleren Schiene etwa 8 Minuten backen, bis der Teig fest ist. Den vorgebackenen Strudelteig aus den Förmchen lösen, auf ein mit Backpapier belegtes Backblech legen und die Teigförmchen weitere 5 Minuten goldbraun backen.

3 Die Mandarinen schälen und die feinen weißen Schalenreste abziehen. Die Mandarinen in Spalten teilen. Die Mandeln in einem Topf mit Wasser 2 bis 3 Minuten kochen, bis sich die Häute ablösen. In ein Sieb abgießen und die heißen Mandeln aus den Häuten drücken.

4 Aus 2 Orangen den Saft auspressen. Die anderen beiden Orangen mit einem scharfen Messer so großzügig schälen, dass auch die weiße Haut mit entfernt wird. Die Orangenfilets aus den Trennhäuten schneiden und den dabei austretenden Saft auffangen. Orangenfilets zum Abtropfen auf ein Sieb legen. Aus den Orangenresten den Saft auspressen und mit dem abgetropften Saft der Orangenfilets und dem Saft der 2 Orangen vermischen und in einen Topf geben.

5 Zwei Drittel des Orangensafts aufkochen, die Speisestärke mit wenig kaltem Orangensaft glatt rühren und in den kochenden Orangensaft rühren. Vanillemark, Zimt und Sternanis hinzufügen, 2 bis 3 Minuten sanft köcheln lassen. Vom Herd nehmen, den restlichen Saft angießen und mit Honig abschmecken. Mandarinenspalten, Orangenfilets, Mandeln und Pistazien dazugeben und mit Orangenlikör abschmecken.

6 Die Strudelteigkörbchen auf Dessertteller legen und die Winterfrüchte darin anrichten. Nach Belieben mit der Vanillesahne (siehe Seite 422) und dem Himbeermark (siehe Seite 405) servieren.

Alfons Schuhbeck

»Sehr interessant schmecken die Winterfrüchte, wenn Sie noch ein paar abgetropfte Amarenakirschen untermischen.«

Gebratene Apfelspalten mit Glühwein-Schokoladen-Sauce

Für die Sauce:

1–2 EL Puderzucker
125 ml kräftiger Rotwein
1 Splitter Zimtrinde · 1 Sternanis
¼ Vanilleschote
2 grüne Kardamomkapseln
je 1 Streifen unbehandelte Zitronen- und Orangenschale
1 Scheibe Ingwer · 1 EL Butter
1 TL gehackte Zartbitterschokolade

Für die Apfelspalten:

3 rote Äpfel · 1 EL Butter

Für den Sauerrahmschaum:

je 3 EL Milch und Sahne
2 EL saure Sahne
einige Spritzer Zitronensaft
1 TL Zucker

Für 4 Personen

1 Für die Sauce den Puderzucker in einer Pfanne bei milder Hitze hell karamellisieren lassen. Mit dem Rotwein ablöschen und auf zwei Drittel einkochen lassen. Den Zimt, den Sternanis, die Vanilleschote, die Kardamomkapseln, die Zitronen- und Orangenschale und den Ingwer hinzufügen. Die Butter und die Schokolade in die Sauce geben und darin schmelzen lassen. Die Gewürze und die Schalen nach 3 bis 5 Minuten wieder entfernen.

2 Für die Apfelspalten die Äpfel waschen, vierteln, die Kerngehäuse entfernen und das Fruchtfleisch in dünne Spalten schneiden. Die Spalten in einer anderen Pfanne bei milder Hitze in der Butter auf beiden Seiten kurz anbraten und vom Herd nehmen.

3 Für den Sauerrahmschaum die Milch, die Sahne, die saure Sahne, den Zitronensaft und den Zucker in einen hohen Rührbecher geben und mit dem Stabmixer aufmixen.

4 Zum Servieren die Glühweinsauce auf vorgewärmten tiefen Tellern anrichten und die Apfelspalten darauf verteilen. Den Sauerrahmschaum mit dem Stabmixer nochmals kurz aufschäumen, darüberträufeln und nach Belieben mit Minze- oder Melisseblättern garnieren.

Rumtopf

1 Pfirsich
100 g Kirschen
3 Pflaumen
70 g kleine Erdbeeren
50 g Heidelbeeren
70 g Brombeeren
150 g brauner Zucker
400 ml Rum (40 oder 54 Vol. %)

Für ca. 1 l

1 Den Pfirsich waschen, halbieren, entsteinen und in dünne Spalten schneiden. Die Kirschen waschen, halbieren und entsteinen. Die Pflaumen waschen, halbieren, entsteinen und in dünne Spalten schneiden. Die Erdbeeren waschen und putzen. Die Heidel- und Brombeeren verlesen, waschen und gut abtropfen lassen.

2 Alle Früchte in einer Schüssel mit dem Zucker und dem Rum vermischen und in ein großes Glas mit Schraubverschluss füllen. Die Früchte gut verschlossen 1 Tag im Kühlschrank ziehen lassen. Den Rumtopf herausnehmen, einmal durchrühren und nochmals 1 Woche im Kühlschrank ziehen lassen. Nach dem Anbruch hält sich der Rumtopf im Kühlschrank noch einige Wochen. Den Rumtopf zum Aufbewahren mit Küchenpapier bedecken, dabei sollte das Papier direkt auf dem Rumtopf liegen und die Früchte sollten immer mit Flüssigkeit bedeckt sein.

KINDERPUNSCH

5 Früchtetee-Teebeutel
je 1/2 Apfel und Birne
je 1/2 unbehandelte Limette und Orange
1 Zimtrinde
1 ausgekratzte Vanilleschote
2–3 EL Honig oder Zucker
250 ml Apfelsaft

Für 1,5 l

1 Für den Früchtetee 1 l Wasser in einem Topf aufkochen, die Teebeutel hineingeben und den Tee nach Packungsanweisung ziehen lassen.

2 Den Apfel und die Birne waschen, die Kerngehäuse entfernen und das Fruchtfleisch klein schneiden. Limette und Orange heiß waschen, trocken reiben und ebenfalls klein schneiden. Alle Fruchtstücke in einen Krug füllen, den Zimt und die Vanille hinzufügen.

3 Die Teebeutel entfernen und den Früchtetee mit Honig oder Zucker süßen. Den Apfelsaft erhitzen, mit dem heißen Tee verrühren und in den Krug füllen. Den Kinderpunsch einige Minuten ziehen lassen und in Tassen oder Punschgläsern servieren.

WEIHNACHTSLIKÖR

300–400 g kandierte Früchte (Mandarinen, Orangen, Zitronen, Kirschen, Ananas, Kiwi, Erdbeeren) · 1 EL Honig
700 ml Kornbranntwein
125 g weißer Kandiszucker
Mark von 1 Vanilleschote
1 Sternanis · 3 Gewürznelken
5 rosa Pfefferbeeren
4 grüne Kardamomkapseln
1 Zimtrinde

Für ca. 700 ml

1 Die kandierten Früchte in ein großes Glas mit Schraubverschluss geben. Die restlichen Zutaten hinzufügen, alles gut verrühren und das Glas verschließen. Den Likör 3 bis 4 Wochen ziehen lassen.

2 Den Weihnachtslikör durch ein Sieb in ein passendes Gefäß, z. B. in eine verschließbare Flasche mit breitem Hals, gießen. Die ganzen Gewürze entfernen und die Früchte anderweitig verwenden (siehe Tipp).

Alfons Schuhbeck

»Kandierte Früchte können Sie als Einlage für Punsch, Stollen oder Kuchen verwenden. In hübsche Gläser abgefüllt, sind Rumtopf und Weihnachtslikör auch ein beliebtes Geschenk.«

A

B

C

D

E

H

I/J

K

T

U/V

W

Z

BILDNACHWEIS:

Susie Eising: Seite 9 oben rechts
Helmut Henkensiefken: Seite 15 oben

Lust auf Kochen und mehr?

Am Platzl, dem berühmtesten Platz Münchens, liegen das Sterne-Restaurant »Südtiroler Stuben« von Alfons Schuhbeck, sein Weinbistro, sein Eissalon sowie sein Gewürzladen. Hier finden Sie alles, was Ihr kulinarisches Herz begehrt. Am Platzl ist auch Schuhbecks Kochschule zu finden.

Über alle Angebote können Sie sich per Internet, Telefon oder auch gern persönlich informieren.